2026 건축직 공무원·군무원 대비

김창훈
건축직

반박불가 건축직 1위

건축구조학
20개년 단원별
기출문제집

머리말

이 세상에 쓸모없는 꿈은 없습니다.

그러니 꿈꾸었던 길로 들어서지 못했다 해서

가슴속에 자리 잡은 꿈을 내쫓진 마세요.

오히려 도망가지 않도록 자리를 만들어 주는 것이 훨씬 좋은 방법입니다.

'가장 자연스럽게 사는 것'이 '가장 성공한 삶'입니다.

다시 말해 세상에서 가장 성공한 사람이란 가장 '자기답게 사는 사람'입니다.

자기답게 살 수 있다는 것은 대단한 기술이며 능력입니다.

그냥 주어지는 것이 아니라 찾아 나서야 합니다.

습득해야 합니다. 때로는 '방황의 시간'도 필요합니다.

그런데 요즘 방황 자체를 두려워하는 이들이 있습니다.

방황 없이 최단 거리로 달리고 싶어 하는 것이지요.

그러나 방황은 실패가 아닙니다.

'자기답게 사는 길'을 찾는 데 꼭 거쳐야 할 통과의례 같은 것이며,

인생은 100미터 달리기가 아님을 깨달을 수 있는 아주 소중한 경험입니다.

이 책이 수험생 여러분에게 그렇게 되기 조심히 바라봅니다.

2025년 8월

김창훈

출제분석

Part 1 구조역학

출제경향과 합격 TIP

구조역학의 출제비율은 9급 12%, 7급 13~22% 정도로 최근에 와서는 9급보다는 7급에서 많이 출제되고 있다. 특히, 처짐 비율에 관한 문제와 트러스의 0부재 찾는 문제, 부재의 휨모멘트를 구하는 문제는 매년 출제되고 있다. 역학에서는 복잡한 계산문제보다는 개념과 원리를 바탕으로 물어보는 문제가 많이 출제되고 있는 반면 부정정구조물 관련 문제는 거의 출제되지 않고 있다.

구조역학에서는 답을 보지 않고 문제를 푸는 연습이 필요하며, 각 챕터별로 암기해야 할 공식을 별도로 정리하고, 그 공식에 해당되는 예제문제도 함께 정리하면 추후 마무리할 때 많은 도움을 받을 수 있다. 또한, 틀린 문제는 별도의 오답노트를 만드는 것이 고득점을 위한 전략이 될 수 있다.

출제 큰 흐름 잡기

CHAPTER 1 역학개념

구분	국가직	지방직
9급	1%	0%
7급	1%	1%

9·7급 모두에서 출제 비중이 상당히 낮은 단원으로 2년에 한 번씩 1문제 정도 출제되고 있다.

CHAPTER 2 단면 및 재료의 성질

구분	국가직	지방직
9급	1%	0%
7급	2%	2%

매년 9급(국가직 또는 지방직)·7급에서 1문제 정도씩 출제되는 챕터이다. 출제 비중이 보통인 편이므로 출제된 내용 위주로 학습하는 것이 좋다.

CHAPTER 3 정정구조물의 해석

구분	국가직	지방직
9급	4%	3%
7급	5%	5%

9급에서는 매년 국가직과 지방직에서 각각 1문제씩 출제되고, 7급에서도 매년 1~2문제 정도 꾸준히 출제되고 있어 출제 비중이 높은 단원이다. 기출문제 위주로 학습하면 되지만, 최근 문제가 어렵게 출제되고 있는 경향이므로 다양한 문제를 학습하는 것이 고득점을 받을 수 있는 방법이다.

CHAPTER 4 정정구조물의 부재단면설계

구분	국가직	지방직
9급	3%	5%
7급	5%	6%

매년 9·7급에서 1문제씩 출제되는 챕터로 출제 비중이 조금 높은 편이다. 중요한 내용과 기출문제 위주로 학습하면 되지만, 최근 문제가 보의 처짐에서 어렵게 출제되고 있어 이 부분에 대한 공식을 반드시 암기하고, 다양한 문제를 학습해야 고득점을 받을 수 있다.

CHAPTER 5 부정정 구조물의 해석

구분	국가직	지방직
9급	0%	0%
7급	0%	1%

9·7급 모두에서 출제 비중이 상당히 낮은 단원이다. 최근 9급에서는 출제되지 않고 있으며, 7급에서도 예전에 1문제 정도 출제되었지만, 최근에는 거의 출제되지 않기 때문에 학습 비중을 낮추는 것이 좋다.

Part 2 일반구조

출제경향과 합격 TIP

💡 **출제경향과 합격 TIP**

일반구조의 출제 비율은 9급 28.5%, 7급 15% 정도로 7급보다는 9급에서 많이 출제되고 있다. 특히, 9급은 목구조와 조적구조에서, 7급은 기초구조에서 많이 출제되는 경향이다. 또한 기초구조, 조적구조, 목구조에서는 건축구조기준 위주로 출제되고 있으며, 최근에는 구조개념과 기타구조에서 거의 출제가 되지 않고 있다. 일반구조에서는 단순한 암기보다는 개념 및 원리를 먼저 파악한 후 이해 위주의 암기가 필요하고, 세부적인 내용보다는 전체를 물어보는 문제가 출제되고 있기 때문에 각 챕터별로 체계적으로 정리한 후 세부항목을 분석하는 것이 도움이 된다. 마지막으로 새롭게 개정된 구조기준에 대한 중요 내용을 서브노트화하여 반복적으로 학습할 필요가 있고, 일반구조에서 목구조는 특히 깊이 있게 공부하는 것이 고득점을 위한 전략이 될 수 있다.

출제 큰 흐름 잡기

CHAPTER 1 구조계획

구분	국가직	지방직
9급	16%	17%
7급	18%	17%

9·7급 모두 출제 비중이 상당히 높은 단원이다. 매년 3~4문제 정도 출제되는 챕터로 중요한 내용을 꼭 정리하여 반복적으로 학습하도록 하여야 한다.

CHAPTER 2 기초구조

구분	국가직	지방직
9급	1%	0%
7급	1%	1%

매년 9급에서 2문제, 7급에서 1~2문제 정도 출제되고 있다. 일반구조에서는 출제 비중이 보통인 단원으로 중요한 내용 위주로 학습하는 것이 좋다.

CHAPTER 3 목구조

구분	국가직	지방직
9급	8%	8%
7급	5%	3%

매년 9급에서 2문제, 7급에서 1문제 정도 출제되고 있다. 일반구조에서는 출제 비중이 보통인 단원으로 기출문제 위주로 학습하면 된다. 최근에 문제가 어렵게 출제되고 있는 단원이므로 조금 깊이 있게 학습하는 것이 고득점을 받을 수 있는 방법이다.

CHAPTER 4 조적구조

구분	국가직	지방직
9급	8%	7%
7급	4%	3%

매년 9급에서 2~3문제, 7급에서 1문제 정도 출제되고 있다. 일반구조에서는 출제 비중이 조금 높은 단원으로 중요한 내용과 기출문제 위주로 학습하면 된다. 최근 문제가 조적조 설계법에서 어렵게 출제되고 있어서 이 부분은 조금 깊이 있게 학습하는 것이 고득점을 받을 수 있는 방법이다.

Part 3 철근 콘크리트 구조

출제경향과 합격 TIP

구분	국가직	지방직
9급	28%	27%
7급	32%	31%

매년 9급에서 5~6문제, 7급에서 7~8문제 정도 출제되는 파트로, 구체구조에서는 출제 비중이 가장 높다. 중요한 내용과 기출문제 위주로 정리하고, 고득점을 위해서는 조금 깊이 있는 내용을 학습하는 것이 좋다.

출제 큰 흐름 잡기

CHAPTER 1 **총론**	• 개념에 관한 문제가 가끔 출제 • 철근콘크리트 개념을 잡기 • 매년 1문제는 꼭 출제되는 단원 • 철근의 표준갈고리 가공이 가장 많이 출제 • 콘크리트의 강도 및 품질관리에 관한 문제도 최근에 많이 출제
CHAPTER 2 **사용성 및 내구성**	• 매년 1문제는 꼭 출제되는 단원 • 건조수축과 크리프에 관한 원인 주로 출제 • 사용성과 내구성의 종류별 특징 파악하기
CHAPTER 3 **목구조**	• 매년 2~3문제는 꼭 출제되는 단원 • 보 설계는 가장 중요한 내용이므로 반드시 학습 • 기둥 설계와 슬래브 설계도 최근 많이 출제 • 정착 및 이음 설계는 수치와 공식이 많이 출제

Part 4 강구조

출제경향과 합격 TIP

구분	국가직	지방직
9급	20%	21%
7급	20%	18%

출제 큰 흐름 잡기

CHAPTER 1 **총론**	• 매년 1~2문제는 꼭 출제되는 단원 • 구조용 강재의 명칭과 재료의 강도에 관한 문제가 최근 많이 출제 • 내화설계 용어가 최근 새로운 문제로 출제
CHAPTER 2 **강구조 부재설계**	• 매년 2~3문제는 꼭 출제되는 단원 • 접합부 설계에서는 고장력볼트의 특징과 용접접합 종류별 세부내용이 출제 • 순단면적 산정하는 계산문제가 출제 • 인장재 설계는 부재설계에서 가장 중요한 내용 • 압축재 설계에서는 세장비와 좌굴하중 계산문제가 많이 출제 • 내진 강구조시스템은 주로 7급이나 난도가 높은 9급에서 출제 • 합성부재는 7급에서만 출제되었지만, 최근에는 9급에서도 자주 출제

차례

SETP 1 기본편

PRAT 1 구조역학

CHAPTER 1	역학개념	010
CHAPTER 2	단면 및 재료의 성질	015
CHAPTER 3	정정구조물의 해석	031
CHAPTER 4	정정구조물의 부재단면설계	062
CHAPTER 5	부정정 구조물의 해석	083

PRAT 2 일반구조

CHAPTER 1	구조계획	090
CHAPTER 2	기초구조	130
CHAPTER 3	목구조	148
CHAPTER 4	조적구조	168

PRAT 3 철근콘크리트구조

CHAPTER 1	총론	190
CHAPTER 2	사용성 및 내구성	208
CHAPTER 3	부재의 해석 및 설계	220

PRAT 4 강구조

| CHAPTER 1 | 총론 | 300 |
| CHAPTER 2 | 강구조 부재설계 | 312 |

심화편

PRAT 1	일반구조
CHAPTER 1	구조계획 ··············· 376
CHAPTER 2	기초구조 ··············· 386
CHAPTER 3	목구조 ··············· 392
CHAPTER 4	조적구조 ··············· 400

PRAT 2	철근콘크리트구조
CHAPTER 1	총론 ··············· 412
CHAPTER 2	사용성 및 내구성 ··············· 415
CHAPTER 3	부재의 해석 및 설계 ··············· 418

PRAT 3	강구조
CHAPTER 1	총론 ··············· 446
CHAPTER 2	강구조 부재설계 ··············· 448

기본 편

PART 1

구조역학

CHAPTER 1　역학개념
CHAPTER 2　단면 및 재료의 성질
CHAPTER 3　정정구조물의 해석
CHAPTER 4　정정구조물의 부재단면설계
CHAPTER 5　부정정 구조물의 해석

CHAPTER 01 역학개념

정답 및 해설

001
$N=(n+s+r)-2k$
$\quad=(6+5+3)-2\times6$
$\quad=$ 2차 부정정
정답 ③

002
부정정차수
$=$ 반력수+부재수+강절점수
$\quad-2\times$절점수
$=(4+8+3)-(2\times7)$
$=$ 1차 부정정
정답 ①

003
판별식
$=$ 반력수+부재수+강절점수
$\quad-(2\times$절점수$)$
$=4+4+2-(2\times5)=$ 0차
정답 ①

001 그림과 같은 구조물의 판별 결과는? 04 국가직 9급

① 정정 ② 1차 부정정
③ 2차 부정정 ④ 3차 부정정

002 다음 구조물의 부정정차수는? 13 국가직 9급

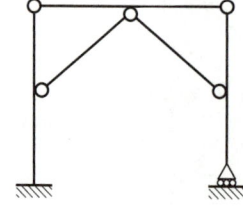

① 1차 ② 2차
③ 3차 ④ 4차

003 다음 구조물의 부정정차수는? 19 서울시 9급(前)

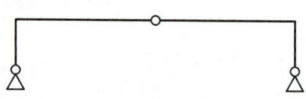

① 0차 ② 1차
③ 2차 ④ 3차

004 아래 그림과 같은 골조구조물의 부정정차수는?

09 지방직 9급

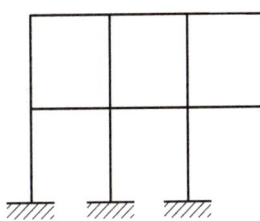

① 9차　　② 10차
③ 11차　　④ 12차

004
판별식
= 반력+부재수+강절점수
　－(2×절점수)
= 9+12+13－(2×11)
= 12차 부정정

정답 ④

005 그림과 같은 구조물의 판별 결과로 옳은 것은?

13 지방직 9급

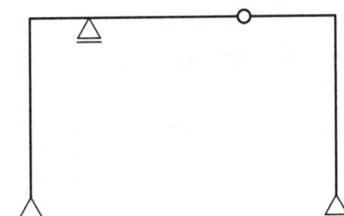

① 불안정 구조물
② 정정 구조물
③ 1차 부정정 구조물
④ 2차 부정정 구조물

005
부정정차수
= 반력수+부재수+강절점수
　－2×절점수
= (5+5+3)－(2×6)
= 1차 부정정

정답 ③

006 그림과 같은 구조물의 판별 결과로 옳은 것은? (단, 부재 간 접합은 모두 강절점이다)

25 지방직 9급

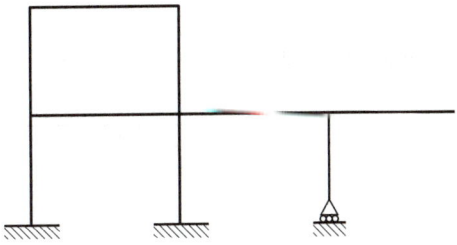

① 불안정
② 7차 부정정
③ 8차 부정정
④ 9차 부정정

006
구조물의 판별식
= (반력+부재력+강절점수)
　－(2×절점수)
= (7+9+9)－(2×9)
= 7차 부정정

정답 ②

정답 및 해설

007
구조물의 판별식
= (반력 + 부재력 + 강절점수)
  − 2 × 절점수
= (5 + 15 + 18) − (2 × 12)
= 14차 부정정

정답 ③

008
판별식
= 반력 + 부재수 + 강절점수
  − (2 × 절점수)
= 6 + 14 + 15 − (2 × 11)
= 13차 부정정 구조물

정답 ②

009
구조물의 판별식
= (반력 + 부재력 + 강절점수)
  − (2 × 절점수)
= (9 + 7 + 2) − (2 × 7)
= 4차 부정정

정답 ②

---

007 다음 구조물의 판별로 옳은 것은?   16 국가직 7급

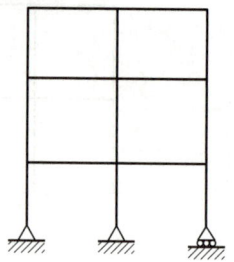

① 불안정　　　　　　　　　② 안정, 2차 부정정
③ 안정, 14차 부정정　　　　④ 안정, 20차 부정정

008 그림과 같은 구조물의 판별 결과는?   14 서울시 9급

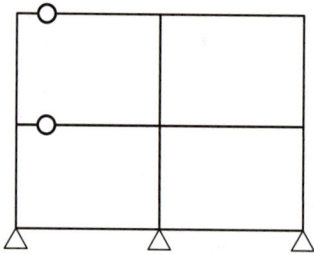

① 15차 부정정 구조물　　　② 13차 부정정 구조물
③ 10차 부정정 구조물　　　④ 7차 부정정 구조물
⑤ 5차 부정정 구조물

009 다음 구조물의 부정정차수는?   11 지방직 7급

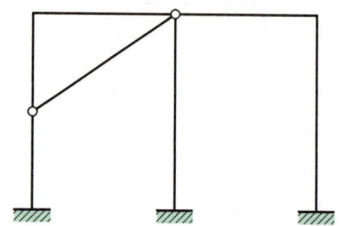

① 3차 부정정　　　　　　　② 4차 부정정
③ 5차 부정정　　　　　　　④ 6차 부정정

010

다음 그림과 같은 구조물에서 부정정차수가 가장 높은 것은?   17 서울시 9급(前)

010
① 부정정차수(N)
  $= r+m+s-2j$
  $= 6+3+2-2\times4 =$ 3차 부정정
② 부정정차수(N)
  $= r+m+s-2j$
  $= 4+8+3-2\times7 =$ 1차 부정정
③ 부정정차수(N)
  $= r+m+s-2j$
  $= 8+5+4-2\times6 =$ 5차 부정정
④ 부정정차수(N)
  $= r+m+s-2j$
  $= 6+6+4-2\times6 =$ 4차 부정정

정답 ③

011

그림과 같은 구조물의 판별로 옳은 것은?   21 지방직 9급

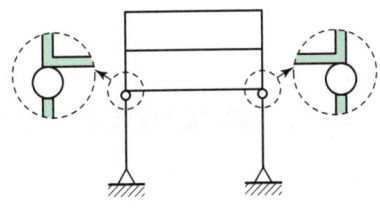

① 불안정
② 1차 부정정
③ 3차 부정정
④ 4차 부정정

011
판별식 계산상 5차 부정정이지만, 구조물 중간 부분 양쪽이 모두 힌지로 되어 있어서 내적 불안정 구조물이 된다.

정답 ①

012

다음 그림과 같은 구조물의 판별 결과로 옳은 것은?   24 지방직 9급

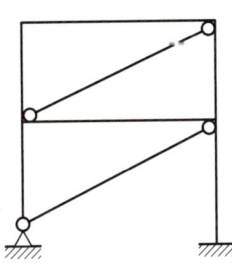

① 불안정
② 6차 부정정
③ 7차 부정정
④ 8차 부정정

012
구조물의 판별식
= (반력+부재력+강절점수)
  −(2×절점수)
= (5+8+6)−(2×6)
= 7차 부정정

정답 ③

정답 및 해설

013
A단을 이동단으로 하면 불안정구조물이 되기 때문에 할 수가 없다.

정답 ④

014
$\sum M_O = (2 \times 5) - (3 \times 3) - (2 \times 1) + (1 \times 3)$
$= 2 \text{kN} \cdot \text{m}$

정답 ①

---

013 다음 트러스 구조물을 정정구조물로 할 때 조치로 틀린 것은 어느 것인가?

04 경남 9급

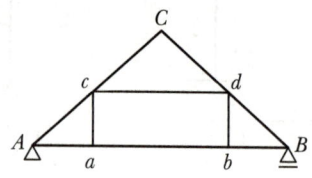

① B단을 회전단으로 한다.
② ad 사이에 부재(가새)를 넣는다.
③ bc 사이에 부재를 넣는다.
④ A단을 이동단으로 한다.

014 그림과 같은 하중이 작용할 때, O점에 대한 모멘트 합의 크기[kN·m]는?

22 국가직 9급

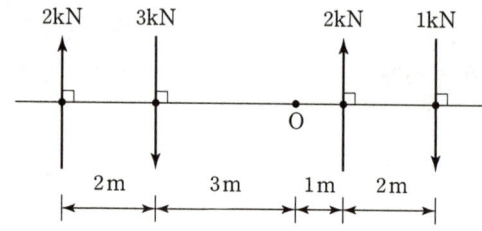

① 2 ② 4
③ 6 ④ 8

CHAPTER 02 단면 및 재료의 성질

001 그림과 같은 삼각형 단면의 X축과 Y축에 대한 단면1차모멘트를 각각 Q_X와 Q_Y라고 한다면, Q_X와 Q_Y의 합은?

22 지방직 9급

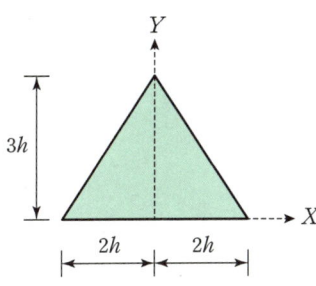

① $4h^3$
② $6h^3$
③ $8h^3$
④ $12h^3$

해설 001

Y축은 도심을 지나기 때문에 Q_Y는 0가 되므로, X축에 대한 단면 1차모멘트인 Q_X만 구하면 된다.

$\therefore Q_X = A \times y$
$= \left(4h \times 3h \times \dfrac{1}{2}\right) \times h$
$= 6h^3$

정답 ②

---

002 그림과 같은 T형 단면의 도심거리 y는?

22 국가직 9급

① $\dfrac{3}{2}h$
② $\dfrac{4}{2}h$
③ $\dfrac{5}{2}h$
④ $\dfrac{6}{2}h$

해설 002

$G_x = A \times y_o \rightarrow y_o = \dfrac{G_x}{A}$

(1) $G_x = A \times y_o$
$= (3h \times h) \times \left(3h + \dfrac{h}{2}\right)$
$= \dfrac{21}{2}h^3$

(2) $G_x = A \times y_o$
$= (3h \times h) \times \dfrac{3h}{2}$
$= \dfrac{9}{2}h^3$

$\therefore y = \dfrac{G_x}{A} = \dfrac{\dfrac{21}{2}h^3 + \dfrac{9}{2}h^3}{3h^2 + 3h^2} = \dfrac{5}{2}h$

정답 ③

정답 및 해설

003
$I_x : I_y = \dfrac{bh^3}{12} : \dfrac{hb^3}{12}$
$= h^2 : b^2$
$= 400^2 : 200^2$
$= 4 : 1$

정답 ③

004
직사각형의 수평 도심축에 대한 단면 2차모멘트 $I_1 = \dfrac{bh^3}{12}$이고, 삼각형의 수평 도심축에 대한 단면2차모멘트 $I_2 = \dfrac{bh^3}{36}$이므로, I_1/I_2는 3이 된다.

정답 ③

005
$I_x = \dfrac{BH^3}{12} - \dfrac{bh^3}{12}$
$= \dfrac{50 \times 100^3}{12} - \dfrac{40 \times 80^3}{12}$
$= 2.46 \times 10^6 \text{mm}^4$

정답 ④

---

003 다음 그림과 같은 직사각형 단면에서 x축과 y축이 도심을 지날 때, x축에 대한 단면2차모멘트 I_x와 y축에 대한 단면2차모멘트 I_y의 비($I_x : I_y$)는?

13 국가직 9급, 24 서울시 9급

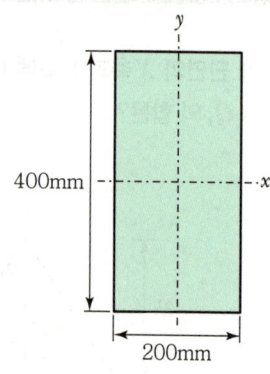

① 2 : 1   ② 1 : 2   ③ 4 : 1   ④ 1 : 4

004 밑변이 b이고 높이가 h인 직사각형 단면의 수평 도심축에 대한 단면2차모멘트를 I_1이라 하고, 밑변이 b이고 높이가 h인 삼각형 단면의 수평 도심축에 대한 단면2차모멘트를 I_2라고 할 때, I_1/I_2의 값은?

15 국가직 9급

① 1   ② 2   ③ 3   ④ 4

005 그림과 같은 2축대칭 H형강 단면의 x축에 대한 단면2차모멘트[mm⁴]는?

20 국가직 9급

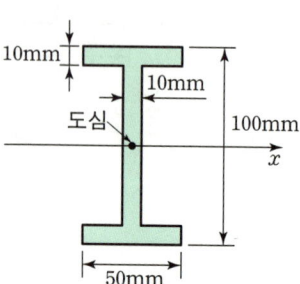

① 3.75×10^6 ② 5.75×10^6
③ 4.46×10^6 ④ 2.46×10^6

006

다음 단면 중에서 X축에 대한 단면2차모멘트 값이 다른 것은? 17 서울시 7급

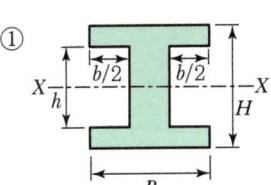
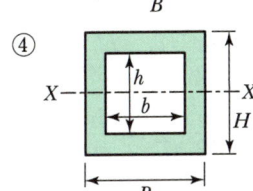
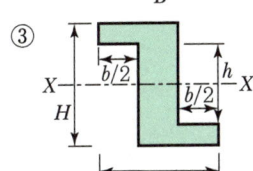
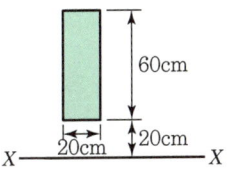

006

대칭 도형일 때 단면2차모멘트 $I_x = \dfrac{BH^3}{12} - \dfrac{bh^3}{12}$ 으로 산정하면 ①, ②, ④는 모두 값이 동일하고, ③은 $b/2$를 b로 고쳐서 구해야 같은 단면2차모멘트 값이 나온다.

정답 ③

007

다음 그림과 같은 단면의 X축에 대한 단면2차모멘트가 $65,000,000 \text{mm}^4$일 때, ㉠의 값으로 옳은 것은? 17 서울시 9급(前)

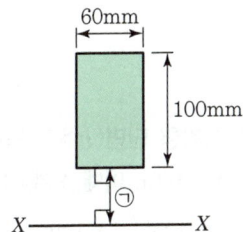

① 0mm
② 50mm
③ 100mm
④ 150mm

007

$I_X = I_{X_o} + (A \times y_o^2)$

$65,000,000 = \dfrac{60 \times 100^3}{12} + (60 \times 100) \times (50 + ㉠)^2$

$65,000,000 = 5,000,000 + (60 \times 100) \times (50 + ㉠)^2$

$10,000 = (50 + ㉠)^2$

$100 = 50 + ㉠$

∴ ㉠ = 50mm

정답 ②

008

<보기>와 같은 단면의 $X-X$축에 대한 단면2차모멘트의 값으로 옳은 것은? 19 서울시 9급(前)

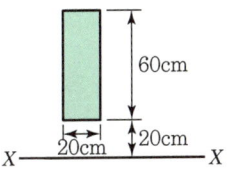

① $360,000 \text{ cm}^4$
② $2,640,000 \text{ cm}^4$
③ $3,000,000 \text{ cm}^4$
④ $3,360,000 \text{ cm}^4$

008

$I_X = I_{x_o} + (A \times y^2)$

$= \dfrac{20 \times 60^3}{12} + (20 \times 60 \times 50^2)$

$= 3,360,000 \text{cm}^4$

정답 ④

정답 및 해설

009
정답 ④

010
(1) 약축에 대한 단면2차반경(i_Y)
$= \dfrac{b}{\sqrt{12}}$
(2) 강축에 대한 단면2차모멘트(I_X)
$= \dfrac{bh^3}{12}$
$\therefore \dfrac{I_X}{i_Y} = \dfrac{\frac{bh^3}{12}}{\frac{b}{\sqrt{12}}} = \dfrac{\sqrt{12}h^3}{12} = \dfrac{h^3}{\sqrt{12}}$
정답 ②

---

009 단면의 높이 h, 폭이 b인 직사각형 부재의 강축에 대한 단면2차모멘트(I), 단면계수(Z), 단면2차반경(i)으로 옳은 것은?

11 국가직 9급

① $I = \dfrac{bh^2}{12}$, $Z = \dfrac{bh}{6}$, $i = \dfrac{h^2}{12}$

② $I = \dfrac{bh^3}{12}$, $Z = \dfrac{bh^2}{6}$, $i = \dfrac{h^2}{12}$

③ $I = \dfrac{bh^2}{12}$, $Z = \dfrac{bh}{6}$, $i = \dfrac{h}{2\sqrt{3}}$

④ $I = \dfrac{bh^3}{12}$, $Z = \dfrac{bh^2}{6}$, $i = \dfrac{h}{2\sqrt{3}}$

010 폭 b, 높이 h인 직사각형 단면($h>b$)에서 도심을 지나고 밑변과 수평인 축이 X축, 수직인 축이 Y축이다. 이때, 약축에 대한 단면2차반경(i_Y)과 강축에 대한 단면2차모멘트(I_X)의 비율$\left(\dfrac{I_X}{i_Y}\right)$은?

17 지방직 9급

① $\dfrac{h^2}{\sqrt{3}}$

② $\dfrac{h^3}{\sqrt{12}}$

③ $\dfrac{b^2}{\sqrt{3}}$

④ $\dfrac{b^2}{\sqrt{12}}$

011 그림과 같은 중공 박스형 단면의 도심축 x 및 y에 대한 단면2차모멘트 I_x와 I_y의 비($I_x : I_y$)는?

21 지방직 9급

① 2 : 1
② 3 : 1
③ 4 : 1
④ 5 : 1

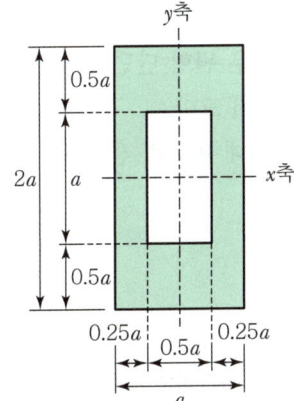

011

(1) $I_x = \dfrac{BH^3}{12} - \dfrac{bh^3}{12}$

$= \dfrac{a \times (2a)^3}{12} - \dfrac{0.5a \times a^3}{12}$

$= \dfrac{7.5a^4}{12}$

(2) $I_y = \dfrac{BH^3}{12} - \dfrac{bh^3}{12}$

$= \dfrac{2a \times a^3}{12} - \dfrac{a \times (0.5a)^3}{12}$

$= \dfrac{1.875a^4}{12}$

$\therefore I_x : I_y = \dfrac{7.5a^4}{12} : \dfrac{1.875a^4}{12}$

$= 4 : 1$

정답 ③

---

012 다음 그림과 같이 동일 단면적을 가진 보 A, B, C에 대한 휨모멘트의 저항비는?

07 서울시 9급

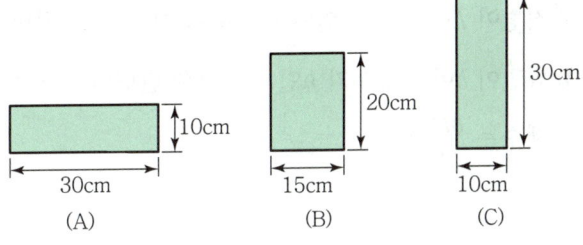

① 1 : 2 : 4
② 1 : 3 : 5
③ 1 : 2 : 3
④ 1 : 3 : 2

012

(1) 휨모멘트에 대해 저항하는 것은
→ 단면계수 $Z = \dfrac{bh^2}{6}$ 이다.

(2) 동일 단면적이므로
$Z = A : B : C$
$= \left(\dfrac{b_A h_A}{6}\right) \times h_A :$
$\left(\dfrac{b_B h_B}{6}\right) \times h_B : \left(\dfrac{b_C h_C}{6}\right) \times h_C$

$\therefore (b_A h_A = b_B h_B = b_C h_C) = 1 : 2 : 3$

※ 동일 단면일 때 휨모멘트에 대한 저항비는 보 춤에 비례한다.

정답 ③

---

013 다음과 같은 그림에서 X, Y축에 대한 단면상승모멘트 값은?

08 대구시 9급

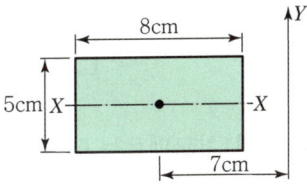

① 280 cm⁴
② 120 cm⁴
③ 40 cm⁴
④ 0

013

단면상승모멘트($I_{xy} = A \times x_o \times y_o$)는 x, y축에서 그 도형의 도심까지 거리를 곱해서 구한다.
y_o가 7cm로 주어졌지만, x_o는 도심축을 x축이 지나고 있기 때문에 $I_{xy} = A \cdot x_o \cdot y_o$가 0이므로 단면상승모멘트는 0이 된다.

정답 ④

정답 및 해설

014
단면계수의 단위는 cm³, mm³ 등이며, 부호는 항상 정(+)이다.
정답 ②

015
밑변이 b이고 높이가 h인 직사각형 단면의 도심축(가로)에 대한 단면2차반경은 $\dfrac{h}{2\sqrt{3}}$이다.
정답 ②

016
주축은 서로 직교한다.
정답 ③

---

014 단면계수의 특성에 대한 설명으로 옳지 않은 것은? 　　20 지방직 9급

① 단면계수가 큰 단면이 휨에 대한 저항이 크다.
② 단위는 cm⁴, mm⁴ 등이며, 부호는 항상 정(+)이다.
③ 동일 단면적일 경우 원형 단면의 강봉에 비하여 중공이 있는 원형 강관의 단면계수가 더 크다.
④ 휨 부재 단면의 최대 휨응력 산정에 사용한다.

015 구조부재의 단면특성을 나타내는 계수에 대한 설명으로 옳지 않은 것은?
　　11 국가직 7급, 25 지방직 9급

① 직경이 D인 원형단면의 도심축에 대한 단면계수는 $\dfrac{\pi D^3}{32}$이다.
② 밑변이 b이고 높이가 h인 직사각형 단면의 도심축(가로)에 대한 단면2차반경은 $\dfrac{h}{3\sqrt{3}}$이다.
③ 직경이 D인 원형단면의 도심축에 대한 단면2차반경은 $\dfrac{D}{4}$이다.
④ 밑변이 b이고 높이가 h인 직사각형 단면의 도심축(가로)에 대한 단면계수는 $\dfrac{bh^2}{6}$이다.

016 그림과 같이 도심을 지나는 x축, y축에 대한 직사각형 단면의 성질에 대한 설명으로 옳지 않은 것은? 　　23 국가직 9급

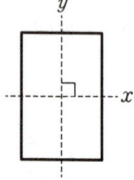

① y축에 대한 단면1차모멘트는 0이다.
② x축, y축에 대한 단면상승모멘트는 0이다.
③ 주축은 서로 직교하지 않고 45°의 각도를 이룬다.
④ 주축에 대한 단면상승모멘트는 0이다.

017

구조부재의 단면성질과 그 용도를 짝지어 놓은 것 중 옳지 않은 것은?

14 서울시 9급

① 단면2차모멘트(I_x) : 보의 처짐 계산에 적용된다.
② 단면2차반경($i_x = \sqrt{I_x/A}$) : 좌굴하중을 검토하는 데 적용한다.
③ 단면극2차모멘트(I_P) : 부재의 비틀림응력을 계산한다.
④ 단면계수(Z_c) : 보의 전단응력 산정에 적용된다.
⑤ 단면상승모멘트(I_{xy}) : 주응력을 계산하는 데 적용한다.

017
단면계수는 보의 휨응력 산정에 적용된다.

정답 ④

018

단면의 성질에 관한 설명으로 옳지 않은 것은?

13 지방직 9급

① 단면의 도심을 지나는 축에 대한 단면1차모멘트는 0이다.
② 단면 상의 서로 평행한 축에 대한 단면2차모멘트 중 도심축에 대한 단면2차모멘트가 최대이다.
③ 단면의 주축에 대한 단면상승모멘트는 0이다.
④ 동일 원점에 대한 단면극2차모멘트 값은 직교좌표축의 회전에 관계없이 일정하다.

018
단면 상의 서로 평행한 축에 대한 단면2차모멘트 중 도심축에 대한 단면2차모멘트가 최소이다.

정답 ②

019

길이 1m, 지름 60mm(단면적 $2,827mm^2$)인 봉에 200kN의 순인장력이 작용하여 탄성 상태에서 길이방향으로 0.5mm 늘어나고, 지름방향으로 0.015mm 줄어들었다. 이때, 봉 재료의 푸아송비 ν와 탄성계수 E에 가장 가까운 값은?

20 국가직 9급

	ν	$E[\mathrm{MPa}]$		ν	$E[\mathrm{MPa}]$
①	0.03	1.4×10^2	②	0.5	1.4×10^2
③	0.03	1.4×10^5	④	0.5	1.4×10^5

019
(1) 푸아송비
$$= \frac{\beta}{\varepsilon} = \frac{\frac{\Delta d}{d}}{\frac{\Delta l}{l}} = \frac{\frac{0.015}{60}}{\frac{0.5}{1000}} = 0.5$$

(2) 탄성계수
$$= \frac{\sigma}{\varepsilon} = \frac{P}{A} \times \frac{l}{\Delta l}$$
$$= \frac{200,000}{2,827} \times \frac{1,000}{0.5}$$
$$= 1.4 \times 10^5$$

정답 ④

020

단면의 크기가 10×10cm이고 길이가 2m인 기둥에 80kN의 압축력을 가했더니 길이가 2mm 줄어들었다. 이 부재에 사용된 재료의 탄성계수는?

15 지방직 9급

① 8.0×10^2 MPa
② 8.0×10^3 MPa
③ 8.0×10^4 MPa
④ 8.0×10^5 MPa

020

탄성계수$(E) = \dfrac{\sigma}{\varepsilon} = \dfrac{P \times L}{A \times \Delta L}$

$= \dfrac{(80 \times 10^3) \times 2,000}{10,000 \times 2}$

$= 8 \times 10^3$ MPa

정답 ②

021

다음 그림은 어떤 부재의 인장시험 결과를 나타내고 있다. 이 재료의 탄성계수의 값[GPa]은? (단, 부재의 단면적은 20mm²이고, 길이는 500mm이다.)

24 서울시 9급

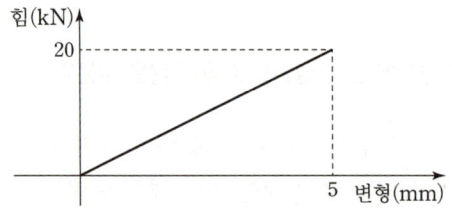

① 4
② 20
③ 100
④ 200

021

탄성계수$(E) = \dfrac{\sigma}{\varepsilon} = \dfrac{P \times L}{A \times \Delta L}$

$= \dfrac{(20 \times 10^3) \times 500}{20 \times 5}$

$= 100$ GPa

정답 ③

022

길이 4m 강봉에 60kN의 축방향 인장하중이 작용하는 경우 늘어나는 길이(mm)는? (단, 강봉의 탄성계수 $E=2.0 \times 10^5$MPa, 단면적 $A=600$mm²이다.)

09 지방직 7급

① 1.0
② 1.5
③ 2.0
④ 2.5

022

$\Delta l = \dfrac{P \cdot l}{A \cdot E}$

$= \dfrac{60,000\text{N} \times 4,000\text{mm}}{600\text{mm}^2 \times (2 \times 10^5)\text{MPa}}$

$= 2$mm

정답 ③

023

탄성계수가 200GPa, 길이가 5m, 단면적이 100mm²인 직선부재에 10kN의 축방향 인장력이 작용할 때, 부재의 늘어난 길이(mm)는?

12 국가직 9급

① 1
② 2
③ 2.5
④ 4

023

늘어난 길이

$\Delta l = \dfrac{P \times l}{E \times A}$

$= \dfrac{(10 \times 10^3) \times 5,000}{(200 \times 10^3)\text{MPa} \times 100}$

$= 2.5$mm

정답 ③

024

부재의 길이가 1m이고 한변의 길이가 10mm인 정사각형 단면에 2kN의 축방향 인장력이 작용하여 길이가 1mm 늘어났을 경우, 재료의 탄성계수[MPa]는? (단, 재료는 탄성범위 내에서 거동한다)

25 국가직 9급

① 200
② 2,000
③ 20,000
④ 200,000

024
탄성계수
$= \dfrac{\sigma}{\varepsilon} = \dfrac{P}{A} \times \dfrac{l}{\Delta l}$
$= \dfrac{2,000}{100} \times \dfrac{1,000}{1}$
$= 20,000 \text{MPa}$

정답 ③

025

길이가 L이고 변형이 구속되지 않은 트러스 부재가 온도변화 ΔT에 의해 일어나는 축방향 변형률(ε)은? (단, 트러스 부재의 재료는 열팽창계수 α인 등방성 균질재료로 온도변화에 따라 선형변형한다.)

19 국가직 9급

① $\varepsilon = \alpha(\Delta T)$
② $\varepsilon = \alpha(\Delta T)\sqrt{L}$
③ $\varepsilon = \alpha(\Delta T)L$
④ $\varepsilon = \alpha(\Delta T)L^2$

025
(1) 온도 변형량 : $\delta_t = \alpha \times \Delta T \times L$
(2) 온도 변형률 : $\varepsilon_t = \dfrac{\delta_t}{L} = \alpha \times \Delta T$

정답 ①

026

그림과 같이 길이가 2.0m인 강봉의 온도가 50°C만큼 상승할 때, 강봉에 발생하는 길이방향 응력(σ)은? (단, 강봉의 선팽창계수는 $\alpha = 1.2 \times 10^{-5}/°C$이고, 탄성계수는 $E = 2.0 \times 10^5 \text{MPa}$로 하며, 자중은 무시한다.)

19 국가직 7급

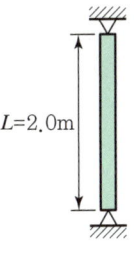

$L = 2.0\text{m}$

① 60MPa
② 120MPa
③ 180MPa
④ 240MPa

026
온도응력공식적용
$\sigma_t = E \times \alpha \times \Delta T$
$= (2 \times 10^5) \times (1.2 \times 10^{-5}) \times 50$
$= 120 \text{MPa}$

정답 ②

정답 및 해설

027

변형률$(\varepsilon) = \dfrac{P}{A \times E}$

$= \dfrac{50 \times 10^3}{500 \times (2 \times 10^5)}$

$= 5 \times 10^{-4}$

정답 ④

028

(1) $\sigma = E\sqrt{\varepsilon}$ 이용한다.

(2) $\sigma^2 = E^2 \varepsilon$, $\left(\dfrac{P}{A}\right)^2 = E^2 \times \left(\dfrac{\Delta L}{L}\right)$

∴ $\Delta L = \dfrac{P^2 L}{A^2 E^2}$

정답 ③

---

027 그림과 같이 길이가 1.0m, 단면적이 500mm²인 탄성 재질의 강봉을 50kN의 힘으로 당겼을 때 강봉의 변형률은? (단, 강봉의 탄성계수는 $E = 2.0 \times 10^5 \text{MPa}$이다.)

11 지방직 9급

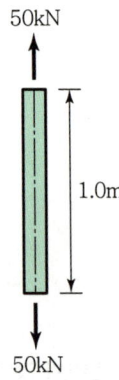

① 1.0×10^{-4}　　② 2.0×10^{-4}
③ 2.5×10^{-4}　　④ 5.0×10^{-4}

028 길이 L인 봉에 축하중 P가 작용할 때 봉의 늘어난 길이 ΔL은? (단, 봉의 단면적은 A이며, 하중 P는 단면의 도심에 가해지고 자중은 무시한다. 봉을 구성하는 재료의 응력(σ)-변형도(ε) 관계가 $\sigma = E\sqrt{\varepsilon}$이며, E는 봉의 탄성계수이다.)

17 국가직 9급

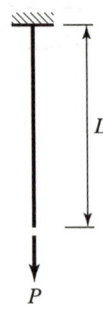

① $\dfrac{PL}{AE}$　　② $\dfrac{P^2 L^2}{A^2 E^2}$
③ $\dfrac{P^2 L}{A^2 E^2}$　　④ $\dfrac{PL}{A^2 E^2}$

029 다음 그림 (가)와 같은 구조물에 중심축력 P가 작용할 때, 축변형값이 1mm이다. 동일한 재료특성을 가진 (나)와 같은 구조물에 중심축력 $2P$가 작용할 때, 축변형 값[mm]은? (단, 좌굴은 고려하지 않고, 구조물은 탄성거동한다고 가정한다.)

11 지방직 7급

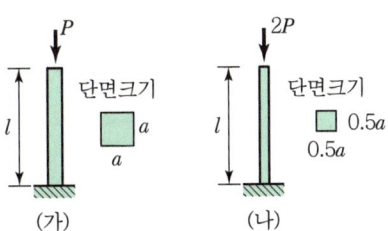

① 0.5
② 1
③ 4
④ 8

029
축변형값(Δl)
$=\dfrac{Pl}{AE}$를 이용하여 구한다.

(가) 축변형값(Δl)
$=\dfrac{Pl}{AE}=\dfrac{Pl}{a^2 E}$
∴ $Pl = a^2 E$

(나) 축변형값(Δl)
$=\dfrac{Pl}{AE}=\dfrac{2Pl}{0.25a^2 E}$
$=\dfrac{2a^2 E}{0.25a^2 E}=8\text{mm}$
(∵ $Pl=a^2 E$ 대입)

정답 ④

---

030 직경이 20cm이고 길이가 1m인 원형봉에 인장력 P를 가하였더니, 봉의 길이가 20mm 증가하고 직경이 2mm 감소하였다. 이 봉의 포아송 비(Poisson's Ratio)는 얼마인가?

14 서울시 7급

① 0.01
② 0.2
③ 0.4
④ 0.5
⑤ 1.0

030
포아송 비 $=\dfrac{\beta}{\varepsilon}=\dfrac{\dfrac{\Delta d}{d}}{\dfrac{\Delta l}{l}}$

∴ 포아송 비 $=\dfrac{l \times \Delta l}{d \times \Delta l}$
$=\dfrac{100 \times 0.2}{20 \times 2}$
$=\dfrac{1}{2}=0.5$

정답 ④

정답 및 해설

031

$$\nu = \frac{\beta}{\varepsilon} = \frac{\frac{\Delta d}{d}}{\frac{\Delta l}{l}} = \frac{\frac{0.0015}{15}}{\frac{0.03}{30}}$$

$= 0.1$

정답 ②

032

포아송 비

$\nu = \dfrac{\text{가로변형도}(\beta)}{\text{세로변형도}(\varepsilon)}$

$= \dfrac{\frac{\Delta d}{d}}{\frac{\Delta l}{l}} = \dfrac{\frac{0.006}{20}}{\frac{0.8}{1,000}} = 0.375$

정답 ④

---

031 그림과 같은 원통형 부재에 $P=10\text{N}$의 하중이 작용하여 하중작용 방향으로 0.03cm 줄었고, 하중작용 직각방향으로 0.0015cm가 늘어났다면 이 부재의 포아송 비(ν)는?

09 국가직 9급

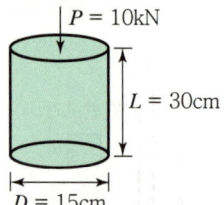

① 1/5　　　　② 1/10
③ 1/20　　　　④ 1/40

032 그림과 같이 직경(D)이 20mm, 길이가 1m인 강봉이 축방향 인장력 65kN을 받을 경우 길이는 0.8mm 늘어나고 직경은 0.006mm 줄어들었다고 할 때, 이 재료의 포아송 비는?

17 서울시 7급

① 0.300　　　　② 0.325
③ 0.350　　　　④ 0.375

033

다음 구조적 개념 중에서 옳지 않은 것은?

10 국가직 7급

① 직경이 D인 원형단면의 단면2차반경은 $\frac{D}{4}$이다.

② 포아송 비가 0.2일 때 포아송 수는 5이다.

③ 인장력을 받는 강봉의 지름을 3배로 하면 응력도는 $\frac{1}{9}$배가 된다.

④ 인장력을 받을 때 변형량은 하중과 단면적에 비례한다.

033
인장력을 받을 때 변형량은 하중에 비례하고, 단면적에는 반비례한다.
정답 ④

034

두 부재로 이루어진 트러스 구조시스템에서 그림과 같이 연직방향으로 6kN의 하중이 작용할 때, 부재 AB에 필요한 최소 단면적[mm²]은? (단, 트러스 구조의 각 절점은 핀 접합으로 계획하며, 사용 강재의 허용인장응력은 125MPa이다.)

10 국가직 7급

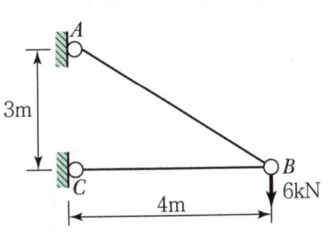

① 50   ② 60
③ 70   ④ 80

034
(1) AB 부재에 작용하는 힘
B 점에서 힘의 평형
$\Sigma V = 0$
$(AB \times \sin\theta) - 6\text{kN} = 0$
$\left(AB \times \frac{3}{5}\right) - 6\text{kN} = 0$
$\therefore AB = 10\text{kN}$

(2) 단면적 산정
$\sigma = \frac{P}{A} \rightarrow A = \frac{P}{\sigma}$
$\therefore A = \frac{P}{\sigma} = \frac{10,000\text{N}}{125\text{N/mm}^2}$
$= 80\text{mm}^2$

정답 ④

035

(1) 탄성단면계수 $(Z) = \dfrac{bh^2}{6}$ 이므로,

$Z_A : Z_B = h_A : h_B$

$600 : 300 = 2 : 1$

(2) 소성단면계수 (Z_P)

$= \dfrac{A}{2}(y_1 + y_2)$

$= \dfrac{bh^2}{4}$ 이므로,

$Z_A : Z_B = h_A : h_B$

$600 : 300 = 2 : 1$

정답 ④

036

소성단면계수

$= \dfrac{A}{2}(y_1 + y_2)$

$= \dfrac{A}{2} \times \left[\dfrac{(200 \times 50) \times 175 + (150 \times 40) \times 75}{A/2} \right] \times 2$

$= 4.4 \times 10^6 \, mm^3$

정답 ④

---

035 다음 그림과 같이 면적이 같은 (A), (B) 단면이 있다. 각 단면의 X축에 대한 탄성단면계수의 비[(A) 단면 : (B) 단면]와 소성단면계수의 비[(A) 단면 : (B) 단면]가 모두 옳은 것은?

14 지방직 9급

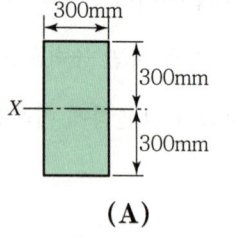
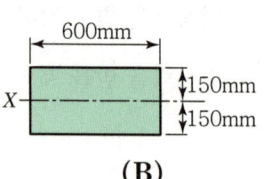

(A)   (B)

① 탄성단면계수의 비 4 : 1, 소성단면계수의 비 4 : 1
② 탄성단면계수의 비 4 : 1, 소성단면계수의 비 2 : 1
③ 탄성단면계수의 비 2 : 1, 소성단면계수의 비 4 : 1
④ 탄성단면계수의 비 2 : 1, 소성단면계수의 비 2 : 1

036 그림과 같은 2축 대칭 용접 H형강 단면에서 도심을 지나는 강축에 대한 소성단면계수 값은?

22 지방직 9급

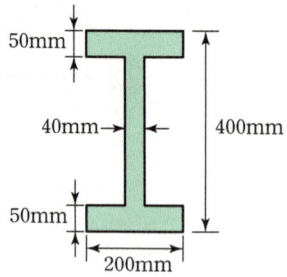

① $2.2 \times 10^5 \, mm^3$
② $3.2 \times 10^5 \, mm^3$
③ $2.6 \times 10^6 \, mm^3$
④ $4.4 \times 10^6 \, mm^3$

037 그림과 같이 2개의 요소로 구성된 강구조 부재가 있다. 요소1과 요소 2의 접합부 C에 축하중(P)이 작용할 때, 지지점 A에서 발생하는 지점반력의 크기는? (단, 축하중(P)이 작용할 때, 강구조는 탄성거동함을 가정한다.)

16 국가직 7급

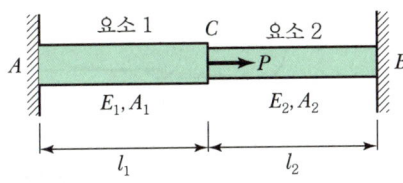

요소 1	요소 2
E_1 : 요소 1 탄성계수	E_2 : 요소 2 탄성계수
A_1 : 요소 1 단면적	A_2 : 요소 2 단면적
l_1 : 요소 1 길이	l_2 : 요소 2 길이

① $\dfrac{E_1A_1/l_2}{E_1A_1/l_2+E_2A_2/l_1}P$ ② $\dfrac{E_1A_1/l_1}{E_1A_1/l_1+E_2A_2/l_2}P$

③ $\dfrac{E_1A_1}{E_1A_1+E_2A_2}P$ ④ $\dfrac{E_2A_2}{E_1A_1+E_2A_2}P$

정답 및 해설

037
(1) 힘의 평형조건($\sum H=0$)
  $\therefore R_A+R_B=P$ ········· ㉠
(2) 변형 적합조건($\delta_{AC}=\delta_{CB}$)
  $\dfrac{R_A\times l_1}{E_1A_1}=\dfrac{R_B\times l_2}{E_2A_2}$ ········ ㉡
  $\therefore R_B=\dfrac{E_2A_2/l_2}{E_1A_1/l_1}R_A$
(3) ㉡식을 ㉠식에 대입
  $R_A+\left(\dfrac{E_2A_2/l_2}{E_1A_1/l_1}R_A\right)=P$
  $\therefore R_A=\dfrac{E_1A_1/l_1}{E_1A_1/l_1+E_2A_2/l_2}P$

정답 ②

038 그림과 같이 동일한 재료로 만들어진 변단면 구조물이 100N의 인장력을 받아 1mm 늘어났을 때, 이 구조물을 이루는 재료의 탄성계수는? (단, 괄호 안의 값은 단면적이다.)

18 서울시 9급

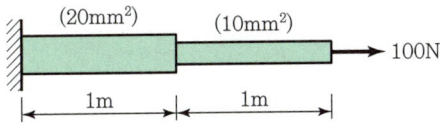

① $5{,}000 \, \text{N/mm}^2$ ② $10{,}000 \, \text{N/mm}^2$
③ $15{,}000 \, \text{N/mm}^2$ ④ $20{,}000 \, \text{N/mm}^2$

038
탄성계수
$E=\dfrac{P\times L}{A\times\Delta L}$
$=\dfrac{100\times 1{,}000}{20\times 1}+\dfrac{100\times 1{,}000}{10\times 1}$
$=15{,}000\,\text{N/mm}^2$

정답 ③

정답 및 해설

039

$\Delta L = \dfrac{P \times L}{A \times E}$

$= \dfrac{P \times L}{\dfrac{A}{2} \times E} + \dfrac{P \times \dfrac{L}{2}}{A \times E}$

$= \dfrac{5PL}{2AE}$

정답 ③

039 그림과 같이 균질한 재료로 이루어진 강봉에 중심 축하중 P가 작용하는 경우 강봉이 늘어난 길이는? (단, 강봉은 선형탄성적으로 거동하는 단일 부재이며, 강봉의 탄성계수는 E이다.)

19 지방직 9급

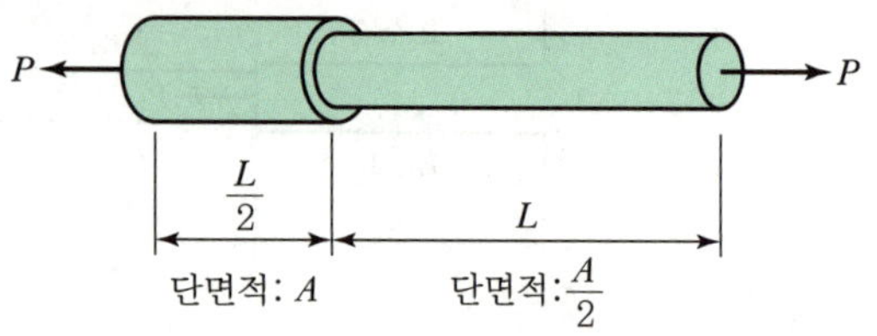

단면적: A / $\dfrac{L}{2}$ / 단면적: $\dfrac{A}{2}$ / L

① $\dfrac{PL}{2AE}$ ② $\dfrac{3PL}{2AE}$

③ $\dfrac{5PL}{2AE}$ ④ $\dfrac{7PL}{2AE}$

CHAPTER 03 정정구조물의 해석

001 아래 그림과 같은 단순보에서 집중하중에 의한 B점의 수직반력(R_B) 값은? (단, 자중은 무시한다.)
08 국가직 9급

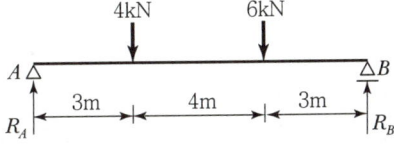

① 4.6kN　② 5.4kN　③ 6.0kN　④ 10.0kN

001
B점의 수직반력은
$\sum M_A = 0$로 구하면,
$(4 \times 3) + (6 \times 7) - (R_B \times 10) = 0$
∴ $R_B = 5.4$kN
정답 ②

002 목조 지붕 구조물에서 눈(Snow)에 의한 하중이 그림과 같이 집중하중으로 작용할 때, A와 B지점의 수직 및 수평반력의 값은?
09 국가직 9급

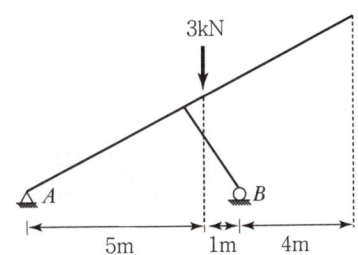

① $R_A = 0.5$kN,　$R_B = 2.5$kN,　$H_A = 0.0$kN
② $R_A = 0.7$kN,　$R_B = 5.0$kN,　$H_A = 0.5$kN
③ $R_A = 0.5$kN,　$R_B = 5.0$kN,　$H_A = 0.0$kN
④ $R_A = 0.7$kN,　$R_B = 2.5$kN,　$H_A = 0.5$kN

002
B점의 수평반력이 없으므로, 수직하중에 대한 A점의 수평반력도 없다.
A점의 반력은
$\sum M_B = 0$로 구하면,
$(R_A \times 6) - (3 \times 1) = 0$
∴ $R_A = 0.5$kN, $R_B = 2.5$kN
정답 ①

정답 및 해설

003
(1) $\sum M_D = 0$
   $(R_A \times 6) - (100 \times 4) + 100 = 0$
   $\therefore R_A = 50\text{kN}$
(2) $\sum V = 0$
   $R_A + R_D - 100 = 0$
   ($\because R_A = 50$ 대입)
   $\therefore R_D = 50\text{kN}$

정답 ②

004
구조물에서 반력 계산 시 등변분포 하중이 작용하는 경우에는 집중하중으로 바꾸어 놓고 계산한다.
$\sum M_B = 0$에서
$R_A \times l - \dfrac{wl}{2} \times \dfrac{l}{2} = 0$
$\therefore R_A = \dfrac{wl}{4}$

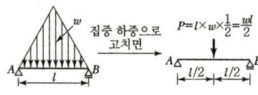

정답 ③

---

003 단순보의 A, D지점에서의 수직반력(R_A, R_D)의 크기는 각각 얼마인가?

16 서울시 9급(後)

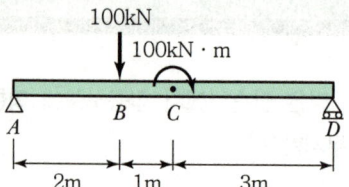

	A	D		A	D
①	100kN	100kN	②	50kN	50kN
③	100kN	50kN	④	50kN	100kN

004 그림과 같은 단순보의 A지점 반력값은?

02 전북 9급

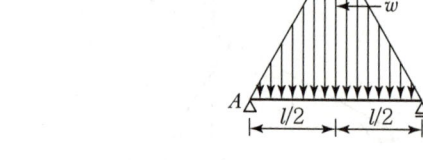

① $\dfrac{wl}{2}$ ② $\dfrac{wl}{3}$

③ $\dfrac{wl}{4}$ ④ $\dfrac{wl}{6}$

005 그림과 같이 단순지지보에 삼각형 분포하중이 작용 시, 지점 A로부터 최대 휨모멘트가 발생하는 점과의 거리는? (단, 보의 자중은 무시한다.) 21 국가직 9급

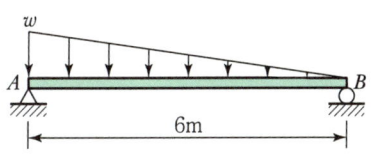

① $2\sqrt{3}$ m
② $3\sqrt{2}$ m
③ $6-2\sqrt{3}$ m
④ $6-3\sqrt{2}$ m

005
(1) $R_A = \dfrac{wL}{3} = \dfrac{w \times 6}{3} = 2w$

　$R_B = \dfrac{wL}{6} = \dfrac{w \times 6}{6} = w$

(2) B점에서 전단력이 0인 위치가 휨모멘트가 최대

$S_x = -w + \dfrac{wx^2}{12} = 0,\ x = 2\sqrt{3}$

∴ A로부터의 최대 휨모멘트
　$= 6 - 2\sqrt{3}$ m

정답 ③

---

006 그림과 같은 조건을 갖는 단순보의 전단력도와 휨모멘트도로 옳은 것은? (단, 보의 자중은 무시한다) 25 국가직 9급

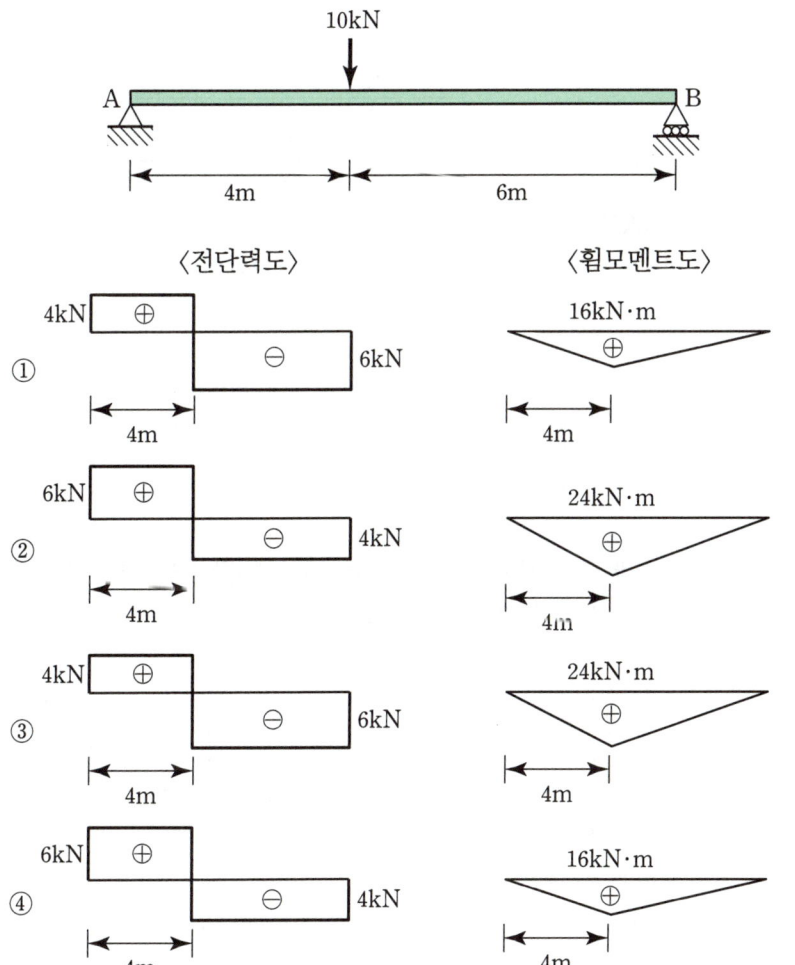

006
보에서 최대 전단력은 일반적으로 좌우 양지점 중 어느 한쪽에 생기며 그 크기는 지점 반력과 같으며, 연직 하중의 경우 전단력 부호가 바뀌는 곳에서 최대 휨모멘트가 생긴다.

(1) 반력산정
　$\Sigma M_B = 0$
　$(R_A \times 10) - (10 \times 6) = 0$
　∴ $R_A = 6$kN, $R_B = 4$kN

(2) 전단력
　① A~C구간: $R_A = 6$kN
　② C~B구간: $6 - 10 = -4$kN

(3) 휨모멘트
　① $M_A = 0$
　② $M_C = 6 \times 4 = 24$kN·m

정답 ②

정답 및 해설

007

등분포하중과 등변분포하중의 복합형으로 반력 계산 시 등분포하중과 등변분포하중으로 나누어서 계산한다.

$\sum M_A = 0$에서
$-(R_B \times 6m) + (24kN \times 3m)$
$+(12kN \times 6m \times \frac{1}{3}) = 0$
$\therefore R_B = 16kN$

정답 ②

008

하중과 반력에 대해 힘의 평형조건식 ($\sum H=0$, $\sum V=0$, $\sum M=0$)을 적용하여 미지의 반력을 구한다.

$\sum M_A = 0$에서
$-6kN \times 1.5m + P$
$\times 3m - R_C \times 8m = 0$
(여기서, $R_C = 0$을 대입)
$\therefore P = 3kN$

정답 ①

009

구조물에서 반력을 계산할 때 등분포하중은 집중하중으로 바꾸어 놓고 계산한다.

$\sum M_B = 0$에서
$(R_A \times 8) - (80 \times 4) + (40 \times 2) = 0$
$\therefore R_A = 30kN$

정답 ①

---

007 다음 그림과 같은 단순보에서 B지점의 수직반력[kN]은? (단, 보의 자중은 무시한다)

24 지방직 9급

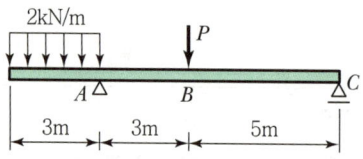

① 10
② 16
③ 20
④ 22

008 그림에서 반력 R_C가 0이 되려면 B점의 집중하중 P는 몇 kN인가?

03 경기도 9급

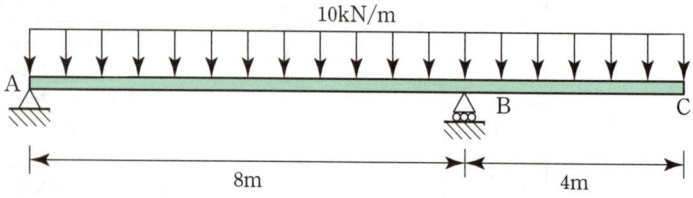

① 3kN
② 6kN
③ 9kN
④ 12kN

009 그림과 같이 내민보에 등분포하중 10kN/m가 작용할 때, A지점의 수직반력[kN]은? (단, 보의 자중은 무시한다)

25 국가직 9급

① 30
② 40
③ 60
④ 80

010 그림과 같은 보에서 지점 C의 반력이 0이 되기 위한 B점의 집중하중(P_B) 크기는?
06 국가직 9급

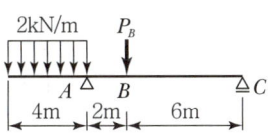

① 6kN ② 8kN
③ 10kN ④ 12kN

010
P_B의 크기를 구하기 위해서는 문제에서 C의 반력이 0이 된다는 조건을 이용하여 모멘트의 원점을 A점으로 잡으면 R_C가 0이므로 P_B만 남는다.
$\sum M_A = 0$에서
$-R_C \times 8\text{m} - 8\text{kN} \times 2\text{m} + P_B \times 2\text{m} = 0 (\because R_C = 0$을 대입$)$
$\therefore R_B = 8\text{kN}$
정답 ②

011 그림과 같은 내민보에서 A점의 수직 반력(R_A)의 크기가 0인 경우, B점의 수직 반력(R_B)의 크기는? (단, 보의 자중은 무시하며, w는 등변분포하중의 최대 크기를 나타낸다.)
15 국가직 7급

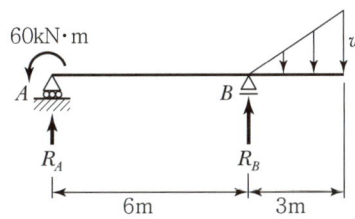

① 10kN ② 20kN
③ 30kN ④ 60kN

011
(1) $\sum M_B = 0$일 때,
$(R_A \times 6) - 60 + \left(3 \times w \times \dfrac{1}{2} \times 2\right) = 0$
$(\because R_A = 0$ 대입$)$
$\therefore w = 20\text{kN/m}$
(2) $\sum M_A = 0$일 때,
$\left(20 \times 3 \times \dfrac{1}{2} \times 8\right) - (R_B \times 6) - 60 = 0$
$\therefore R_B = 30\text{kN}$
정답 ③

012 다음 캔틸레버보의 지지점 A에 작용하는 모멘트 반력은?
15 서울시 9급

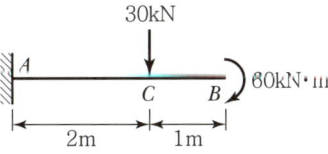

① 90kN·m ② 120kN·m
③ 150kN·m ④ 240kN·m

012
$M_A = 60 + (30 \times 2) = 120\text{kN·m}$
정답 ②

013

(1) $\sum M_B = 0$에서

$(R_A \times 6) - \left(10 \times 3 \times \dfrac{1}{2}\right) \times 4 = 0$

$\therefore R_A = 10\text{kN}$

(2) $\sum V = 0$에서

$R_A + R_B = 15\text{kN}$

($\because R_A = 10\text{kN}$ 대입)

$\therefore R_B = 5\text{kN}$

정답 ③

013

다음 단순보에 등변분포하중이 작용할 때, 각 지점의 수직반력의 크기는? (단, 부재의 자중은 무시한다.)

18 국가직 9급

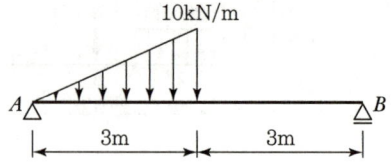

	A지점	B지점
①	20kN	10kN
②	15kN	10kN
③	10kN	5kN
④	12kN	3kN

014

(1) A점의 수직반력은

$\sum M_B = 0$으로 구하면,

$(R_A \times 6) - (4.5 \times 4)$

$+ (4.5 \times 2) = 0$

$\therefore R_A = 1.5\text{kN}$

(2) C점의 전단력 산정

$\therefore S_C = 1.5 - 4.5 = -3\text{kN}$

정답 ②

014

그림과 같은 하중이 작용하는 단순보에서 C점의 전단력[kN]은?

10 국가직 7급

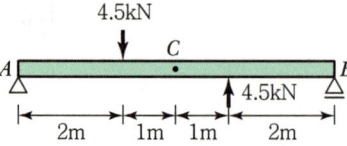

① -4 ② -3
③ -2 ④ -1

015 그림과 같은 단순보에서 A지점의 단면에 걸리는 휨모멘트 값[kN·m]은?

20 서울시 7급

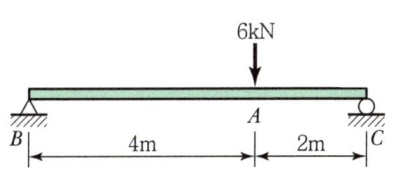

① 8 ② 12
③ 18 ④ 24

015
(1) $\sum M_C = 0$
$(R_B \times 6) - (6 \times 2) = 0$
$\therefore R_B = 2\text{kN}$
(2) $M_A = 2 \times 4 = 8\text{kN·m}$
정답 ①

016 그림과 같은 정정보에 집중하중 14kN이 작용할 때, C점에서 휨모멘트의 크기 [kN·m]는? (단, 보의 자중은 무시하며, 보의 전 길이에 걸쳐 재질 및 단면의 성질은 동일하다.)

22 국가직 9급

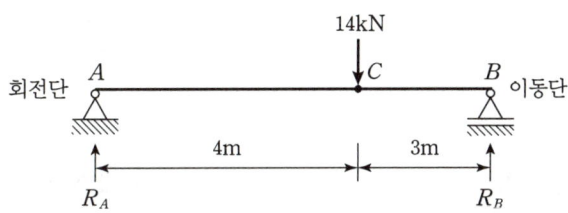

① 20 ② 22
③ 24 ④ 26

016
(1) B점의 수직반력은 $\sum M_A = 0$으로 구하면,
$-(R_B \times 7) + (14 \times 4) = 0$
$\therefore R_B = 8\text{kN}$
(2) C점의 휨모멘트 산정
$\therefore M_C = 8 \times 3 = 24\text{kN}$
정답 ③

017 그림과 같은 하중을 받는 단순보에서 경간의 중앙부에 발생하는 휨모멘트로 옳은 것은?

11 국가직 7급

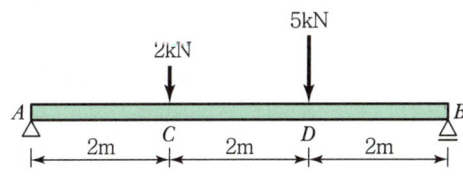

① 5kN·m ② 6kN·m
③ 7kN·m ④ 8kN·m

017
(1) A점의 수직반력은
$\sum M_B = 0$로 구하면,
$(R_A \times 6) - (2 \times 4) - (5 \times 2) = 0$
$\therefore R_A = 3\text{kN}$
(2) 중앙점의 휨모멘트 산정
$\therefore M = (3 \times 3) - (2 \times 1)$
$= 7\text{kN·m}$
정답 ③

정답 및 해설

018
$M_B = -\left(3 \times 4 \times \dfrac{1}{2}\right) \times 1$
$= -6\text{kN} \cdot \text{m}$

정답 ②

019
(1) $\sum M_B = 0$에서
($R_A = 30\text{kN}$: 전단력도에서),
$R_A(=30\text{kN}) \times 9 - w \times 6 \times 3 = 0$
∴ $w = 15\text{kN}$

(2) A지점부터 전단력이 0이 되는 곳(x)까지 전단력을 구한다.
$S_{A-x} = 30 - 15 \times (x-3) = 0$
∴ $x = 5\text{m}$

(3) A지점부터 5m 떨어진 곳에서 전단력이 0이고, 이때 휨모멘트는 최대가 된다.
∴ $M_{\max} = (30 \times 5) - (15 \times 2 \times 1)$
$= 120\text{kN} \cdot \text{m}$

정답 ②

020
$\sum M_B = 0$에서
($R_A = 2.2\text{kN}$: 전단력도에서)
$R_A(=2.2\text{kN}) \times 5 - (P \times 4)$
$-(2 \times 4) - (2 \times 0.5) = 0$
∴ $P = 0.5\text{kN}$

정답 ①

---

018 그림과 같이 내민보에 등변분포하중이 작용하는 경우 B점에서 발생하는 휨모멘트는? (단, 보의 자중은 무시한다.)
19 지방직 9급

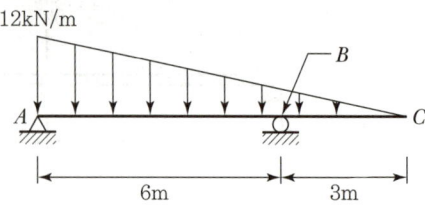

① $-3\text{kN} \cdot \text{m}$
② $-6\text{kN} \cdot \text{m}$
③ $-9\text{kN} \cdot \text{m}$
④ $-12\text{kN} \cdot \text{m}$

019 단순보의 전단력도가 다음 그림과 같을 때 보의 최대휨모멘트로 옳은 것은?
17 서울시 9급(前)

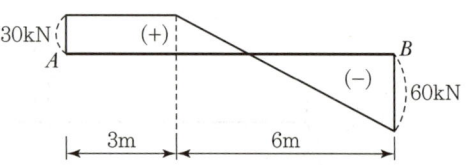

① $90\text{kN} \cdot \text{m}$
② $120\text{kN} \cdot \text{m}$
③ $240\text{kN} \cdot \text{m}$
④ $360\text{kN} \cdot \text{m}$

020 단순보의 전단력도가 다음 그림과 같을 때, 하중 P의 값[kN]은? (단, P는 집중하중이고 w는 분포하중이며, 보의 자중을 무시한다.)
24 서울시 9급

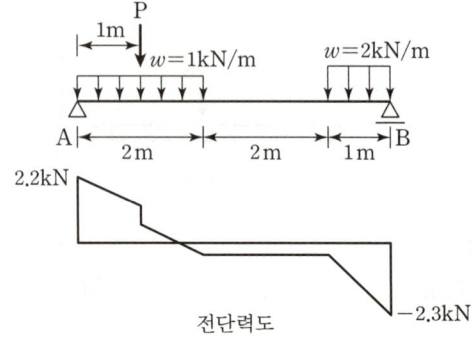

① 0.5
② 1.0
③ 1.5
④ 2.0

021 길이 8m인 단순보의 전단력도가 다음과 같을 때 최대 휨모멘트의 크기는? (단, 외력으로 가해지는 휨모멘트는 없다.)

19 국가직 7급

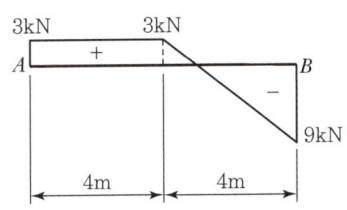

① 12.0kN·m
② 13.5kN·m
③ 15.5kN·m
④ 18.0kN·m

정답 및 해설

021
(1) 최대 휨모멘트는 전단력이 0인 곳에서 발생한다.
(2) $\sum M_B = 0$에서
$R_A(=3\text{kN}) \times 8 - (w \times 4 \times 2) = 0$
∴ $w = 3\text{kN}$
(3) A지점부터 전단력이 0이 되는 곳까지 전단력
$S_A - x = 3 - 3 \times (x-4) = 0$
∴ $x = 5\text{m}$
(4) A지점부터 5m 떨어진 곳에서 전단력이 0이므로, 그 점에서의 휨모멘트 계산
∴ $M_{\max} = (3 \times 5) - \left(3 \times 1 \times \frac{1}{2}\right)$
$= 13.5\text{kN}\cdot\text{m}$

정답 ②

022 그림과 같이 C 위치에서 집중하중 P를 받는 단순보가 탄성거동을 할 경우, 보 전체 경간의 1/2 위치에서 발생하는 휨모멘트는? (단, $b>a$이고, 자중은 무시하며 정모멘트를 +로 가정한다.)

14 지방직 9급

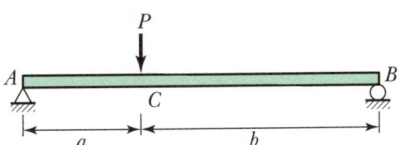

① $\dfrac{Pab}{a+b}$
② $\dfrac{Pa}{a+b}$
③ $\dfrac{Pa}{2}$
④ $\dfrac{Pb}{a+b}$

022
(1) $\sum M_A = 0$에서
$-R_B \times (a+b) + P \times a = 0$
∴ $R_B = \dfrac{Pa}{a+b}$
(2) 중앙점의 모멘트(M_M)
∴ $M_M = \dfrac{Pa}{a+b} \times \dfrac{(a+b)}{2}$
$= \dfrac{Pa}{2}$

정답 ③

정답 및 해설

023
$\frac{wl^2}{8} - \frac{Pl}{4} = 0$,
$\frac{wl^2}{8} = \frac{Pl}{4}$,
$wl = 2P$,
$10 \times 2 = 2P$, $P = 10\text{kN}$

정답 ②

024
(1) $\sum M_B = 0$
  $V_A \times 8 - (20 \times 6) \times 5 = 0$
  $\therefore V_A = +75\text{kN}$
(2) A지점에서 전단력이 0인 위치까지의 거리를 x라고 하면
  $S_x = 75 - (20 \times x) = 0$
  $\therefore x = 3.75\text{m}$

정답 ③

---

023 다음 그림과 같은 경간 2m인 단순보에 중력방향으로 등분포하중 $w=10\text{kN/m}$가 작용할 때, 경간 중앙에서 휨모멘트가 0(영)이 되기 위한 상향 집중하중 P의 크기[kN]는?

16 국가직 9급

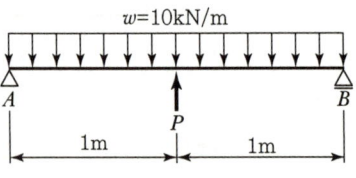

① 5   ② 10
③ 15 ④ 20

024 그림과 같이 양단 단순지지보에서 최대 휨모멘트가 발생하는 지점이 지점 A로부터 x만큼 떨어진 곳에 있을 때 x의 값은?

18 서울시 9급

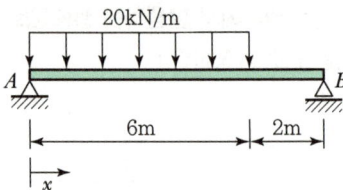

① 1.54m   ② 2.65m
③ 3.75m   ④ 4.65m

025

그림과 같이 등분포하중(w)을 받는 정정보에서 최대 정휨모멘트가 발생하는 위치 x는?

20 지방직 9급

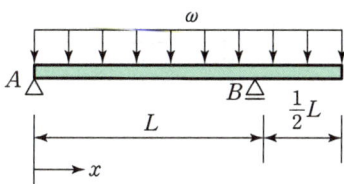

① $\frac{1}{4}L$ ② $\frac{1}{3}L$

③ $\frac{3}{8}L$ ④ $\frac{1}{2}L$

025

(1) 왼쪽 지점(A라고 가정)의 반력을 구하면,
$\sum M_B = 0$ 에서
$R_A \times L - \left(wL \times \dfrac{L}{2}\right)$
$+ \left(\dfrac{wL}{2} \times \dfrac{L}{4}\right) = 0$
$\therefore R_A = \dfrac{3wL}{8}$

(2) 전단력이 0이 되는 지점
$S_x = \dfrac{3wL}{8} - wx = 0$
$\therefore x = \dfrac{3}{8}L$

정답 ③

026

다음 그림과 같은 단순보에서 C점에 발생하는 휨모멘트[kN·m]의 절댓값은? (단, 보의 자중은 무시한다)

24 지방직 9급

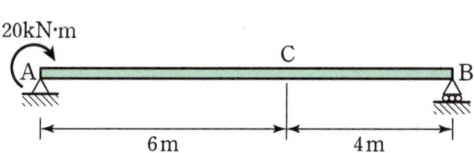

① 6 ② 8
③ 10 ④ 12

026

(1) $\sum M_B = 0$ 에서
$(R_A \times 10) + 20 = 0$
$\therefore R_A = -2$kN

(2) $M_C = -(2 \times 6) + 20$
$= 8$kN·m

정답 ②

027

그림과 같은 단순보의 C점에서 발생하는 휨모멘트의 크기[kN·m]는? (단, 보의 자중은 무시한다.)

17 국가직 9급, 24 국가직 7급

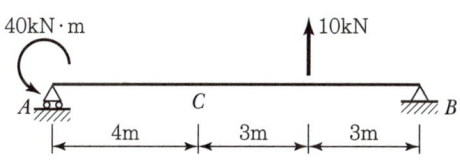

① -36 ② -38
③ -40 ④ -42

027

(1) $\sum M_B = 0$ 에서,
$(R_A \times 10) - 40 + (10 \times 3) = 0$
$\therefore R_A = 1$kN

(2) $M_C = (1 \times 4) - 40$
$= -36$kN·m

정답 ①

정답 및 해설

028
(1) $R_A = 30\text{kN}(\downarrow)$,
    $R_B = 30\text{kN}(\uparrow)$
(2) $M_c = 40 - (30 \times 2)$
         $= -20\text{kN}\cdot\text{m}$
∴ 보의 중앙지점에서 휨모멘트의 절대치는 20kN·m이다.

정답 ①

029
단순보에 등분포하중이 작용할 경우, 경간의 중앙에서 최대휨모멘트는 $\dfrac{wl^2}{8}$이고, 중앙에서 전단력은 0이 된다.

정답 ②

030
모든 부재력 계산 시에는 반력을 먼저 구한다. 그리고 왼쪽에서부터 구하고자 하는 지점까지 부재력을 계산한다.
(1) $R_A = \dfrac{w_o l}{2}$, $R_B = \dfrac{w_o l}{2}$
(2) $V_{\frac{l}{4}} = \dfrac{w_o l}{2} - \left(w_o \times \dfrac{l}{4}\right) = \dfrac{w_o l}{4}$
(3) $M_{\frac{l}{4}} = \left(\dfrac{w_o l}{2} \times \dfrac{l}{4}\right)$
         $-\left(w_o \times \dfrac{l}{4} \times \dfrac{l}{8}\right)$
     $= \dfrac{3w_o l^2}{32}$

정답 ③

---

028 다음 그림의 보에 대한 설명으로 옳지 않은 것은? 16 국가직 7급

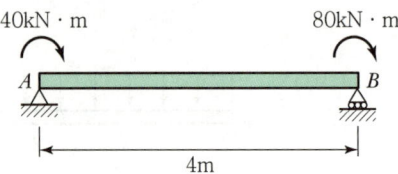

① 보의 중앙지점에서 휨모멘트의 절대치는 25kN·m이다.
② 보에서 휨모멘트가 0이 되는 지점은 A지점으로부터 4/3m되는 곳이다.
③ 보의 중앙지점에서 전단력의 절대치는 30kN이다.
④ A지점의 수직반력과 B지점의 수직반력의 크기(절대치)는 같다.

029 경간 l인 단순보가 등분포하중을 받는 경우, 경간 중앙 위치에서의 휨모멘트 M과 전단력 V는? 15 국가직 9급

	휨모멘트 M	전단력 V
①	$\dfrac{wl^2}{8}$	$\dfrac{wl}{2}$
②	$\dfrac{wl^2}{8}$	0
③	$\dfrac{wl^2}{12}$	$\dfrac{wl}{2}$
④	$\dfrac{wl^2}{12}$	0

030 수직 등분포하중 w_o를 받는 지간 l인 단순보에서, 좌측 지점으로부터 우측 지점으로 $l/4$만큼 떨어진 위치에서의 휨모멘트 M 및 전단력 V로 각각 옳은 것은? 17 서울시 9급(後)

① $M = \dfrac{3w_o l^2}{32}$, $V = \dfrac{w_o l}{8}$
② $M = \dfrac{3w_o l^2}{16}$, $V = \dfrac{w_o l}{2}$
③ $M = \dfrac{3w_o l^2}{32}$, $V = \dfrac{w_o l}{4}$
④ $M = \dfrac{3w_o l^2}{8}$, $V = \dfrac{w_o l}{3}$

031
<보기>와 같이 보가 삼각형모양의 분포하중을 받고 있을 때, 중앙부 C점에서의 휨모멘트 값은?

19 서울시 7급(前)

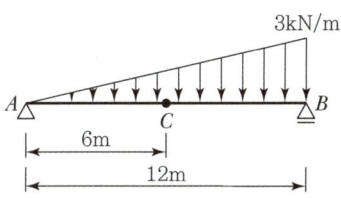

① 9kN·m
② 12kN·m
③ 27kN·m
④ 36kN·m

031
(1) $\sum M_B = 0$,
$(R_A \times 12) - \left(3 \times 12 \times \frac{1}{2} \times 4\right) = 0$
$\therefore R_A = 6\text{kN}$
(2) $M_C = (6 \times 6)$
$\quad - \left(1.5 \times 6 \times \frac{1}{2} \times 2\right)$
$\quad = 27\text{kN}\cdot\text{m}$

정답 ③

032
다음 내민보의 B점에 작용하는 반력[kN]과 모멘트[kN·m]는? (단, 시계방향 모멘트를 정모멘트로 한다.)

12 지방직 9급

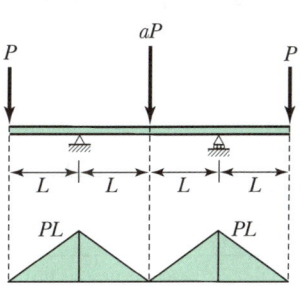

① 상향반력 4.5, 모멘트 0
② 상향반력 4.5, 부모멘트 2
③ 하향반력 4.5, 정모멘트 2
④ 하향반력 4.5, 모멘트 0

032
(1) B점의 반력(R_B)
$\sum M_A = 0$에서
$-(R_B \times 4) + (1 \times 2 \times 5) +$
$(1 \times 4 \times 2) = 0$
$\therefore R_B = 4.5\text{kN}(\uparrow)$
(2) B점의 모멘트(M_B)
$\sum M_B = -(1 \times 2) \times 1$
$\quad = -2\text{kN}\cdot\text{m}$

정답 ②

033
내민보의 휨모멘트 분포가 그림과 같이 되기 위한 a의 값은?

09 지방직 7급

① 1
② 2
③ 3
④ 4

033
휨모멘트가 0이 되는 부재의 중앙부를 C라고 하고, 왼쪽 지점을 A점, 오른쪽 지점을 B점이라고 한다.
(1) $\sum M_C = 0$에서
$-P \times 2L + R_A \times L = 0$
$\therefore R_A = 2P, R_B = 2P$
($\because$ 좌우대칭)
(2) $\sum V = 0$에서
$-P - aP - P + 2P + 2P = 0$
$\therefore a = 2$

정답 ②

정답 및 해설

034
그림의 왼쪽 지점을 A라 하고, 오른쪽 지점을 B라고 가정한다.

(1) $\sum M_B = 0$
$(R_A \times L) - (P \times L/2) + (P \times x) = 0$
$\therefore R_A = \dfrac{P}{2} - \dfrac{Px}{L}$

(2) 왼쪽 하중 P가 작용하는 점에 정모멘트의 최댓값이 나오고, B지점에 부모멘트의 최댓값이 나온다.
$\left(\dfrac{P}{2} - \dfrac{Px}{L}\right) \times \dfrac{L}{2} = P \times x$
$\therefore x = \dfrac{L}{6}$

정답 ④

035
(1) 최대허용전단응력($\tau_{\max}$)
$= \dfrac{3}{2} \times \dfrac{S}{A}$
$2 = \dfrac{3}{2} \times \dfrac{S}{(200 \times 300)}$
$\therefore$ 최대전단력(S) = 80,000N
$= 80$kN

(2) $S = w \times l$
80kN $= w \times 4$m
$\therefore w = 20$kN/m

정답 ①

036
$M_{\max} = \left(\dfrac{1}{2} \times 6 \times 30\right) \times 4$
$= 360$kN·m

정답 ④

034
다음 그림과 같이 집중하중을 받는 내민보에서 정모멘트와 부모멘트의 최댓값을 서로 같게 하기 위한 내민 길이 x의 값은?

16 서울시 9급(前)

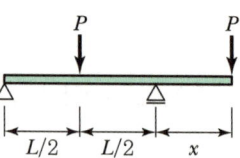

① $\dfrac{L}{2}$　　② $\dfrac{L}{3}$

③ $\dfrac{L}{4}$　　④ $\dfrac{L}{6}$

035
그림과 같은 단면을 갖는 캔틸레버 보에 작용할 수 있는 최대 등분포하중(w)은? (단, 내민길이 $l = 4$m, 허용전단응력 $f_s = 2$MPa이고 휨모멘트에 대해서는 충분히 안전한 것으로 가정한다.)

18 서울시 9급

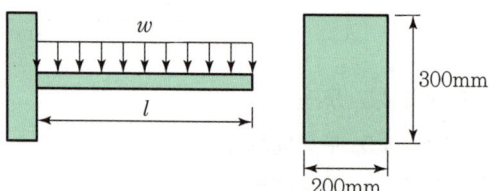

① 20.00kN/m　　② 22.50kN/m
③ 25.00kN/m　　④ 27.50kN/m

036
그림과 같이 등변분포하중을 받는 캔틸레버보에 발생하는 최대 휨모멘트[kN·m]의 절댓값은? (단, 보의 자중은 무시한다)

25 지방직 9급

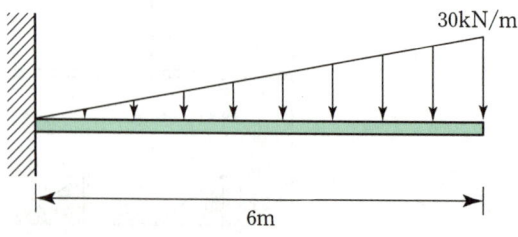

① 90　　② 180
③ 270　　④ 360

037 다음과 같은 등변분포 하중을 받는 캔틸레버보의 고정단에 작용하는 휨모멘트 크기의 비율(A : B : C)로 옳은 것은?

11 국가직 7급, 16 서울시 9급, 21 지방직 9급

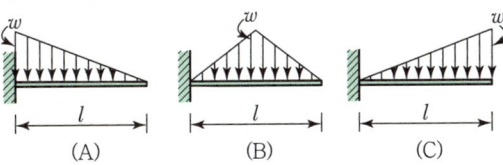

① 1 : 2 : 4
② 2 : 3 : 4
③ 4 : 2 : 1
④ 4 : 3 : 2

037

(A) $M_A = \left(\dfrac{1}{2} \times w \times l\right) \times \dfrac{l}{3} = \dfrac{wl^2}{6}$

(B) $M_B = \left(w \times l \times \dfrac{1}{2}\right) \times \dfrac{l}{2} = \dfrac{wl^2}{4}$

(C) $M_C = \left(\dfrac{1}{2} \times w \times l\right) \times \dfrac{2}{3}l = \dfrac{wl^2}{3}$

∴ $A : B : C = \dfrac{wl^2}{6} : \dfrac{wl^2}{4} : \dfrac{wl^2}{3}$
$= 2 : 3 : 4$

정답 ②

---

038 다음 중 최대모멘트의 크기가 가장 큰 것은? (단, 보의 자중은 무시한다.)

13 국가직 7급

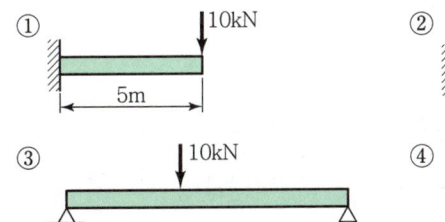

038

① $M_{max} = 10 \times 5 = 50 \text{kN} \cdot \text{m}$

② $M_{max} = (2 \times 5) \times 2.5$
   $= 25 \text{kN} \cdot \text{m}$

③ $M_{max} = 6 \times 4 = 24 \text{kN} \cdot \text{m}$

④ $M_{max} = \dfrac{wl^2}{8} = \dfrac{2 \times 10^2}{8}$
   $= 25 \text{kN} \cdot \text{m}$

정답 ①

---

039 그림과 같이 철근콘크리트 캔틸레버보에서 등분포하중 w가 작용할 때 인장 주철근의 배근 위치로 옳은 것은? (단, 굵은 실선은 인장 주철근을 나타낸다.)

15 국가직 9급

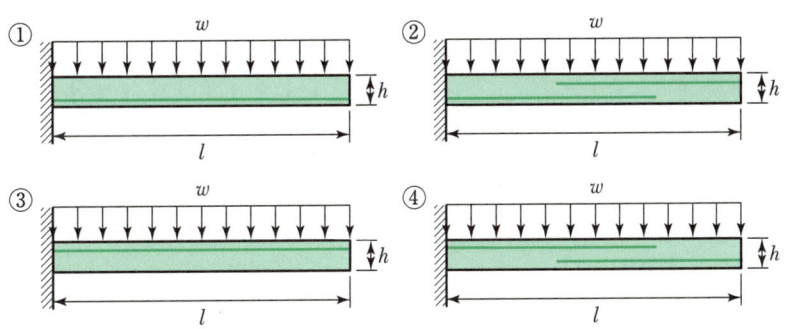

039

철근콘크리트 캔틸레버보에서 등분포하중 w가 작용할 때 인장 주철근의 배근은 부재 상단에 위치한다.

정답 ③

정답 및 해설

040
겔버보에서는 BC 부재와 AB 부재를 나누어 생각하며, B점에서 0이 되도록 한다.
$$\therefore R_A = \frac{35 \times 3}{7} = 15\text{kN}$$
정답 ①

041
겔버보에서는 AC 부재와 CB 부재를 나누어 생각하며, C점에서 0이 되도록 한다.
$$\therefore R_A = \frac{(4 \times 6) \times 3}{6} = 12\text{kN}(\uparrow)$$
정답 ④

042
겔버보에서는 AD부재와 DE부재를 나누어 생각하며, D점에서 0이 되도록 한다.
$$M_C = -(6 \times 1) - (3 \times 1 \times 0.5)$$
$$= -7.5\text{kN} \cdot \text{m}$$
정답 ②

---

040 그림과 같이 B점에 힌지(회전절점)가 있는 겔버보에서 D점에 집중하중 35kN이 작용할 때, 고정단 A에 발생하는 수직반력의 크기(kN)는? (단, 부재의 휨강성은 EI로 동일하며, 자중을 포함한 기타 하중의 영향은 무시한다.) 20 국가직 7급

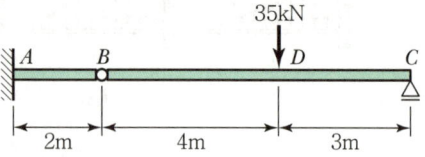

① 15　　② 20
③ 25　　④ 35

041 다음과 같이 C점이 힌지(Hinge)로 연결된 보의 지지점 A의 수직 반력은? (단, B는 고정되었으며 A는 롤러(Roller)지점으로 시공되어 있다.) 15 서울시 9급

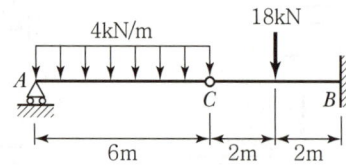

① 6kN　　② 8kN
③ 10kN　　④ 12kN

042 다음 그림과 같은 겔버보의 C점에 발생하는 휨모멘트[$\text{kN} \cdot \text{m}$]의 절댓값은? (단, 보의 자중은 무시한다) 24 국가직 9급

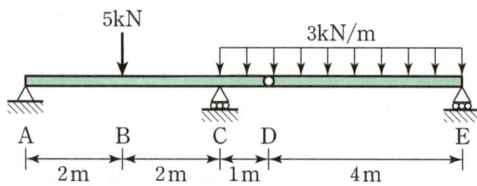

① 5.0　　② 7.5
③ 10.0　　④ 12.5

043

그림과 같이 경간 사이에 두 개의 힌지가 있으며, 8kN의 집중하중을 받는 양단 고정보가 있다. 이 보의 A, D지점에 발생하는 휨모멘트는?

19 서울시 9급(後)

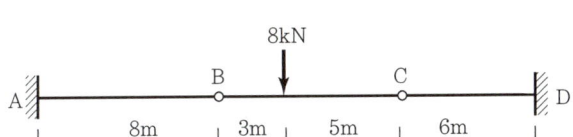

	A	D
①	24kN·m	30kN·m
②	30kN·m	24kN·m
③	18kN·m	40kN·m
④	40kN·m	18kN·m

043
(1) $M_A = 5 \times 8 = 40$kN·m
(2) $M_D = 3 \times 6 = 18$kN·m
정답 ④

044

보에 대한 설명 중 옳지 않은 것은?

09 국가직 7급

① 조적 벽체 사이에 얹혀 있는 보는 단순보로 볼 수 있다.
② 갤버보는 부정정인 연속보 혹은 고정단보에 적절히 힌지(Hinge)를 넣어 만든 정정보이다.
③ 등분포 하중을 받는 단순보에서 전단력과 휨모멘트의 최댓값이 생기는 위치는 같다.
④ 휨모멘트가 일정한 구간에는 전단력은 생기지 않는다.

044
보에서 최대 전단력은 일반적으로 좌우 양 지점 중 어느 한쪽에 생기며 그 크기는 지점 반력과 같고, 정(正) 휨모멘트의 최댓값은 전단력이 0인 점에서 생긴다.
정답 ③

045

그림과 같은 정정라멘에서 E점에서의 휨모멘트(M_E)와 F점에서의 전단력 (V_F)의 크기는 각각 얼마인가?

16 서울시 7급

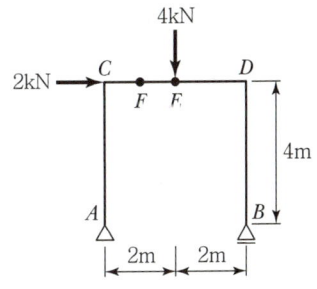

① $M_E = 4$kN·m, $V_F = 2$kN
② $M_E = 8$kN·m, $V_F = 2$kN
③ $M_E = 4$kN·m, $V_F = 0$kN
④ $M_E = 8$kN·m, $V_F = 0$kN

045
(1) $\sum H = 0$, $H_A = 2$kN($\leftarrow$)
(2) $\sum M_B = 0$,
$(R_A \times 4) + (2 \times 4) - (4 \times 2) = 0$
∴ $R_A = 0$
(3) $M_E = 2 \times 4 = 8$kN·m
(4) $V_F = 0$kN
정답 ④

정답 및 해설

046

(1) A점의 반력
  ① 수평반력
  $\sum H = 0$에서
  $-H_A + 20\text{kN} = 0$
  $\therefore H_A = 20\text{kN}(\leftarrow)$
  ② 수직반력
  $\sum F = 0$에서
  $(V_A \times 2\text{m}) + (20\text{kN} \times 2\text{m})$
  $= 0$
  $\therefore V_A = -20\text{kN}(\downarrow)$
(2) D점의 휨모멘트
  $M_D = (20\text{kN} \times 4\text{m})$
    $-(20\text{kN} \times 2\text{m})$
    $-(20\text{kN} \times 2\text{m})$
  $\therefore M_D = 0\text{kN} \cdot \text{m}$

정답 ①

047

$\sum M_C = 0$에서,
$(R_A \times 6) - (15 \times 6 \times 3) - (30 \times 4)$
$= 0$
$\therefore R_A = 65\text{kN}(\uparrow)$

정답 ①

---

046 그림과 같이 수평하중 20kN이 작용하는 라멘구조에서 D점의 휨모멘트는?

23 지방직 9급

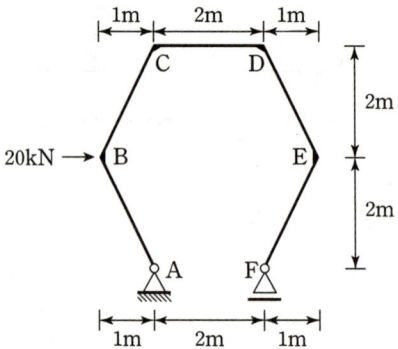

① 0kN·m
② 10kN·m
③ 20kN·m
④ 40kN·m

047 다음 구조물의 지점 A에서 발생하는 수직방향 반력의 크기는? (단, 부재의 자중은 무시한다.)

18 지방직 9급

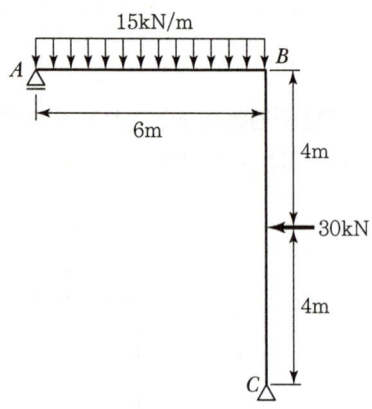

① 65kN (↑)   ② 70kN (↑)
③ 75kN (↑)   ④ 80kN (↑)

048
그림과 같이 절점 B에 내부 힌지가 설치되어 있는 구조물에서 지점 A의 수평반력의 크기와 방향은? (단, 모든 부재는 좌굴이 일어나지 않는 것으로 가정한다.)

13 국가직 9급

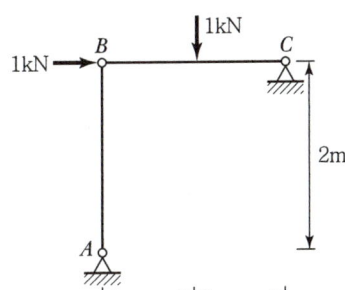

① $0.5\text{kN}\ (\rightarrow)$
② 0
③ $0.5\text{kN}\ (\leftarrow)$
④ $1\text{kN}\ (\leftarrow)$

048
B점을 중심으로 좌측 구조물에 대하여 $\sum M_B = 0$, $H_A \times 2 = 0$
$\therefore H_A = 0$

정답 ②

049
다음 그림의 골조에서 절점 B와 C에 각각 5kN의 수평력이 작용할 때 지점 D에서의 수평 반력(H_D)과 수직 반력(V_D)은? (단, 골조의 자중은 고려하지 않는다.)

14 국가직 7급

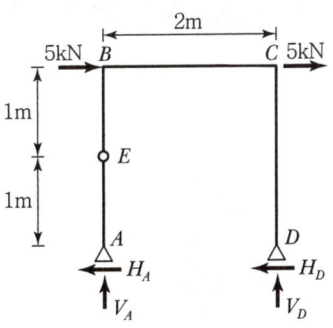

① $H_D = 5\text{kN}$, $V_D = 5\text{kN}$
② $H_D = 0\text{kN}$, $V_D = 10\text{kN}$
③ $H_D = 5\text{kN}$, $V_D = 10\text{kN}$
④ $H_D = 10\text{kN}$, $V_D = 10\text{kN}$

049
3힌지 라멘
(1) $\sum H = 0$에서,
$10 - H_A - H_D = 0$
$\therefore H_A + H_D = 10\text{kN}$
(2) $\sum M_A = 0$에서,
$-V_D \times 2 + (5 \times 2) + (5 \times 2) = 0$
$\therefore V_D = 10\text{kN}$
(3) E점을 중심으로 우측 구조물에 대하여
$\sum M_E = 0$에서,
$-H_D \times 1 + (10 \times 2) - (5 \times 1) - (5 \times 1) = 0$
$\therefore H_D = 10\text{kN}$

정답 ④

정답 및 해설

050

3힌지 라멘

(1) $\sum M_A = 0$에서,
$-(R_B \times 8) + (8 \times 6) + (8 \times 2) = 0$
$\therefore R_B = 8\text{kN}, R_A = 8\text{kN}$

(2) F점을 중심으로 우측 구조물에 대하여
$M_F = 0$에서,
$(R_B \times 4) - (H_B \times 8) - (8 \times 2) = 0$
$\therefore H_B = 2\text{kN}(좌향)$

(3) G점을 중심으로 우측 구조물에 대하여
$\therefore M_G = (8 \times 2) - (2 \times 8)$
$= 0\text{kN·m}$

정답 ④

051

(1) $H_A = 12\text{kN}(\leftarrow)$
$M_A = -12 \times 3 = -36\text{kN·m}$

(2) $M_x = (12 \times x) - 36 = 0$
$\therefore x = 3\text{m}$

정답 ③

---

050 다음 골조에서 G점의 휨모멘트는?

① -10kN·m ② -5kN·m
③ 5kN·m ④ 0kN·m

051 그림과 같은 캔틸레버형 구조물의 부재 AB에서 지점 A로부터 휨모멘트가 0이 되는 점과의 거리는? (단, 부재의 자중은 무시한다.)

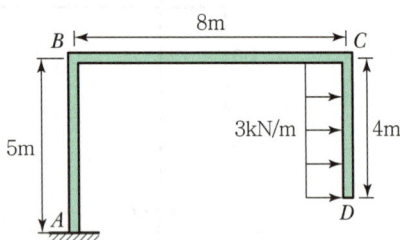

① 1m   ② 2m
③ 3m   ④ 5m

052 다음 그림과 같은 휨모멘트가 발생될 수 있는 골조는? (단, w는 등분포하중을 의미한다.)

11 지방직 7급

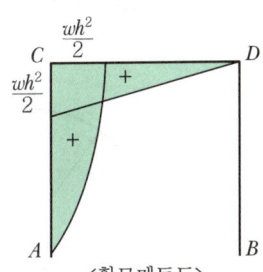
〈휨모멘트도〉

①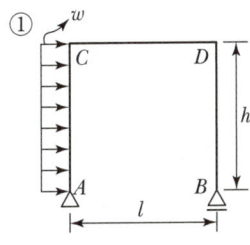

②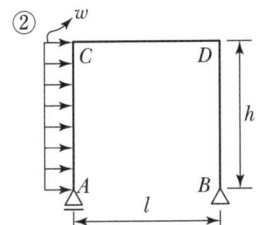

③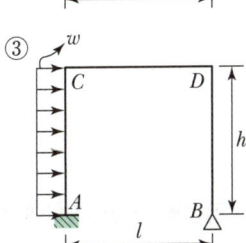

④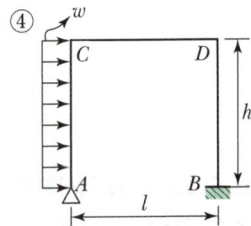

052
정답 ①

053 다음 그림과 같은 단순보 반원 아치 구조의 단면력에 대한 설명으로 옳은 것은? (단, 아치의 반지름 길이=L)

16 서울시 7급

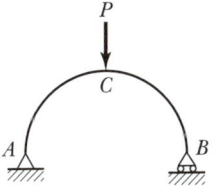

① 전단력이나 휨모멘트는 발생하지 않으며 축방향력만 존재한다.
② 지지단에서는 축방향력과 전단력이 0이다.
③ 휨모멘트가 최대인 곳은 C지점이며, 휨모멘트의 크기는 $PL/2$이다.
④ 축방향력은 A지점에서 최대이고, 이동단인 B지점에서는 0이다.

053
① 전단력, 휨모멘트, 축방향력 모두 존재한다.
② 지지단에서는 축방향력은 $-\dfrac{P}{2}$, 전단력은 0이다.
④ 축방향력은 A와 B지점에서 최대이고, C점에서는 0이다.

정답 ③

정답 및 해설

054

축방향력(N_x) = $-\dfrac{P}{2}\cos\theta$ (압축)

(1) 지점의 축방향력
= $-\dfrac{P}{2}\cos0°$ = $-\dfrac{P}{2}$
(좌우대칭으로 동일)

(2) 부재 중앙의 축방향력
= $-\dfrac{P}{2}\cos90°$ = 0

정답 ①

055

비렌딜 트러스는 트러스의 상현재와 하현재 사이에 수직재로 구성되어 있으며, 각 절점은 강(剛)접합으로 이루어져 고층건물 최하층에 넓은 공간을 필요로 할 때나 많은 힘을 받을 때 사용하는 구조이다.

정답 ③

056

절점법은 전체의 평형으로부터 반력을 구하고 절점들의 평형을 통하여 부재에 걸리는 힘을 구하는 방법이다.

정답 ②

---

054 단순보형 아치가 중앙부에 수직력 P를 받을 때, 축방향 응력도(Axial Force Diagram)의 형태로 옳은 것은? (단, 아치의 자중은 무시하며, r은 반경, $-$기호는 압축력, $+$기호는 인장력을 나타낸다.)

15 국가직 9급

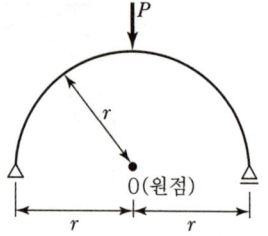

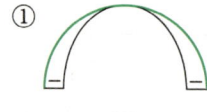

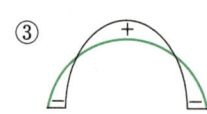

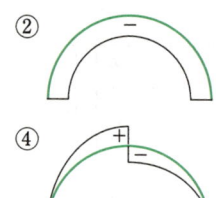

055 트러스 구조형식 중 경사부재를 삭제하는 대신 절점을 강절점화하여 정적 안정성을 확보한 것은?

11 지방직 9급

① 하우 트러스(Howe Truss)
② 와렌 트러스(Warren Truss)
③ 비렌딜 트러스(Vierendeel Truss)
④ 프랫 트러스(Pratt Truss)

056 트러스 구조 해석을 위한 가정으로 가장 옳지 않은 것은?

17 서울시 9급(後)

① 트러스의 모든 하중과 반력은 오직 절점에서만 작용한다.
② 절점법에 의한 트러스 부재력은 절점이 아닌 전체 평형조건으로부터 산정한다.
③ 트러스 부재는 인장력 또는 압축력의 축력만을 받는다.
④ 트러스는 유연한 접합부(핀 접합)에 의해 양단이 연결되어 강체로서 거동하는 직선부재의 집합체이다.

057

다음 정정 트러스 구조에서 부재력이 0인 부재는? (단, 모든 부재의 자중은 무시한다.)

15 지방직 9급

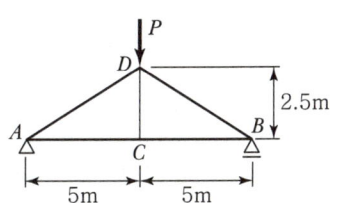

① CD 부재
② AC 부재
③ AD 부재
④ 부재력이 0인 부재는 없다.

057

트러스 구조에서 AC 부재와 BC 부재가 평형을 이루고 있기 때문에 CD 부재는 0부재이다.

정답 ①

058

그림과 같은 트러스에서 부재 AC와 BC에 작용하는 부재력[kN]의 절댓값을 바르게 연결한 것은? (단, 부재의 자중은 무시한다)

25 지방직 9급

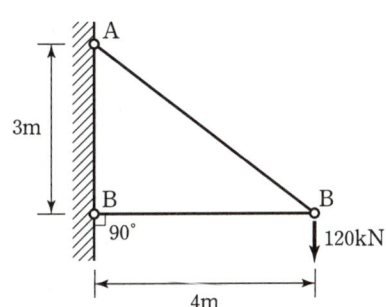

	부재 AC	부재 BC
①	120	150
②	150	120
③	160	200
④	200	160

058

3:4:5인 닮은꼴 비를 이용하며,
AB부재=120kN,
BC부재=160kN,
AC부재=200kN가 된다.

정답 ④

059

다음과 같은 트러스에서 부재력이 0인 부재는 모두 몇 개인가?

16 서울시 9급(後)

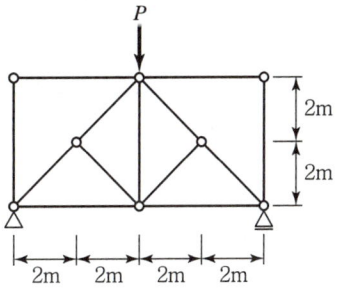

① 0개
② 3개
③ 6개
④ 7개

059

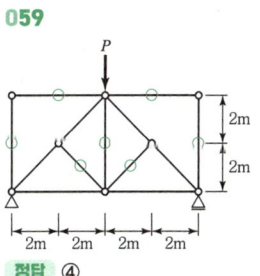

정답 ④

정답 및 해설

060
부재력이 0인 부재는 CG 부재 1개이다.
정답 ③

061
부재력이 0이 되는 부재는 EF 부재, ED 부재, CH 부재, AB 부재로 총 4개이다.
정답 ④

062
0부재는 가운데 수직부재와 지점에 있는 수직부재로 총 2개이다.
정답 ③

---

060 다음 트러스 구조물에서 부재력이 발생하지 않는 부재의 개수는? (단, 트러스의 자중은 무시한다.)

14 지방직 9급

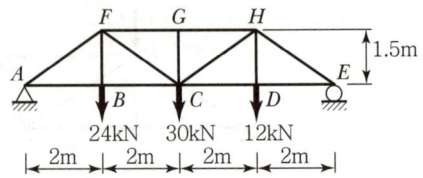

① 5   ② 3
③ 1   ④ 0

061 그림과 같은 트러스에서 부재력이 0인 부재의 개수로 옳은 것은?

16 서울시 9급(前)

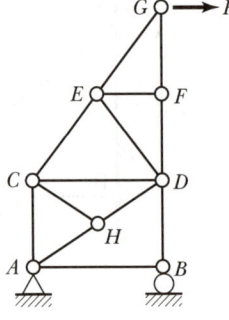

① 1개   ② 2개
③ 3개   ④ 4개

062 아래 트러스에서 부재력이 0인 부재는 몇 개인가? (단, 부재의 자중은 무시한다.)

15 서울시 7급

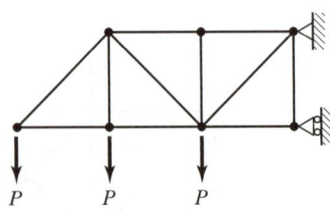

① 0   ② 1
③ 2   ④ 3

063 아래 그림과 같은 트러스(Truss) 구조에서 부재력이 0인 부재의 개수는? (단, 트러스의 자체 무게는 무시한다.)

09 국가직 9급

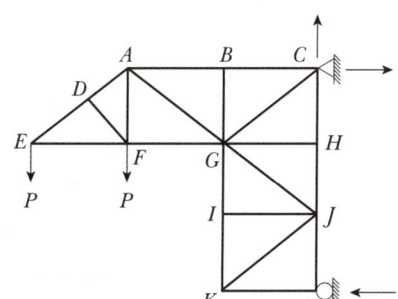

① 2   ② 3
③ 4   ④ 5

063
0부재는 DF 부재, BG 부재, HG 부재, IJ 부재, LJ 부재로 총 5개이다.

정답 ④

064 다음과 같은 하중을 받는 트러스에서 응력이 없는 부재의 수[개]는? (단, 트러스 부재의 자중은 무시한다.)

12 지방직 9급

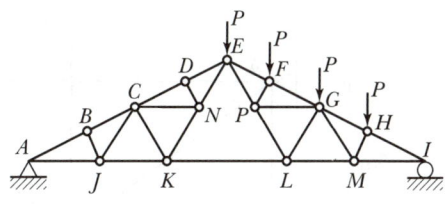

① 4   ② 5
③ 6   ④ 7

064
부재 $\overline{BJ}$, $\overline{CJ}$, $\overline{DN}$, $\overline{CN}$, $\overline{CK}$, $\overline{KN}$, $\overline{NE}$는 0부재이다.

정답 ④

정답 및 해설

065
부재 CD는 0부재이므로 부재력이 작용하지 않는다.
정답 ④

066
B절점에서 반원을 그리고 부재에 화살표를 그리면, BC부재=100kN이 된다.
정답 ②

---

065 그림과 같은 트러스 구조시스템에 하중이 작용할 때, 부재 CD에 작용하는 부재력에 대한 설명으로 옳은 것은? (단, 트러스의 자중은 무시하고, 각 절점은 핀 접합, A점은 힌지, B점은 롤러로 가정한다.)

13 국가직 7급

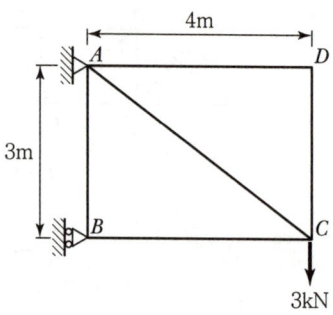

① 4kN의 압축력이 작용한다.
② 4kN의 인장력이 작용한다.
③ 5kN의 인장력이 작용한다.
④ 부재력이 작용하지 않는다.

066 그림과 같은 트러스에서 부재 BE에 작용하는 부재력[kN]의 절댓값은? (단, 부재의 자중은 무시한다)

25 국가직 9급

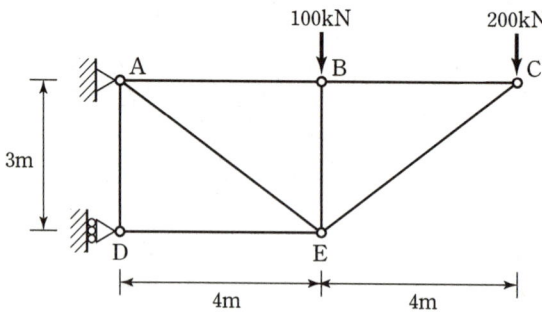

① 0 ② 100
③ 266.67 ④ 333.33

067 그림과 같은 트러스구조에서 인장력을 받는 부재의 개수는? (단, 부재의 자중은 무시한다.)

18 국가직 7급

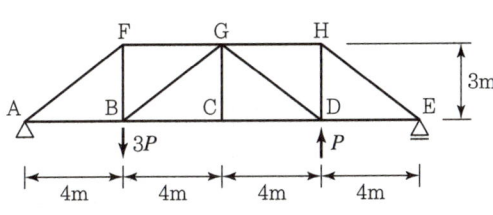

① 3개　　② 4개　　③ 5개　　④ 6개

067
인장력을 받는 부재는 AB부재, BC부재, CD부재, BF부재, BG 부재이다.

정답 ③

---

068 다음 그림과 같은 하중을 받는 정정 트러스에서 부재 1, 2, 3, 4에 발생하는 부재력의 종류로 옳은 것은? (단, 하중 P는 0보다 큰 정적하중이다.)

14 국가직 9급

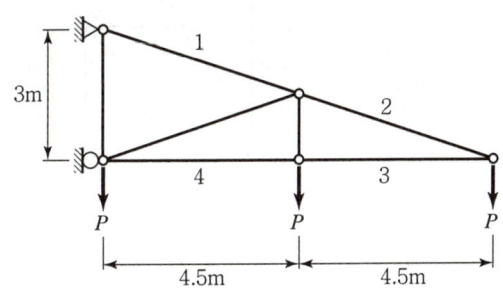

	부재 1	부재 2	부재 3	부재 4
①	인장력	인장력	인장력	인장력
②	인장력	인장력	압축력	압축력
③	인장력	인장력	인장력	압축력
④	압축력	인장력	압축력	인장력

068
캔틸레버 부재에 수직하중이 작용하면 상현재는 인장을 받고, 하현재는 압축을 받는다.

정답 ②

정답 및 해설

069

B절점 위쪽 절점을 C절점이라고 가정하며, AB부재 계산은 절단법으로 구한다.
$\sum M_C = 0$에서
$(40 \times 5) + (AB \times 4) = 0$
$\therefore AB = -50\text{kN}$

정답 ③

070

그림에서 보면 수평으로 작용하는 하중이 없으므로 CE 부재의 응력을 구하기 위해서 $\sum H = 0$을 적용한다.
$\therefore \sum H = 0$에서, $CE = 0$

정답 ①

071

$\sum M_C = 0$에서
$-(1{,}000\text{N} \times 4\text{m}) - (FG \times 2\text{m}) = 0$
$\therefore FG = -2{,}000\text{N}(압축)$

정답 ①

---

069 그림과 같은 트러스에서 부재 AB의 부재력[kN]은? (단, 부재의 인장력은 (+), 압축력은 (−)로 하며, 자중은 무시한다)

24 국가직 7급

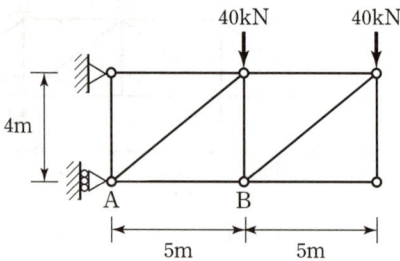

① −40   ② +40
③ −50   ④ +50

070 다음 그림과 같은 캔틸레버형 트러스에서 CE 부재의 응력 값으로 맞는 것은? (단, 트러스 자체의 무게는 무시한다.)

15 서울시 9급

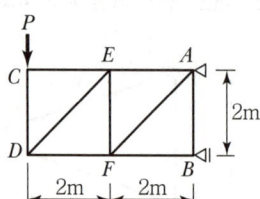

① 0   ② $\dfrac{1}{2}P$ ③ $\dfrac{1}{\sqrt{2}}$ ④ $\dfrac{\sqrt{2}}{2}P$

071 다음과 같이 집중하중 $1{,}000\text{N}$을 받고 있는 트러스의 부재 FG에 걸리는 힘은?

15 서울시 9급

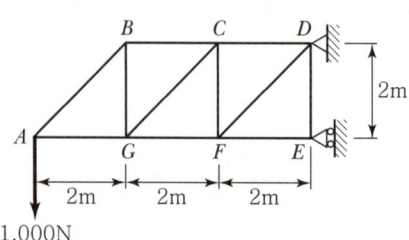

① 2,000N(압축)   ② 2,000N(인장)
③ 4,000N(압축)   ④ 4,000N(인장)

072 그림과 같이 트러스구조의 상단에 10kN의 수평하중이 작용할 때, 옳지 않은 것은? (단, 부재의 자중은 무시한다.)   18 국가직 9급

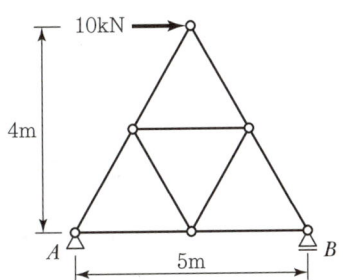

① 트러스의 모든 절점은 활절점이다.
② A지점의 수직반력은 하향으로 8kN이다.
③ B지점의 수평반력은 0이다.
④ 1차 부정정구조물이다.

072
트러스는 2개 이상의 직선 부재의 양단을 마찰이 없는 힌지로 연결한 구조물로, 단순지점일 경우 정정구조물이다.
정답 ④

073 그림과 같은 트러스 구조를 구성하는 부재 ㉠~㉣의 각 부재력 절댓값의 총합은? (단, 부재의 자중은 무시한다.)   17 국가직 7급

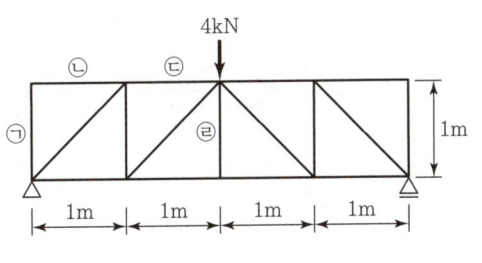

① 1kN   ② 2kN   ③ 4kN   ④ 6kN

073
(1) ㉠, ㉡, ㉣은 모두 0부재
(2) ㉢부재만 계산(절단법 사용)

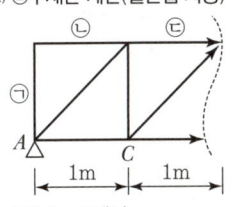

$\sum M_C = 0$에서
$(R_A \times 1) + (㉢ \times 1) = 0$
$(2 \times 1) + (㉢ \times 1) = 0$
∴ ㉢ = 2kN(절대값)

정답 ②

정답 및 해설

074
그림의 왼쪽 지점을 A, 오른쪽 지점을 B라고 한다.
(1) 좌우대칭이므로, R_A와 R_B는 각각 9kN이다.
(2) L부재 계산은 절단법으로 한다.

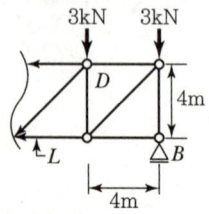

$\sum M_D = 0$에서
$(3 \times 4) - (9 \times 4) + (L \times 4) = 0$
$\therefore L = 6\text{kN}(인장력)$

정답 ③

075
(1) $\sum M_B = 0$, $\sum H = 0$에서
$(V_A \times 16) + (4 \times 6) - (7 \times 8) = 0$
$\therefore V_A = 2\text{kN}, H_A = -4\text{kN}$
(2) DF부재 계산은 절단법
$\sum M_C = 0$에서
$(2 \times 4) + (4 \times 3) - (DF \times 3) = 0$
$\therefore DF = \dfrac{20}{3}\text{kN}$

정답 ③

---

074 그림과 같은 트러스에서 L부재의 부재력은? (단, -는 압축력, +는 인장력)

16 지방직 9급

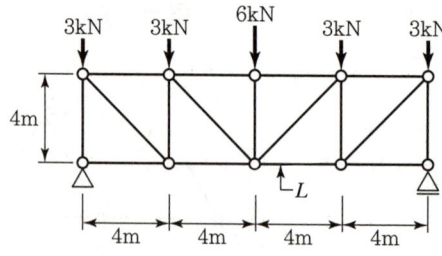

① 4kN(인장력) ② 5kN(인장력)
③ 6kN(인장력) ④ 7kN(인장력)

075 다음 그림과 같은 트러스 구조물에서 부재 DF의 부재력[kN]은? (단, 부재의 인장력은 (+), 압축력은 (-)로 하며, 자중은 무시한다)

24 국가직 9급

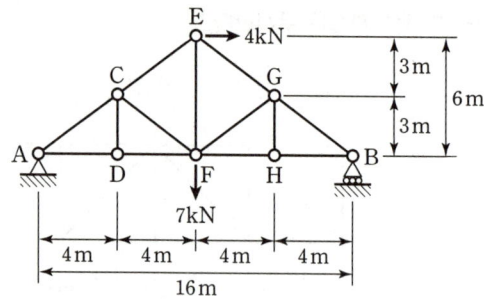

① $+\dfrac{16}{3}$ ② $-\dfrac{16}{3}$
③ $+\dfrac{20}{3}$ ④ $-\dfrac{20}{3}$

076

그림과 같은 정정트러스에 집중하중이 작용할 때 A부재와 B부재에 발생하는 부재력은? (단, 모든 부재의 단면적은 동일하며, 좌측 상단부 지점은 회전단이고, 좌측 하단부 지점은 이동단이다.)

19 서울시 9급(後)

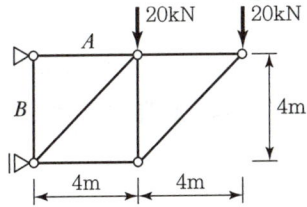

	A부재	B부재		A부재	B부재
①	20.0kN	40.0kN	②	40.0kN	20.0kN
③	40.0kN	60.0kN	④	60.0kN	40.0kN

076

(1) 아래지점 $\sum M = 0$,
$(-R \times 4) + (20 \times 4) + (20 \times 8) = 0$
위쪽지점 수평반력 $R = 60$kN
∴ 위쪽지점의 수평반력이 60kN 이므로 A부재력과 같으므로 60kN

(2) 위쪽지점 $\sum M = 0$,
$R - 20 - 20 = 0$
위쪽지점 수직반력 $R = 40$kN
∴ 위쪽지점의 수직반력이 40kN 이므로 B부재력과 같으므로 40kN

정답 ④

077

다음 트러스의 U_1 부재력[kN]은? (단, 인장력은 (+), 압축력은 (−)이다.)

19 서울시 7급(前)

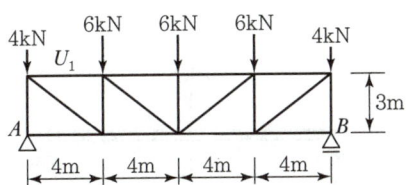

① 12.0kN
② −12.0kN
③ 10.5kN
④ 10.5kN

077

(1) 좌우대칭이므로 R_A와 R_B는 각각 13kN이다.

(2) U_1 부재 계산은 절단법으로 하며,
$\sum M_C = 0$에서
$(13 \times 4) - (4 \times 4) + (U_1 \times 3) = 0$
∴ $U_1 = -12$kN

정답 ②

CHAPTER 04 정정구조물의 부재단면설계

정답 및 해설

001
$\tau_{max} = k \times \dfrac{S}{A} = \dfrac{3}{2} \times \dfrac{10,000}{200 \times 300}$
$= 0.25 \text{MPa}$
정답 ④

001 폭 200mm, 높이 300mm인 직사각형 단면의 단순보 중앙에 그림과 같이 20kN의 집중하중이 작용할 때, 보 단면 중심에 발생하는 최대 전단응력은? (단, 자중은 무시한다.)

19 국가직 7급

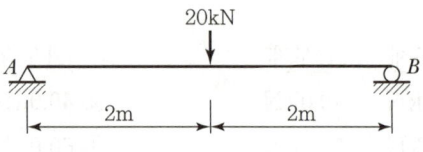

① 0.10 MPa ② 0.15 MPa
③ 0.20 MPa ④ 0.25 MPa

002
최대전단응력(τ_{max})
$= k \times \dfrac{S}{A} = \dfrac{3}{2} \times \dfrac{12,000}{1,000 \times 500}$
$= 0.036 \text{MPa}$
정답 ②

002 다음 그림과 같은 단순보 중앙에 집중하중 24kN이 작용할 때, 단순보 단면에 발생할 수 있는 최대 전단응력[MPa]은? (단, 보의 자중은 무시한다)

24 국가직 9급

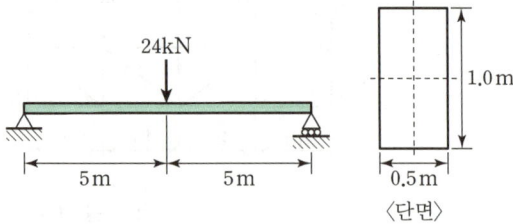

① 0.018 ② 0.036
③ 0.048 ④ 0.072

003 그림과 같이 등분포 하중 w를 지지하는 스팬 L인 단순보가 있다. 이 보의 단면의 폭은 b, 춤은 h라고 할 때, 최대 휨모멘트로 인해 이 단면에 발생하는 최대인장응력도의 크기는?

19 서울시 9급(前)

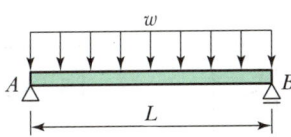 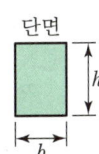

① $\dfrac{wL^2}{2bh^2}$ ② $\dfrac{wL^2}{bh^2}$

③ $\dfrac{3wL^2}{4bh^2}$ ④ $\dfrac{11wL^2}{12bh^2}$

003
보의 최대휨응력도
$= \pm \dfrac{M}{I}y = \pm \dfrac{M}{Z}$
(+ : 최대인장응력도,
− : 최대압축응력도)

$\therefore \sigma = \dfrac{M}{Z} = \dfrac{\frac{wL^2}{8}}{\frac{bh^2}{6}} = \dfrac{3wL^2}{4bh^2}$

정답 ③

---

004 다음 그림과 같은 단면을 가지는 단순 지지보의 최대 인장응력의 크기는?

15 서울시 9급

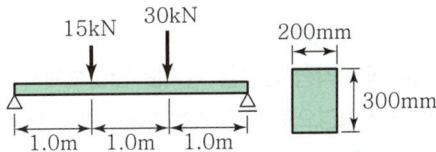

① 4.3N/mm^2 ② 8.3N/mm^2
③ 12.3N/mm^2 ④ 16.3N/mm^2

004
(1) $\sum M_A = 0$에서
$-(V_B \times 3) + (30 \times 2) + (15 \times 1) = 0$
$\therefore V_B = 25\text{kN} \cdot \text{m}$
(2) $M_{max} = 25 \times 1 = 25\text{kN} \cdot \text{m}$
(3) $Z = \dfrac{bh^2}{6} = \dfrac{200 \times 300^2}{6}$
$= 3,000,000\text{mm}^2$
$\therefore \sigma_{max} = \dfrac{M}{Z} = \dfrac{25 \times 10^6}{3 \times 10^6}$
$= 8.3\text{N/mm}^2$

정답 ②

---

005 길이가 2m이고 단면이 50mm×50mm인 단순보에 10kN/m의 등분포하중이 부재 전 길이에 작용할 때, 탄성 상태에서 보 단면에 발생하는 최대 휨응력의 크기[MPa]는? (단, 등분포하중은 보의 자중을 포함한다.)

20 국가직 9급

① 240   ② 270
③ 300   ④ 320

005
$M_{max} = \dfrac{wl^2}{8} = \dfrac{10 \times 2^2}{8}$
$= 5\text{kN} \cdot \text{m} = 5 \times 10^6 \text{N} \cdot \text{mm}$
$\therefore \sigma_{max} = \dfrac{M}{Z}$
$= \dfrac{5 \times 10^6}{\frac{bh^2}{6}} = \dfrac{5 \times 10^6}{\frac{50 \times 50^2}{6}}$
$= 240\text{MPa}$

정답 ①

정답 및 해설

006

최대휨응력 $\sigma = \dfrac{M}{Z}$ 로 산정

$\sigma_A : \sigma_B = \dfrac{M}{Z_A} : \dfrac{M}{Z_B}$

$= \dfrac{1}{Z_A} : \dfrac{1}{Z_B}$

$= \dfrac{1}{h_A} : \dfrac{1}{h_B}$

$= \dfrac{1}{2a} : \dfrac{1}{a}$

$\therefore \sigma_A : \sigma_B = 1 : 2$

정답 ①

007

최대휨응력$(\sigma_{\max}) = \dfrac{M}{Z}$ 로 산정한다.

$\therefore \sigma_B : \sigma_C = \dfrac{M_B}{\dfrac{bh^2}{6}} : \dfrac{M_C}{\dfrac{bh^2}{6}}$

$= \dfrac{M/2}{bh^2} : \dfrac{M}{2bh^2}$

$= 1 : 1$

정답 ③

---

006 그림과 같은 $x-x$ 도심축에 대해 동일한 크기의 휨모멘트(M)가 작용할 때, 단면 A와 단면 B에 각각 작용하는 최대 휨응력의 비 $\sigma_A : \sigma_B$는? (단, 부재의 자중은 무시하며, 재료는 선형 탄성으로 거동하는 것으로 가정한다)

22 국가직 9급

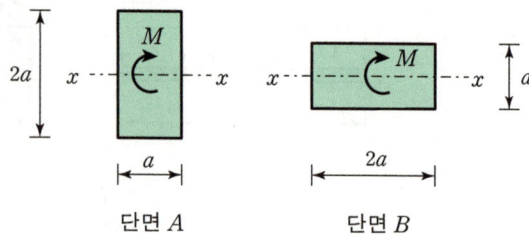

	σ_A		σ_B
①	1	:	2
②	1	:	4
③	1	:	8
④	1	:	16

007 그림과 같이 직사각형 단면을 가지는 단순보에서 B점과 C점에 작용하는 최대 휨응력에 대한 설명으로 옳은 것은? (단, 보의 자중은 무시하며, 보의 전 길이에 걸쳐 재질은 동일하다)

22 지방직 9급

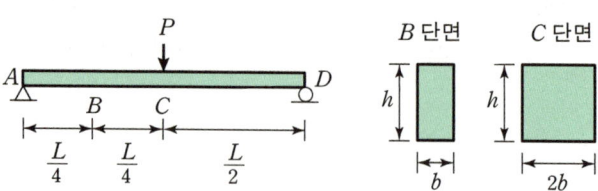

① B점 최대휨응력은 C점 최대휨응력의 1/4이다.
② B점 최대휨응력은 C점 최대휨응력의 1/2이다.
③ B점 최대휨응력은 C점 최대휨응력과 같다.
④ B점 최대휨응력은 C점 최대휨응력의 2배이다.

008 그림과 같은 보 단면 (a)와 (b)에 X축에 대한 휨모멘트가 각각 40kN·m씩 작용할 때, 최대휨응력비(a : b)는?

10 국가직 7급

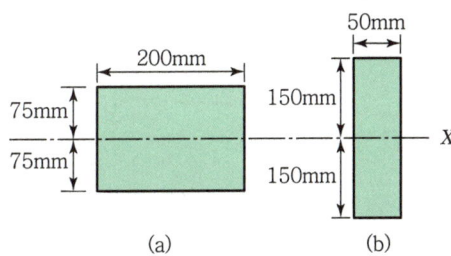

(a)   (b)

① 1 : 3
② 2 : 3
③ 1 : 2
④ 1 : 1

008

최대휨응력은 $\sigma = \dfrac{M_{max}}{Z}$로 산정하며, (a), (b) 부재의 중립축에 대한 휨모멘트가 같기 때문에 단면계수(Z)만 비교하면 된다.

∴ (a) : (b)

$= \dfrac{1}{Z_a} : \dfrac{1}{Z_b}$

$= Z_b : Z_a$

$= \dfrac{50 \times 300^2}{6} : \dfrac{200 \times 150^2}{6}$

$= 1 : 1$

정답 ④

009 그림에서 보의 중앙에 집중하중 P를 받는 단순보에서 단면 $Y-Y$의 중립축의 위치 Ⓐ에서 일어나는 전단응력도를 τ, 그 아래 Ⓑ에서 일어나는 인장응력도를 σ로 할 때, $\dfrac{\sigma}{\tau}$의 값이 4로 되는 x의 값은?

19 서울시 7급(前)

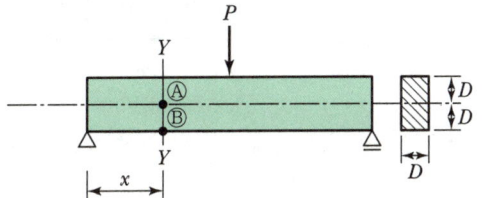

① D
② $\dfrac{5}{3}D$
③ $\dfrac{4}{3}D$
④ $2D$

009

(1) Ⓑ 인장응력도

$\sigma = \dfrac{M}{Z} = \dfrac{\dfrac{P \times x}{2}}{\dfrac{D \times (2D)^2}{6}} = \dfrac{3Px}{4D^3}$

(2) Ⓐ 전단응력도

$\tau = k \times \dfrac{S}{A} = \dfrac{3}{2} \times \dfrac{\dfrac{P}{2}}{D \times 2D}$

$= \dfrac{3P}{8D^2}$

(3) $\dfrac{\sigma}{\tau} = \dfrac{\dfrac{3Px}{4D^2}}{\dfrac{3P}{8D^2}} = \dfrac{2}{D} = 4$

∴ $x = 2D$

정답 ④

정답 및 해설

010

$f_b = \dfrac{M}{Z} \rightarrow M = Z \cdot f_b$

$3{,}000\text{N} \times l = \dfrac{100 \times 200^2}{6} \times 9$

$\therefore l = 2{,}000\text{mm} = 2\text{m}$

정답 ②

011

(1) 사다리꼴의 도심은

$\left(y_1 : y_2 = \dfrac{a}{3} \cdot \dfrac{a+2b}{a+b} : \dfrac{a}{3} \cdot \dfrac{2a+b}{a+b} \right)$

(2) 상부 압축응력 : 하부 인장응력

$\sigma_c = \dfrac{M}{I} y_1 : \sigma_t = \dfrac{M}{I} y_2$

∴ 상부 압축응력 : 하부 인장응력

$= y_1 : y_2$

$= \dfrac{a+2b}{a+b} : \dfrac{2a+b}{a+b}$

$= (a+4a) : (2a+2a)$

$= 5 : 4$

정답 ④

---

010 목재 단면의 크기가 b(가로)×h(세로)=100mm×200mm인 캔틸레버보의 끝에 3kN의 하중을 가할 때 지탱할 수 있는 캔틸레버보의 최대 길이는? (단, 허용 휨응력은 9MPa)

14 서울시 7급

① 1.5m ② 2.0m
③ 2.5m ④ 3.0m
⑤ 3.5m

011 그림과 같은 사다리꼴 형태 단면의 보가 정(+)모멘트를 받을 때 단면 상부의 압축응력과 단면 하부의 인장응력의 비율로 옳은 것은?

15 서울시 7급

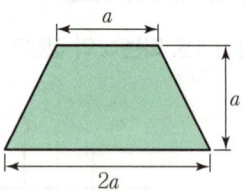

① 2 : 1 ② 3 : 2
③ 4 : 3 ④ 5 : 4

012 폭 100m, 높이 200mm인 직사각형 단면의 단순보가 그림과 같이 10kN/m의 등분포하중을 받을 때, 이 보의 단면에 생기는 최대 전단응력은?
14 서울시 7급

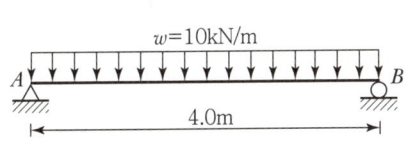
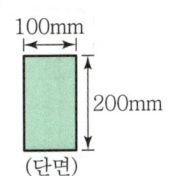

① 1.00MPa
② 1.25MPa
③ 1.50MPa
④ 2.00MPa
⑤ 2.50MPa

012
(1) $\sum M_B = 0$에서
$R_A \times 4m - 40kN \times 2m = 0$
$\therefore R_A = 20kN$
(지점에서 전단력 최대)
(2) $\tau_{max} = k\dfrac{S}{A}$
$= \dfrac{3}{2} \times \dfrac{20 \times 10^3}{200 \times 100}$
$= 1.5 \text{MPa}$

정답 ③

---

013 그림과 같은 응력요소의 평면응력 상태에서 최대 전단응력의 크기는? (단, 양의 최대 전단응력이며, 면내 응력만 고려한다.)
19 지방직 9급

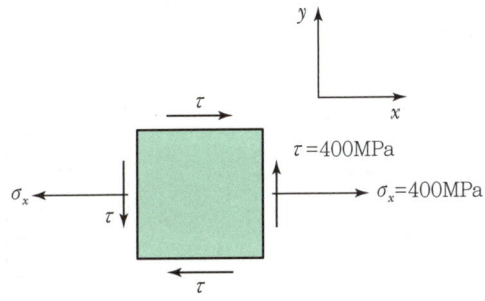

① $\sqrt{5} \times 10^2$ MPa
② $\sqrt{10} \times 10^2$ MPa
③ $\sqrt{15} \times 10^2$ MPa
④ $\sqrt{20} \times 10^2$ MPa

013
주전단응력의 크기 공식
$\sigma = \pm \dfrac{1}{2}\sqrt{(\sigma_x - \sigma_y)^2 + 4\tau^2}$
$\therefore \sigma_{max} = \dfrac{1}{2}\sqrt{(\sigma_x - \sigma_y)^2 + 4\tau^2}$
$= \dfrac{1}{2}\sqrt{400^2 + 4 \times 400^2}$
$= 100\sqrt{20} \text{ MPa}$

정답 ④

정답 및 해설

014
보에 외력이 작용하여 순수 휨 상태만을 유지하려면 하중은 전단응력의 합력이 통과하는 위치에 작용해야 하며 이를 전단중심이라고 한다.

정답 ③

015
정답 ②

---

014 다음 그림과 같은 철골보의 전단 중심 O점의 위치가 옳은 것은? 　　10 국가직 9급

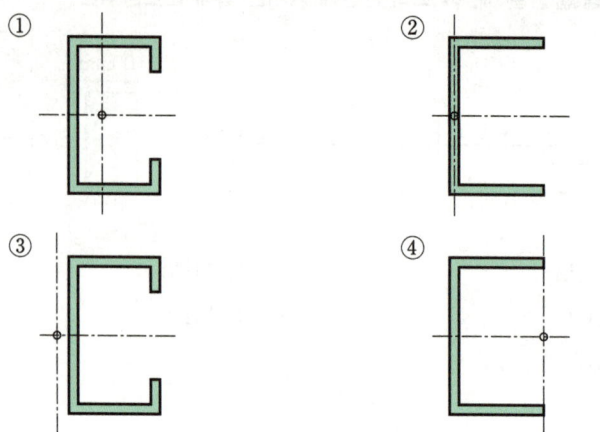

015 다음 비대칭 혹은 대칭 단면 중 전단중심(SC ; Shear Center)의 위치가 잘못 표시된 것은? 　　14 서울시 7급

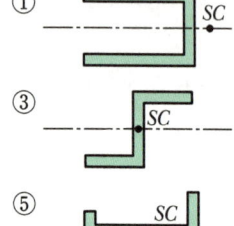
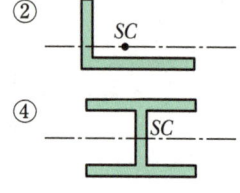

016

그림과 같은 단면을 가진 단순보에 등분포하중(w)이 작용하여 처짐이 발생하였다. 단면 높이 h를 $2h$로 2배 증가하였을 경우, 보에 작용하는 최대 모멘트와 처짐의 변화에 대한 설명으로 가장 옳은 것은?

19 서울시 9급(前)

① 최대 모멘트와 처짐이 둘다 8배가 된다.
② 최대 모멘트는 동일하고, 처짐은 8배가 된다.
③ 최대 모멘트는 8배, 처짐은 1/8배가 된다.
④ 최대 모멘트는 동일하고, 처짐은 1/8배가 된다.

016
보의 높이를 증가시키는 것은 최대 모멘트와 관계가 없으므로 최대 모멘트는 동일하고, 처짐은 보의 높이의 세제곱에 반비례하므로 처짐은 1/8배가 된다.

정답 ④

017

그림과 같이 등분포하중(w)을 받는 단순보에서 중앙부 최대처짐(δ)을 줄이는 방법 중 가장 효과가 큰 경우는? (단, 보는 직사각형 단면의 강재보이고, 선형탄성거동으로 제한하며, 보 전체 길이(l)에서 단면과 재질은 동일하다.)

23 지방직 9급

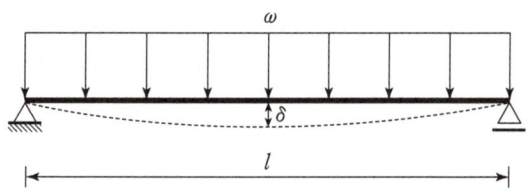

① 하중을 1/2로 줄인다.
② 보 폭을 2배 증가시킨다.
③ 보 춤을 1.5배 증가시킨다.
④ 항복강도가 2배 큰 강재로 교체한다.

017

최대처짐값(δ_{max}) = $\dfrac{5wl^4}{384EI}$

① 하중과 처짐은 비례관계이므로 하중을 1/2 감소하면 최대처짐도 1/2로 감소한다.
② 보폭과 처짐은 반비례관계이므로 보폭을 2배로 증가하면 최대처짐은 2배만큼 감소한다.
③ 보춤과 처짐은 3제곱에 반비례관계이므로 보춤을 1.5배 증가하면 최대처짐은 $1.5^3 = 3.375$배만큼 감소한다.
④ 항복강도가 2배 큰 강재로 교체하여도 최대처짐은 상관없이 일정하다.

정답 ③

정답 및 해설

018
(1) $\delta_1 = \dfrac{P_1 L^3}{48EI} = \dfrac{P_1 \times 10^3}{48EI}$

(2) $\delta_2 = \dfrac{P_2 L^3}{48EI} = \dfrac{P_2 \times 5^3}{48EI}$

(3) $\delta_1 = \delta_2$일 경우
$\dfrac{P_1 \times 10^3}{48EI} = \dfrac{P_2 \times 5^3}{48EI}$
∴ $P_2/P_1 = 1{,}000/125 = 8$

정답 ④

019
양단 단순지지보에 등분포하중이 작용한 경우 최대 처짐은 $\delta = \dfrac{5wL^4}{384EI}$ 이므로, 보 길이가 L에서 $2L$로 2배 증가하였을 경우, 동일한 처짐량을 갖도록 하려면 등분포하중은 1/16배가 되어야 한다.

정답 ④

020
직사각형 보의 단면2차반경은 $\dfrac{h(춤)}{2\sqrt{3}}$ 이므로 보에서 폭이 일정할 때 춤이 2배로 증가하면 단면2차반경은 2배로 증가한다.

정답 ④

---

018 그림과 같은 두 단순지지보에서 중앙부 처짐량이 동일할 때, P_2/P_1의 값은? (단, 보의 자중은 무시하고, 재질과 단면의 성질은 동일하며, 하중 P_1과 P_2는 보의 중앙에 작용한다.)

21 국가직 9급

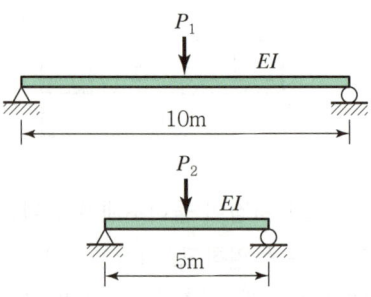

① 2　　　　② 4
③ 6　　　　④ 8

019 양단 단순지지보에 등분포하중이 작용하여 처짐이 발생하였다. 보 길이가 L에서 $2L$로 2배 증가하였을 경우, 동일한 처짐량을 갖도록 하려면 등분포하중은 몇 배가 되어야 하는가?

16 서울시 9급(前)

① 1/2배　　　　② 1/4배
③ 1/8배　　　　④ 1/16배

020 단면의 성질과 처짐에 대한 설명으로 옳지 않은 것은?

12 국가직 7급

① 직사각형 단면의 보에서 폭이 일정할 때 춤이 2배로 증가하면 휨응력도는 1/4로 감소한다.
② 중앙 집중하중을 받는 양단 고정보의 최대 처짐은 중앙 집중하중을 받는 단순보 최대 처짐의 1/4이다.
③ 등분포하중을 받는 양단 고정보의 최대 처짐은 등분포하중을 받는 단순보 최대 처짐의 1/5이다.
④ 직사각형 단면의 보에서 폭이 일정할 때 춤이 2배로 증가하면 단면2차반경은 1/2로 감소한다.

021

그림과 같이 보의 길이(L), 등분포하중(ω)이 동일한 단순보(A)와 캔틸레버보(B)의 최대처짐비($\delta_A : \delta_B$)는? (단, 두 보는 전 길이에 걸쳐 재질 및 단면의 성질이 동일하며, 선형 탄성 거동한다)

25 지방직 9급

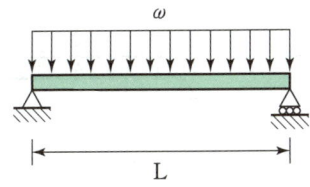 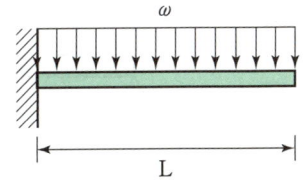

① 1 : 8
② 1 : 16
③ 5 : 48
④ 5 : 96

021

단순보(A)와 캔틸레버보(B)의 최대처짐비($\delta_A : \delta_B$)

$\therefore \delta_A : \delta_B = \dfrac{5\omega L^4}{384EI} : \dfrac{\omega L^4}{8EI}$

$= 5 : 48$

정답 ③

022

동일한 판재 6장으로 단순보를 구성하고자 한다. 그림 (a)는 판재 3장을 일체로 접합한 형태이고 그림 (b)는 판재 3장을 겹쳐 쌓은 형태이다. 단순보의 중앙 상부에 동일한 하중이 작용할 경우, 보 (b)의 중앙부 처짐은 보 (a)의 중앙부 처짐의 몇 배인가?

09 지방직 7급

 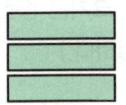

(a) 일체형 단면   (b) 분리형 단면

① 12배
② 9배
③ 6배
④ 3배

022

단순보 처짐공식에서 처짐은 단면2차모멘트에 반비례하므로, 처짐은 보 높이(h)의 세제곱에 반비례한다.

(1) 보 (a)의 중앙부 처짐

$\delta_a = \dfrac{1}{h^3}$

(2) 보 (b)의 중앙부 처짐

$\delta_b = \dfrac{1}{(h/3)^3 \times 3} = \dfrac{9}{h^3}$

$\therefore \delta_b = 9\delta_a$

정답 ②

정답 및 해설

023
① 최대 전단력 :
(가) $\dfrac{3P}{4}$ > (나) $\dfrac{P}{2}$

② 최대 휨모멘트 :
(가) $\dfrac{3PL}{16}$ < (나) $\dfrac{PL}{4}$

③ 최대 수직처짐 :
(가) $\dfrac{Pa^2b^2}{3EIL}$
$=\dfrac{P\times(L/4)^2\times(3L/4)^2}{3EI\times L}$
$=\dfrac{3PL^3}{256EI}$ < (나) $\dfrac{PL^3}{48EI}$

④ 최대 처짐각 :
(가) $\dfrac{Pb(L^2-b^2)}{6EIL}$
$=\dfrac{P\times(3L/4)\times[L^2-(3L/4)^2]}{6EIL}$
$=\dfrac{7PL^2}{128}$ < (나) $\dfrac{PL^2}{16EI}$

정답 ①

024
(1) $\delta_1=\dfrac{5wl^4}{384EI}=\dfrac{5w_1L^4}{384EI}$

(2) $\delta_2=\dfrac{5wl^4}{384EI}$
$=\dfrac{5w_2(L/2)^4}{384EI}$
$=\dfrac{5w_2L^4}{16\times384EI}$

∴ $\dfrac{5w_1L^4}{384EI} : \dfrac{5w_2L^4}{16\times384EI}$

$=w_1:\dfrac{w_2}{16}=16\cdot w_1:w_2$

정답 ④

023

그림과 같이 동일한 크기의 집중하중을 받는 두 단순보에서 보 (가)가 보 (나)에 비하여 값이 큰 것은? (단, 보의 자중은 무시하며, 보의 전 길이에 걸쳐 재질 및 단면의 성질은 동일하다.)

22 지방직 9급

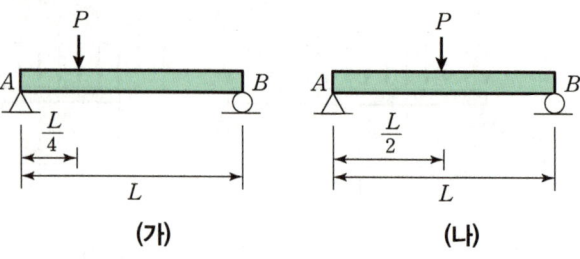

(가)   (나)

① 최대 전단력   ② 최대 휨모멘트
③ 최대 수직처짐   ④ 최대 처짐각

024

그림과 같은 조건을 갖는 두 보에 동일한 크기의 최대 처짐이 발생하려면 등분포하중 w_2의 크기는 등분포하중 w_1 크기의 몇 배가 되어야 하는가? (단, 두 보의 EI는 동일하다.)

17 국가직 7급

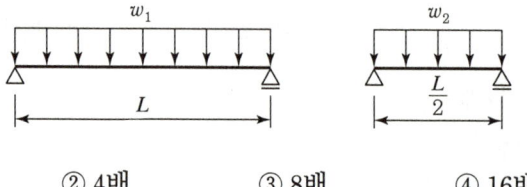

① 2배   ② 4배   ③ 8배   ④ 16배

025

그림과 같이 등분포 하중(w)을 받는 철근콘크리트 단순보에서 균열 발생 전의 최대 처짐 양을 줄이기 위한 방법으로 다음 중 가장 효과적인 것은? 15 국가직 9급

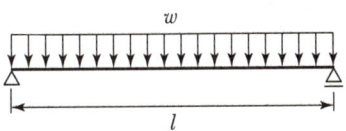

① 단면의 깊이를 2배 높인다.
② 주철근 양을 2배 많게 한다.
③ 단면의 폭을 2배 증가시킨다.
④ 전단철근 양을 2배 많게 한다.

025

단순보 등분포하중 시 최대처짐 (δ_{max})은 $\dfrac{5wl^4}{384EI}$ 이므로, 처짐은 보높이의 3승에 반비례하므로 단면의 깊이를 2배로 높이는 것이 가장 효과적이다.

정답 ①

026

양단부 단순지지 보의 중앙부에 집중하중을 재하하여 최대탄성 휨처짐이 10mm 발생하였다. 보의 길이를 절반으로 줄일 경우, 양단부 단순지지 보에 10mm의 최대탄성 휨처짐을 발생시키기 위해서는 보 중앙부에 몇 배의 집중하중을 재하해야 하는가? (단, 보 전체 길이에 걸쳐 탄성계수와 단면2차모멘트는 일정하다.)

16 국가직 7급

① 0.5배　　　　　② 2배
③ 4배　　　　　　④ 8배

026

단순지지 보의 중앙부에 집중하중이 작용할 때 최대처짐 $\delta_{max} = \dfrac{Pl^3}{48EI}$ 이므로, 처짐은 부재의 길이의 세제곱에 비례하기 때문에 보의 길이를 절반으로 줄이면서 똑같은 최대탄성 휨처짐 10mm가 되기 위해서는 보 중앙부에 8배의 집중하중을 재하해 주면 된다.

정답 ④

027

그림과 같은 단순보에서 C점의 최대처짐량은? 14 서울시 9급

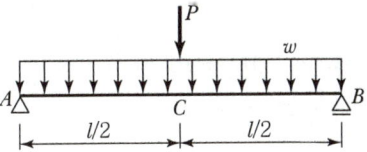

① $\dfrac{16wl^4}{384EI} + \dfrac{8Pl^3}{48EI}$　　② $\dfrac{8wl^4}{384EI} + \dfrac{16Pl^3}{48EI}$

③ $\dfrac{7wl^4}{384EI} + \dfrac{5Pl^3}{48EI}$　　④ $\dfrac{wl^4}{384EI} + \dfrac{5Pl^3}{48EI}$

⑤ $\dfrac{5wl^4}{384EI} + \dfrac{Pl^3}{48EI}$

027

등분포하중을 받는 단순보의 최대처짐과 집중하중을 받는 단순보의 최대처짐의 합

$\therefore \delta_{max} = \dfrac{5wl^4}{384EI} + \dfrac{Pl^3}{48EI}$

정답 ⑤

정답 및 해설

028
등분포하중이 작용하는 캔틸레버보의 최대 처짐은 $\dfrac{wl^4}{8EI}$이다.

정답 ②

029
(1) $d = \dfrac{wl^4}{8EI}$

(2) $2d = \dfrac{w_x(2l)^4}{8EI} = \dfrac{16w_x l^4}{8EI}$

$2 \times \left(\dfrac{wl^4}{8EI}\right) = \dfrac{16w_x l^4}{8EI}$

$\therefore w_x = \dfrac{w}{8}$

정답 ②

030
등분포하중에 의한 보의 휨 균열은 고정단(A) 위치의 보 하부보다는 상부에서 주로 발생한다.

정답 ①

---

028 다음 그림과 같이 등분포하중가 작용하는 캔틸레버보의 최대 처짐은? (단, 보의 자중은 무시하고, 탄성계수(E)와 단면2차모멘트(I)는 일정하며, 선형탄성 거동하는 것으로 가정한다)

24 지방직 9급

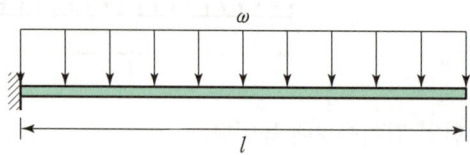

① $\dfrac{wl^4}{3EI}$ ② $\dfrac{wl^4}{8EI}$

③ $\dfrac{wl^4}{48EI}$ ④ $\dfrac{5wl^4}{384EI}$

029 등분포하중 w가 작용하고 있는 길이 l을 갖는 캔틸레버의 최대 처짐을 d라고 할 때, 길이 $2l$을 갖는 캔틸레버의 최대 처짐이 $2d$가 되기 위해 작용해야 하는 등분포하중의 크기는? (단, E, I는 동일하고, 등분포하중 w는 전체 길이에 작용한다.)

20 서울시 7급

① $\dfrac{w}{16}$ ② $\dfrac{w}{8}$

③ $\dfrac{w}{32}$ ④ $\dfrac{w}{4}$

030 그림과 같이 등분포하중(w)을 받는 철근콘크리트 캔틸레버 보의 설계에서 고려해야 할 사항으로 옳지 않은 것은? (단, EI는 일정하다.)

20 지방직 9급

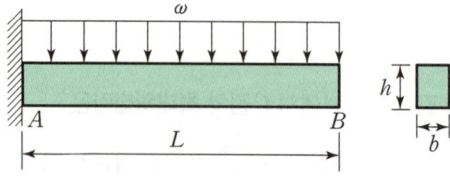

① 등분포하중에 의한 보의 휨 균열은 고정단(A) 위치의 보 상부보다는 하부에서 주로 발생한다.
② 등분포하중에 의한 보의 전단응력은 자유단(B)보다는 고정단(A) 위치에서 더 크게 발생한다.
③ 보의 처짐을 감소시키기 위해서는 단면의 폭(b)보다는 단면의 깊이(h)를 크게 하는 것이 바람직하다.
④ 휨에 저항하기 위한 주인장철근은 보 하부보다는 상부에 배근되어야 한다.

031

그림과 같은 캔틸레버보 (가)에서 집중하중에 의해 자유단에 처짐이 발생하였다. 캔틸레버보 (나)에서 보 (가)와 동일한 처짐을 발생시키기 위한 등분포하중(w)은? (단, 캔틸레버 보 (가)와 (나)의 재료와 단면은 동일하다.) 19 서울시 9급(後), 25 국가직 9급

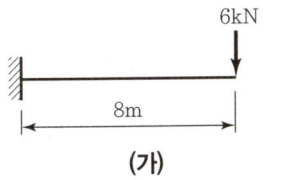

① 2kN/m
② 4kN/m
③ 8kN/m
④ 16kN/m

031

(가) $\delta_{(가)} = \dfrac{Pl^3}{3EI} = \dfrac{6 \times 8^3}{3EI} = \dfrac{2 \times 8^3}{EI}$

(나) $\delta_{(나)} = \dfrac{wl^4}{8EI} = \dfrac{w \times 8^4}{8EI} = \dfrac{w \times 8^3}{EI}$

$\delta_{(가)} = \delta_{(나)}$, $\dfrac{2 \times 8^3}{EI} = \dfrac{w \times 8^3}{EI}$

∴ $w = 2$kN/m

정답 ①

032

그림과 같이 단면의 형상과 스팬 길이가 서로 다른 두 캔틸레버보가 단부에 동일한 집중하중을 받을 때 (A)와 (B)의 단부 처짐 비율로 옳은 것은? (단, 재료는 동일하다.) 16 서울시 9급(前)

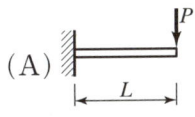 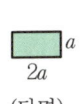 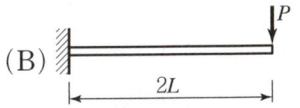 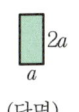

① 1 : 1
② 1 : 2
③ 1 : 4
④ 2 : 1

032

(1) $\delta_A = \dfrac{PL^3}{3EI}$

(2) $\delta_B = \dfrac{P(2L)^3}{3EI} = \dfrac{8PL^3}{3EI}$

∴ $\delta_A : \delta_B = \dfrac{PL^3}{3EI} : \dfrac{8PL^3}{3EI}$

$= \dfrac{1}{I} : \dfrac{8}{I}$

$= \dfrac{1}{bh^3} : \dfrac{8}{bh^3}$

$= \dfrac{1}{a^2} : \dfrac{8}{(2a)^2}$

$= 1 : 2$

정답 ②

033

그림과 같이 보의 길이(L), 등분포하중(w), 단면의 폭(b)이 동일한 단순보(가)와 캔틸레버 보(나)가 있다. 두 보의 최대 휨응력의 절댓값이 같을 때, (가) 단면의 높이(h_A)와 (나) 단면의 높이(h_B)의 관계로 옳은 것은? (단, 보의 자중은 무시한다) 16 서울시 7급, 24 국가직 7급

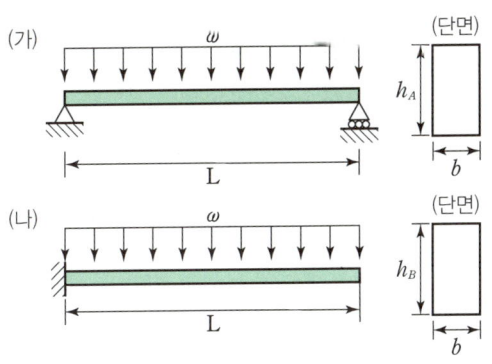

① $h_A = \dfrac{h_B}{2\sqrt{2}}$
② $h_A = \dfrac{h_B}{2}$
③ $h_A = 2h_B$
④ $h_A = 2\sqrt{2}\,h_B$

033

최대휨응력($\sigma_{\max}$) = $\dfrac{M}{Z}$

$\sigma_{(가)} = \sigma_{(나)}$,

$\dfrac{M}{Z_{(가)}} = \dfrac{M}{Z_{(나)}}$,

$\dfrac{wL^2/8}{(h_A)^2} = \dfrac{wL^2/2}{(h_B)^2}$,

$\dfrac{1}{4(h_A)^2} = \dfrac{1}{(h_B)^2}$,

$(h_A)^2 = \dfrac{(h_B)^2}{4}$

∴ $h_A = \dfrac{h_B}{2}$

정답 ②

정답및해설

034

캔틸레버의 처짐공식 $\delta = \dfrac{Pl^3}{3EI}$를 적용하며, 처짐은 보 높이의 세제곱에 반비례한다.

$\therefore \delta_A : \delta_B$
$= \dfrac{1}{E \times h^3} : \dfrac{1}{5E \times (h/5)^3 \times 5}$
$= 1 : 5$

정답 ②

035

(1) $\delta_B = \dfrac{w1 \times L^4}{8EI}$

$\delta_D = \dfrac{w2 \times (2L)^4}{8EI}$

(2) $\dfrac{w1 \times L^4}{8EI} = \dfrac{w2 \times (2L)^4}{8EI}$

$\therefore w1 : w2 = 16 : 1$

정답 ①

---

034 구조물 A와 B가 탄성거동할 때 두 구조물의 휨처짐량의 비를 구하면? (단, 구조물 B를 구성하는 5개의 각 보는 동일한 두께를 가지며 서로 분리되어 있고 상호간 접촉표면에서 수평마찰이 발생하지 않는다고 가정한다.)

16 국가직 7급

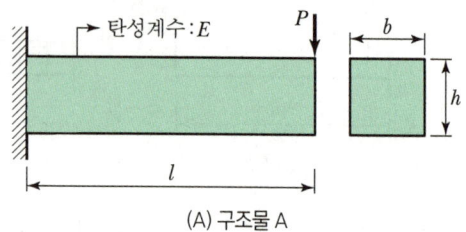

(A) 구조물 A

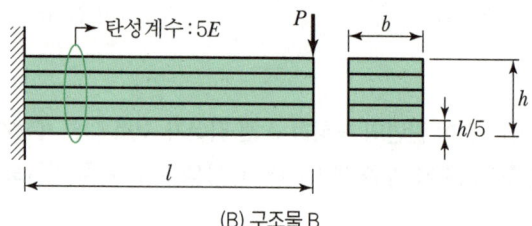

(B) 구조물 B

① A의 휨처짐량 : B의 휨처짐량 = 5 : 1
② A의 휨처짐량 : B의 휨처짐량 = 1 : 5
③ A의 휨처짐량 : B의 휨처짐량 = 1 : 25
④ A의 휨처짐량 : B의 휨처짐량 = 1 : 125

035 그림과 같은 두 캔틸레버보에서 B점과 D점의 처짐이 같게 하기 위한 $w1$과 $w2$의 비($w1 : w2$)는? (단, 두 부재의 휨강성은 EI로 동일하며, 자중을 포함한 기타 하중의 영향은 무시한다.)

20 국가직 7급

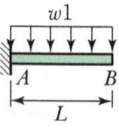 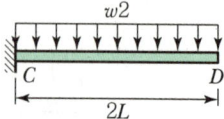

① 16 : 1   ② 8 : 1
③ 4 : 1   ④ 2 : 1

036 그림과 같이 등분포하중(W)을 받는 캔틸레버 보의 길이와 단면이 (a) 및 (b)의 두 가지 조건으로 주어졌을 경우 두 보의 최대 처짐비로 옳은 것은?

16 서울시 9급(後)

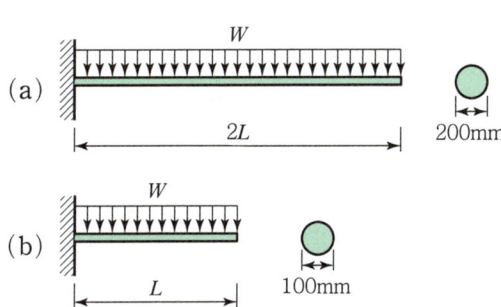

① (a) : (b) = 1 : 1
② (a) : (b) = 8 : 1
③ (a) : (b) = 1 : 8
④ (a) : (b) = 16 : 1

036

(1) $\delta_{(a)} = \dfrac{wL^4}{8EI}$
$= \dfrac{W(2L)^4}{8EI} = \dfrac{2WL^4}{EI}$

(2) $\delta_{(b)} = \dfrac{WL^4}{8EI}$

$\therefore \delta_{(a)} : \delta_{(b)} = \dfrac{2WL^4}{EI} : \dfrac{WL^4}{8EI}$
$= \dfrac{2}{d^4} : \dfrac{1}{8d^4}$
$= \dfrac{16}{(200)^4} : \dfrac{1}{(100)^4}$
$= 1 : 1$

정답 ①

---

037 그림과 같은 캔틸레버 보에 대한 설명으로 옳은 것은? (단, 보의 자중은 무시하며, 보의 길이는 일정하고, 보의 전 길이에 걸쳐 재질 및 단면은 동일하며, 부재는 선형 탄성으로 거동하는 것으로 가정한다.)

23 국가직 9급

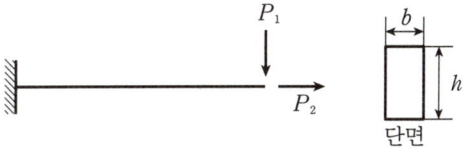

① 하중 P_1만 작용할 경우, 단면의 폭(b)이 2배가 되면 부재의 최대 처짐은 2배가 된다.
② 하중 P_1만 작용할 경우, 단면의 높이(h)가 2배가 되면 부재의 최대 처짐은 1/4배가 된다.
③ 하중 P_2만 작용할 경우, 단면의 폭(b)이 2배가 되면 부재의 축방향 변위는 1/4배가 된다.
④ 하중 P_2만 작용할 경우, 단면의 높이(h)가 2배가 되면 부재의 축방향 변위는 1/2배가 된다.

037

최대처짐(δ) = $\dfrac{PL^3}{3EI}$

축방향변위($\varDelta L$) = $\dfrac{PL}{AE}$

① 하중 P_1만 작용할 경우, 단면의 폭(b)이 2배가 되면 부재의 최대 처짐은 1/2배가 된다.
② 하중 P_1만 작용할 경우, 단면의 높이(h)가 2배가 되면 부재의 최대 처짐은 1/8배가 된다.
③ 하중 P_2만 작용할 경우, 단면의 폭(b)이 2배가 되면 부재의 축방향 변위는 1/2배가 된다.

정답 ④

정답 및 해설

038
(1) $\delta_A = \dfrac{PL^3}{3EI}$
(2) $\delta_B = \dfrac{ML^2}{2EI} = \dfrac{(PL)L^2}{2EI} = \dfrac{PL^3}{2EI}$
$\therefore \delta_A : \delta_B = \dfrac{PL^3}{3EI} : \dfrac{PL^3}{2EI} = 1 : 1.5$

정답 ③

039
왼쪽 부재를 (A), 오른쪽 부재를 (B)라고 하면,
(1) $\delta_A = \dfrac{PL^3}{3EI}$, $\delta_B = \dfrac{ML^2}{2EI}$
(2) $\delta_A = \delta_B$, $\dfrac{PL^3}{3EI} = \dfrac{ML^2}{2EI}$
$\therefore M = \dfrac{2}{3}PL$

정답 ②

040
중첩의 원리에 의해
$\delta_a = \delta_b + \left(\theta_b \times \dfrac{L}{2}\right)$
$= \dfrac{P}{3EI}\left(\dfrac{L}{2}\right)^3 + \dfrac{P}{2EI}\left(\dfrac{L}{2}\right)^2 \times \dfrac{L}{2}$
$= \dfrac{5PL^3}{48EI}$

정답 ③

---

038 그림과 같이 캔틸레버 보의 자유단에 집중하중(P)과 집중모멘트($M = P \cdot L$)가 작용할 때 보 자유단에서의 처짐비 $\Delta_A : \Delta_B$는? (단, EI는 동일하며, 자중의 영향은 고려하지 않는다.)

20 지방직 9급

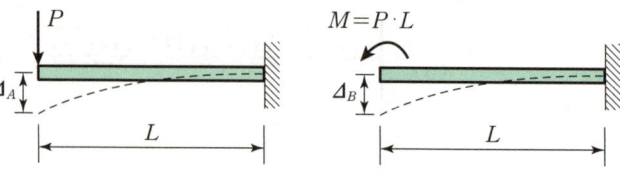

① 1 : 0.5
② 1 : 1
③ 1 : 1.5
④ 1 : 2

039 다음과 같이 캔틸레버보의 끝단에 집중하중(P)과 집중모멘트(M)가 작용할 때 보 끝단에서의 처짐 Δ가 같기 위한 모멘트의 크기로 옳은 것은? (단, EI는 동일하다.)

15 서울시 7급

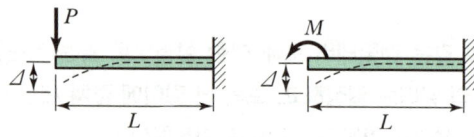

① $\dfrac{1}{2}PL$
② $\dfrac{2}{3}PL$
③ PL
④ $\dfrac{3}{2}PL$

040 다음 캔틸레버 보에 대하여 경간(L)의 1/2 지점에 집중하중(P)이 작용한다. 이때 자유단(a점)의 처짐은? (단, 부재 경간 전체에 대하여 탄성계수(E)와 단면2차모멘트(I)는 동일하다.)

13 지방직 9급

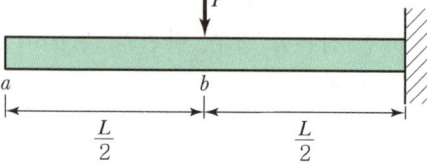

① $\dfrac{PL^3}{3EI}$
② $\dfrac{PL^3}{48EI}$
③ $\dfrac{5PL^3}{48EI}$
④ $\dfrac{5PL^3}{384EI}$

041 그림과 같이 AB 구간과 BC 구간의 단면이 상이한 캔틸레버 보에서 B점에 집중하중 P가 작용할 때, 자유단인 C점의 처짐은? (단, AB 구간과 BC 구간의 휨강성은 각각 $2EI$와 EI이며 자중을 포함한 기타 하중의 영향은 무시한다.)

19 국가직 9급

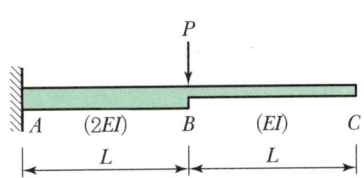

① $\dfrac{PL^3}{3EI}$ ② $\dfrac{2PL^3}{3EI}$ ③ $\dfrac{5PL^3}{6EI}$ ④ $\dfrac{5PL^3}{12EI}$

041
중첩의 원리에 의해
$\delta_C = \delta_B + \theta_B \times L$
$= \dfrac{PL^3}{3 \times 2EI} + \dfrac{PL^2}{2 \times 2EI} \times L$
$= \dfrac{5PL^3}{12EI}$

정답 ④

042 그림과 같은 캔틸레버 보에서 b점과 c점의 처짐을 각각 δ_b와 δ_c라고 할 때, 두 처짐의 비 $\dfrac{\delta_b}{\delta_c}$는? (단, 보의 자중은 무시하며, 보의 전 길이에 걸쳐 재질 및 단면은 동일하고, 부재는 선형 탄성으로 거동하는 것으로 가정한다.)

23 국가직 9급

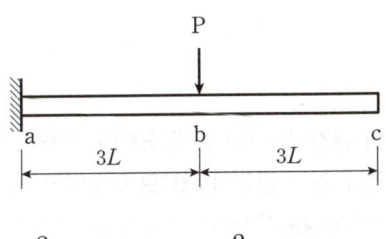

① $\dfrac{1}{2}$ ② $\dfrac{2}{3}$ ③ $\dfrac{2}{5}$ ④ $\dfrac{3}{7}$

042
중첩의 원리에 의해
$\delta_b = \dfrac{PL^3}{3EI} = \dfrac{P \times (3L)^3}{3EI}$
$= \dfrac{P(3L)^3}{3EI}$
$\delta_c = \delta_b + (\theta_b \times 3L)$
$= \dfrac{P(3L)^3}{3EI} + \left(\dfrac{P \times (3L)^2}{2EI} \times 3L\right)$
$= \dfrac{5P(3L)^3}{6EI}$
$\therefore \dfrac{\delta_b}{\delta_c} = \dfrac{\dfrac{P(3L)^3}{3}}{\dfrac{5P(3L)^3}{6EI}} = \dfrac{2}{5}$

정답 ③

043 다음 그림 (a)와 같은 골조가 그림 (b)와 같이 각 부재의 길이가 2배로 늘어나는 경우, 그림 (b)의 A점 수평변위는 그림 (a)의 A점 수평변위의 몇 배가 되는가? (단, 부재의 EI는 일정하다.)

15 서울시 7급

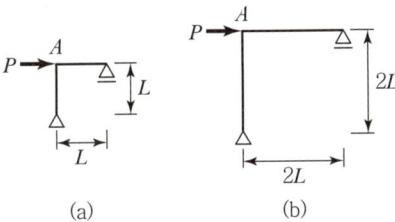

① 2배   ② 4배   ③ 8배   ④ 16배

043
(a) $\delta_A = \dfrac{PL^3}{3EI}$
(b) $\delta_A = \dfrac{P(2L)^3}{3EI} = \dfrac{8PL^3}{EI}$
$\therefore$ (b)의 A점 수평변위는 (a)의 A점 수평변위의 8배가 된다.

정답 ③

정답 및 해설

044

(가) $\delta = \dfrac{Pl^3}{3EI} + \dfrac{Pl^2}{2EI} \times \dfrac{l}{2}$

$= \dfrac{P(l/2)^3}{3EI} + \dfrac{P(l/2)^2}{2EI} \times \dfrac{l}{2}$

$= \dfrac{5Pl^3}{48EI} = \dfrac{5wl^4}{48EI}$

(나) $\delta = \dfrac{wl^4}{8EI} + \dfrac{wl^3}{6EI} \times \dfrac{l}{2}$

$= \dfrac{w(l/2)^4}{8EI} + \dfrac{w(l/2)^3}{6EI} \times \dfrac{l}{2}$

$= \dfrac{7wl^4}{384EI}$

(다) $\delta = \dfrac{Pl^3}{48EI} = \dfrac{wl^4}{48EI}$

(라) $\delta = \dfrac{5wl^4}{384EI}$

정답 ①

045

항복모멘트강도$(M_y) = \dfrac{P \times L}{4}$

$\therefore P = \dfrac{4M_y}{L} \times$ 단면형상비

$= \dfrac{4 \times 60}{6} \times 1.5$

$= 60 \text{kN}$

정답 ②

---

044 그림에서 보의 최대 처짐이 큰 것에서 작은 것 순서대로 바르게 연결된 것은?
(단, P : 집중하중, w : 등분포 하중, EI는 동일하고, $P = wl$이다.) 19 서울시 7급(前)

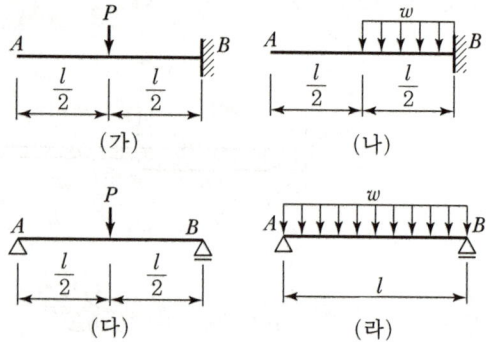

① (가) → (다) → (나) → (라)　② (나) → (가) → (라) → (다)
③ (다) → (가) → (나) → (라)　④ (라) → (나) → (가) → (다)

045 그림과 같이 경간 $L = 6\text{m}$인 단순보의 가운데 지점에 하중 P가 수직방향으로 작용하고 있다. 보는 균질의 재료로 이루어진 직사각형 단면을 가지고 있으며 단면의 항복모멘트강도가 $60\text{kN} \cdot \text{m}$일 때, 항복 이후 완전소성상태까지 최대로 가할 수 있는 하중의 크기[kN]는? (단, 항복 이후 완전소성상태까지 좌굴은 발생하지 않는 것으로 가정한다.) 20 서울시 7급

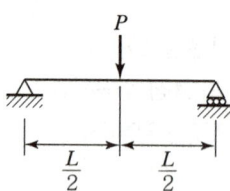

① 40　② 60
③ 120　④ 180

046 지점 A에서 단순보의 처짐각은? (단, 보의 자중은 무시하고, 선형탄성 거동하는 것으로 가정하며, 보의 전 길이에 걸쳐 휨강성 EI는 동일하다)

24 국가직 7급

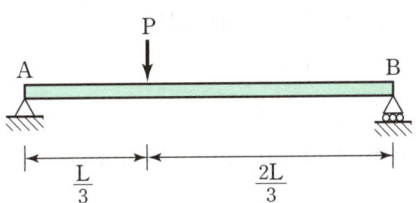

① $\dfrac{PL^2}{81EI}$ ② $\dfrac{2PL^2}{81EI}$

③ $\dfrac{4PL^2}{81EI}$ ④ $\dfrac{5PL^2}{81EI}$

046

A점의 처짐각(θ_A)

$= \dfrac{Pab(L+b)}{6LEI}$

$= \dfrac{P \times \dfrac{L}{3} \times \dfrac{2L}{3} \times \left(L + \dfrac{2L}{3}\right)}{6LEI}$

$= \dfrac{5PL^2}{81EI}$

[참고]
B점의 처짐각(θ_B)

$= \dfrac{Pab(L+a)}{6LEI}$

정답 ④

---

047 균질한 탄성재료로 된 단면이 500mm×500mm인 정사각형 기둥에 압축력 1,000kN이 편심거리 20mm에 작용할 때 최대압축응력의 크기는? (단, 처짐에 의한 추가적인 휨모멘트 및 좌굴은 무시한다.)

14 지방직 9급

① 4,960kN/m²   ② 4,000kN/m²

③ 3,040kN/m²   ④ 960kN/m²

047

최대압축응력 $= \dfrac{P}{A} + \dfrac{M}{Z}$

$= \dfrac{1,000}{0.5 \times 0.5} + \dfrac{1,000 \times 0.02}{\dfrac{0.5 \times 0.5^2}{6}}$

$= 4,000 + 960 = 4,960$kN/m²

정답 ①

---

048 그림과 같이 직사각형 변단면을 갖는 보에서, A지점의 단면에 발생하는 최대 휨응력은? (단, 보의 폭은 20mm로 일정하다.)

19 서울시 9급(後)

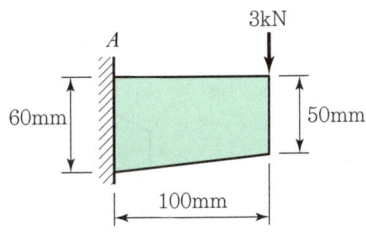

① 25N/mm²   ② 36N/mm²

③ 48N/mm²   ④ 50N/mm²

048

$\sigma_A = \dfrac{M}{Z} = \dfrac{3,000 \times 100}{\dfrac{bh^2}{6}}$

$= \dfrac{300,000}{\dfrac{20 \times 60^2}{6}} = 25$N/mm²

정답 ①

정답 및 해설

049

전단응력도 $\tau = 1.5 \times \dfrac{V}{A(=b \times h)}$

① 단면1차모멘트 Q에 비례한다.
② 보의 폭 b에 반비례한다.
③ 전단력 V에 비례한다.

정답 ④

050

$M(\text{모멘트}) = P(\text{축력}) \times e(\text{편심거리})$

$e = \dfrac{M}{N} = \dfrac{20}{50} = 0.4\text{m}$

$\therefore e = \dfrac{D}{8} = 0.4\text{m}$이므로

$D = 3.2\text{m}$

정답 ③

051

$M(\text{모멘트}) = P(\text{힘}) \times e(\text{편심거리})$

$e = \dfrac{M}{N} = \dfrac{20}{50} = 0.6\text{m}$

$\therefore e = \dfrac{l}{6} = 0.6\text{m}$이므로 $l = 3.6\text{m}$

정답 ①

---

049 폭이 b이고 높이가 h인 직사각형 단면보에 전단력 V가 작용할 때, 전단응력도 τ에 대한 설명으로 가장 옳은 것은?

19 서울시 7급(前)

① 단면1차모멘트 Q에 반비례한다.
② 보의 폭 b에 비례한다.
③ 전단력 V에 반비례한다.
④ 직사각형 보 단면의 중앙부에서 최대이다.

050 그림과 같은 원형 독립기초에 축력 $N=50\text{kN}$, 휨모멘트 $M=20\text{kN}\cdot\text{m}$가 작용할 때, 기초바닥과 지반 사이에 접지압으로 압축반력만 생기게 하기 위한 최소 지름(D)은?

18 서울시 9급

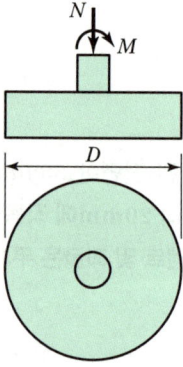

① 1.2m ② 2.4m
③ 3.2m ④ 4.0m

051 그림과 같이 독립기초에 중심하중 $N=50\text{kN}$, 휨모멘트 $M=30\text{kN}\cdot\text{m}$가 작용할 때, 기초 슬래브와 지반과의 사이에 접지압이 압축응력만 생기게 하기 위한 최소 기초 길이(l)는? (단, 기초판은 직사각형으로 한다.)

19 서울시 7급(前)

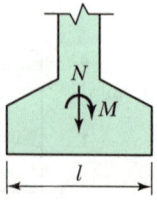

① 3.6m ② 4.0m
③ 4.4m ④ 4.8m

CHAPTER 05 부정정 구조물의 해석

001 정정구조와 비교하였을 때 부정정구조의 특징으로 가장 옳지 않은 것은?

17 서울시 9급(後)

① 부정정구조는 부재에 발생하는 응력과 처짐이 작다.
② 부정정구조는 모멘트 재분배 효과로 보다 안전을 확보할 수 있다.
③ 부정정구조는 강성이 작아 사용성능에서 불리하다.
④ 부정정구조는 온도변화 및 제작오차로 인해 추가적 변형이 일어난다.

정답 및 해설

001
부정정구조는 강성이 커서 사용성능에서 유리하다.
정답 ③

002 그림과 같은 연속보에 발생하는 모멘트도의 개형으로 옳은 것은? (단, P는 집중하중이고, 보의 자중은 무시한다.)

23 지방직 9급

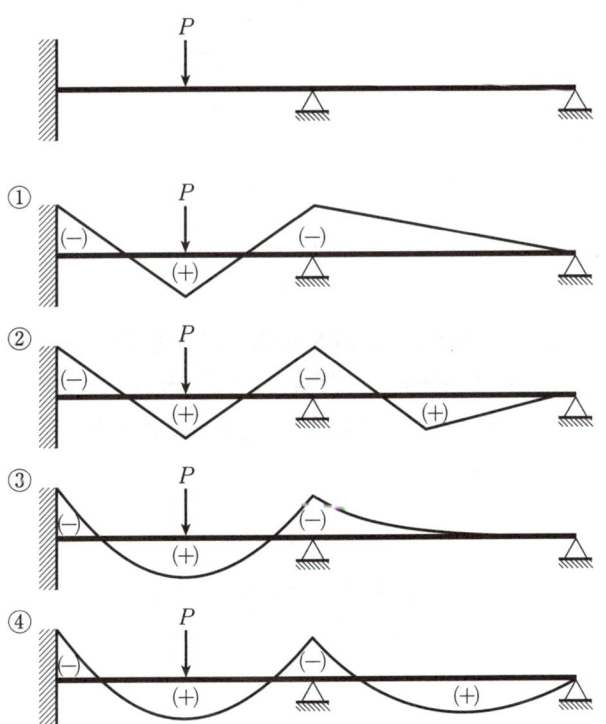

002
연속보에 집중하중이 작용할 때 모멘트도는 직선분포가 된다.

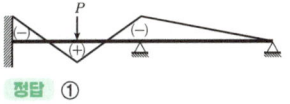

정답 ①

정답 및 해설

003
(1) 중앙부 :
정($+$)모멘트 $M = \dfrac{wl^2}{24}$
(2) 단부(고정단) :
부($-$)모멘트 $M = \dfrac{wl^2}{12}$

$\therefore M = \dfrac{wl^2}{12}$
$= \dfrac{8 \times 6^2}{12} = -24\text{kN} \cdot \text{m}$

정답 ③

004
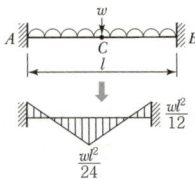

$\therefore$ 중앙과 단부의 휨모멘트 비율
$\dfrac{wl^2}{24} : \dfrac{wl^2}{12} = 1 : 2$

정답 ②

005
(1) 중앙부 : 정($+$)모멘트
$M_C = \dfrac{\left(\dfrac{wL}{2}\right) \times L}{8} + \dfrac{wL^2}{24}$
$= \dfrac{5wL^2}{48}$

(2) 양단부 : 부($-$)모멘트
$M_{A,\,B} = \dfrac{\left(\dfrac{wL}{2}\right) \times L}{8} + \dfrac{wL^2}{12}$
$= \dfrac{7wL^2}{48}$

$\therefore |M_A| : |M_C| : |M_B|$
$= 7 : 5 : 7$
$= 1.4 : 1.0 : 1.4$

정답 ②

---

003 그림과 같은 양단 고정단 보의 고정단에서 부모멘트 값은?   17 서울시 7급

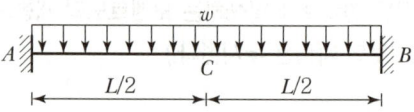

① $-12\text{kN}\cdot\text{m}$
② $-18\text{kN}\cdot\text{m}$
③ $-24\text{kN}\cdot\text{m}$
④ $-30\text{kN}\cdot\text{m}$

004 그림과 같은 양단고정보의 중앙부와 단부의 휨모멘트 비율 $M_C : M_A$는?   14 서울시 7급

① 1 : 1
② 1 : 2
③ 1 : 3
④ 2 : 1
⑤ 3 : 1

005 그림과 같이 양단고정보에 등분포하중(w)과 집중하중(P)이 작용할 때, 고정단 휨모멘트(M_A, M_B)와 중앙부 휨모멘트(M_C)의 절댓값 비는? (단, 부재의 휨강성은 EI로 동일하며, 자중을 포함한 기타 하중의 영향은 무시한다.)   19 국가직 9급

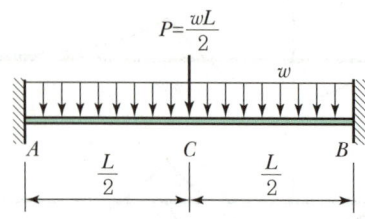

① $|M_A| : |M_C| : |M_B| = 1.2 : 1.0 : 1.2$
② $|M_A| : |M_C| : |M_B| = 1.4 : 1.0 : 1.4$
③ $|M_A| : |M_C| : |M_B| = 1.6 : 1.0 : 1.6$
④ $|M_A| : |M_C| : |M_B| = 2.0 : 1.0 : 2.0$

006 다음 그림과 같은 등분포하중을 받는 단순보(a)와 양단 고정보(b)의 경우에, 중앙점($L/2$)에 작용하는 휨모멘트와 발생하는 최대처짐에 대한 각각의 비율(a : b)로 옳은 것은? (단, 탄성계수와 단면2차모멘트는 동일하다.)

17 서울시 9급(前)

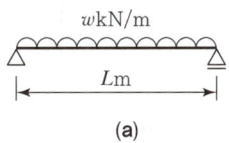
(a)

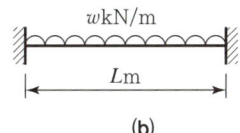
(b)

① 휨모멘트비 3 : 1, 처짐비 4 : 1
② 휨모멘트비 4 : 1, 처짐비 5 : 1
③ 휨모멘트비 4 : 1, 처짐비 4 : 1
④ 휨모멘트비 3 : 1, 처짐비 5 : 1

006
(1) 중앙점의 휨모멘트비
$= M_a : M_b$
$= \dfrac{wl^2}{8} : \dfrac{wl^2}{24} = 3 : 1$
(2) 중앙점의 처짐비
$= \delta_a : \delta_b$
$= \dfrac{5wl^4}{384EI} : \dfrac{wl^4}{384EI} = 5 : 1$

정답 ④

007 그림 (가)와 (나)의 캔틸레버 보 자유단 처짐이 각각 $\delta_{(가)} = \dfrac{wL^4}{8EI}$과 $\delta_{(나)} = \dfrac{PL^3}{3EI}$일 때, 그림 (다) 보의 B 지점 수직반력의 크기[kN]는? (단, 그림의 모든 보의 길이가 $L = 1$m이고, 전 길이에 걸쳐 탄성계수는 E, 단면2차모멘트는 I이며, 보의 자중은 무시한다.)

20 국가직 9급

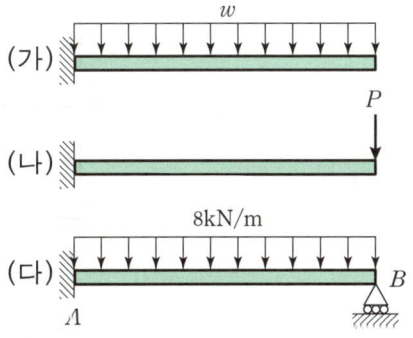

① 1
② 3
③ 4
④ 5

007
$R_A = \dfrac{5wL}{8}$, $R_B = \dfrac{3wL}{8}$
$\therefore R_B = \dfrac{3wL}{8} = \dfrac{3 \times 8 \times 1}{8} = 3\text{kN}$

정답 ②

정답 및 해설

008

(1) 분배율
$$f_{DC} = \frac{k_{DC}}{\sum k} = \frac{1}{2+1+1} = \frac{1}{4}$$

(2) 분배모멘트
$$M_{DC} = M_D \times f_{DC}$$
$$= 400 \text{kN} \cdot \text{m} \times \frac{1}{4}$$
$$= 100 \text{kN} \cdot \text{m}$$

(3) 도달모멘트
$$M_{CD} = M_{DC} \times \frac{1}{2}$$
$$= 100 \text{kN} \cdot \text{m} \times \frac{1}{2}$$
$$= 50 \text{kN} \cdot \text{m}$$

정답 ①

009

(1) 균형모멘트
$$M_E = 2 \times 3 = 6 \text{kN} \cdot \text{m}$$

(2) 분배율
$$f_{EC} = \frac{K_3}{\sum K} = \frac{3}{1+2+3} = \frac{1}{2}$$

(3) 분배모멘트
$$M_{EC} = M_E \times f_{EC}$$
$$= 6 \times \frac{1}{2} = 3 \text{kN} \cdot \text{m}$$

∴ 재단모멘트
$$M_{CE} = M_{EC} \times \text{도달률}$$
$$= 3 \times \frac{1}{2} = 1.5 \text{kN} \cdot \text{m}$$

정답 ②

---

008 다음 그림과 같이 절점 D에 모멘트 $M = 400 \text{kN} \cdot \text{m}$이 작용할 때, 고정지점 C점의 모멘트로 옳은 것은? (단, k는 강비이다.)

17 서울시 9급(前)

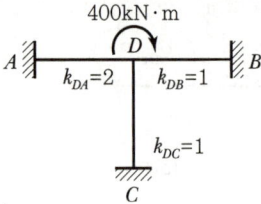

① 50kN·m ② 100kN·m
③ 150kN·m ④ 200kN·m

009 그림과 같은 부정정구조물의 단부 C의 재단모멘트(M_{CE})는? (단, 부재의 강비는 $K_1 = 1.0$, $K_2 = 2.0$, $K_3 = 3.0$이다.)

17 서울시 7급

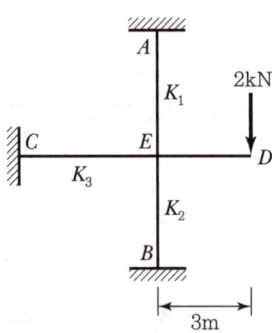

① 1.0kN·m ② 1.5kN·m
③ 2.0kN·m ④ 3.0kN·m

MEMO

기본 편

PART 2

일반구조

CHAPTER 1　구조계획

CHAPTER 2　기초구조

CHAPTER 3　목구조

CHAPTER 4　조적구조

CHAPTER 01 구조계획

정답 및 해설

001
① 강도: 구조물이나 그것을 구성하는 부재가 외력에 대하여 저항하는 힘의 최댓값을 말하며, 재료의 경우에는 주로 단위 단면적당 힘의 크기로 나타낸다.
④ 인성: 높은 강도와 큰 변형을 발휘하여 충격에 잘 견디는 성질을 말한다.
정답 ②

002
부재력이란 하중 및 외력에 의하여 구조부재의 가상절단면에 생기는 축방향력·휨모멘트·전단력·비틀림 등을 말하며, 응력은 하중 및 외력에 의하여 구조부재에 생기는 단위면적당 힘의 세기를 말한다.
정답 ④

003
시공 중 구조안전 확인사항
㉠ 구조물 규격에 관한 검토 및 확인
㉡ 사용 구조자재의 적합성 검토 및 확인
㉢ 구조재료에 대한 시험성적표 검토
㉣ 배근의 적정성 및 이음·정착 검토
㉤ 설계변경에 관한 사항의 구조검토 및 확인
㉥ 시공하자에 대한 구조내력검토 및 보강방안
㉦ 기타 시공과정에서 구조체의 안전이나 품질에 영향을 줄 수 있는 사항에 대한 검토
정답 ④

---

001 구조물이나 구조부재의 변형에 대한 저항능력을 말하며, 발생한 변위 또는 회전에 대한 적용된 힘 또는 모멘트의 비율을 의미하는 용어는? 24 국가직 7급

① 강도
② 강성
③ 내구성
④ 인성

002 건축구조 용어에 대한 설명으로 옳지 않은 것은? 25 국가직 9급

① 강성이란 구조물이나 구조부재의 변형에 대한 저항능력이다.
② 가설구조물이란 건축구조물의 축조를 위하여 임시로 설치하는 시설이다.
③ 강도란 구조물이나 구조부재가 외력에 의해 발생하는 힘 또는 모멘트에 저항하는 능력이다.
④ 부재력이란 하중 및 외력에 의하여 구조부재에 생기는 단위면적당 힘의 세기이다.

003 건축물 및 공작물이 안전한 구조를 갖기 위해서는 설계단계에서 시공, 감리 및 유지·관리단계에 이르기까지 구조안전의 확인이 매우 중요하다. 시공과정에서 구조안전을 확인하기 위하여 책임구조기술자가 수행하여야 할 업무가 아닌 것은? 15 서울시 9급

① 구조물 규격에 관한 검토·확인
② 설계변경에 관한 사항의 구조검토·확인
③ 시공하자에 대한 구조내력검토 및 보강방안
④ 용도변경을 위한 구조검토

004
건축물 및 공작물의 유지·관리 중 구조안전을 확인하기 위하여 책임구조기술자가 수행해야 하는 업무의 종류에 해당하지 않는 것은? 16 국가직 9급

① 증축을 위한 구조검토
② 리모델링을 위한 구조검토
③ 용도 변경을 위한 구조검토
④ 설계 변경에 관한 사항의 구조검토·확인

004
설계 변경에 관한 사항의 구조검토·확인은 건축물 및 공작물의 시공 중 구조안전을 확인하기 위하여 책임구조기술자가 수행해야 하는 업무의 종류이다.
정답 ④

005
건축구조설계법으로 적절하지 않은 것은? 09 지방직 9급

① 강도설계법
② 하중설계법
③ 한계상태설계법
④ 허용응력도설계법

005
건축구조설계법에는 강도설계법, 한계상태설계법, 허용응력도설계법, 경험적 설계법 등이 있지만, 하중설계법은 없다.
정답 ②

006
건축구조 설계법 중, 구조부재를 구성하는 재료의 비탄성 거동을 고려하여 산정한 부재단면의 공칭강도에 강도감소계수를 곱한 설계용 강도의 값이 계수하중에 의한 부재력 이상이 되도록 구조부재를 설계하는 방법은? 24 서울시 9급, 25 지방직 9급

① 허용응력설계법
② 허용강도설계법
③ 성능기반설계법
④ 강도설계법

006
강도설계법은 구조체의 한계 상태에 대하여 안전성을 검토하는 설계방법이다.
정답 ④

007
건축구조기준에서 규정한 목표성능을 만족하면서, 건축주가 선택한 성능지표(안전성능, 사용성능, 내구성능 및 친환경성능 등)를 만족하도록 건축구조물을 설계하는 방법은? 23 지방직 9급

① 성능기반설계법
② 강도설계법
③ 한계상태설계법
④ 허용응력설계법

007
성능기반설계법은 비선형해석법을 사용하여 구조물의 초과강도와 비탄성변형능력을 보다 정밀하게 구조모델링에 고려하여 구조물이 주어진 목표성능수준을 정확하게 달성하도록 설계하는 기법을 말한다.
정답 ①

정답 및 해설

008
① 한계상태설계법: 한계상태를 명확히 정의하여 하중 및 내력의 평가에 준해서 한계상태에 도달하는 것을 확률통계적 계수를 이용하여 설정하는 설계법
② 허용응력설계법: 탄성이론에 의한 구조해석으로 산정한 부재단면의 응력이 허용응력(안전율을 감안한 한계응력)을 초과하지 아니하도록 구조부재를 설계하는 방법
④ 강도설계법: 구조부재를 구성하는 재료의 탄성거동을 고려하여 산정한 부재단면의 공칭강도에 강도감소계수를 곱한 설계용 강도의 값(설계강도)이 계수하중에 의한 부재력(소요강도) 이상이 되도록 구조부재를 설계하는 방법

정답 ③

009
① 구조재의 강도를 안전율로 나눈 허용응력설계법은 구조물의 사용성에 중점을 둔 설계법이고, 강도설계법은 안전성에 중점을 둔 설계법이다.
② 강도설계법은 부재의 종류에 따라 강도감소계수는 다르게 적용된다.
④ 강도설계법은 하중계수와 강도감소계수를 모두 적용한다.

정답 ③

010
허용응력도설계법에서는 강도설계법에 비해 재료를 효율적으로 사용할 수 없다. 허용응력도설계법에서는 성질이 다른 하중들의 영향을 설계상에 적절히 반영하기 어렵고, 강도설계법은 하중계수에 의하여 성질이 다른 하중들의 특성을 설계에 적절히 반영할 수 있으므로 효율적이다.

정답 ④

---

008 건축구조기준의 설계법에 대한 설명으로 옳은 것은?   24 국가직 7급

① 한계상태설계법: 한계상태를 명확히 정의하여 구조물 변형의 평가에 준해서 한계상태에 도달하는 것을 확률통계적 계수를 이용하여 설정하는 설계법
② 허용응력설계법: 탄성이론에 의한 구조해석으로 산정한 부재단면의 응력이 허용응력(안전율을 감안한 한계응력)을 초과하도록 구조부재를 설계하는 방법
③ 성능기반설계법: 건축구조기준에서 규정한 목표성능을 만족하면서 건축구조물을 건축주가 선택한 성능지표(안전성능, 사용성능, 내구성능 및 친환경성능 등)에 만족하도록 설계하는 방법
④ 강도설계법: 구조부재를 구성하는 재료의 탄성거동을 고려하여 산정한 부재단면의 공칭강도에 강도감소계수를 곱한 설계용 강도의 값(설계강도)이 계수하중에 의한 부재력(소요강도) 미만이 되도록 구조부재를 설계하는 방법

009 구조설계에 사용되는 강도설계법에 관한 설명으로 옳은 것은?   09 국가직 9급

① 구조재의 강도를 안전율로 나눈 허용응력으로 설계하여 구조물의 안전성을 확보한다.
② 부재의 종류에 관계없이 강도감소계수는 일정한 값이 적용된다.
③ 지진하중을 포함하는 하중조합의 지진하중계수는 1.0으로 한다.
④ 하중계수를 적용하는 경우 강도감소계수는 적용하지 않는다.

010 내력부재의 구조설계방법에 대한 설명으로 옳지 않은 것은?   09 지방직 7급

① 강도설계법에서는 강도 및 하중의 불확실성이 효과적으로 고려된다.
② 강도설계법에서는 재료의 소성상태까지 고려한다.
③ 허용응력도설계법에서 설계하중은 하중 및 외력을 사용하여 산정한 단면력의 조합중에서 가장 불리한 값으로 한다.
④ 허용응력도설계법에서는 강도설계법에 비해 재료를 효율적으로 사용할 수 있다.

011
강구조의 한계상태설계법에서 강도한계상태와 관계없는 것은?　09 국가직 7급

① 부재의 과다한 잔류변형
② 골조의 불안정
③ 접합부 파괴
④ 피로 파괴

011
강구조물에서 강도한계상태를 구성하고 있는 요소들을 살펴보면 골조의 불안정성, 기둥의 좌굴, 보의 횡좌굴, 접합부 파괴, 인장부재의 전단면 항복, 피로파괴, 취성파괴 등이 있다. 사용성 한계상태는 대체적으로 부재의 과다한 탄성변형, 부재의 과다한 잔류변형, 바닥재의 진동, 장기변형과 같은 요소들로 이루어진다.

정답 ①

012
강구조 건축물의 사용성 설계 시 고려해야 하는 항목과 연관성이 가장 적은 것은?　20 지방직 9급

① 바람에 의한 수평진동
② 접합부 미끄럼
③ 팽창과 수축
④ 내화성능

012
사용성한계상태는 구조체가 즉시 붕괴되지는 않지만, 건물이 피해를 입고 건물 수명이 저하되어 종국에는 건물의 구조 기능 저하로 인하여 극한한계상태에 이르게 될 가능성이 있는 상태를 말하며, 부재의 과다한 탄성변형, 부재의 과다한 잔류변형, 바닥재의 진동, 균열폭의 증가 등이 해당된다.

정답 ④

013
강구조 건축물 설계 시 고려하는 사용한계상태로 옳은 것은?　24 국가직 9급

① 구조물의 진동
② 소성힌지의 형성
③ 인장파괴
④ 골조의 안정성

013
사용한계상태는 구조체가 즉시 붕괴되지는 않지만, 건물이 피해를 입고 건물 수명이 저하되어 종국에는 건물의 구조기능 저하로 인하여 극한한계상태에 이르게 될 가능성이 있는 상태를 말하며, 부재의 과다한 탄성변형, 부재의 과다한 잔류변형, 구조물의 진동, 균열폭의 증가 등이 해당된다.

정답 ①

014
두께가 150mm인 철근콘크리트 슬래브의 단위면적당 고정하중은?　09 국가직 9급

① 120kgf/m²
② 240kgf/m²
③ 360kgf/m²
④ 480kgf/m²

014
고정하중 $= 2,400 \text{kgf/m}^3 \times 0.15\text{m}$
$\qquad = 360 \text{kgf/m}^2$

정답 ③

정답 및 해설

015
활하중은 점유·사용에 의하여 발생할 것으로 예상되는 최대의 하중이어야 한다.
정답 ①

016
경량품 저장창고($6kN/m^2$) → 체육시설(고정식 스탠드)·백화점(2층 이상 부분)($4kN/m^2$) → 학교의 교실($3kN/m^2$) → 일반 사무실($2.5kN/m^2$) → 병원의 병실·주택의 거실($2kN/m^2$)
정답 ①

017
① 기계실(공조실, 전기실, 기계실 등) : $5.0kN/m^2$
② 주차장 중 총 중량 30kN 이하의 차량(옥내) : $3.0kNm^2$
③ 판매장 중 창고형 매장 : $6.0kN/m^2$
④ 체육시설 중 체육관 바닥, 옥외 경기장 : $5.0kN/m^2$
정답 ③

018
① 도서관 열람실 : $3.0kN/m^2$
② 학교 교실 : $3.0kN/m^2$
③ 산책로 용도의 지붕 : $3.0kN/m^2$
④ 일반 사무실 : $2.5kN/m^2$
정답 ④

---

015 활하중에 대한 설명으로 적절하지 않은 것은? 16 서울시 7급

① 활하중은 점유·사용에 의하여 발생할 것으로 예상되는 최소의 하중이어야 한다.
② 활하중은 등분포 활하중과 집중 활하중으로 분류된다.
③ 지붕을 정원 및 집회 용도로 사용할 경우 기본등분포 활하중은 최소 $5.0kN/m^2$를 적용한다.
④ 진동, 충격 등이 있어 건축구조기준에서 제시한 값을 적용하기에 적합하지 않은 경우 구조물의 실제 상황에 따라 활하중의 크기를 증가시켜 산정한다.

016 건축구조기준에서 규정하는 기본등분포활하중을 큰 것에서 작은 순서대로 바르게 나열한 것은? 14 국가직 7급

① 경량품 저장창고 → 백화점(2층 이상 부분) → 주택의 거실
② 체육시설(고정식 스탠드) → 병원의 병실 → 학교의 교실
③ 학교의 교실 → 주택의 거실 → 일반 사무실
④ 백화점(2층 이상 부분) → 주택의 거실 → 학교의 교실

017 KDS 건축구조기준에서 규정한 기본등분포활하중이 가장 큰 부분은? 13 지방직 9급

① 기계실(공조실, 전기실, 기계실 등)
② 주차장 중 총 중량 30kN 이하의 차량(옥내)
③ 판매장 중 창고형 매장
④ 체육시설 중 체육관 바닥, 옥외 경기장

018 다음 용도 중 기본등분포활하중이 가장 작은 곳은? 22 국가직 9급

① 도서관 열람실
② 학교 교실
③ 산책로 용도의 지붕
④ 일반 사무실

019

다음 중 건축구조기준에서 규정하고 있는 기본등분포활하중의 용도별 최솟값이 가장 큰 건축물 용도는?

23 지방직 9급

① 주거용 건축물의 거실
② 일반사무실
③ 도서관 서고
④ 총중량 30kN 이하의 차량용 옥외 주차장

019
① 주거용 건축물의 거실 : 2.0kN/m²
② 일반사무실 : 2.5kN/m²
③ 도서관 서고 : 7.5kN/m²
④ 총중량 30kN 이하의 차량용 옥외 주차장 : 5.0kN/m²

정답 ③

020

다음 그림은 지붕이 아닌 층의 구조평면도이다. 건축구조기준에 따라 등분포활하중을 저감시키기 위하여 기둥(A, C)과 보(B, D)의 영향면적을 계산할 때, 영향면적이 가장 큰 부재는?

16 국가직 7급

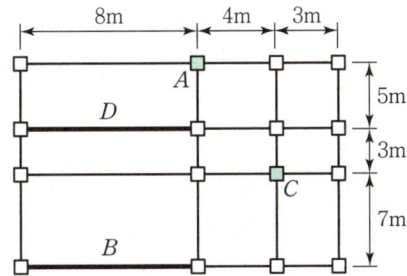

① A
② B
③ C
④ D

020
영향면적은 기둥 및 기초에서는 부하면적의 4배, 보에서는 부하면적의 2배를 적용하기 때문에 보보다는 기둥에서 영향면적이 크고, 도면상에서 A기둥보다는 C기둥의 영향면적이 크다.

정답 ③

021

지붕활하중을 제외한 등분포활하중의 저감에 대한 설명으로 옳지 않은 것은?

19 지방직 9급

① 부재의 영향면적이 25m² 이상인 경우 기본등분포활하중에 활하중저감계수를 곱하여 저감할 수 있다.
② 1개 층을 지지하는 부재의 저감계수는 0.5 이상으로 한다.
③ 2개 층 이상을 지지하는 부재의 저감계수는 0.4 이상으로 한다.
④ 활하중 5kN/m² 이하의 공중집회 용도에 대해서는 활하중을 저감할 수 없다.

021
부재의 영향면적이 36m² 이상인 경우 기본등분포활하중에 활하중저감계수를 곱하여 저감할 수 있다.

정답 ①

정답 및 해설

022
활하중 5kN/m² 이하의 공중집회 용도에 대해서는 활하중을 저감할 수 없다.
정답 ②

023

건축물 중요도 분류	
(특)	• 연면적이 1,000m² 이상인 위험물 저장 및 처리시설 • 연면적이 1,000m² 이상인 국가 또는 지방자치단체의 청사·외국공관·소방서·발전소·방송국·전신전화국 • 종합병원, 수술시설이나 응급시설이 있는 병원

정답 ②

024
5층 이상인 숙박시설·오피스텔·기숙사·아파트는 중요도(1)에 해당한다.
정답 ①

025
건축물의 중요도 분류에서 연면적 1,000m² 이상인 위험물 저장 및 처리시설은 중요도(특)에 해당되며, 1,000m² 미만인 위험물 저장 및 처리시설은 중요도(1)에 해당된다.
정답 ③

---

022 활하중의 저감에 대한 설명으로 가장 옳지 않은 것은? 19 서울직 9급(後)

① 지붕활하중을 제외한 등분포활하중은 부재의 영향 면적이 36m² 이상인 경우 기본등분포활하중에 활하중 저감계수(C)를 곱하여 저감할 수 있다.
② 활하중 5kN/m² 이하의 공중집회 용도에 대해서는 활하중을 저감할 수 있다.
③ 영향면적은 기둥 및 기초에서는 부하면적의 4배, 보 또는 벽체에서는 부하면적의 2배, 슬래브에서는 부하 면적을 적용한다.
④ 1방향 슬래브의 영향면적은 슬래브 경간에 슬래브 폭을 곱하여 산정한다. 이때 슬래브 폭은 슬래브 경간의 1.5배 이하로 한다.

023 건축물 및 공작물의 구조설계 시 용도 및 규모에 따라 중요도(특), 중요도(1), 중요도(2) 및 중요도(3)으로 분류한다. 다음 중 중요도(특)에 해당하지 않는 것은? 10 국가직 7급

① 연면적 1,000m²인 위험물 저장 및 처리시설
② 연면적 1,000m²인 공연장·집회장·관람장
③ 연면적 1,000m²인 지방자치단체의 청사·방송국·전신전화국
④ 종합병원, 수술시설이나 응급시설이 있는 병원

024 건축물의 중요도 분류에서 중요도(특)에 해당하지 않는 것은? 25 국가직 9급

① 15층 아파트
② 연면적 30,000m²의 종합병원
③ 연면적 1,500m²의 방송국
④ 비상시의 긴급대피수용시설로 지정된 학교 건축물

025 건축구조기준에서 중요도(특)에 해당하는 건축물이 아닌 것은? 24 국가직 7급

① 연면적 1,000m²인 데이터 센터
② 수술시설이나 응급시설이 있는 병원
③ 연면적 500m²인 위험물 저장 및 처리시설
④ 지진과 태풍 또는 다른 비상시의 긴급대피수용시설로 지정한 연면적 500m²인 건축물

026
건축물의 중요도 분류 중 중요도(1)에 해당하지 않는 건축물은? 12 국가직 9급

① 아동 관련 시설, 노인복지시설, 사회복지시설, 근로복지시설
② 5층 이상인 숙박시설, 오피스텔, 기숙사, 아파트
③ 종합병원, 수술시설이나 응급시설이 있는 병원
④ 연면적 1,000m² 미만인 위험물 저장 및 처리시설

026
종합병원, 수술시설이나 응급시설이 있는 병원은 중요도(특)에 해당되는 건물이다.
정답 ③

027
건축구조기준에 따른 건축물의 중요도 분류 중 '중요도(1)'에 해당하는 것은? 23 지방직 9급

① 연면적 1,000m² 이상인 위험물 저장 및 처리시설
② 연면적 1,000m² 이상인 국가 또는 지방자치단체의 청사·외국공관·소방서·발전소·방송국·전신전화국
③ 5층 이상인 숙박시설·오피스텔·기숙사·아파트
④ 가설구조물

027
① 연면적 1,000m² 이상인 위험물 저장 및 처리시설 : 중요도(특)
② 연면적 1,000m² 이상인 국가 또는 지방자치단체의 청사·외국공관·소방서·발전소·방송국·전신전화국 : 중요도(특)
④ 가설구조물 : 중요도(3)
정답 ③

028
건축물의 중요도 분류에 대한 설명으로 옳지 않은 것은? 20 국가직 9급

① 15층 아파트는 연면적에 관계없이 중요도(1)에 해당한다.
② 아동관련시설은 연면적에 관계없이 중요도(1)에 해당한다.
③ 응급시설이 있는 병원은 연면적에 관계없이 중요도(1)에 해당한다.
④ 가설구조물은 연면적에 관계없이 중요도(3)에 해당한다.

028
응급시설이 있는 병원은 연면적에 관계없이 중요도(특)에 해당한다.
정답 ③

029
「건축구조기준(KDS)」에 따른 건축물 구조설계에 대한 설명으로 가장 옳은 것은? 17 서울시 7급

① 강도설계법은 구조부재의 계수하중에 따른 설계용 부재력이 그 부재단면의 공칭강도에 강도감소계수를 나눈 설계용강도를 초과하지 않도록 한다.
② 강도설계법에서 구조부재의 부재력은 하중계수를 곱하여 조합한 하중조합값 중 가장 불리한 값으로 설계한다.
③ 연면적 5,000m² 이상인 공연장은 중요도(특)으로 분류한다.
④ 구조설계도는 설계의 진척도에 따라 실시설계, 계획설계, 중간설계의 3단계로 작성한다.

029
① 강도설계법은 구조부재의 계수하중에 따른 설계용 부재력이 그 부재단면의 공칭강도에 강도감소계수를 곱한 실제용 강도를 초과하지 않도록 한다.
③ 연면적 5,000m² 이상인 공연장은 중요도(1)로 분류한다.
④ 구조설계도는 설계의 진척도에 따라 계획설계, 중간설계, 실시설계의 3단계로 작성한다.
정답 ②

정답 및 해설

030
평지붕설하중은 기본지상설하중을 기준으로 하여 기본지붕설하중계수, 노출계수, 온도계수, 중요도계수를 사용하여 산정하며, 가스트영향계수는 풍하중 산정 시 고려하는 계수이다.
정답 ②

031
주변에 바람막이가 없이 거센 바람이 부는 지역은 그렇지 않은 지역에 비해 설하중이 상대적으로 작다.
정답 ①

032
기본지상설하중은 재현기간 100년에 대한 수직 최심적설깊이를 기준으로 한다.
정답 ①

033
중요도(1)인 연면적 5,000m² 이상인 공연장·집회장·관람장·전시장 : I_E=1.2, I_S=1.1
정답 ③

---

030 평지붕설하중 산정 시, 사용되는 계수가 아닌 것은? 　24 국가직 7급

① 노출계수　　　　　② 가스트영향계수
③ 중요도계수　　　　④ 온도계수

031 설하중 산정에 대한 다음의 설명 중 옳지 않은 것은? 　16 서울시 9급(前)

① 주변에 바람막이가 없이 거센 바람이 부는 지역은 그렇지 않은 지역에 비해 설하중이 상대적으로 크다.
② 지상설하중의 기본값은 수직 최심적설깊이를 기준으로 한다.
③ 지붕경사도가 70°를 초과하는 경우에는 설하중이 작용하지 않는 것으로 한다.
④ 건물이 난방구조물인지 여부는 설하중 산정에 영향을 미친다.

032 설하중에 대한 설명으로 옳지 않은 것은? 　19 지방직 9급

① 기본지상설하중은 재현기간 50년에 대한 수직 최심적설깊이를 기준으로 한다.
② 최소 지상설하중은 0.5kN/m²로 한다.
③ 평지붕설하중은 기본지상설하중에 기본지붕설하중계수, 노출계수, 온도계수 및 중요도계수를 곱하여 산정한다.
④ 경사지붕설하중은 평지붕설하중에 지붕경사도계수를 곱하여 산정한다.

033 건축구조기준상 지진하중에서의 중요도계수(I_E)와 설하중에서의 중요도계수(I_S)를 잘못 짝지은 것은? 　24 서울시 9급

① 5층 이상인 숙박시설·오피스텔·아파트 : I_E=1.2, I_S=1.1
② 연면적 1,000m² 미만인 위험물 저장 및 처리시설 : I_E=1.2, I_S=1.1
③ 연면적 5,000m² 이상인 공연장·집회장·관람장·전시장 : I_E=1.5, I_S=1.2
④ 종합병원, 수술시설이나 응급시설이 있는 병원 : I_E=1.5, I_S=1.2

034

설하중 산정에 대한 내용으로 옳지 않은 것은? 15 국가직 7급

① 기본지상설하중(S_g)은 눈의 평균 단위중량과 수직최심적설깊이의 곱으로 계산된다.
② 최소 지상설하중은 0.5kN/m²으로 한다.
③ 평지붕설하중 산정 시 사용되는 기본지붕설하중계수(C_b)는 일반적으로 0.7로 한다.
④ 경사지붕설하중은 평지붕설하중에 지붕경사도계수(C_s)를 곱하여 산정하며, 지붕 경사도가 60°를 초과하면 지붕경사도계수는 0으로 한다.

034
경사지붕설하중은 평지붕설하중에 지붕경사도계수(C_s)를 곱하여 산정하며, 지붕 경사도가 70°를 초과하면 지붕경사도계수는 0으로 한다.
정답 ④

035

건축구조기준에 따른 설하중에 대한 설명으로 옳지 않은 것은? 14 국가직 9급

① 지상설하중의 기본값은 재현기간 100년에 대한 수직 최심적설깊이를 기준으로 한다.
② 최소 지상설하중은 0.5kN/m²로 한다.
③ 지상설하중이 1.0kN/m² 이하인 곳에서 평지붕설하중은 지상설하중에 중요도계수를 곱한 값 이상으로 한다.
④ 곡면지붕의 접선경사도가 수평면과 70°를 초과하거나 등가경사도가 10° 이하 또는 50° 이상인 경우에는 불균형하중을 고려하지 않는다.

035
곡면지붕의 접선경사도가 수평면과 70°를 초과하거나 등가경사도가 10° 이하 또는 60° 이상인 경우에는 불균형하중을 고려하지 않는다.
정답 ④

036

평지붕설하중에 대한 설명으로 옳지 않은 것은? 24 국가직 9급

① 기본지붕설하중계수 C는 일반적으로 0.7로 한다.
② 건축물의 중요도가 1등급일 때 중요도 계수는 1.1이다.
③ 모든 면의 주변이 바람막이가 없이 노출된 지붕이고, 거센바람이 부는 지역의 노출계수는 0.8이다.
④ 난방 이외 동일한 조건일 경우 비난방구조물은 난방구조물에 비해 평지붕설하중이 감소된다.

036
난방 이외 동일한 조건일 경우 비난방구조물은 난방구조물에 비해 평지붕설하중이 증가된다.
정답 ④

정답 및 해설

037
설계용 지붕설하중은 재현기간 100년에 대한 지상적설량의 수직 최심깊이를 기준으로 하며, 최소 지상설하중은 0.5kN/m²로 한다.
정답 ③

038
버펫팅은 시시각각 변하는 바람의 난류 성분이 물체에 닿아 물체를 풍방향으로 불규칙하게 진동시키는 현상을 말하며, 와류진동은 건축물 배후면에서 좌우 상호 규칙적으로 발생하는 와류의 영향에 의해 발생하는 건축물의 진동을 말한다.
정답 ①

039
가스트 영향계수는 바람의 난류로 인해서 발생되는 구조물의 동적 거동 성분을 나타내는 것으로 평균변위에 대한 최대변위의 비를 통계적인 값으로 나타낸 계수를 말하며, 지형계수는 언덕 및 산 경사지의 정점 부근에서 풍속이 증가하므로 이에 따른 정점 부근의 풍속을 증가시키는 계수를 말한다.
정답 ④

037
건축물에 작용하는 다양한 설계하중의 산정에 관련된 설명으로 가장 옳지 않은 것은?
17 서울시 9급(前)

① 고정하중은 건축재료의 밀도나 단위체적중량에 체적을 곱하여 산정한다.
② 활하중은 등분포활하중과 집중활하중으로 분류하며, 그 크기는 구조물의 안전도를 고려한 최솟값으로 규정되어 있다.
③ 설계용 지붕설하중은 재현기간 100년에 대한 지상적설량의 수직 최심깊이를 기준으로 하며, 최소 지상설하중은 1kN/m²로 한다.
④ 설계용 풍하중은 구조물의 탄성적 거동을 전제로 한다.

038
설계하중의 용어에 대한 설명으로 옳지 않은 것은?
24 국가직 9급

① 와류진동 : 시시각각 변하는 바람의 난류 성분이 물체에 닿아 물체를 풍방향으로 불규칙하게 진동시키는 현상
② 외압계수 : 건축물 외피의 임의 수압면에 가해지는 평균풍압과 기준높이에서 속도압의 비
③ 강체건축구조물 : 바람과 구조물의 동적 상호작용에 의해 발생하는 부가적인 하중효과를 무시할 수 있는 안정된 건축구조물
④ 골바람효과 : 산과 산 사이의 골짜기를 따라 평행하게 바람이 불어가면서 유선이 수평 방향으로 수렴하여 풍속이 급격하게 증가하는 현상

039
건축구조기준의 용어에 대한 설명으로 옳지 않은 것은?
16 국가직 9급

① 층간변위각 : 층간변위를 층 높이로 나눈 값
② 지진구역 : 동일한 지진위험도에 따라 분류한 지역
③ 형상비 : 건축물 높이 H를 바닥면 평균길이 $\sqrt{BD}$로 나눈 비율(B : 건물폭, D : 건물깊이)
④ 가스트 영향계수 : 언덕 및 산 경사지의 정점 부근에서 풍속이 증가하므로 이에 따른 정점 부근의 풍속을 증가시키는 계수

040
풍하중 산정 시 고려해야 할 요소에 해당하지 않는 것은?

12 국가직 7급

① 건물의 용도
② 건물의 중량
③ 건물의 깊이
④ 건물의 폭

040
풍하중 산정 시 건축물의 높이, 깊이, 폭 및 풍속과 관련이 있으며 건축물의 무게와는 관계가 없다.
정답 ②

041
풍하중 설계풍속 산정 시 건설지점의 지표면 조도 구분은 주변지역의 지표면 상태에 따라 정해지는데, 높이 1.5~10m 정도의 장애물이 산재해 있는 지역에 대한 지표면 조도 구분은?

17 지방직 9급

① A
② B
③ C
④ D

041
(1) A : 대도시 중심부에서 10층 이상의 고층건축물이 밀집해 있는 지역
(2) B : 수목 및 높이 3.5m 정도의 주택관 같은 건축물이 밀집해 있는 지역
(3) D : 장애물이 거의 없고, 주변 장애물의 평균높이가 1.5m 이하인 지역
정답 ③

042
풍하중 산정방법에 대한 설명으로 옳은 것은?

13 지방직 9급

① 풍하중은 주골조설계용 수평풍하중, 지붕풍하중 및 외장재 설계용 풍하중으로 구분한다.
② 주골조설계용 지붕풍하중을 산정할 때 내압의 영향은 고려하지 않는다.
③ 설계속도압은 수압면적과 설계풍속을 곱하여 산정한다.
④ 통상적인 건축물에서는 가장 높은 지붕의 높이를 기준높이로 하며, 그 기준높이에서의 속도압을 기준으로 풍하중을 산정한다.

042
② 주골조설계용 지붕풍하중을 산정할 때 건축물 지붕의 외부에 작용하는 외압과 지붕의 내부에 작용하는 내압을 동시에 고려해야 한다.
③ 설계속도압은 공기밀도와 설계풍속의 제곱을 곱하여 산정한다.
④ 통상적인 건축물에서는 지붕의 평균높이를 기준높이로 하며, 그 기준높이에서의 속도압을 기준으로 풍하중을 산정한다.
정답 ①

정답 및 해설

043
기준경도풍높이란 지표면의 거칠기에 의해 발생하는 마찰력의 영향을 받지 않아 풍속이 거의 일정하게 되는 지상으로부터의 높이를 말한다.

정답 ③

044
산의 능선, 언덕, 경사지, 절벽 등에서는 국지적인 지형의 영향으로 풍속이 증가한다.

정답 ⑤

045
설계풍속
= 기본풍속 × 풍향계수 × 풍속고도분포계수 × 지형계수 × 건축물의 중요도계수
= 40 × 1.0 × 1.0 × 1.0 × 1.05
= 42(m/s)

정답 ④

---

043 건축구조물 설계하중에서 풍하중에 대한 설명으로 옳지 않은 것은? 　22 지방직 9급

① 가스트영향계수는 바람의 난류로 인해 발생되는 구조물의 동적 거동 성분을 나타내는 것으로 평균변위에 대한 최대변위의 비를 통계적인 값으로 나타낸 계수이다.
② 기본풍속은 지표면조도구분 C인 지역의 지상 10m 높이에서 측정한 10분간 평균풍속에 대한 재현기간 500년 기대풍속이다.
③ 지표면의 영향을 받아 마찰력이 작용함으로써 지상의 높이에 따라 풍속이 변하는 영역을 기준경도풍 높이라 한다.
④ 바람이 불어와 맞닿는 측의 반대쪽으로 바람이 빠져나가는 측을 풍하측이라 한다.

044 다음의 풍하중에 대한 설명으로 옳지 않은 것은? 　14 서울시 7급

① 지표면 부근의 바람은 지표면과의 마찰 때문에 수직방향으로 풍속이 변한다.
② 산, 언덕 및 경사지의 영향을 받지 않는 평탄한 지역에 대한 지형계수는 1.0이다.
③ 풍속은 지상으로부터의 높이가 높아짐에 따라 증가하지만 어느 정도 이상의 높이에 도달하면 일정한 속도를 갖는다.
④ 풍하중의 지형계수는 지형의 영향을 받은 풍속과 평탄지에서 풍속의 비율을 말한다.
⑤ 산의 능선, 언덕, 경사지, 절벽 등에서는 국지적인 지형의 영향으로 풍속이 감소한다.

045 KDS 기준을 적용할 때 50층 건물의 10m 높이에서의 설계풍속(m/s)으로 적절한 것은? (단, 기본풍속 V_0는 40m/s, 풍향계수 K_D은 1.0, 풍속고도분포계수 K_{zr}은 1.0, 지형계수 K_{zt}는 1.0이다.) 　12 국가직 9급

① 36　　　　　　　　② 38
③ 40　　　　　　　　④ 42

046

건축구조기준에서 규정된 건축물 설계하중에 대한 설명으로 가장 옳지 않은 것은?

24 서울시 9급

① 건축구조물의 고정하중은 각 부분의 실상에 따라 산정한다. 각 부분의 중량은 사용하는 재료의 밀도, 단위체적중량, 조합중량을 사용하여 산정한다.
② 활하중이란 건축물 및 공작물을 점유·사용함으로써 발생하는 하중으로 점유·사용에 의하여 발생할 것으로 예상되는 최대의 하중이어야 한다.
③ 설계용 지붕설하중은 기본지상설하중을 기준으로 하여 기본지붕설하중계수, 노출계수, 온도계수, 중요도계수 및 지붕의 형상계수와 기타 재하분포상태 등을 고려하여 산정한다. 기본지상설하중은 재현기간 100년에 대한 수직 최심적설깊이를 기준으로 한다.
④ 풍하중을 산정할 때의 설계풍속(V_H)은 기본풍속(V_0)에 풍향계수(D_D), 및 건축구조물의 중요도 분류에 따라 정한 중요도계수(I_W)를 곱하여 $V_H = V_0 D_O I_W$로 산정한다.

046
풍하중을 산정할 때의 설계풍속(V_H)은 기본풍속(V_0)에 풍향계수(K_D), 풍속고도분포계수(K_{zr}), 지형계수(K_{zt}) 및 건축구조물의 중요도 분류에 따라 정한 중요도계수(I_W)를 곱하여 $V_H = V_0 K_D K_{zr} K_{zt} I_W$로 산정한다.

정답 ④

047

「건축구조기준(KDS)」의 하중에 대한 설명으로 가장 옳지 않은 것은?

17 서울시 7급

① 일반사무실의 기본등분포 활하중은 2.0kN/m²로 한다.
② 최소 지상설하중은 0.5kN/m²로 한다.
③ 지진구역 Ⅰ에서의 지진구역계수는 0.11으로 한다.
④ 풍하중 산정 시 산, 언덕 및 경사지의 영향을 받지 않는 지역에 대한 지형계수는 1.0이다.

047
일반사무실의 기본등분포 활하중은 2.5kN/m²로 한다.

정답 ①

048

다음 중 구조물에 작용하는 하중에 대한 설명으로 가장 옳지 않은 것은?

15 서울시 7급

① 반복하중 작용 시 피로응력에 대한 검토가 필요하다.
② 가새(Brace)는 횡하중 저항력 강화에 도움이 된다.
③ 전단벽은 횡하중 저항에 효과적이다.
④ 동적하중에는 지진하중, 활하중이 있다.

048
고정하중과 활하중은 정적하중이며, 지진하중과 풍하중은 동적하중에 속한다.

정답 ④

정답 및 해설

049
우리나라에서는 2층 이상인 건축물은 지진하중을 고려한 내진설계를 한다.
정답 ⑤

050
① 3층의 종합병원[중요도(특)] : 1.5
② 5층의 학교[중요도(1)] : 1.2
③ 연면적 10,000m²의 백화점[중요도(1)] : 1.2
④ 12층의 아파트[중요도(1)] : 1.2
정답 ①

051
5층 이상인 숙박시설·오피스텔·기숙사·아파트는 내진등급 1등급에 속하고, 중요도계수는 서울이 도시계획이므로 1.2가 된다.
정답 ④

---

049 최근 자연재해로 인한 건축물의 피해가 증가하고 있다. 건축구조 설계 시 건축물에 작용하는 하중에 대해 설명한 내용으로 옳지 않은 것은?
14 서울시 9급

① 설하중은 체육관 건물이나 공장건물 등의 지붕구조로 이루어진 건물의 설계 시 지배적인 설계하중이 될 수 있다.
② 설하중은 지역환경, 지붕의 형상, 재하분포상태 등을 고려하여 산정한다.
③ 풍하중은 건물의 형상, 건물 표면 형태, 가스트 영향계수 등을 고려하여 산정한다.
④ 지진하중은 동적영향을 고려한 등가정적하중으로 환산하여 계산한다.
⑤ 우리나라에서는 5층 이하 저층 건축물은 지진하중을 고려한 내진설계를 하지 않아도 된다.

050 다음 중 동일 구역 내에서 내진설계 시 중요도계수가 가장 높은 건물은?
16 서울시 9급(前)

① 3층의 종합병원
② 5층의 학교
③ 연면적 10,000m²의 백화점
④ 12층의 아파트

051 서울시에 20층 아파트를 설계하려고 한다. 대상건물의 내진등급과 중요도계수로 옳은 것은?
11 국가직 9급

① 특등급, 1.5
② 특등급, 1.2
③ 1등급, 1.5
④ 1등급, 1.2

052
구조물의 지진하중 산정에 사용되는 분류에 대한 설명으로 옳은 것은?

17 지방직 9급

① 지진구역은 3가지로 분류한다.
② 지반종류는 4가지로 분류한다.
③ 구조물의 내진등급은 4가지로 분류한다.
④ 구조물의 내진설계범주는 4가지로 분류한다.

052
① 지진구역은 2가지로 분류한다.
② 지반종류는 6가지로 분류한다.
③ 구조물의 내진등급은 3가지로 분류한다.

정답 ④

053
건축물 내진설계에 대한 내용으로 옳지 않은 것은?

23 국가직 9급

① 건물의 중요도를 고려하여 내진등급과 내진설계 중요도계수를 결정한다.
② 내진등급은 내진특등급, 내진Ⅰ등급, 내진Ⅱ등급, 내진Ⅲ등급으로 구분된다.
③ 평면비정형성의 유형에는 비틀림비정형, 요철형평면, 격막의 불연속, 면외 어긋남, 비평행시스템이 있다.
④ 수직비정형성의 유형에는 강성비정형 - 연층, 중량비정형, 기하학적 비정형, 횡력저항 수직저항 요소의 비정형, 강도의 불연속 - 약층이 있다.

053
내진등급은 내진특등급, 내진Ⅰ등급, 내진Ⅱ등급으로 구분되며, 내진Ⅲ등급은 없다.

정답 ②

054
건물의 내진설계 시 수직비정형성의 유형에 해당하지 않는 것은?

12 국가직 7급

① 어떤 층의 횡강성이 인접한 상부층 횡강성의 70% 미만인 건물
② 상부 3개층 평균강성의 80% 미만인 연층이 존재하는 건물
③ 어떤 층의 유효중량이 인접층 유효중량의 150%를 초과하고, 지붕층이 하부층보다 가벼운 건물
④ 횡력저항시스템의 수평치수가 인접층치수의 130%를 초과하는 건물

054
어떤 층의 유효중량이 인접층 유효중량의 150%를 초과할 때 중량분포의 비정형인 것으로 간주하여 내진설계시 수직비정형성의 유형에 해당되며, 지붕층이 하부층보다 가벼운 경우는 이를 적용하지 않는다.

정답 ③

정답 및 해설

055
횡력저항수직요소의 면내 어긋남이 그 요소의 길이보다 크거나, 인접한 하부층 저항요소에 강성감소가 일어나는 경우에는 수직저항요소의 면내 불연속에 의한 비정형이 있는 것으로 간주한다.

정답 ④

056
비평행시스템은 횡력저항수직요소가 전체 횡력저항시스템에 직교하는 주축에 평행하지 않거나 대칭이 아닌 경우이다.

정답 ②

057
건축구조기준의 내진설계범주에 영향을 미치는 요소는 단주기 및 주기 1초에서의 설계스펙트럼 가속도, 건축물의 중요도, 유효건물중량, 건축물의 고유주기, 반응수정계수 등이며, 건축물의 구조시스템은 영향을 미치지 않는다.

정답 ②

---

055 지진하중의 산정에서 건물형상의 평면비정형성 또는 수직비정형성에 대한 설명으로 옳지 않은 것은?
13 국가직 9급

① 어떤 축에 직교하는 구조물의 한 단부에서 우발편심을 고려한 최대 층변위가 그 구조물 양단부 층변위평균값의 1.2배보다 클 때 비틀림 비정형인 것으로 간주한다.
② 격막에서 잘려나간 부분이나 뚫린 부분이 전체 격막면적의 50%를 초과하거나 인접한 층간 격막강성의 변화가 50%를 초과하는 급격한 불연속이나 강성의 변화가 있는 격막을 격막의 불연속이라고 한다.
③ 임의 층의 횡강도가 직상층 횡강도의 80% 미만인 약층이 존재하는 경우에는 강도의 불연속에 의한 비정형이 존재하는 것으로 간주한다.
④ 횡력저항수직요소의 면내 어긋남이 그 요소의 길이보다 작을 때 수직저항요소의 면내불연속에 의한 비정형이 있는 것으로 간주한다.

056 지진하중 산정에서 평면 비정형성에 대한 설명으로 옳지 않은 것은?
11 지방직 7급

① 면외 어긋남은 수직부재의 면외 어긋남 등과 같이 횡력전달경로에 있어서의 불연속성이다.
② 비평행시스템은 횡력저항수직요소가 전체 횡력저항시스템에 직교하는 주축에 평행하고 대칭인 경우이다.
③ 요철형평면은 돌출한 부분의 치수가 해당하는 방향의 평면치수의 15%를 초과하면 요철형평면을 갖는 것으로 간주한다.
④ 격막의 불연속은 격막에서 잘려나간 부분이나 뚫린 부분이 전체 격막면적의 50%를 초과하거나 인접한 층간 격막강성의 변화가 50%를 초과하는 급격한 불연속이나 강성의 변화가 있는 격막이다.

057 건축구조물의 내진설계 시 내진설계범주에 따라 높이와 비정형성에 대한 제한, 내진설계 대상 부재, 구조해석 방법 등이 다르다. 건축구조기준의 내진설계범주에 영향을 미치지 않는 것은?
14 국가직 7급

① 건축물의 중요도
② 건축물의 구조시스템
③ 내진등급
④ 단주기 및 주기 1초에서의 설계스펙트럼가속도

058
내진설계시 내진등급 "특"에 적용되는 허용층간변위(Δ_a)식으로 옳은 것은?
(단, h_{sx}는 x층 층고임)
07 국가직 7급, 14 서울시 7급

① $0.010h_{sx}$ ② $0.012h_{sx}$
③ $0.015h_{sx}$ ④ $0.017h_{sx}$
⑤ $0.020h_{sx}$

058
허용층간변위(Δ_a)

구분	내진등급 (h_{sx}: x층 층고)		
	특	I	II
허용층간변위	$0.010h_{sx}$	$0.015h_{sx}$	$0.020h_{sx}$

정답 ①

059
내진 I등급 구조물에서 층고가 4m인 층의 최대 허용층간변위[mm]는?
25 국가직 9급

① 40 ② 60
③ 80 ④ 100

059
설계층간변위는 어느 층에서도 아래 표에 규정한 허용층간변위를 초과할 수 없다.

구분	내진등급 (h_{sx}: x층 층고)		
	특	I	II
허용층간변위	$0.010h_{sx}$	$0.015h_{sx}$	$0.020h_{sx}$

∴ 내진 I등급 구조물의 최대 허용 층간변위
$= 0.015h_{sx} = 0.015 \times 4,000$
$= 60$mm

정답 ②

060
내진 II등급 건축물의 지진력저항시스템에 대한 각 구조요소의 설계에서 층고에 따른 허용층간변위 Δ_a는? (단, h_{sx}는 x층의 층고이다.)
22 지방직 9급

① $0.010h_{sx}$ ② $0.015h_{sx}$
③ $0.020h_{sx}$ ④ $0.025h_{sx}$

060
허용층간변위(Δ_a)

구분	내진등급 (h_{sx}: x층 층고)		
	특	I	II
허용층간변위	$0.010h_{sx}$	$0.015h_{sx}$	$0.020h_{sx}$

정답 ③

061

등가정적해석법에 의한 내진설계에서 밑면전단력의 결정에 필요한 요소로 옳지 않은 것은?
10 지방직 9급

① 반응수정계수 ② 건물 밑면 너비
③ 건물 고유주기 ④ 건물 중량

061
밑면전단력은 구조물의 밑면 지반운동에 의한 수평지진력이 작용하는 기준면에 작용하는 설계용 총 전단력을 말하며, 반응수정계수(R), 건물 고유주기(T), 건물중량(W), 건물의 중요도계수(I_E), 주기 1초에서의 설계스펙트럼가속도(S_{D1})에 따라 결정된다.

정답 ②

정답 및 해설

062
반응수정계수는 건축물의 구조시스템별로 내진성을 고려하기 위한 계수이다.
정답 ②

063
모드 층지진력은 등가정적해석법과 관련이 없으며, 주로 동적 해석을 수행하는 경우에 적용한다.
정답 ①

064
밑면전단력은 구조물의 밑면 지반운동에 의한 수평지진력이 작용하는 기준면에 작용하는 설계용 총 전단력을 말하며, 반응수정계수(R), 건물 고유주기(T), 건물중량(W), 건물의 중요도계수(I_E), 주기 1초에서의 설계스펙트럼가속도(S_{D1})에 따라 결정된다.
∴ 밑면전단력 산정식
$$V = C_s \times W = \frac{S_{D1}}{\left[\frac{R}{I_E}\right]T} \times W$$
정답 ③

065
밑면전단력 산정식
$$V = C_s \times W = \frac{S_{D1}}{\left[\frac{R}{I_E}\right]T} \times W$$ 에서
밑면전단력의 크기가 큰 경우는 유효건물중량이 크고, 고유주기가 작은 경우이다.
정답 ③

---

062 내진설계를 위한 등가정적해석법에 대한 설명으로 옳지 않은 것은? 16 국가직 9급

① 밑면전단력을 결정하기 위해서는 지진응답계수를 계산해야 한다.
② 반응수정계수는 건축물의 구조시스템별로 내구성을 고려하기 위한 계수이다.
③ 건축물의 고유주기는 건축물의 전체 높이가 증가할수록 증가한다.
④ 밑면전단력은 유효 건물 중량이 증가할수록 증가한다.

063 내진설계시 등가정적해석법과 관련 없는 것은? 14 국가직 9급

① 모드 층지진력
② 반응수정계수
③ 전도모멘트
④ 밑면전단력을 수직 분포시킨 층별 횡하중

064 건축물 내진설계를 위한 등가정적해석법에서 밑면전단력에 영향을 미치는 요인이 아닌 것은? 10 지방직 7급

① 건축물의 중량
② 건축물의 중요도
③ 건축물의 강도
④ 건축물의 강성

065 등가정적해석법을 사용하여 고유주기가 1초 이상인 구조물의 밑면전단력을 산정할 때, 밑면전단력이 가장 큰 구조물은? 12 국가직 9급

① 중량이 작고 고유주기가 짧은 구조물
② 중량이 작고 고유주기가 긴 구조물
③ 중량이 크고 고유주기가 짧은 구조물
④ 중량이 크고 고유주기가 긴 구조물

066

고층건물의 풍하중 또는 지진하중과 같은 횡방향 하중에 의한 고유진동수를 감소시키기 위한 방법 중 틀린 것은 어느 것인가? 10 지방직 9급

① 탄성계수를 감소시킨다.
② 단면2차모멘트를 감소시킨다.
③ 건물의 무게를 감소시킨다.
④ 단면적을 감소시킨다.

066
건물의 무게를 감소시키면 고유진동수는 증가한다.
정답 ③

067

건축구조기준에서 규정하는 등가정적해석을 사용한 건축구조물의 내진설계에 대한 설명으로 옳지 않은 것은? 14 국가직 7급

① 층간변위는 각 층의 상·하단 질량 중심의 횡변위 차이로서 내진등급에 따른 허용층간변위는 층고의 0.01~0.02배이다.
② 철근콘크리트와 철골모멘트저항골조에서 12층을 넘지 않고 층의 최소높이가 3m 이상일 때, 건축물의 근사고유주기는 층수를 10으로 나눈 값으로 구할 수 있다.(단, 단위는 초이다.)
③ 구조물의 중심과 강심 간의 편심에 의한 비틀림모멘트는 편심거리에 층전단력을 곱하여 산정하고, 우발비틀림모멘트는 지진력 작용방향에 직각인 평면치수의 5%에 해당하는 우발 편심에 그 층전단력을 곱하여 산정한 모멘트이다.
④ 공용차고의 경우 밑면전단력 산정에 사용하는 유효 건물 중량은 설계활하중의 최소 25%를 포함하여야 한다.

067
밑면전단력 산정에 사용하는 유효 건물 중량은 창고로 쓰이는 공간에서는 활하중의 최소 25%를 포함하여야 하지만, 공용차고와 개방된 주차장 건물의 경우 활하중은 포함시킬 필요가 없다.
정답 ④

068

철골 모멘트저항 골조형식인 10층 사무용 건물에서 각 층의 층고가 3.5m일 경우 근사 기본진동주기[sec]로 옳은 것은? 10 국가직 9급

① 1.0
② 1.2
③ 1.5
④ 2.0

068
철근콘크리트와 철골모멘트저항골조에서 12층을 넘지 않고 층의 최소높이가 3m 이상일 때 근사고유주기는 $T'_a=0.1N$이므로, 0.1×10층 $=1$초가 된다.
정답 ①

정답 및 해설

069
구조물의 고유주기는 질량에 비례하므로 보에 올라간 질량이 무거울수록 구조물의 고유주기는 길어지게 된다.
정답 ④

070
구조물의 고유주기는 질량이 클수록 길고, 강성이 작을수록 길다.
정답 ②

071
층간변위 결정을 위한 각 층의 층변위는 건축물의 중요도계수에 반비례한다.
정답 ④

---

069 구조물 A, B, C의 고유주기 T_A, T_B, T_C를 큰 순서대로 바르게 나열한 것은? (단, m은 질량이고 모든 보는 강체이며, 모든 기둥의 재료와 단면은 동일하다.)

12 국가직 9급

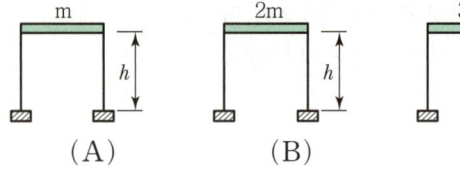

① $T_A = T_B = T_C$
② $T_A > T_B > T_C$
③ $T_B > T_A > T_C$
④ $T_C > T_B > T_A$

070 구조물의 고유주기는 진동 등 구조물의 동적응답에 매우 중요한 역할을 한다. 고유주기는 질량과 강성의 함수이다. 다음 중 고유주기가 가장 길 것으로 예상되는 구조시스템은?

16 서울시 9급(前)

① 질량 m, 강성 k인 경우
② 질량 $2m$, 강성 k인 경우
③ 질량 m, 강성 $2k$인 경우
④ 질량 $2m$, 강성 $2k$인 경우

071 건축구조물의 내진설계에서 등가정적해석법에 대한 설명으로 옳지 않은 것은?

20 국가직 7급

① 철근콘크리트와 철골모멘트저항골조에서 12층을 넘지 않고 층의 최소높이가 3m 이상일 때 근사고유주기는 층수에 0.1을 곱하여 산정할 수 있다.
② 지진응답계수는 건축물의 중요도계수에 비례하고 반응수정계수에 반비례한다.
③ 밑면전단력을 수직분포시킨 층별 횡하중은 밑면전단력과 수직분포계수의 곱으로 산정한다.
④ 층간변위 결정을 위한 각 층의 층변위는 건축물의 중요도계수에 비례한다.

072

다음과 같은 조건의 구조물에서 등가정적해석법에 따른 지진응답계수 C_s의 값은?

13 국가직 9급

- 건축물의 중요도계수 $I_E = 1.0$
- 반응수정계수 $R = 8$
- 단주기 설계스펙트럼가속도 $S_{DS} = 0.2$
- 주기 1초에서의 설계스펙트럼가속도 $S_{D1} = 0.1$
- 건축물의 고유주기 $T = 2.5$초

① 0.005
② 0.01
③ 0.015
④ 0.025

072
산정식을 통해 구한 지진응답계수

$$C_s = \frac{S_{D1}}{\left[\dfrac{R}{I_E}\right]T} = \frac{0.1}{\left[\dfrac{8}{1}\right] \times 2.5}$$

$= 0.005$

이지만, 식에 따라 산정한 지진응답계수는 0.01 이상이어야 한다.

정답 ②

073

건축구조기준에서 규정하고 있는 모멘트-저항골조시스템 중 내진설계 시 고려되는 반응수정계수가 가장 작은 것은?

16 서울시 9급(後)

① 합성 반강접모멘트골조
② 철골 중간모멘트골조
③ 합성 중간모멘트골조
④ 철근콘크리트 중간모멘트골조

073
① 합성 반강접모멘트골조 : 6
② 철골 중간모멘트골조 : 4.5
③ 합성 중간모멘트골조 : 5
④ 철근콘크리트 중간모멘트골조 : 5

정답 ②

074

지진력저항시스템에 대한 설계계수 중에서 반응수정계수(R) 값이 가장 큰 것은?

09 지방직 9급

① 내력벽시스템의 무보강 조적전단벽
② 건물 골조시스템의 철골 특수강판전단벽
③ 중간 모멘트골조를 가진 이중골조시스템의 철근보강 조적전단벽
④ 모멘트-저항골조시스템의 철근콘크리트 중간 모멘트골조

074
① 내력벽시스템의 무보강 조적전단벽 : 1.5
② 건물 골조시스템의 철골 특수강판전단벽 : 7
③ 중간 모멘트골조를 가진 이중골조시스템의 철근보강 조적전단벽 : 3
④ 모멘트-저항골조시스템의 철근콘크리트 중간 모멘트골조 : 5

정답 ②

정답 및 해설

075
① 내력벽 시스템의 철근콘크리트 보통 전단벽 : 4
② 건물골조 시스템의 철근콘크리트 보통 전단벽 : 5
③ 건물골조 시스템의 철골 특수중심가새골조 : 6
④ 모멘트-저항골조 시스템의 철골특수모멘트골조 : 8
정답 ④

076
① 건물골조 시스템의 철골 보통중심가새골조 : 3.25
② 모멘트-저항골조 시스템의 철골 보통모멘트골조 : 3.5
③ 모멘트-저항골조 시스템의 철근콘크리트 중간모멘트골조 : 5
④ 내력벽 시스템의 철근콘크리트 보통전단벽 : 4
정답 ①

077
① 내력벽 시스템 중 철근콘크리트 보통전단벽 : 4
② 내력벽 시스템 중 철근콘크리트 특수전단벽 : 5
③ 모멘트-저항골조 시스템 중 철근콘크리트 보통모멘트골조 : 3
④ 모멘트-저항골조 시스템 중 철근콘크리트 특수모멘트골조 : 8
정답 ④

078
① 모멘트-저항골조 시스템 중 합성 중간모멘트골조 : 5
② 모멘트-저항골조 시스템 중 합성 보통모멘트골조 : 3
③ 모멘트-저항골조 시스템 중 철골 중간모멘트골조 : 4.5
④ 모멘트-저항골조 시스템 중 철골 보통모멘트골조 : 3.5
정답 ①

---

075 지진력 저항시스템 중 반응수정계수가 가장 큰 것은?

07 국가직 7급

① 내력벽 시스템의 철근콘크리트 보통 전단벽
② 건물골조 시스템의 철근콘크리트 보통 전단벽
③ 건물골조 시스템의 철골 특수중심가새골조
④ 모멘트-저항골조 시스템의 철골 특수모멘트골조

076 지진에 효율적으로 저항하기 위한 구조시스템은 상대적으로 반응수정계수(R)가 크다. 다음 중 지진에 대해 가장 비효율적인 구조시스템은?

10 국가직 7급

① 건물골조 시스템의 철골 보통중심가새골조
② 모멘트-저항골조 시스템의 철골 보통모멘트골조
③ 모멘트-저항골조 시스템의 철근콘크리트 중간모멘트골조
④ 내력벽 시스템의 철근콘크리트 보통전단벽

077 건축구조기준에 따른 건축물의 내진설계에서 반응수정계수가 가장 큰 시스템은?

16 국가직 7급

① 내력벽 시스템 중 철근콘크리트 보통전단벽
② 내력벽 시스템 중 철근콘크리트 특수전단벽
③ 모멘트-저항골조 시스템 중 철근콘크리트 보통모멘트골조
④ 모멘트-저항골조 시스템 중 철근콘크리트 특수모멘트골조

078 다음의 지진력저항시스템 중 반응수정계수(R)값이 가장 큰 시스템은?

19 서울시 7급

① 모멘트-저항골조 시스템 중 합성 중간모멘트골조
② 모멘트-저항골조 시스템 중 합성 보통모멘트골조
③ 모멘트-저항골조 시스템 중 철골 중간모멘트골조
④ 모멘트-저항골조 시스템 중 철골 보통모멘트골조

079
건축구조기준에 따른 지진력저항시스템에 대한 설명으로 옳지 않은 것은?

14 국가직 9급

① 모멘트골조와 전단벽 또는 가새골조로 이루어진 이중골조시스템에 있어서 전체 지진력은 각 골조의 횡강성비에 비례하여 분배하되 모멘트골조가 설계지진력의 최소한 25%를 부담하여야 한다.
② 전단벽-골조 상호작용 시스템에서 전단벽의 전단강도는 각 층에서 최소한 설계층전단력의 75% 이상이어야 하고, 골조는 각 층에서 최소한 설계층전단력의 25%에 대하여 저항할 수 있어야 한다.
③ 임의층에서 해석방향의 반응수정계수 R은 옥상층을 제외하고, 상부층들의 동일방향 지진력저항시스템에 대한 R값 중 최댓값을 사용해야 한다.
④ 변위증폭계수 및 시스템초과강도계수는 그 방향의 반응수정계수에 상응하는 값을 사용하여야 한다.

079
임의층에서 해석방향의 반응수정계수 R은 옥상층을 제외하고, 상부층들의 동일방향 지진력저항시스템에 대한 R값 중 최솟값을 사용해야 한다.

정답 ③

080
내진설계 시 반응수정계수 산정방식으로 옳지 않은 것은?

17 국가직 7급

① 임의 층에서 해석방향의 반응수정계수는 옥상층을 제외하고, 상부층들의 동일 방향 지진력저항시스템에 대한 반응수정계수 중 최솟값을 사용하여야 한다.
② 구조물의 직교하는 2축을 따라 서로 다른 지진력저항시스템을 사용하는 경우에는 각 시스템에 해당하는 반응수정계수를 사용하여야 한다.
③ 반응수정계수가 서로 다른 시스템들에 의하여 공유되는 구조부재의 경우에는 그중 큰 반응수정계수에 상응하는 상세를 갖도록 설계하여야 한다.
④ 서로 다른 지진력저항시스템이 동일 방향의 지진하중에 저항하지만 이중골조시스템으로 분류되지 않는 구조물의 경우, 가장 유리한 시스템 제한사항을 적용하여 설계하여야 한다.

080
서로 다른 지진력저항시스템이 동일 방향의 지진하중에 저항하지만 이중골조시스템으로 분류되지 않는 구조물의 경우, 가장 불리한 시스템 제한사항을 적용하여 설계하여야 한다.

정답 ④

정답 및 해설

081
지진력저항시스템은 서로 다른 구조시스템을 조합하여 같은 방향으로 작용하는 횡력에 저항하도록 사용한 경우, 반응수정계수 값은 각 시스템의 최솟값을 사용하여야 한다.

정답 ③

082
층전단력이란 라멘구조의 임의의 층 전체에 작용하는 전단력을 말하며, 보통 임의층의 층전단력은 그 층 상부의 층지진력의 누적합계를 말한다.

정답 ②

083
등가정적해석법에서 층간변위 산정 시 동적 해석법과 달리, 변위증폭계수를 고려할 필요가 있다.

정답 ①

---

081 지진력저항시스템에 대한 설명으로 옳지 않은 것은? 11 지방직 9급

① 모멘트골조와 전단벽 또는 가새골조로 이루어진 이중골조시스템에서 모멘트골조는 설계지진력의 최소 25%를 부담하여야 한다.
② 구조물의 직교하는 2축을 따라 서로 다른 지진력저항시스템을 사용할 경우, 반응수정계수는 각 시스템에 해당하는 값을 사용하여야 한다.
③ 서로 다른 구조시스템을 조합하여 같은 방향으로 작용하는 횡력에 저항하도록 사용한 경우, 반응수정계수 값은 각 시스템의 최댓값을 사용하여야 한다.
④ 반응수정계수가 서로 다른 시스템에 의하여 공유되는 구조부재의 경우, 그 중 큰 반응수정계수에 상응하는 상세를 갖도록 설계하여야 한다.

082 지진하중 산정 및 내진설계에 대한 설명으로 옳지 않은 것은? 11 국가직 9급

① 반응수정계수가 클수록, 유효 건물 중량이 작을수록 밑면전단력은 감소한다.
② 임의층의 층전단력은 그 층 하부의 층지진력의 누적합계이다.
③ 지반의 주기와 구조물의 기본 진동주기가 비슷할 경우 공진현상이 발생될 수 있다.
④ 고차진동모드의 영향이 클수록 등가정적해석법보다는 동적해석법을 적용하여야 한다.

083 건축구조기준에 따른 건축구조물의 내진설계에 대한 설명으로 옳지 않은 것은? 16 국가직 7급

① 등가정적해석법에서 층간변위 산정 시 동적 해석법과 달리, 변위증폭계수를 고려할 필요는 없다.
② 모멘트 골조와 전단벽으로 이루어진 시스템에 있어서 전체 지진력을 각 골조의 횡강성비에 비례하여 분배했을 때, 모멘트골조가 설계지진력의 30%를 부담하는 경우 이중골조시스템으로 볼 수 있다.
③ 내진등급 I에 해당하는 건축물의 허용층간변위는 해당 층고의 1.5%이다.
④ 응답스펙트럼해석법에서 해석에 사용하는 모드 수는 직교하는 각 방향에 대하여 질량참여율이 90% 이상이 되도록 결정한다.

084
다음 각 구조에 대해서 틀리게 짝지어진 것은?

07 국가직 9급

① 철근콘크리트구조 – 일체식 구조
② 철골구조 – 일체식 구조
③ 목 구조 – 가구식 구조
④ 돌 구조 – 조적식 구조

084
가구식 구조: 목구조, 철골구조
정답 ②

085
기둥, 보와 같은 부재를 접합하여 구조물의 뼈대를 구성하며 목구조, 철골구조에 주로 사용되는 구조 양식은?

25 지방직 9급

① 가구식 구조
② 일체식 구조
③ 조적식 구조
④ 내력벽식 구조

085
② 일체식 구조: 철근콘크리트구조, 철골철근콘크리트구조
③ 조적식 구조: 벽돌구조, 블록구조, 돌구조
정답 ①

086
다음 중 조립식 구조의 특징으로 옳지 않은 것은?

07 국가직 9급

① 현장 기후 조건의 영향을 적게 받는다.
② 대량 생산이 가능하다.
③ 접합부의 강성이 크다.
④ 부재와 크기가 정확하다.

086
조립식 구조는 부재를 일정한 공장에서 생산 가공 또는 부분 조립하여 현장에서는 짜 맞추는 정도의 일로 부재의 크기가 정확하고 대량 생산이 가능하며, 단기간에 저렴한 건축 생산을 도모할 수 있고 현장 기후 조건의 영향을 적게 받는다.
정답 ③

087
강관이나 파이프가 입체적으로 구성된 트러스로 중간에 기둥이 없는 대공간 연출이 가능한 구조는?

19 지방직 9급

① 절판 구조
② 케이블 구조
③ 막구조
④ 스페이스 프레임 구조

087
스페이스 프레임은 선형 부재들을 겹합한 것으로, 힘의 흐름을 전달시킬 수 있도록 구성된 구조 시스템이다.
정답 ④

CHAPTER 01 구조계획 115

정답 및 해설

088
평판 형태로서 면에 수직으로 면외 하중을 받는 슬래브는 휨에 대한 저항 능력이 적으므로 장스팬 구조에서는 사용하기 곤란하며, 면외하중이 면에 평행하게 면 내로 작용하면 벽이 되어 대단히 강한 구조가 되는데, 이들의 중간적인 성격이 절판 구조이다.

정답 ④

089
돔(Dome)구조에도 하부에 추력이 생긴다. 추력은 구조물에 외력이 작용할 경우 부재를 움직이거나 가속할 때 부재는 그 반대 방향으로 같은 힘을 작용하는데 부재에 작용할 때 이 힘을 추력이라 한다.

정답 ④

090
철근콘크리트 HP쉘은 직선이 기본선으로 구성되므로 철근콘크리트조의 경우 거푸집의 제작 및 철골 공장 제작이 용이하고, 면내의 주변 테두리보에 프리스트레스를 도입하기에도 편리하다.

정답 ③

091
쉘의 라이즈(rise)가 클수록 쉘 내부의 휨응력이 작아진다.

정답 ③

---

088 얇은 평면 슬래브를 굽혀 긴 경간을 지지할 수 있도록 만든 구조는? 21 지방직 9급

① 현수 구조
② 트러스 구조
③ 튜브 구조
④ 절판 구조

089 조적조 아치 및 돔구조에 관한 설명 중 옳지 않은 것은? 09 국가직 7급

① 조적조 아치는 개구부 상부의 하중을 아치 축을 따라 압축력으로 양단부의 지점에 전달한다.
② 아치에 발생된 추력(Thrust)을 부축벽(Buttress)을 설치하여 부담시키면 수평의 보에 비해 더 넓은 개구부를 만들 수 있다.
③ 추력에 저항하는 방법에는 벽체를 두껍게 하여 이중벽으로 하거나 벽체와 기둥의 무게를 증가시키는 방법 등이 있다.
④ 조적조 아치구조에는 추력이 생기지만 돔(Dome)구조에는 추력이 생기지 않는다.

090 쉘(Shell) 구조에 대한 설명으로 옳지 않은 것은? 11 국가직 7급

① 라이즈(Rise)가 클수록 부재에 생기는 휨응력이 작아져 유리하다.
② 단부에서는 외력에 의한 추력(Thrust)이 작용하므로 이 응력에 저항할 수 있는 지지력을 주어야 한다.
③ 철근콘크리트 HP쉘의 형틀은 포물선 형태로 구성되기 때문에 형틀 제작이 어렵다.
④ 돔은 안정된 구조물로 재료비가 적게 들지만, 형틀공사비가 많이 드는 단점이 있다.

091 연직 하중을 받는 구형 쉘(shell) 구조에 대한 설명으로 옳지 않은 것은? 24 국가직 7급

① 면내력으로 저항하는 구조이다.
② 경선 방향으로는 압축력이 작용한다.
③ 쉘의 라이즈(rise)가 작을수록 쉘 내부의 휨응력이 작아진다.
④ 위선 방향으로는 상부에서 압축력, 하부에서 인장력이 작용한다.

092 막구조에 대한 설명으로 옳은 것은?
20 지방직 9급

① 막구조의 막재는 인장과 휨에 대한 저항성이 우수하다.
② 습식 구조에 비해 시공 기간이 길지만 내구성이 뛰어나다.
③ 공기막 구조는 내외부의 압력 차에 따라 막면에 강성을 주어 형태를 안정시켜 구성되는 구조물이다.
④ 스페이스 프레임 등으로 구조물의 형태를 만든 뒤 지붕 마감으로 막재를 이용하는 것을 현수막 구조라 한다.

정답 및 해설

092
① 막구조의 막재는 자중을 포함하는 외력이 쉘구조물의 기본원리인 막응력에 따라서 저항되는 구조물로서, 휨 또는 비틀림에 대한 저항이 작거나 또는 전혀 없는 구조이다.
② 습식 구조에 비해 시공 기간이 짧고 내구성이 뛰어나다.
④ 스페이스 프레임 등으로 구조물의 형태를 만든 뒤 지붕 마감으로 막재를 이용하는 것을 스페이스 프레임 구조라고 한다.

정답 ③

093 막과 케이블 구조에 대한 설명으로 옳지 않은 것은?
17 지방직 9급

① 막구조는 자중을 포함하는 외력이 막응력에 따라서 저항되는 구조물로서 휨 또는 비틀림에 대한 저항이 큰 구조이다.
② 공기막구조는 공기막 내외부의 압력 차에 따라 막면에 강성을 주어 형태를 안정시켜 구성되는 구조물이다.
③ 인열강도는 재료가 접힘 또는 굽힘을 받은 후 견딜 수 있는 최대인장응력이다.
④ 케이블 구조는 휨에 대한 저항이 작은 구조로 인장응력만을 받을 목적으로 제작 및 시공된다.

093
막구조는 자중을 포함하는 외력이 막응력에 따라서 저항되는 구조물로서 휨 또는 비틀림에 대한 저항이 작거나 또는 전혀 없는 구조이다.

정답 ①

094 특수목적 건축기준에서 케이블구조 및 막구조에 대한 설명으로 옳지 않은 것은?
23. 국가직 9급

① 케이블구조는 주로 휨응력과 전단응력을 받을 목적으로 케이블 부재로 시공되는 구조이다.
② 케이블구조의 형상은 케이블의 장력분포와 깊은 관계가 있으므로 초기형상해석을 수행한다.
③ 막구조는 자중을 포함하는 외력이 막응력에 따라 저항되는 구조물로서, 휨 또는 비틀림에 대한 저항이 작거나 또는 전혀 없는 구조이다.
④ 공기막구조는 공기막 내외부의 압력차에 따라 막면에 강성을 주어 형태를 안정시켜 구성되는 구조이다.

094
케이블구조는 원칙적으로 인장력에만 저항할 목적으로 케이블 부재로 시공되는 구조이다.

정답 ①

095

구조내력상 주요한 부분에 사용하는 막구조의 재료(막재)에 대한 설명으로 옳지 않은 것은?
18 지방직 9급

① 두께는 0.5mm 이상이어야 한다.
② 인장강도는 폭 1cm당 300N 이상이어야 한다.
③ 인장크리프에 따른 신장률은 30% 이하이어야 한다.
④ 파단신율은 35% 이하이어야 한다.

정답 및 해설 095
인장크리프에 따른 신장률은 15%(합성섬유 직포로 구성된 막재료에 있어서는 25%) 이하이어야 한다.
정답 ③

096

막재를 구조내력상 주요한 부분에 사용할 경우, 기준에 적합하지 않은 것은?
22 국가직 9급

① 막재의 인장강도가 폭 1cm당 320N인 경우
② 막재의 두께가 0.6mm인 경우
③ 막재의 인장크리프에 따른 신장률이 14%인 경우
④ 막재의 파단신율이 37%인 경우

096
막재의 파단신율은 35% 이하이어야 한다.
정답 ④

097

막구조에서 막재에 대한 설명으로 옳은 것은?
22 지방직 9급

① 막재는 흡수길이의 최대치가 20mm 이하이어야 한다.
② 막재의 최소 접힘 인장강도는 종사방향 및 횡사방향 각각의 인장강도 평균치가 동일한 로트에 있어 시험 전에 측정된 각 실 방향 인장강도 평균치의 80% 이상이어야 한다.
③ C종 막재는 외부 폭로에 대해 종사방향 및 횡사방향의 인장강도가 각각 초기인장강도의 70% 이상이어야 한다.
④ 직물의 휨 측정은 200mm 이상 간격으로 2개소 이상에 대하여 측정한다.

097
② 막재의 최소 접힘 인장강도는 종사방향 및 횡사방향 각각의 인장강도 평균치가 동일한 로트에 있어 시험 전에 측정된 각 실 방향 인장강도 평균치의 70% 이상이어야 한다.
③ C종 막재는 외부 폭로에 대해 종사방향 및 횡사방향의 인장강도가 각각 초기인장강도의 80% 이상이어야 한다.
④ 직물의 휨 측정은 300mm 이상 간격으로 5개소 이상에 대하여 측정한다.
정답 ①

098
인장력만을 이용하는 구조 형식은?

18 지방직 9급

① 케이블(Cable) 구조
② 돔(Dome) 구조
③ 볼트(Vault) 구조
④ 아치(Arch) 구조

098
케이블 구조는 휨에 저항이 작은 구조로 인장응력만을 받을 목적으로 제작 및 시공되는 부재이다.

정답 ①

099
막구조 및 케이블 구조의 허용응력 설계법에 따른 하중조합으로 옳지 않은 것은?

18 국가직 9급

① 고정하중+활하중+초기장력
② 고정하중+활하중+강우하중+초기장력
③ 고정하중+활하중+풍하중+초기장력
④ 고정하중+활하중+설하중+초기장력

099
막구조 및 케이블 구조의 허용응력 설계법에 따른 하중조합에서 강우하중은 포함되지 않는다.

정답 ②

100
여러 개의 직선부재를 강절로 연결한 구조는?

22 국가직 9급

① 라멘 구조
② 케이블 구조
③ 입체트러스 구조
④ 트러스 구조

100
라멘 구조는 기둥과 보로 구조체의 뼈대를 강절점 또는 고정단으로 연결하여 하중에 대해 일체로 저항하도록 한 구조이다.

정답 ①

정답 및 해설

101
① 건물골조방식 : 수직하중은 입체골조가 저항하고, 지진하중은 전단벽이나 가새골조가 저항하는 구조방식
③ 내력벽방식 : 수직하중과 횡력을 전단벽이 부담하는 구조방식
④ 이중골조방식 : 횡력의 25% 이상을 부담하는 연성모멘트골조가 전단벽이나 가새골조와 조합되어 있는 구조방식
정답 ②

102
② 모멘트골조방식 : 수직하중과 횡력을 보와 기둥으로 구성된 라멘구조가 저항하는 구조방식
④ 전단벽-골조 상호작용방식 : 전단벽과 골조의 상호작용을 고려하여 강성에 비례하여 횡력을 저항하도록 설계되는 전단벽과 골조의 조합구조시스템을 말한다. 횡력을 전단벽과 골조가 동시에 저항하는 방식으로 골조의 변형형태인 전단모드와 전단벽의 변형형태인 휨모드가 적절히 조합된 구조 방식
정답 ③

103
철근콘크리트구조에서 모멘트골조의 분류에는 보통모멘트골조, 중간모멘트골조, 특수모멘트골조가 있으며, 강접모멘트골조는 합성구조에서 적용하는 방식이다.
정답 ③

---

101 건축물 내진설계기준에서 수직하중과 횡력을 보와 기둥으로 구성된 라멘골조가 저항하는 구조방식은?
24 지방직 9급

① 건물골조방식
② 모멘트골조방식
③ 내력벽방식
④ 이중골조방식

102 건축구조물의 골조형식 중 횡력의 25% 이상을 부담하는 연성모멘트골조가 전단벽이나 가새 골조와 조합되어 있는 구조방식은?
15 서울시 9급

① 보통모멘트골조방식
② 모멘트골조방식
③ 이중골조방식
④ 전단벽-골조 상호작용방식

103 철근콘크리트 구조에서 부재와 접합부가 휨모멘트, 전단력, 축력에 저항하는 모멘트골조의 분류에 해당하지 않는 것은?
15 서울시 7급

① 보통모멘트골조
② 중간모멘트골조
③ 강접모멘트골조
④ 특수모멘트골조

104

건축물 내진설계기준에서 수직하중은 입체골조가 저항하고, 지진하중은 전단벽이나 가새골조가 저항하는 구조방식은? 22 지방직 9급

① 내력벽방식
② 필로티구조
③ 건물골조방식
④ 연성모멘트골조방식

정답 및 해설

104
① 내력벽방식 : 수직하중과 횡력을 전단벽이 부담하는 구조방식
② 필로티구조 : 건축물 상층부는 내력벽이나 가새골조등 강성과 강도가 매우 큰 구조로 구성되어 있으나, 하층부는 개방형 건축공간을 위하여 대부분의 수직재가 기둥으로 구성되어 내진성능이 크게 저하될 수 있는 구조
④ 연성모멘트골조방식 : 횡력에 대한 저항능력을 증가시키기 위하여 부재와 접합부의 연성을 증가시킨 모멘트골조

정답 ③

105

지진력저항시스템에 대한 설명으로 옳지 않은 것은? 15 국가직 7급

① 보통모멘트골조 : 연성거동을 확보하기 위한 특별한 상세를 사용하지 않은 모멘트골조
② 중심가새골조 : 부재들에 주로 축력이 작용하는 가새골조
③ 편심가새골조 : 가새부재 양단부의 한쪽 이상이 보-기둥 접합부로부터 약간의 거리만큼 떨어져 보에 연결된 가새골조
④ 건물골조 : 모든 지진하중과 수직하중을 보와 기둥으로 구성된 라멘이 저항하는 골조

105
모든 지진하중과 수직하중을 보와 기둥으로 구성된 라멘이 저항하는 골조는 모멘트골조방식이다. 건물골조는 수직하중은 입체골조가 저항하고, 지진하중은 전단벽이나 가새골조가 저항하는 구조방식을 말한다.

정답 ④

정답 및 해설

106
모멘트골조방식은 수직하중과 횡력을 보와 기둥으로 구성된 라멘골조가 휨모멘트, 전단력, 축력에 저항하는 구조방식을 말한다.
정답 ④

107
튜브 구조는 횡력 저항 구조체가 건물의 주변에 있으므로 내부 구조체는 연직 하중만 지지하면 되므로 설계가 단순해지는 구조이다.
정답 ①

108
① 가새골조 구조는 수평하중을 수직방향 캔틸레버형 트러스에 골조부재의 축강성으로 지지시키는 구조시스템이다.
② 강성골조 구조는 일반적으로 수평의 보와 수직의 기둥이 반강접이 아닌 강접합된 장방형 격자로 주로 용접된다.
④ 철근콘크리트 전단벽 구조형식은 개구부에 따른 응력집중현상이 심각하고 골조의 위치변경이 곤란한 점, 질량의 증가에 따른 고유진동수의 감소 등의 단점이 있다.
정답 ③

---

106 건축물의 지진력저항시스템에 대한 설명으로 옳지 않은 것은?   20 국가직 9급

① 이중골조방식은 지진력의 25% 이상을 부담하는 연성모멘트골조가 전단벽이나 가새골조와 조합되어 있는 구조방식이다.
② 연성모멘트골조방식은 횡력에 대한 저항능력을 증가시키기 위하여 부재와 접합부의 연성을 증가시킨 모멘트골조방식이다.
③ 내력벽방식은 수직하중과 횡력을 모두 전단벽이 부담하는 구조방식이다.
④ 모멘트골조방식은 보와 기둥이 각각 횡력과 수직하중에 독립적으로 저항하는 구조방식이다.

107 초고층 건물의 구조형식 중 건물의 외곽 기둥을 밀실하게 배치한 후 횡하중을 건물의 외곽 기둥이 부담하게 하여 건물 전체가 횡력에 대해 캔틸레버 보와 같이 거동할 수 있도록 계획하는 구조형식은?   14 서울시 9급

① 튜브 구조
② 대각가새 구조
③ 전단벽 구조
④ 메가칼럼 구조
⑤ 골조-아웃리거 구조

108 고층건물의 구조형식에 대한 설명으로 옳은 것은?   11 지방직 7급

① 가새골조 구조는 수직하중을 수평방향 캔틸레버형 트러스에 골조부재의 휨강성으로 지지시키는 구조시스템이다.
② 강성골조 구조는 일반적으로 수평의 보와 수직의 기둥이 반강접된 장방형 격자로 주로 용접된다.
③ 아웃리거(Outrigger) 구조는 건물높이에 비해 횡력을 지지하는 코어의 벽체길이가 짧아서 횡변위가 과도하게 발생하는 경우 구조체의 효율을 높일 수 있다.
④ 철근콘크리트 전단벽 구조형식은 개구부에 따른 응력집중현상이 감소하고 질량의 증가가 고유진동수의 감소를 가져온다.

109 고층 건물에 적용되는 구조시스템인 아웃리거 구조에서 내부의 코어부와 외곽 기둥을 연결할 때 아웃리거와 함께 많이 사용되는 구조부재는 다음 중 무엇인가?

16 서울시 9급(後)

① 벨트트러스(Belt truss)
② 링크 빔(Link beam)
③ 합성슬래브(Compose slab)
④ 프리스트레스트 빔(Prestressed beam)

110 건물 구조 시스템에 대한 설명으로 옳지 않은 것은?

10 지방직 9급

① 연성모멘트골조방식은 횡력에 대한 저항능력을 증가시키기 위하여 부재와 접합부의 연성을 증가시킨 구조이다.
② 공동주택의 층간소음 저감을 위한 표준바닥구조시스템에서 슬래브의 최소 두께는 벽식 구조가 라멘구조보다 두껍다.
③ 튜브를 여러 개 겹친 묶음 튜브(Bundled Tube) 구조를 사용하면 전단지연(Shear Lag) 현상이 증가될 수 있으므로 주의해야 한다.
④ 아웃리거는 건물의 내부 코아와 외부 기둥을 연결하는 트러스 시스템이다.

111 최근 건축되고 있는 주상복합 건물은 거주공간을 구성하는 상층부의 벽식 구조 시스템과 하부의 상업 및 편의시설을 위한 골조구조 시스템으로 구성되는 것이 일반적이다. 이때, 건물 상층부의 골조를 어떤 층의 하부에서 별개의 구조형식으로 전이하는 구조 시스템은?

12 지방직 9급

① 아웃리거(Outrigger)
② 벨트트러스(Belt Truss)
③ 트랜스퍼거더(Transfer Girder)
④ 시어커넥터(Shear Connector)

정답 및 해설

109
아웃리거란 내부 코어와 외주부 기둥을 연결시켜주는 캔틸레버 형태의 벽보 혹은 트러스보를 말하며, 내부 기둥은 전단벽 또는 가새 형식의 수직트러스로 구성되며, 외주부 기둥은 주로 벨트트러스(Belt truss)로 연결되어 있는 구조 방식이다.

정답 ①

110
골조튜브를 사용하면 횡력과 수직한 면기둥은 스팬드럴 보의 강성에 따라 강성 골조와 비슷한 거동을 하게 되어 전단지연(Shear lag)현상을 야기하게 되지만, 묶음 튜브는 이를 최소화하기 위해 평면 중간 부분에 횡력과 평행한 방향으로 튜브 구조체를 넣어 횡력을 지지하도록 하는 방식을 사용한다.

정답 ③

111
주상복합 건물에 자주 등장하는 구조형식은 상부 벽식 구조 + 전이층 + 하부 라멘조로 전이층에서 주로 전이보(Transfer Girder)를 사용하게 된다.

정답 ③

정답 및 해설

112
트랜스퍼(Transfer) 구조는 건물 상층부의 골조를 어떤 층의 하부에서 별개의 구조형식으로 전이하는 구조시스템이다.
정답 ③

113
다이아그리드(Diagrid) 접합부는 구조적 성능 측면에서 대단위 수직하중을 대각방향으로 적절하게 배분하여 기초와 지반에 안전하게 전달하고 바람이나 지진과 같은 수평하중에 효과적으로 저항할 수 있다.
정답 ④

114
메가스트럭처는 초고층 건축에 있어서 층별로 다양한 용도가 필요한 경우나 평면계획의 자유도를 높이기 위해 큰 스팬이 필요한 경우 기둥이 없는 공간을 실현하는 시스템으로 채용된다.
정답 ③

---

112 주상복합건물에서 주거공간인 상층부의 벽식구조시스템과 상업시설로 활용되는 저층부의 라멘 골조 시스템이 연결된 부분에 원활한 하중 전달을 위하여 설치하는 구조시스템은?
15 서울시 9급

① 코아
② 아웃리거
③ 전이층
④ 가새 튜브

113 초고층 건축물이 비틀리거나 기울어지면 기존의 수직기둥과 보로 구성된 구조형식으로는 구조물을 지지하는 데 한계가 있다. 이를 극복하기 위해서 수직기둥을 대신하여 경사각을 가진 대형가새로 횡력에 저항하는 구조시스템은?
15 국가직 9급

① 아웃리거 구조시스템
② 묶음튜브 구조시스템
③ 골조-전단벽 구조시스템
④ 다이아그리드 구조시스템

114 다음 중 초고층의 하중과 횡력에 저항하기 위해 대형 슈퍼기둥과 전달보형식의 트러스를 사용하는 구조시스템은?
14 서울시 7급

① 스파인 구조(Spine structure)
② 다이어그리드 구조(Diagrid structure)
③ 메가 구조(Mega structure)
④ 하이브리드 구조(Hybrid structure)
⑤ 아웃리거-벨트트러스 구조(Outrigger-Belt truss structure)

115 건축물 상층부는 내력벽이나 가새골조 등 강성과 강도가 매우 큰 구조로 구성되어 있으나, 하층부는 개방형 건축공간을 위하여 대부분의 수직재가 기둥으로 구성되어 내진성능이 크게 저하될 수 있는 구조는? 20 서울시 7급

① 편심가새골조
② 특수모멘트골조
③ 내력벽 방식
④ 필로티구조

115
필로티 등과 같이 전체 구조물의 불안정성으로 붕괴를 일으키거나 지진하중의 흐름을 급격히 변화시키는 주요 부재와 이를 지지하는 해당 위치의 수직부재 설계 시에는 지진하중을 포함한 하중조합에 지진하중 대신 특별지진하중을 사용하여야 한다.
정답 ④

116 부유식 구조에 적용하는 하중에 대한 설명으로 옳지 않은 것은? 17 지방직 9급

① 부유식 구조에 적용된 항구적인 발라스트의 하중은 활하중으로 고려한다.
② 부유식 구조의 계류 또는 견인으로 인한 하중에는 활하중의 하중계수를 적용한다.
③ 파랑하중의 설계용 파향은 부유식 구조물 또는 그 부재에 가장 불리한 방향을 취하는 것으로 한다.
④ 부유식 구조의 설계에서는 정수압과 부력의 영향을 고려한다.

116
부유식 구조에 적용된 항구적인 발라스트의 하중은 고정하중으로 고려한다.
정답 ①

117 건축물의 내진구조계획 시 고려해야 할 사항으로 옳지 않은 것은? 10 국가직 9급

① 연성 재료의 사용
② 가볍고 강한 재료의 사용
③ 약한 기둥-강한 보 시스템의 적용
④ 단순하고 대칭적인 구조물의 형태

117
기둥보다는 보에서 먼저 소성변형이 일어나도록 설계해야 한다.
정답 ③

정답 및 해설

118
한 층의 유효질량이 인접층의 유효질량과 차이가 과도하게 크지 않을수록 내진에 유리하다.
정답 ①

119
평면적으로 긴 장방형의 평면인 경우, 평면의 양쪽 끝에 횡력 저항시스템을 배치한다.
정답 ③

120
지진하중은 관성력이므로 가볍고 강한 재료를 선택해야 하므로, 건축 구조물의 중량이 줄어들수록 관성력이 줄어든 만큼 지진하중도 감소할 수 있기 때문에 가벼운 건축 구조물이 지진에 유리하다.
정답 ④

---

118 건축물의 내진구조 계획에서 고려해야 할 사항으로 옳지 않은 것은? 20 지방직 9급

① 한 층의 유효질량이 인접층의 유효질량과 차이가 클수록 내진에 유리하다.
② 가능하면 대칭적 구조형태를 갖는 것이 내진에 유리하다.
③ 보-기둥 연결부에서 가능한 한 강기둥-약보가 되도록 설계한다.
④ 구조물의 무게는 줄이고, 구조재료는 연성이 좋은 것을 선택한다.

119 건축물의 내진구조계획에 대한 설명으로 적절하지 않은 것은? 19 국가직 7급

① 각 방향의 지진하중에 대하여 충분한 여유도를 갖도록 횡력저항시스템을 배치한다.
② 한 층의 유효질량이 인접 층의 유효질량보다 과도하게 크지 않도록 계획한다.
③ 긴 장방형 평면의 건축물에서는 평면의 중앙에 지진력저항시스템을 배치한다.
④ 증축 계획이 있는 경우 내진구조계획에 증축의 영향을 반영한다.

120 철근콘크리트 구조에서 내진보강 대책으로 옳지 않은 것은? 12 지방직 9급

① 강도를 증가시킨다.
② 연성을 증가시킨다.
③ 강성을 증가시킨다.
④ 중량을 증가시킨다.

121
지진력저항시스템을 성능설계법으로 설계하고자 할 때, 내진등급별 최소성능목표를 만족해야 한다. 내진등급 I의 최소성능목표에 대한 설명으로 가장 옳은 것은?

19 서울시 9급(前)[개정]

① 재현주기 1,000년인 경우 기능수행의 성능수준을 만족해야 한다.
② 재현주기 1,400년인 경우 인명보호의 성능수준을 만족해야 한다.
③ 재현주기 2,400년인 경우 인명보호의 성능수준을 만족해야 한다.
④ 재현주기 1,400년인 경우 기능수행의 성능수준을 만족해야 한다.

121
내진등급 I 의 성능목표는 재현주기 2,400인 경우 붕괴방지, 재현주기 1,400인 경우 인명보호의 성능수준을 만족해야 한다.

정답 ②

122
건축물의 내진등급별 성능목표를 옳지 않게 짝지은 것은?

20 서울시 7급

	내진등급	재현주기	성능수준
①	특	2,400년	인명보호
②	특	1,000년	기능수행
③	I	1,400년	붕괴방지
④	II	1,000년	인명보호

122

내진등급	성능목표	
	재현주기	성능수준
특	2,400년	인명보호
	1,000년	기능수행
I	2,400년	붕괴방지
	1,400년	인명보호
II	2,400년	붕괴방지
	1,000년	인명보호

정답 ③

123
「건축물 내진설계기준($KDS\ 41\ 17\ 00$)」에서 건축물의 내진등급별 최소성능목표를 옳게 짝지은 것은?

24 서울시 9급

	내진등급	재현주기	성능수준
①	특	2,400년	붕괴방지
②	특	1,000년	인명보호
③	I	1,400년	붕괴방지
④	II	1,000년	인명보호

123
① 내진등급(특) : 재현주기 2,400년인 경우 성능수준은 인명보호
② 내진등급(특) : 재현주기 1,000년인 경우 성능수준은 기능수행
③ 내진등급(I) : 재현주기 1,400년인 경우 성능수준은 인명보호

정답 ④

정답 및 해설

124
1,400년 재현주기지진은 기본설계지진의 1.2배에 해당하는 지진을 의미한다.
정답 ③

125
성능기반설계법을 사용하여 설계할 때는 그 절차와 근거를 명확히 제시해야 하며, 전반적인 설계과정 및 결과는 설계자를 제외한 2인 이상의 내진공학 전문가로부터 타당성을 검증받아야 한다.
정답 ③

126
성능기반설계법을 사용하여 설계할 때는 그 절차와 근거를 명확히 제시해야 하며, 전반적인 설계과정 및 결과는 설계자를 제외한 2인 이상의 내진공학 전문가로부터 타당성을 검증받아야 한다.
정답 ②

---

124 건축물 및 건물 외 구조물을 성능기반설계법으로 설계하고자 할 때, 재현주기별 설계지진의 정의로 옳지 않은 것은?
20 국가직 7급

① 2,400년 재현주기지진은 최대고려지진으로 정의한다.
② 1,000년 재현주기지진은 기본설계지진으로 정의한다.
③ 1,400년 재현주기지진은 기본설계지진의 1.5배에 해당하는 지진을 의미한다.
④ 50년과 100년 재현주기지진은 기본설계지진에 각각 0.30과 0.43을 곱하여 구한다.

125 성능기반설계에 대한 설명으로 옳지 않은 것은?
21 지방직 9급

① 2,400년 재현주기 지진에 대한 내진특등급 건축물의 최소 성능목표는 인명보호 수준이어야 한다.
② 구조체 설계에 사용되는 밑면전단력의 크기는 등가정적해석법에 의한 밑면전단력의 75% 이상이어야 한다.
③ 성능기반설계법을 사용하여 설계할 때는 그 절차와 근거를 명확히 제시해야 하며, 전반적인 설계과정 및 결과는 설계자를 제외한 1인 이상의 내진공학 전문가로부터 타당성을 검증받아야 한다.
④ 성능기반설계법은 비선형해석법을 사용하여 구조물의 초과강도와 비탄성변형능력을 보다 정밀하게 구조 모델링에 고려하여 구조물이 주어진 목표성능수준을 정확하게 달성하도록 설계하는 기법이다.

126 다음은 지진하중산정 시 성능기반설계법의 최소강도규정이다. 괄호 안에 들어갈 내용은?
20 국가직 9급

> 구조체의 설계에 사용되는 밑면전단력의 크기는 등가정적해석법에 의한 밑면전단력의 (   ) 이상이어야 한다.

① 70 %
② 75 %
③ 80 %
④ 85 %

127 성능설계법에 대한 설명으로 가장 옳지 않은 것은? 19 서울시 7급(개정)

① 동적해석을 위한 설계지진파의 결정에서 시간이력해석은 지반 조건에 상응하는 지반운동 기록을 최소한 3개 이상 사용하여 수행한다.
② 비탄성정적해석을 사용하는 경우에는 구조물의 비탄성 변형능력 또는 에너지소산능력에 따라서 탄성응답 스펙트럼가속도를 저감시켜서 비탄성응답스펙트럼을 정의할 수 있다.
③ 지진력저항시스템을 성능설계법으로 설계하고자 할 때, 내진등급이 I 이고, 성능수준이 인명보호인 경우, 재현주기는 1,400년이다.
④ 구조체의 설계에 사용되는 밑면전단력의 크기는 등가 정적해석법에 의한 밑면전단력의 60% 이상이어야 한다.

127
구조체의 설계에 사용되는 밑면전단력의 크기는 등가 정적해석법에 의한 밑면전단력의 75% 이상이어야 한다.
정답 ④

128 건축물 내진설계에 대한 용어 설명으로 옳지 않은 것은? 23 국가직 9급

① 감쇠는 점성, 소성 또는 마찰에 의해 구조물에 입력된 동적 에너지가 소산되어 구조물의 진동이 감소하는 현상이다.
② 중간모멘트골조는 지진력의 25% 이상을 부담하는 연성모멘트골조가 전단벽이나 가새골조와 조합되어 있는 구조방식이다.
③ 최대지반가속도는 지진에 의한 진동으로 특정위치에서의 지반이 수평 2방향 또는 수직방향으로 움직인 가속도의 절대값의 최댓값이다.
④ 내진성능수준은 설계지진에 대해 시설물에 요구되는 성능수준으로 기능수행수준, 즉시복구수준, 장기복구/인명보호수준과 붕괴방지수준으로 구분된다.

128
이중골조방식은 지진력의 25% 이상을 부담하는 연성모멘트골조가 전단벽이나 가새골조와 조합되어 있는 구조방식이다.
정답 ②

129 면진구조에 대한 설명 중 옳지 않은 것은? 09 국가직 7급

① 면진구조는 수동적(Passive) 지진 진동제어 수법이다.
② 면진부재는 분리장치(Isolator)와 감쇠장치(Damper)로 구성된다.
③ 면진부재는 건축물의 기초뿐만 아니라 중간층에도 둘 수 있다.
④ 면진구조를 적용한 구조물은 면진구조를 적용하지 않은 구조물에 비해 고유주기가 짧다.

129
면진구조물은 지반과 구조물 사이에 고무 등과 같은 절연체를 설치하여 지반의 진동에너지가 구조물에 크게 전파되지 않도록 구조물의 고유주기를 길게 한다.
정답 ④

CHAPTER 02 기초구조

정답 및 해설

001
극한지지력은 흙에서 전단파괴가 발생되는 기초의 단위면적당 하중을 말한다.
정답 ④

002
암반소켓(rock socket)은 말뚝의 일부를 근입시키기 위해 암반에 형성한 구멍을 말하며, 구조물의 상부로부터의 하중을 말뚝으로 전달하기 위해 말뚝의 머리 위에 만든 콘크리트 구조물은 파일캡이라고 한다.
정답 ③

003
흙의 예민비는
$\dfrac{\text{불교란시료(자연시료)의 강도}}{\text{교란시료(이긴시료)의 강도}}$
이다.
정답 ①

---

001 기초구조에 대한 설명으로 옳지 않은 것은? 20 국가직 9급

① 확대기초는 기둥으로부터 축력을 독립으로 지반 또는 지정에 전달하도록 하는 기초이다.
② 부주면마찰력은 지지층에 근입된 말뚝의 주위 지반이 침하하는 경우 말뚝 주면에 하향으로 작용하는 마찰력이다.
③ 전면기초는 상부구조의 광범위한 면적 내의 응력을 단일 기초판으로 연결하여 지반 또는 지정에 전달하도록 하는 기초이다.
④ 허용지지력은 흙에서 전단파괴가 발생되는 기초의 단위면적당 하중을 말한다.

002 「건축물 기초구조 설계기준(KDS 41 19 00)」에서 용어에 대한 설명으로 옳지 않은 것은? 24 서울시 9급

① 극한지지력 : 흙에서 전단파괴가 발생되는 기초의 단위면적당 하중
② 허용지지력 : 침하 또는 부등침하와 같은 허용한도내에서 지반의 극한지지력을 적정의 안전율로 나눈 값
③ 암반소켓 : 구조물의 상부로부터의 하중을 말뚝으로 전달하기 위해 말뚝의 머리 위에 만든 콘크리트 구조물
④ 기초 피어 : 수평단면의 길이가 폭의 3배 이하이고 높이가 폭의 4배 미만인 수직기초 부재

003 기초와 토질에 대한 설명으로 옳지 않은 것은? 14 국가직 9급

① 흙의 예민비는 $\dfrac{\text{교란시료(이긴시료)의 강도}}{\text{불교란시료(자연시료)의 강도}}$ 이다.
② 웰포인트(Well Point) 공법은 강제식 배수공법의 일종으로 모래지반에 효과적인 배수공법이다.
③ 히빙(Heaving)은 연약 점토지반에서 흙막이 바깥에 있는 흙의 중량과 지표적재하중으로 인해 땅파기된 저면이 부풀어 오르는 현상이다.
④ 보일링(Boiling)은 점토지반보다 모래지반에서 발생 가능성이 높다.

004 사질 및 점토층에 관한 다음 기술 중 옳지 않은 것은? 08 서울시 9급

① 내부 마찰각은 점토층보다 사질층이 크다.
② 점토층은 사질층보다 침하의 시간을 요한다.
③ 압밀 침하량 값은 점토층보다 사질층이 크다.
④ 사질층은 지진 시 액상화 현상이 일어난다.

정답 및 해설

004
압밀 침하량 값은 사질층보다 점토층이 크다.
정답 ③

005 사질토(모래)와 점토의 비교 설명 중 옳지 않은 것은? 09 국가직 9급

흙의 성질	사질토(모래)	점토
① 압밀속도	느리다	빠르다
② 내부마찰각	크다	작다
③ 투수계수	크다	작다
④ 압밀성	작다	크다

005
압밀속도는 사질토가 빠르고, 점토가 느리다.
정답 ①

006 토질 및 기초에 대한 설명 중 옳지 않은 것은? 09 국가직 7급

① 내부 마찰각은 점토층보다 사질층이 크다.
② 점토지반의 경우 기초 하부의 토압분포는 기초 중앙부가 주변부보다 크다.
③ 지지말뚝의 경우 말뚝저항의 중심은 말뚝의 선단에 있다.
④ 샌드드레인 공법은 점토질 지반을 개량하는 공법이다.

006
점토지반의 경우 기초 하부의 토압분포는 기초 중앙부가 주변부보다 작고, 사질토지반의 경우 기초 하부의 토압분포는 기초 중앙부가 주변부보다 크다.
정답 ②

정답 및 해설

007
사질토 지반의 기초하부 토압분포는 기초 중앙부 토압이 기초 주변부보다 큰 형태이다.
정답 ③

008
① 화성암의 암반 : 4,000kN/m²
② 수성암의 암반 : 2,000kN/m²
③ 자갈 : 300kN/m²
정답 ④

009
지진 시 점토질 지반보다 사질토 지반에서 액상화 현상이 일어나기 쉽다.
정답 ①

---

007 토질 및 기초에 대한 설명으로 옳지 않은 것은? 　　18 국가직 9급

① 물에 포화된 느슨한 모래가 진동, 충격 등에 의하여 간극수압이 급격히 상승하기 때문에 전단저항을 잃어버리는 현상을 액상화 현상이라 한다.
② 전면기초는 상부구조의 광범위한 면적 내의 응력을 단일 기초판으로 연결하여 지반 또는 지정에 전달하도록 하는 기초이다.
③ 사질토 지반의 기초하부 토압분포는 기초 중앙부 토압이 기초 주변부보다 작은 형태이다.
④ 연약한 점성토 지반에서 땅파기 외측의 흙의 중량으로 인하여 땅파기 된 저면이 부풀어 오르는 현상을 히빙(Heaving)이라 한다.

008 지반의 종류와 장기응력에 관한 허용응력도가 옳은 것은? 　　09 국가직 9급

① 화성암의 암반 : 2,000kN/m²
② 수성암의 암반 : 1,000kN/m²
③ 자갈 : 200kN/m²
④ 모래 : 100kN/m²

009 토질 및 기초에 대한 설명으로 옳지 않은 것은? 　　11 지방직 9급

① 점토질 지반에서는 지진 시 액상화 현상이 일어나기 쉽다.
② 점토지반 위에 수평으로 긴 건물이 있는 경우에는 건물의 중앙이 침하하기 쉽다.
③ 내부 마찰각은 점토층보다 사질층이 크다.
④ 지지말뚝의 경우 말뚝저항의 중심은 말뚝의 끝에 있다.

010
물에 포화된 느슨한 모래가 진동에 의하여 간극수압이 급격히 상승함에 따라 전단저항을 잃어버리는 현상은?

15 서울시 7급

① 액상화
② 사운딩
③ 분사현상
④ 슬라임

010
액상화 현상은 흙이 유효 응력을 상실할 때 발생하며 부등침하, 지반이동, 작은 건축물의 부상 등이 발생한다.

정답 ①

011
건축물의 기초계획에 있어 고려할 사항으로 옳지 않은 것은?

18 지방직 9급

① 구조성능, 시공성, 경제성 등을 검토하여 합리적으로 기초형식을 선정하여야 한다.
② 기초는 상부구조의 규모, 형상, 구조, 강성 등을 함께 고려해야 한다.
③ 기초형식 선정 시 부지 주변에 미치는 영향은 물론 장래 인접대지에 건설되는 구조물과 그 시공에 의한 영향까지 함께 고려하는 것이 바람직하다.
④ 액상화는 경암지반이 비배수상태에서 급속한 재하를 받게 되면 과잉간극수압의 발생과 동시에 유효응력이 감소하며, 이로 인해 전단저항이 크게 감소하여 액체처럼 유동하는 현상으로 그 발생 가능성을 검토하여야 한다.

011
액상화는 포화사질토가 비배수상태에서 급속한 재하를 받게 되면 과잉간극수압의 발생과 동시에 유효응력이 감소하며, 이로 인해 전단저항이 크게 감소하여 액체처럼 유동하는 현상으로 그 발생 가능성을 검토하여야 한다.

정답 ④

012
지반조사 순서에서 건물배치, 지반 지지층, 기초구조 등의 형식을 대강 결정할 수 있는 자료가 될 수 있는 지반조사는?

03 군무원 9급

① 사전조사
② 예비조사
③ 추가조사
④ 본조사

012
예비조사는 건물배치, 지반 지지층과 기초구조의 형식을 대강 결정할 수 있는 자료가 될 수 있는 조사이고, 본조사는 본격적인 필요 조사사항을 정하고 조사법의 결정, 선택을 한다.

정답 ②

정답 및 해설

013
기초의 지반조사 자료의 수집, 지형에 따른 지반개황의 판단 및 부근 건물의 기초에 관한 제조사를 시행하는 것은 예비조사에 해당된다.
정답 ④

014
사운딩은 원위치 시험이라고 하며, 종류에는 표준관입시험, 베인테스트, 콘관입시험 등이 있다.
정답 ④

015
평판재하시험의 최대 재하하중은 지반의 극한지지력 또는 예상되는 설계하중의 3배로 한다.
정답 ④

---

013 지반조사에서 본조사의 조사항목이 아닌 것은?   17 국가직 9급

① 원위치시험
② 토질시험
③ 지지력 및 침하량 계산
④ 부근 건축구조물 등의 기초에 관한 제조사

014 로드에 연결한 저항체를 지반 중에 삽입하여 관입, 회전 및 인발 등에 대한 저항으로부터 지반의 성상을 조사하는 방법은?   19 지방직 9급

① 동재하시험
② 평판재하시험
③ 지반의 개량
④ 사운딩

015 지반조사에 대한 설명으로 옳지 않은 것은?   16 지방직 9급

① 예비조사는 기초의 형식을 구상하고 본조사의 계획을 세우기 위해 시행한다.
② 예비조사에서는 대지 내의 개략의 지반구성, 층의 토질의 단단함과 연함 및 지하수의 위치 등을 파악한다.
③ 본조사의 조사항목은 지반의 상황에 따라서 적절한 원위치 시험과 토질시험을 하고, 지지력 및 침하량의 계산과 기초공사의 시공에 필요한 지반의 성질을 구하는 것으로 한다.
④ 평판재하시험의 최대 재하하중은 지반의 극한지지력의 2배 또는 예상되는 설계하중의 2.5배로 한다.

016 지반조사에 대한 설명으로 옳지 않은 것은?   11 국가직 9급

① 예비조사는 기초형식을 구상하고 본조사의 계획을 수립하기 위한 것으로 개략적인 지반구성 등을 파악하는 것이다.
② 본조사는 기초설계 및 시공에 필요한 제반자료를 확보하기 위한 것으로 기초의 지지력 및 부근 건축물 등의 기초에 관한 제조사를 시행하는 것이다.
③ 평판재하시험의 재하판은 지름 300mm를 표준으로 하고 최대재하중은 지반의 극한지지력 또는 예상 설계하중의 3배로 하며 재하는 5단계 이상으로 나누어 시행한다.
④ 말뚝박기 시험은 필요한 깊이에서 매회 말뚝의 관입량과 리바운드량 측정을 원칙으로 한다.

016
본조사는 기초설계 및 시공에 필요한 제반자료를 얻기 위하여 시행하는 것으로 천공조사 및 기타 방법에 의하여 대지 내의 지반구성과 기초의 지지력, 침하 및 시공에 영향을 미치는 범위 내의 지반의 여러 성질과 지하수의 상태를 조사하는 것이다. 부근 건축물 등의 기초에 관한 제조사를 시행하는 것은 예비조사에서 하는 내용이다.

정답 ②

017 표준관입시험에서 알아낼 수 없는 것은?   07 서울직 9급

① 시료의 채취
② 점착력
③ N치
④ 토질 주상도

017
표준관입시험은 보링 구멍을 이용하여 로드(Rod) 끝에 스프릿 스푼(Spl Spoon)을 붙인 것을 표준 해머 63.5kg으로 표준 낙하 높이 75cm의 자유 낙하로 박아 관입 깊이 30cm에 대한 타격 횟수 N을 측정하여 지층의 밀도 및 강도와 지하수를 조사하는 현장 시험 방법이다.

정답 ②

018 기초지반 조사방법에 대한 설명으로 옳게 짝지은 것은?   17 지방직 9급

㉠ 로드 끝에 +자형 날개를 달아 연약한 점토지반의 점착력을 판단하여 전단강도를 추정하는 방법이다.
㉡ 와이어로프 끝에 비트를 단 보링로드를 회전시키면서 상하로 충격을 주어 지반을 뚫고 시료를 채취하는 방법이다.
㉢ 63.5kg 해머를 76cm 높이에서 자유낙하시켜 30cm 관입시킬 때 타격횟수를 산정하는 방법이다.

	㉠	㉡	㉢
①	표준관입시험	수세식 보링	베인테스트
②	베인테스트	수세식 보링	표준관입시험
③	베인테스트	충격식 보링	표준관입시험
④	표준관입시험	수세식 보링	베인테스트

018
㉠ 베인테스트 : 로드 끝에 +자형 날개를 달아 연약한 점토지반의 점착력을 판단하여 전단강도를 추정하는 방법이다.
㉡ 충격식 보링 : 와이어로프 끝에 비트를 단 보링로드를 회전시키면서 상하로 충격을 주어 지반을 뚫고 시료를 채취하는 방법이다.
㉢ 표준관입시험 : 63.5kg 해머를 76cm 높이에서 자유낙하시켜 30cm 관입시킬 때 타격횟수를 산정하는 방법이다.

정답 ③

정답 및 해설

019
현장 말뚝재하실험을 실시하는 방법에는 압축재하, 인발재하, 횡방향재하실험인 정재하실험방법과 동재하실험방법이 있다.
정답 ③

020
부동침하에 의한 균열은 인장응력의 직각방향으로 발생한다.
정답 ①

021
연약지반에 건물을 시공할 경우, 건물의 부동침하를 방지하기 위해서는 건물의 평면길이를 짧게 하여야 한다.
정답 ①

---

019 현장 말뚝재하실험에 대한 설명으로 옳지 않은 것은? 　　18 국가직 9급

① 말뚝재하실험은 지지력 확인, 변위량 추정, 시공방법과 장비의 적합성 확인 등을 위해 수행한다.
② 말뚝재하실험에는 압축재하, 인발재하, 횡방향재하실험이 있다.
③ 말뚝재하실험을 실시하는 방법으로 정재하실험방법은 고려할 수 있으나, 동재하실험방법을 사용해서는 안 된다.
④ 압축재하시험의 최소 실시수량은 지반조건에 큰 변화가 없는 경우 전체 말뚝 수량의 1% 이상을 실시한다.

020 부동침하와 부동침하로 인한 균열에 관한 설명으로 옳지 않은 것은? 　　09 국가직 7급

① 부동침하에 의한 균열은 인장응력 방향으로 발생한다.
② 부동침하에 의한 균열은 침하가 적은 부분의 밑면에서 침하가 많은 부분의 상부 방향으로 발생하는 대각선 균열이 일반적이다.
③ 부동침하가 일어나면 상부구조에 일종의 강제변형과 균열을 일으키게 되므로 주의하여야 한다.
④ 하나의 건물에 이질지정을 할 경우 부동침하가 발생할 수 있다.

021 연약지반에 건물을 시공할 경우, 건물의 부동침하를 방지하기 위한 대책으로 적당하지 않은 것은? 　　10 지방직 9급

① 건물의 길이 증대
② 건물의 강성 증대
③ 건물의 경량화
④ 전면기초 사용

022
다음 중 연약지반에서 부등침하를 방지하는 대책으로 옳지 않은 것은?

16 서울시 7급

① 줄기초와 마찰말뚝기초를 병용한다.
② 지하실 바닥 구조의 강성을 높인다.
③ 건물의 중량을 최소화시킨다.
④ 건물의 평면길이를 짧게 한다.

022
줄기초와 마찰말뚝기초를 병용하면 오히려 부등침하가 더 많이 발생하므로 동일한 지반에서는 동일기초를 시공하여야 한다.

정답 ①

023
부등침하를 방지하기 위한 대책으로 옳지 않은 것은?

25 지방직 9급

① 건축물을 경량화한다.
② 건축물의 강성을 높인다.
③ 건축물의 평면 길이를 길게 한다.
④ 건축물의 중량을 기초에 균등하게 분포시킨다.

023
부등침하를 방지하기 위해서는 건축물의 평면 길이를 짧게 한다.

정답 ③

024
지반개량에 대한 설명으로 옳지 않은 것은?

23 국가직 9급

① 지반의 지지력 증대, 기초의 부등침하 방지 등을 목적으로 실시한다.
② 주입공법은 시멘트, 약액 등을 주입하여 고결시키는 공법이다.
③ 웰포인트 공법은 주로 연약 점토질지반 개량에 사용되는 치환공법이다.
④ 바이브로 플로테이션 공법은 주로 사질지반 개량에 사용되는 다짐공법이다.

024
웰포인트 공법은 주로 사질토지반 개량에 사용되는 강제식 배수공법이다.

정답 ③

025
다음 중 흙막이 없이 흙파기를 하여 쌓을 경우 자연스럽게 형성되는 흙의 경사면과 수평면 사이의 각도를 무엇이라고 하는가?

14 서울시 9급

① 터파기각
② 안식각
③ 경사각
④ 수평각
⑤ 내부마찰각

025
휴식각 또는 안식각은 흙막이 없이 흙파기를 하여 쌓을 경우 자연스럽게 형성되는 흙의 경사면과 수평면 사이의 각도를 말하며, 보통 경사각은 안식각의 2배 정도로 한다.

정답 ②

정답 및 해설

026
지반조사방법 중의 하나인 사운딩은 로드 선단에 설치한 저항체를 땅 속에 삽입하여서 관입, 회전, 인발 등의 저항으로 토층의 성상을 탐사하는 방법으로서 원위치 시험이라고 한다.
정답 ②

027
흙막이벽 안전을 저해하는 현상의 종류에는 히빙, 보일링, 파이핑이 있으며, 버펫팅은 시시각각 변하는 바람의 난류성분이 물체에 닿아 물체를 풍방향으로 불규칙하게 진동시키는 현상을 말한다.
정답 ④

028
① 사운딩 현상 : 로드 선단에 설치한 저항체를 땅 속에 삽입하여서 관입, 회전, 인발 등의 저항으로 토층의 성상을 탐사하는 방법
③ 분사 현상(보일링) : 모래질 지반에서 흙막이벽을 설치하고 기초파기 할때의 흙막이벽 뒷면 수위가 높아서 지하수가 흙막이벽을 돌아서 지하수가 모래와 같이 솟아오르는 현상
④ 액상화 현상 : 물에 포화된 느슨한 모래가 진동, 충격 등에 의하여 간극수압이 급격히 상승하기 때문에 전단저항을 잃어버리는 현상
정답 ②

---

026 기초 터파기 시 흙막이벽에 발생하는 현상으로 옳지 않은 것은?
10 국가직 9급

① 히빙(Heaving) ② 사운딩(Sounding)
③ 보일링(Boiling) ④ 파이핑(Piping)

027 다음 중 기초구조의 흙막이벽 안전을 저해하는 현상과 가장 연관성이 없는 것은?
20 지방직 9급

① 히빙(heaving)
② 보일링(boiling)
③ 파이핑(piping)
④ 버펫팅(buffeting)

028 그림과 같이 연약한 점성토 지반에서 땅파기 외측 흙의 중량으로 인하여 땅파기 된 저면이 부풀어 오르는 현상은?
22 지방직 9급

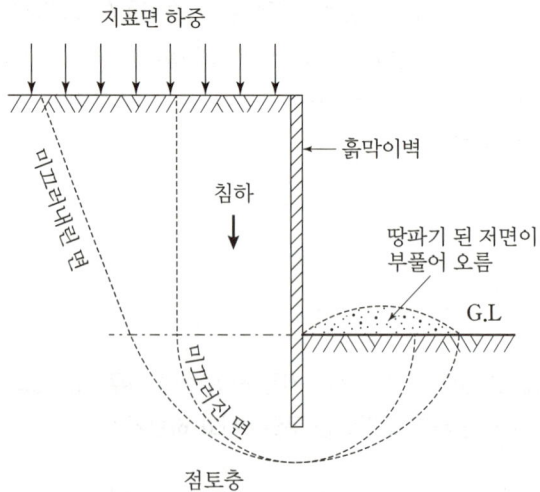

① 사운딩 현상 ② 융기 현상(히빙)
③ 분사 현상(보일링) ④ 액상화 현상

029

다음에서 설명하는 흙막이 공법은? 21 지방직 9급

> 중앙부를 먼저 굴삭하여 그 부분의 지하층 구조체를 먼저 시공하고, 이 구조체를 버팀대의 반력지지체로 이용하여 흙막이벽에 버팀대를 가설한다. 이후 주변부의 흙을 굴착하고 중앙부의 기초구조체를 연결하여 기초구조물을 완성시킨다.

① 오픈 컷(Open Cut) 공법
② 아일랜드 컷(Island Cut) 공법
③ 트렌치 컷(Trench Cut) 공법
④ 어스 앵커(Earth Anchor) 공법

029
아일랜드 컷 공법은 비교적 기초 흙파기의 깊이가 얕고 면적이 넓은 경우에 사용한다.
정답 ②

030

기초구조 용어 정의에 대한 설명으로 옳지 않은 것은? 24 국가직 9급

① 극한지지력 : 흙에서 전단파괴가 발생되는 기초의 단위면적당 하중
② 마이크로 파일 : 지반에 구멍을 뚫고 강봉을 삽입하여 그라우트 한 깊은 기초이며 소구경 말뚝이라고 함
③ 저강도재료 : 재령 28일의 압축강도가 9.3MPa 이하가 되도록 제어된 시멘트계 슬러리 재료
④ 허용지지력 : 침하 또는 부등침하와 같은 허용한도 내에서 지반의 극한지지력을 적정의 안전율로 나눈 값

030
저강도재료는 재령 28일의 압축강도가 8.3MPa 이하가 되도록 제어된 시멘트계 슬러리 재료를 말한다.
정답 ③

031

건축물의 기초계획 시 고려해야 할 사항으로 옳지 않은 것은? 17 지방직 9급

① 기초구조의 성능은 상부구조의 안전성 및 사용성을 확보할 수 있도록 계획하여야 한다.
② 연약지반에 구조물을 세우는 경우 시공과정이나 후에 여러 가지 문제가 발생하므로 연약지반의 공학적 조사와 너불어 개량공법 등의 대책을 수립하여야 한다.
③ 액상화평가결과 대책이 필요한 지반의 경우는 지반개량공법 등을 적용하여 액상화 저항능력을 증대시키도록 하여야 한다.
④ 동일 구조물의 기초에서는 가능한 한 이종형식기초를 병용하여야 한다.

031
동일 구조물의 기초에서는 가능한 한 이종형식기초의 병용을 피하여야 한다.
정답 ④

정답 및 해설

032
융기현상(heaving)은 시트 파일 등의 흙막이벽 좌측과 우측의 토압 차로 연약한 점성토 지반에서 땅파기 외측의 흙의 중량으로 인하여 땅파기 된 저면이 부풀어 오르는 현상을 의미한다.

정답 ③

033
기초형식은 지반조사 결과에 따라 달라지며, 직접기초에서는 기초 저면의 크기와 형상, 그리고 말뚝기초에서는 그 제원, 개수, 배치 등을 결정하여야 한다.

정답 ④

034
기초보(지중보)는 기초와 기초를 연결하는 수평보로 주각부의 강성을 증대시킨다.

정답 ④

---

032 기초구조에 관한 설명으로 옳지 않은 것은? 19 국가직 7급

① 지정(base)은 기초판을 지지하기 위하여 기초판 하부에 제공되는 자갈, 잡석 및 말뚝 등의 부분을 의미한다.
② 액상화(liquefaction)는 물에 포화된 느슨한 모래가 진동, 충격 등에 의하여 간극수압이 급격히 상승하기 때문에 전단저항을 잃어버리는 현상을 의미한다.
③ 융기현상(heaving)은 모래층에서 수압 차로 인하여 모래입자가 부풀어 오르는 현상을 의미한다.
④ 흙막이구조물(earth retaining structure)은 지반굴착 공사 중 지반의 붕괴와 주변의 침하, 위험 등을 방지하기 위하여 설치하는 구조물을 의미한다.

033 기초구조 설계 시 고려해야 할 사항으로 옳지 않은 것은? 20 국가직 9급

① 기초의 침하가 허용침하량 이내이고, 가능하면 균등해야 한다.
② 장래 인접대지에 건설되는 구조물과 그 시공에 따른 영향까지도 함께 고려하는 것이 바람직하다.
③ 동일 구조물의 기초에서는 가능한 한 이종형식기초의 병용을 피해야 한다.
④ 기초형식은 지반조사 전에 확정되어야 한다.

034 확대기초에 발생할 수 있는 부동침하를 방지하고, 주각의 회전을 방지하여 구조물 전체의 내력 향상에 가장 적합한 부재는? 13 국가직 9급

① 아웃리거(Outrigger)　② 어스앵커(Earthanchor)
③ 옹벽　　　　　　　　④ 기초보

035

기초의 설치 및 설계에 대한 유의사항으로 옳지 않은 것은? 15 지방직 9급

① 다른 형태의 기초나 말뚝을 동일 건물에 혼용하여 부동침하의 위험성을 줄이도록 한다.
② 지하실은 가급적 건물 전체에 균등히 설치하여 부동침하를 줄이는 데 유의한다.
③ 땅속의 경사가 심한 굳은 지반에 올려놓은 기초나 말뚝은 슬라이딩의 위험성이 있다.
④ 지중보를 충분히 크게 하여 강성을 증가시켜 부동침하를 방지하도록 한다.

정답 및 해설

035
동일 구조물의 기초에서는 가능한 이종형식기초의 병용을 피하여야 한다.
정답 ①

036

기초구조 및 지반에 대한 설명으로 옳은 것은? 19 국가직 9급

① 2개의 기둥으로부터의 응력을 하나의 기초판을 통해 지반 또는 지정에 전달하도록 하는 기초는 연속기초이다.
② 흙에서 전단파괴가 발생되는 기초의 단위면적당 하중은 허용지지력이다.
③ 직접기초에 따른 기초판 또는 말뚝기초에서 선단과 지반 간에 작용하는 압력은 지내력이다.
④ 지지층에 근입된 말뚝의 주위 지반이 침하하는 경우 말뚝 주면에 하향으로 작용하는 마찰력은 부주면마찰력이다.

036
① 2개의 기둥으로부터의 응력을 하나의 기초판을 통해 지반 또는 지정에 전달하도록 하는 기초는 복합기초이다.
② 흙에서 전단파괴가 발생되는 기초의 단위면적당 하중은 극한지지력이다.
③ 직접기초에 따른 기초판 또는 말뚝기초에서 선단과 지반 간에 작용하는 압력은 접지압이다.
정답 ④

037

기초형식 선정 시 고려사항에 대한 설명으로 옳지 않은 것은? 21 지방직 9급

① 기초는 상부구조의 규모, 형상, 구조, 강성 등을 함께 고려하여 선정해야 한다.
② 기초형식 선정 시 부지 주변에 미치는 영향을 충분히 고려하여야 한다.
③ 기초는 대지의 상황 및 지반의 조건에 적합하며, 유해한 장해가 생기지 않아야 한다.
④ 동일 구조물의 기초에서는 가능한 한 이종형식기초를 병용하여 사용하는 것이 바람직하다.

037
동일 구조물의 기초에서는 가능한 한 이종형식기초의 병용을 피하여야 한다.
정답 ④

정답 및 해설

038
편심하중을 받는 확대기초판의 접지압(σ_e)
$$\therefore \sigma_e = \alpha \times \frac{P}{A} = 0.5 \times \frac{3,000}{5}$$
$$= 300 \text{kN/m}^2$$

정답 ②

039
① 연성기초 : 지반강성에 비하여 기초판의 강성이 상대적으로 작아서 지반반력이 등분포로 작용하는 기초
② 줄기초 : 벽체를 지중으로 연장한 기초로서 길이 방향으로 긴 기초
④ 연속기초 : 벽 아래를 따라 또는 일련의 기둥을 묶어 띠모양으로 설치하는 기초의 저판에 의하여 상부 구조로부터 받는 하중을 지반에 전달하는 형식의 기초

정답 ③

---

038 다음과 같은 조건의 편심하중을 받는 확대기초판의 설계용접지압은? (단, 접지압은 직선적으로 분포된다고 가정한다.)

16 지방직 9급

- 하중의 편심과 저면의 형상으로 정해지는 접지압계수(α) : 0.5
- 기초자중(W_F) : 500kN
- 기초자중을 포함한 기초판에 작용하는 수직하중(P) : 3,000kN
- 기초판의 저면적(A) : 5m²
- 허용지내력(f_e) : 300kN/m²

① 250kN/m²
② 300kN/m²
③ 500kN/m²
④ 600kN/m²

039 두 개 이상의 기둥 하중을 하나의 기초판을 통하여 지반으로 전달하는 기초는?

24 지방직 9급

① 연성기초
② 줄기초
③ 복합기초
④ 연속기초

040 건축물 기초구조에 대한 설명으로 옳은 것은?

22 국가직 9급

① 기둥으로부터의 축력을 독립으로 지반 또는 지정에 전달하도록 하는 기초를 복합기초라고 한다.
② 2개 또는 그 이상의 기둥으로부터의 응력을 하나의 기초판을 통해 지반 또는 지정에 전달하도록 하는 기초를 확대기초라고 한다.
③ 상부구조의 광범위한 면적 내의 응력을 단일 기초판으로 연결하여 지반 또는 지정에 전달하도록 하는 기초를 줄기초라고 한다.
④ 벽 또는 일련의 기둥으로부터의 응력을 띠모양으로 하여 지반 또는 지정에 전달하도록 하는 기초를 연속기초라고 한다.

정답 및 해설

040
① 기둥으로부터의 축력을 독립으로 지반 또는 지정에 전달하도록 하는 기초를 확대기초라고 한다.
② 2개 또는 그 이상의 기둥으로부터의 응력을 하나의 기초판을 통해 지반 또는 지정에 전달하도록 하는 기초를 복합기초라고 한다.
③ 상부구조의 광범위한 면적 내의 응력을 단일 기초판으로 연결하여 지반 또는 지정에 전달하도록 하는 기초를 전면기초라고 한다.

정답 ④

---

041 얕은기초의 지반 분류에 따른 추정 수직 지지력[kN/m²]으로 옳은 것은?

25 국가직 9급

① 모래 : 100
② 퇴적암 : 300
③ 모래질 자갈 : 180
④ 결정질 기반암 : 700

041
얕은기초의 추정 지지력

지반분류	수직지지력 (kN/m²)
결정질 기반암	580
퇴적암 및 엽리성암	190
모래, 자갈/자갈	140
모래, 실트질 모래, 점토질 모래, 실트질 자갈 및 점토질 자갈	100
점토, 모래질 점토, 실트질 점토, 점토질 실트, 실트 및 모래질 실트	70

정답 ①

---

042 얕은기초 설계에 대한 설명으로 옳지 않은 것은?

24 국가직 9급

① 기초의 폭은 300mm 이상이어야 한다.
② 계단식 기초의 상부면은 평평하여야 하며, 기초의 하부면은 1/10을 초과하지 않는 경사는 허용된다.
③ 동결조건이 영구적이지 않으면 동결지반에 지지해서는 안 된다.
④ 교란된 지반, 다짐하지 않은 채움재 또는 제어되지 않은 저강도 재료 위에 시공하여야 한다.

042
얕은기초는 교란되지 않은 지반, 다짐한 채움재 또는 제어된 저강도 재료 위에 시공하여야 한다.

정답 ④

정답 및 해설

043
㉠ 개방잠함 : 건물 지하실 전체를 지상에 축조하고 자중으로 침하시키는 방식이다.
㉡ 용기잠함 : 토압·수압이 크고 지층을 깊이 굴착할 때 쓴다.
정답 ②

044
② 말뚝기초의 설계에 있어서는 하중의 편심에 대하여 검토하여야 한다.
③ 동일 구조물에서 지지말뚝과 마찰말뚝을 혼용할 수 없다.
④ 타입말뚝, 매입말뚝 및 현장타설콘크리트말뚝의 혼용할 수 없다.
정답 ①

---

043 압축 공기의 압력으로 물, 토사의 유입을 방지하여 굴착하는 공법을 가진 기초는?

08 국가직 9급

① 줄기초
② 잠함기초
③ 우물기초
④ 복합기초

044 말뚝기초에 대한 설명으로 가장 옳은 것은?

19 서울시 9급(前)

① 말뚝기초의 허용지지력은 말뚝의 지지력에 따른 것으로만 한다.
② 말뚝기초의 설계에 있어서는 하중의 편심에 대하여 검토하지 않아도 된다.
③ 동일 구조물에서 지지말뚝과 마찰말뚝을 혼용할 수 있다.
④ 타입말뚝, 매입말뚝 및 현장타설콘크리트말뚝의 혼용을 적극 권장하여 경제성을 확보할 수 있다.

045
말뚝기초의 설계에 대한 설명으로 옳지 않은 것은? 13 국가직 7급

① 하중의 편심에 대해 검토하여야 한다.
② 말뚝기초판 저면에 있는 지반지지력은 통상 무시한다.
③ 지반침하, 액상화, 경사지에서 지반의 활동 등 부지 지반의 안전성에 유의하여야 한다.
④ 동일 구조물에서는 지지말뚝과 마찰말뚝을 혼용하여 사용할 수 있다.

045
동일 구조물에서는 지지말뚝과 마찰말뚝을 혼용하여 사용하지 않는다.
정답 ④

046
말뚝기초의 설계 시 기본사항에 대한 설명으로 옳지 않은 것은? 13 국가직 9급

① 말뚝기초의 허용지지력은 말뚝의 지지력에 의한 것으로만 하고, 특별히 검토한 사항 이외는 기초판저면에 대한 지지력은 가산하지 않는 것으로 한다.
② 말뚝기초의 설계에 있어서 1본의 말뚝에 의해 기둥을 지지하는 경우에는 하중의 편심을 고려하지 않아도 된다.
③ 말뚝머리부분, 이음부, 선단부는 충분히 응력을 전달할 수 있는 것으로 하여야 한다.
④ 동일 구조물에서는 지지말뚝과 마찰말뚝을 혼용해서는 안 된다.

046
말뚝기초의 설계에 있어서 1본의 말뚝에 의해 기둥을 지지하는 경우에도 하중의 편심에 대하여 검토하여야 한다.
정답 ②

047
말뚝기초에 대한 설명으로 옳지 않은 것은? 15 지방직 9급

① 말뚝기초 설계 시 하중의 편심을 고려하여 가급적 3개 이상의 말뚝을 박는다.
② 말뚝기초 설계 시 발전기 등에 의한 진동의 영향으로 지반 액상화의 우려가 없는지 조사한다.
③ 말뚝기초의 허용지지력 산정 시 말뚝과 기초판 저면에 대한 지반의 지지력을 함께 고려하여야 한다.
④ 말뚝의 중심간격은 최소한 말뚝머리지름의 2.5배 이상으로 한다.

047
말뚝기초의 허용지지력은 말뚝의 지지력에 의한 것으로만 하고, 특별히 검토한 사항 이외는 기초판 저면에 대한 지반의 지지력은 가산하지 않는 것으로 한다.
정답 ③

정답 및 해설

048
기성콘크리트말뚝의 장기허용압축응력은 콘크리트설계기준강도의 최대 1/4까지로 한다.
정답 ①

049
기성 콘크리트말뚝에 사용하는 콘크리트의 설계기준강도는 35MPa 이상으로 하고, 허용지지력은 말뚝의 최소단면에 대하여 구하는 것으로 한다.
정답 ②

050
② 기성 콘크리트 말뚝에 사용하는 콘크리트의 설계기준강도는 35MPa 이상으로 하고 허용지지력은 말뚝의 최소단면에 대하여 구하는 것으로 한다.
③ 말뚝중심간격은 최소한 말뚝지름의 2.5배 이상으로 한다.
④ 재하시험에 의한 허용압축지지력은 항복하중의 1/2 및 극한하중의 1/3 중 작은 값으로 한다.
정답 ①

---

048 기성콘크리트말뚝에 대한 설명으로 옳지 않은 것은? 〔12 지방직 9급〕

① 기성콘크리트말뚝의 허용압축응력은 콘크리트설계기준 강도의 최대 1/3까지로 한다.
② 사용하는 콘크리트의 설계기준강도는 35MPa 이상으로 한다.
③ 단기허용압축응력은 장기허용압축응력의 1.5배로 한다.
④ 허용압축하중은 말뚝의 최소단면에 대하여 구하는 것으로 한다.

049 말뚝재료의 허용응력에 대한 설명으로 옳지 않은 것은? 〔21 국가직 9급〕

① 기성 콘크리트말뚝의 허용압축응력은 콘크리트설계기준강도의 최대 1/4까지를 말뚝재료의 허용압축응력으로 한다.
② 기성 콘크리트말뚝에 사용하는 콘크리트의 설계기준강도는 30MPa 이상으로 하고, 허용압축하중은 말뚝의 최소단면에 대하여 구하는 것으로 한다.
③ 현장타설 콘크리트말뚝의 최대 허용압축하중은 각 구성요소의 재료에 해당하는 허용압축응력을 각 구성요소의 유효단면적에 곱한 각 요소의 허용압축하중을 합한 값으로 한다.
④ 강말뚝의 장기 허용압축응력은 일반의 경우 부식 부분을 제외한 단면에 대해 재료의 항복응력과 국부좌굴응력을 고려하여 결정한다.

050 건축구조기준에서 말뚝설계에 대한 설명으로 옳은 것은? (단, 이음말뚝과 세장비가 큰 말뚝은 제외한다.) 〔16 국가직 7급〕

① 기성 콘크리트 말뚝의 장기허용압축응력은 콘크리트설계기준압축강도의 최대 1/4까지를 말뚝재료의 장기허용압축응력으로 한다.
② 기성 콘크리트 말뚝에 사용하는 콘크리트의 설계기준강도는 30MPa 이상으로 하고 허용압축하중은 말뚝의 최소단면에 대하여 구하는 것으로 한다.
③ 말뚝중심간격은 최소한 말뚝지름의 2.0배 이상으로 한다.
④ 재하시험에 의한 허용압축지지력은 항복하중의 1/3 및 극한하중의 1/2 중 작은 값으로 한다.

051

말뚝재료의 허용응력에 대한 설명으로 옳지 않은 것은? (단, 이음말뚝 및 세장비가 큰 말뚝에 대한 허용응력 저감은 고려하지 않는다.) 17 국가직 9급

① 나무말뚝의 허용압축하중은 나무말뚝의 최소단면에 대해 구하는 것으로 한다.
② 기성콘크리트말뚝의 허용압축응력은 콘크리트설계기준강도의 최대 1/3까지를 말뚝재료의 허용압축응력으로 한다.
③ 강말뚝의 장기허용압축응력은 일반의 경우 부식부분을 제외한 단면에 대해 재료의 항복응력과 국부좌굴응력을 고려하여 결정한다.
④ 현장타설콘크리트말뚝의 장기허용압축응력은 말뚝 본체의 전부 또는 일부의 콘크리트가 물 또는 흙탕물 중에 타설될 경우에는 콘크리트설계기준강도의 20% 이하로 정한다.

051
기성콘크리트말뚝의 허용압축응력은 콘크리트설계기준강도의 최대 1/4까지를 말뚝재료의 허용압축응력으로 한다.
정답 ②

052

말뚝재료의 허용응력에 대한 설명으로 옳지 않은 것은? 13 지방직 9급

① 기성콘크리트말뚝의 허용압축응력은 콘크리트설계기준강도의 최대 1/4까지로 한다.
② 나무말뚝의 허용압축응력은 소나무, 낙엽송, 미송에 있어서는 6MPa로 한다.
③ 강말뚝의 장기허용압축응력은 일반의 경우 부식부분을 제외한 단면에 대해 재료의 항복응력과 국부좌굴응력을 고려하여 결정한다.
④ 기성콘크리트말뚝의 콘크리트 설계기준강도는 35MPa 이상으로 한다.

052
나무말뚝의 장기허용압축응력은 소나무, 낙엽송, 미송에 있어서는 5MPa로 한다.
정답 ②

053

다음 설명에서 (가)와 (나)에 들어갈 내용은? 23. 지방직 9급

> 말뚝의 중심 간격은 최소한 말뚝지름의 (㉮)배 이상, 기초측면과 말뚝중심 간의 거리는 최소 말뚝지름의 (㉯)배 이상으로 한다. (단, 말뚝기초판은 말뚝 가장자리에서 100mm 이상 확장해야 한다.)

	(가)	(나)
①	2.0	1.24
②	2.0	1.5
③	2.5	1.25
④	2.5	1.5

053
말뚝의 중심 간격은 최소한 말뚝지름의 2.5배 이상, 기초측면과 말뚝중심 간의 거리는 최소 말뚝지름의 1.25배 이상으로 한다(단, 말뚝기초판은 말뚝 가장자리에서 100mm 이상 확장해야 한다).
정답 ③

CHAPTER 03 목구조

정답 및 해설

001
공칭(호칭)치수는 목재의 치수를 실제치수보다 큰 25의 배수로 올려서 부르기 편하게 사용하는 치수를 말하며, 제재치수 50mm의 목재를 가공하여 실제치수 38mm의 목재를 얻게 되면, 이 제품의 공칭(호칭)치수는 25의 2배인 50mm로서 실제치수인 38mm보다 큰 치수이다.
정답 ③

002
경골목구조는 주요구조부가 공칭두께 50mm(실제두께 38mm)의 규격재로 건축된 목구조를 말한다.
정답 ②

003
기계적으로 목재의 강도 및 강성을 측정하여 등급을 구분한 목재는 기계등급구조재이며, 구조용 집성재는 규정된 강도등급에 따라 선정된 제재목 또는 목재층재를 섬유방향이 서로 평행하게 집성·접착하여 공학적으로 특정 응력을 견딜 수 있도록 생산된 제품을 말한다.
정답 ②

---

001 다음 중 목재의 치수를 실제치수보다 큰 25의 배수로 올려서 부르기 편하게 사용하는 치수는?

15 서울시 7급

① 제재치수
② 건조재치수
③ 공칭치수
④ 생재치수

002 주요구조부가 공칭두께 50mm(실제두께 38mm)의 규격재로 건축된 목구조는?

14 국가직 9급

① 전통목구조 ② 경골목구조
③ 대형목구조 ④ 중량목구조

003 건축구조기준(KDS) 목구조의 일반사항에 대한 설명으로 옳지 않은 것은?

10 지방직 7급

① 경골목구조 : 주요구조부가 공칭두께 50mm(실제 두께 38mm)의 규격재료로 건축된 목구조
② 구조용 집성재 : 기계적으로 목재의 강도 및 강성을 측정하여 등급을 구분한 목재
③ 인사이징 : 구조재에 방부제를 깊고 균일하게 침투시키기 위해 약제처리가 어려운 목재의 재면에 칼자국 모양의 상처를 섬유방향으로 낸 후 방부제를 처리하는 방법
④ 건조사용조건 : 목구조물의 사용중에 평형함수율이 19% 이하로 유지될 수 있는 온도 및 습도조건

004
목구조 용어에 대한 설명으로 옳지 않은 것은? 18 국가직 7급

① 목구조에서 목재부재 사이의 접합을 보강하기 위하여 사용되는 못, 볼트, 래그나사못 등의 조임용 철물을 파스너라 한다.
② 주요구조부가 공칭두께 50mm(실제두께 38mm)의 규격재로 건축된 목구조를 경골목구조라 한다.
③ 경골목구조에서 벽체의 뼈대를 구성하는 수직부재를 스터드라 한다.
④ 수직하중을 골조 또는 벽체 등의 수직재에 전달하기 위한 구조를 바닥격막구조라 한다.

004
횡하중을 골조 또는 벽체 등의 수직재에 전달하기 위한 바닥 또는 지붕틀 구조를 바닥격막구조라 한다.
정답 ④

005
목구조 용어에 대한 설명으로 옳은 것은? 15 지방직 9급

① 제재치수 : 목재를 제재한 후 건조 및 대패가공하여 최종제품으로 생산된 치수
② 단판적층재 : 단판의 섬유방향이 서로 평행하게 배열되어 접착된 구조용 목질재료
③ 습윤사용조건 : 목구조물의 사용 중에 평형함수율이 15%를 초과하게 되는 온도 및 습도 조건
④ 공칭치수 : 목재의 치수를 실제치수보다 큰 10의 배수로 올려서 부르기 편하게 사용하는 치수

005
① 제재치수 : 목재를 원목에서 제재하여 건조 및 대패가공이 되지 않은 치수
③ 습윤사용조건 : 목구조물의 사용 중에 평형함수율이 19%를 초과하게 되는 온도 및 습도 조건
④ 공칭치수 : 목재의 치수를 실제치수보다 큰 25의 배수로 올려서 부르기 편하게 사용하는 치수
정답 ②

006
목재에 대한 설명으로 옳지 않은 것은? 18 국가직 9급

① 목재 단면의 수심에 가까운 중앙부를 심재, 수피에 가까운 부분을 변재라 한다.
② 목재의 단면에서 볼트 등의 철물을 위한 구멍이나 홈의 면적을 포함한 단면적을 순단면적이라 한다.
③ 기계등급구조재는 기계적으로 목재의 강도 및 강성을 측정하여 등급을 구분한 목재이다.
④ 육안등급구조재는 육안으로 목재의 표면결점을 검사하여 등급을 구분한 목재이다.

006
목재의 단면에서 볼트 등의 철물을 위한 구멍이나 홈의 면적을 제외한 나머지 단면적을 순단면적이라 한다.
정답 ②

정답 및 해설

007
목재 함수율의 표준값으로 전건재는 0%, 기건재는 15%, 섬유 포화점은 30% 정도이다.
정답 ①

008
목재의 함수율이 섬유포화점 이하에서는 함수율에 따른 강도변화가 급속히 이루어져서 강도가 급속히 증가하게 된다.
정답 ①

009
목재를 섬유방향과 평행하게 가력할 경우 인장강도 > 휨강도 > 압축강도 > 전단강도 순이다.
정답 ②

---

007 목재의 함수율 중 전건재, 기건재, 섬유포화점 순서를 올바르게 나타낸 표준값은? 09 국가직 9급

① 0%, 15%, 30%
② 0%, 18%, 30%
③ 0%, 18%, 15%
④ 30%, 18%, 5%

008 목재의 특성에 대한 설명으로 옳지 않은 것은? 10 국가직 7급

① 목재의 함수율과 강도는 상관성이 없다.
② 목재의 강도는 섬유방향에 따라 다르다.
③ 목재는 열전도율이 작으므로 방한·방서성이 뛰어나다.
④ 목재의 비중과 강도는 밀접한 관계가 있다.

009 목재를 섬유방향과 평행하게 가력할 경우 가장 낮은 강도는? 12 지방직 9급

① 압축강도 ② 전단강도
③ 인장강도 ④ 휨강도

010
구조용 목재에 대한 설명으로 옳지 않은 것은? 13 지방직 9급

① 기계등급구조재는 휨탄성계수를 측정하는 기계장치에 의하여 등급 구분한 구조재이다.
② 건조재는 침엽수구조재의 건조상태구분에 따라 KD12, KD15와 KD19로 구분한다.
③ 육안등급구조재는 침엽수구조재의 각 재종별로 규정된 등급별 품질기준에 따라서 5가지 등급으로 구분한다.
④ 침엽수구조재의 수종구분은 낙엽송류, 소나무류, 잣나무류, 삼나무류로 구분한다.

010
육안등급구조재는 1종, 2종 및 3종 구조재로 구부되며, 침엽수 구조재의 각 재종별로 규정된 등급별 품질 기준에 따라서 1등급, 2등급 및 3등급으로 각각 등급 구분한다.
정답 ③

011
침엽수 육안등급구조재의 기준허용휨응력이 가장 큰 것은? (단, 모든 목재는 1등급이다.) 12 국가직 9급

① 낙엽송류
② 소나무류
③ 잣나무류
④ 삼나무류

011
침엽수 육안등급구조재의 1등급 기준허용휨응력 (단위 : MPa)은 낙엽송류(8.0) > 소나무류(7.5) > 잣나무류(6.0) > 삼나무류(5.0) 순이다.
정답 ①

012
목재의 기준 허용휨응력 F_b로부터 설계 허용휨응력 F_b'을 결정하기 위해서 적용되는 보정계수에 해당하지 않는 것은? 18 국가직 9급

① 좌굴강성계수 C_T
② 습윤계수 C_M
③ 온도계수 C_t
④ 형상계수 C_f

012
목재의 기준 허용휨응력 F_b로부터 설계 허용휨응력 F_b'을 결정하기 위해서 적용되는 보정계수에는 하중기간계수, 습윤계수, 온도계수, 보안정계수, 치수계수, 부피계수, 평면사용계수, 반복부재계수, 곡률계수, 형상계수, 인사이징계수가 있다.
정답 ①

정답 및 해설

013
구조용 목재의 설계허용휨응력 산정 시 보정계수는 하중기간계수, 습윤계수, 온도계수, 보안정계수, 치수계수, 부피계수, 평면사용계수, 반복부재계수, 곡률계수, 형상계수, 인사이징계수를 적용한다.

정답 ④

014
하중기간계수 : 시공하중(1.25)＞설하중(1.15)＞활하중(1.0)＞고정하중(0.9)

정답 ③

015
충격하중(2.0)＞풍하중＝지진하중(1.6)＞시공하중(1.25)＞설하중(1.15)＞활하중(1.0)＞고정하중(0.9)

정답 ①

016
목재의 기준허용응력 보정을 위한 하중기간계수 C_D는 고정하중 0.9, 활하중 1.0, 설하중 1.15, 시공하중 1.25, 풍하중 및 지진하중 1.6, 충격하중 2.0이다.

정답 ②

---

013 구조용 목재의 설계허용휨응력 산정 시 적용하는 보정계수가 아닌 것은?
16 지방직 9급

① 하중기간계수
② 온도계수
③ 습윤계수
④ 부패계수

014 다음의 설계하중 중에서 목재의 설계허용응력의 보정계수 중 하중기간계수 C_D가 가장 큰 것은?
16 서울시 9급(後)

① 고정하중　　② 활하중
③ 시공하중　　④ 설하중

015 목구조의 설계허용응력 산정 시 적용하는 하중기간계수(C_D) 값이 큰 설계하중부터 순서대로 바르게 나열한 것은?
20 국가직 9급

① 지진하중＞설하중＞활하중＞고정하중
② 지진하중＞활하중＞고정하중＞설하중
③ 활하중＞지진하중＞설하중＞고정하중
④ 활하중＞고정하중＞지진하중＞설하중

016 목재의 기준허용응력 보정을 위한 하중기간계수 C_D가 1.25인 하중은?
15 국가직 9급

① 풍하중
② 시공하중
③ 설하중
④ 충격하중

017 목구조의 구조계획 및 각부구조에 대한 설명으로 옳지 않은 것은? 18 지방직 9급

① 구조해석 시 응력과 변형의 산정은 탄성해석에 의한다. 다만, 경우에 따라 접합부 등에서는 국부적인 탄소성 변형을 고려할 수 있다.
② 기초는 상부구조가 수직 및 수평하중에 대하여 침하, 부상, 전도, 수평이동이 생기지 않고 지반에 안전하게 지지하도록 설계한다.
③ 골조 또는 벽체 등의 수평저항요소에 수평력을 적절히 전달하기 위하여 바닥평면이 일체화된 격막구조가 되도록 한다.
④ 목구조 설계에서는 고정하중, 바닥활하중, 지붕활하중, 설하중, 풍하중, 지진하중을 적용한 세 가지 하중조합을 고려하여 사용하중조합을 결정한다.

017
목구조 설계에서는 고정하중, 바닥활하중, 지붕활하중, 설하중, 풍하중, 지진하중을 적용한 4가지 하중조합을 고려하여 사용하중조합을 결정한다.
정답 ④

018 목구조의 구조계획에 대한 설명으로 옳지 않은 것은? 17 지방직 9급

① 고정하중, 활하중, 설하중 등의 수직하중을 가능한 한 균등하게 분산하며, 안전성을 확보할 수 있도록 기둥-보의 골조 또는 벽체를 배치한다.
② 벽체는 상하벽이 가능한 한 일치하도록 배치하며, 수직하중이 국부적으로 작용하는 경우 편심을 고려하여 설계한다.
③ 골조 또는 벽체 등의 수평저항 요소에 수평력을 적절히 전달하기 위하여 벽체가 일체화된 격막구조가 되도록 한다.
④ 각 골조 및 벽체는 되도록 균등하게 하중을 분담하도록 배치하며, 불균일하게 배치한 경우에는 평면적으로 가능한 한 일체가 되도록 하고, 뒤틀림의 영향을 고려한다.

018
골조 또는 벽체 등의 수평저항 요소에 수평력을 적절히 전달하기 위하여 바닥평면이 일체화된 격막구조가 되도록 한다.
정답 ③

019 목구조의 설계요구사항에 관한 설명 중 옳은 것은? 09 국가직 9급

① 크리프에 의한 변형이 클 경우 그 영향은 고려하지 않아도 된다.
② 시공방법이나 수소물의 변형은 특별히 고려할 필요가 없다.
③ 구조 전체의 인성을 확보한다.
④ 수직하중이 국부적으로 작용하는 경우 편심은 무시해도 된다.

019
① 크리프에 의한 변형이 클 경우 그 영향을 고려하여 설계한다.
② 시공방법이나 순서 및 부재의 가공오차로 인하여 부재 및 접합부에 불리한 응력 및 변형이 생기지 않도록 한다.
④ 벽체는 가능한 상하벽이 일치하도록 배치하며, 수직하중이 국부적으로 작용하는 경우는 편심을 고려하여 설계한다.
정답 ③

정답 및 해설

020
① 응력이 균등하게 전달되도록 접합한다.
② 접합면은 공작이 간단한 것을 쓰고, 모양에 치중하지 않도록 한다.
④ 목재의 맞춤은 응력이 가장 작은 곳에 위치하도록 한다.
정답 ③

021
인장을 받는 부재에 덧댐판을 대고 길이이음을 하는 경우에 덧댐판의 면적은 요구되는 접합면적의 1.5배 이상이어야 한다.
정답 ①

022
인장을 받는 부재에 덧댐판을 대고 길이이음을 하는 경우에 덧댐판의 면적은 요구되는 접합면적의 1.5배 이상이어야 한다.
정답 ①

---

020 목재의 접합에 대한 설명으로 옳은 것은? 　　25 지방직 9급

① 응력이 한곳에 집중되도록 접합한다.
② 접합면은 최대한 복잡하게 가공하도록 한다.
③ 이음의 단면은 응력 방향에 직각이 되도록 한다.
④ 목재의 맞춤은 응력이 가장 큰 곳에 위치하도록 한다.

021 목구조의 맞춤 및 이음 접합부 설계의 일반사항으로 옳지 않은 것은? 　　13 국가직 9급

① 인장을 받는 부재에 덧댐판을 대고 길이이음을 하는 경우에 덧댐판의 면적은 요구되는 접합면적 이상이어야 한다.
② 접합부에서 만나는 모든 부재를 통하여 전달되는 하중의 작용선은 접합부의 중심 또는 도심을 통과하여야 하며, 그렇지 않은 경우에는 편심의 영향을 설계에 고려한다.
③ 구조물의 변형으로 인하여 접합부에 2차응력이 발생할 가능성이 있는 경우에는 이를 설계에서 고려한다.
④ 맞춤부위의 보강을 위하여 접착제 또는 파스너를 사용할 수 있으며, 이 경우에는 사용하는 재료에 적합한 설계기준을 적용한다.

022 목구조에서 맞춤과 이음 접합부에 대한 설명으로 옳지 않은 것은? 　　18 지방직 9급

① 인장을 받는 부재에 덧댐판을 대고 길이이음을 하는 경우에 덧댐판의 면적은 요구되는 접합면적의 1.3배 이상이어야 한다.
② 맞춤 부위의 보강을 위하여 접합제를 사용할 수 있다.
③ 구조물의 변형으로 인하여 접합부에 2차응력이 발생할 가능성이 있는 경우 이를 설계에서 고려한다.
④ 접합부에서 만나는 모든 부재를 통하여 전달되는 하중의 작용선은 접합부의 중심 또는 도심을 통과하여야 하며 그렇지 않을 경우 편심의 영향을 설계에 고려한다.

023

목구조에서 맞춤과 이음 접합부 일반사항에 대한 설명으로 옳은 것은?

22 국가직 9급

① 길이를 늘이기 위하여 길이방향으로 접합하는 것을 맞춤이라고 하고, 경사지거나 직각으로 만나는 부재 사이에서 양 부재를 가공하여 끼워 맞추는 접합을 이음이라고 한다.
② 맞춤 부위의 보강을 위하여 파스너는 사용할 수 있으나 접착제는 사용할 수 없다.
③ 맞춤 부위의 목재에는 결점이 있어도 사용이 가능하다.
④ 인장을 받는 부재에 덧댐판을 대고 길이이음을 하는 경우에 덧댐판의 면적은 요구되는 접합면적의 1.5배 이상이어야 한다.

023
① 길이를 늘이기 위하여 길이방향으로 접합하는 것을 이음이라고 하고, 경사지거나 직각으로 만나는 부재 사이에서 양 부재를 가공하여 끼워 맞추는 접합을 맞춤이라고 한다.
② 맞춤 부위의 보강을 위하여 접착제 또는 파스터를 사용할 수 있다.
③ 맞춤 부위의 목재에는 결점이 없어야 한다.

정답 ④

024

목구조에서 부재 접합 시의 유의사항으로 옳지 않은 것은?

17 국가직 9급

① 이음·맞춤 부위는 가능한 한 응력이 작은 곳으로 한다.
② 맞춤면은 정확히 가공하여 빈틈없이 서로 밀착되도록 한다.
③ 이음·맞춤의 단면은 작용하는 외력의 방향에 직각으로 한다.
④ 경사못박기에서 못은 부재와 약 45°의 경사각을 갖도록 한다.

024
경사못박기에서 못은 부재와 약 30°의 경사각을 갖도록 한다.

정답 ④

025

20mm 두께의 널을 박는 못의 최대 직경(mm) 및 적절한 길이(mm)로 옳은 것은?

10 국가직 9급

	최대 직경(mm)	적절한 길이(mm)
①	4.0 이하	40
②	3.3 이하	40
③	4.0 이하	50
④	3.3 이하	50

025
못길이는 판두께의 2.5~3배이므로 $20 \times (2.5~3) = 50~60$mm이고, 널두께는 못지름의 6배 이상으로 하므로 못의 최대직경은 $20\text{mm} \div 6 = 3.3$mm로 한다.

정답 ④

정답 및 해설

026
① 길이를 늘이기 위하여 길이 방향으로 접합하는 것을 이음이라하고 경사지게 만나는 부재 사이에서 양 부재를 가공하여 끼워 맞추는 접합을 맞춤이라 한다.
② 맞춤부위에서 만나는 부재들은 틈이 없이 서로 밀착되도록 접합한다.
③ 인장을 받는 부재에 덧댐판을 대고 길이이음을 하는 경우 덧댐판의 면적은 요구되는 접합면적의 1.5배 이상이어야 한다.

정답 ④

027
못을 목재의 끝면에 설치하면 못뽑기하중을 받을 수 없다.

정답 ④

028
목재의 갈라짐을 방지하기 위해 요구되는 못의 최소 연단거리는 못의 지름에 5배이므로 5×3mm=15mm 이다.

정답 ②

---

026 목구조 접합부에 대한 설명으로 옳은 것은? 13 지방직 9급

① 길이를 늘이기 위하여 길이 방향으로 접합하는 것을 맞춤이라 하고, 경사지게 만나는 부재 사이에서 양 부재를 가공하여 끼워 맞추는 접합을 이음이라 한다.
② 맞춤부위에서 만나는 부재는 서로 밀착되지 않도록 공간을 두어 접합한다.
③ 인장을 받는 부재에 덧댐판을 대고 길이이음을 하는 경우 덧댐판의 면적은 요구되는 접합면적의 1.0배 이상이어야 한다.
④ 못 접합부에서 경사못박기는 부재와 약 30도의 경사각을 갖도록 한다.

027 목구조의 못접합부에 대한 설명으로 옳지 않은 것은? 12 지방직 9급

① 접합부위에 결점이 있는 경우에는 결점 주변의 섬유주행경사가 접합부의 내력에 미치는 영향을 고려한다.
② 접합부위에 못으로 인한 현저한 할렬이 발생해서는 안 되며, 할렬이 발생할 가능성이 있는 경우에는 못지름의 80%를 초과하지 않는 지름의 구멍을 미리 뚫고 못을 박는다.
③ 경사못박기는 부재와 약 30도의 경사각을 갖도록 하고 부재의 끝면으로부터 못길이의 약 $\frac{1}{3}$ 되는 지점에서 박기 시작한다.
④ 목재의 끝면에 못이 설치된 경우의 못뽑기하중은 목재의 측면에 설치된 못에 대한 못뽑기하중의 $\frac{1}{2}$로 한다.

028 건축구조기준(KDS)에 따라 목구조의 접합부를 설계할 때, 목재의 갈라짐을 방지하기 위해 요구되는 못의 최소 연단거리는? (단, 미리 구멍을 뚫지 않는 경우이며, 못의 지름(D)은 3mm이다.) 14 지방직 9급

① 9mm ② 15mm
③ 30mm ④ 60mm

029
다음 설명에 해당하는 목구조 접합부의 보강 철물은?

24 국가직 7급

- 이음부에서 볼트와 함께 사용되며 주로 전단력에 저항한다.
- 형태에 따른 종류로는 링형, 톱니링형 등이 있다

① 듀벨 ② 쐐기
③ 촉 ④ 산지

029
② 쐐기: 목재를 비스듬하게 깎아 만든 물건으로 주로 문을 괴어 놓거나 틈새를 효과적으로 가르는 데 사용된다.
③ 촉: 끝을 가늘게 깎아서 구멍에 넣는 것을 말한다.
④ 산지: 이음이나 맞춤 자리에서 두 부재를 꿰뚫어 꽂아서 이음이 빠지지 아니하게 하는 나무 촉이나 못 등을 말한다.

정답 ①

030
목구조의 뼈대를 구성하는 수평부재의 시공순서를 바르게 나열한 것은?

17 지방직 9급

① 토대 → 깔도리 → 층도리 → 처마도리
② 토대 → 층도리 → 깔도리 → 처마도리
③ 처마도리 → 토대 → 층도리 → 깔도리
④ 처마도리 → 토대 → 깔도리 → 층도리

030
목구조의 뼈대를 구성하는 수평부재의 시공 순서는 토대, 층도리, 깔도리, 평보, 처마도리 순으로 시공된다.

정답 ②

031
다음에서 설명하는 목구조 부재는?

21 지방직 9급

상부의 하중을 받아 기초에 전달하며 기둥 하부를 고정하여 일체화하고, 수평방향의 외력으로 인해 건물의 하부가 벌어지지 않도록 하는 수평재이다.

① 토대 ② 깔도리
③ 버팀대 ④ 귀잡이

031
토대에 쓰이는 재종은 잘 썩지 않는 낙엽송 · 적송 등이 좋으며, 토대의 크기는 보통 기둥과 같게 하거나 다소 크게 한다.

정답 ①

032
목구조의 토대에 대한 설명으로 옳은 것은?

15 국가직 9급

① 기초에 긴결하는 토대의 긴결철물은 약 5m 간격으로 설치한다.
② 기둥과 기초가 긴결되지 않은 구조내력상 중요한 기둥의 하부에는 외벽뿐만 아니라 내벽에도 토대를 설치한다.
③ 토대 하단은 방습상 유효한 조치를 강구하지 않을 경우 지면에서 100mm 이상 높게 한다.
④ 토대와 기둥의 맞춤은 기둥으로부터의 인장력에 대해서 지압력이 충분하도록 통맞춤 면적을 정한다.

032
① 기초에 긴결하는 토대의 긴결철물은 약 2m 간격으로 설치한다.
③ 토대 하단은 방습상 유효한 조치를 강구하지 않을 경우 지면에서 200mm 이상 높게 한다.
④ 토대와 기둥의 맞춤은 기둥으로부터의 압축력에 대해서 지압력이 충분하도록 통맞춤 면적을 정한다.

정답 ②

정답 및 해설

033
물외주벽체 및 주요칸막이벽 등 구조내력상 중요한 부분의 기초는 가능한 한 연속기초로 하며, 기초는 철근콘크리트조로 한다. 주각을 직접 기초 위에 설치하는 경우 철물로 긴결한다. 이때, 기둥의 밑면 높이는 지상 200mm 이상으로 한다. 단, 방습상 유효한 조치를 할 경우 이를 감해도 된다.

정답 ④

034
1개의 볼트 주위에 배치되는 압입식 듀벨의 수가 많을 때에는 그 내력은 적당히 감소시키고, 듀벨의 배치도 동일 섬유상을 피하며 적당한 간격으로 배치하고, 섬유방향에 대하여 빗방향의 응력이 작용할 때에는 하중이 작용하는 편의 재끝과 듀벨과의 간격은 균열을 피하기 위하여 되도록 크게 한다.

정답 ③

035
바닥틀 면에는 주요한 두 개의 내력벽 및 주요한 가로재의 교차부를 보강하는 귀잡이재를 설치하고 볼트, 못, 기타 철물을 사용하여 가로재와 긴결한다. 단, 바닥틀 면에 수평트러스를 설치한 경우는 귀잡이재를 두지 않아도 된다.

정답 ④

---

033 〈보기〉는 목구조의 기초 및 기둥에 대한 설계요구사항이다. 괄호 안에 들어갈 내용으로 가장 옳은 것은?

24 서울시 9급

- 건물외주벽체 및 주요칸막이벽 등 구조내력상 중요한 부분의 기초는 가능한 한 (A)로 한다.
- 기초는 (B)로 한다.
- 주각을 직접 기초 위에 설치하는 경우 철물로 긴결한다. 이때, 기둥의 밑면 높이는 지상 (C)mm 이상으로 한다. 단, 방습상 유효한 조치를 할 경우 이를 감해도 된다.

	A	B	C
①	독립기초	철근콘크리트조	100
②	연속기초	조적조	100
③	독립기초	조적조	200
④	연속기초	철근콘크리트조	200

---

034 목재의 보강철물 중 듀벨(Dubel)의 사용에 대한 설명으로 옳지 않은 것은?

10 지방직 7급

① 압입식 듀벨은 균열방지를 위해 충분한 단면과 더낸 길이를 둔다.
② 듀벨의 볼트에는 인장볼트의 와셔(Washer)를 이용한다.
③ 압입식 듀벨의 수가 많을 경우에는 가급적이면 한 곳에 집중 배치한다.
④ 동일 섬유상의 배치는 피한다.

---

035 목구조 설계원칙에 대한 설명으로 옳지 않은 것은?

12 국가직 7급

① 토대하단은 지면에서 200mm 이상 높게 한다.
② 건물외주벽체 및 주요칸막이벽 등 구조내력상 중요한 부분의 기초는 가능한 한 연속기초로 한다.
③ 토대를 기초에 긴밀하게 결속시키기 위해서 긴결철물을 약 2m 간격으로 설치한다.
④ 수평트러스가 설치된 바닥틀면에 주요한 두 개의 내력벽 교차부가 발생하면 귀잡이재를 두어야 한다.

036 목조 2층 마루의 종류에 해당되지 않는 것은? 10 국가직 9급

① 납작마루
② 홑마루
③ 보마루
④ 짠마루

036
목조 1층(바닥)마루에는 납작마루, 동바리마루가 있으며, 목조 2층마루에는 홑마루, 보마루, 짠마루가 있다.
정답 ①

037 목조건물의 마루틀 구성에 사용되지 않는 것은? 10 지방직 9급

① 깔도리
② 멍에
③ 장선
④ 동바리

037
깔도리는 지붕보(ㅅ자보) 아래와 기둥 맨 위 처마부분에 위에 수평으로 설치되는 것으로 지붕틀을 받아 기둥에 전달하는 것이다.
정답 ①

038 목구조에서 바닥에 작용하는 하중을 지지하며 평평한 바닥면을 이루기 위하여 설치하는 바닥 덮개를 지지하는 골조 부재는? 24 국가직 9급

① 마룻대
② 바닥장선
③ 바닥도리
④ 토대

038
① 마룻대 : 지붕 용마루의 밑에 서까래가 얹히게 된 도리
③ 바닥도리 : 2층 마룻바닥이 있는 부분에 수평으로 대는 가로재로, 기둥을 연결하며 샛기둥 또는 평기둥 위에 얹히고, 보를 받게 되며 윗기둥의 토대로 되는 것
④ 토대 : 기둥에서 오는 하중을 받아 기초에 고루 전달하는 가로재
정답 ②

정답 및 해설

039
① 휨부재의 처짐 산정 시 보의 최대처짐은 활하중만 고려할 때에는 부재길이의 1/360, 활하중과 고정하중을 함께 고려할 때에는 1/240보다 작아야 한다.
② 모든 목재가 1등급인 침엽수 육안등급구조재의 기준허용휨응력의 크기는 낙엽송류>소나무류>잣나무류>삼나무류 순이다.
④ 목재의 기준탄성계수(E)로부터 설계탄성계수(E')를 결정하기 위해 적용 가능한 보정계수에는 습윤계수(C_M), 온도계수(C_t), 좌굴강성계수(C_T), 인사이징계수(C_i)가 있다.

정답 ③

040
구조용바닥판재로 구성된 웨브재는 수평하중에 의해 발생하는 면내전단력에 대해 충분한 강도와 강성을 지녀야 한다.

정답 ③

041
단순보의 경간은 양지점의 안쪽측면거리에 각 지점에서 필요한 지압길이의 1/2을 더한 값으로 한다.

정답 ③

---

039 건축구조기준(KDS)에 따라 목구조를 설계할 때, 옳은 것은? 14 지방직 9급

① 휨부재의 처짐 산정 시 보의 최대처짐은 활하중만 고려할 때에는 부재길이의 1/240, 활하중과 고정하중을 함께 고려할 때에는 1/360보다 작아야 한다.
② 모든 목재가 1등급인 침엽수 육안등급구조재의 기준허용휨응력의 크기는 낙엽송류>소나무류>삼나무류>잣나무류 순이다.
③ 가설구조물이 아닌 경우 고정하중, 활하중, 지진하중, 시공하중인 설계하중 중에서, 설계허용휨응력의 보정계수 중 하나인 하중기간계수 C_D 값이 가장 큰 것은 지진하중이다.
④ 목재의 기준탄성계수(E)로부터 설계탄성계수(E')를 결정하기 위해 적용 가능한 보정계수에는 습윤계수(C_M), 온도계수(C_t), 치수계수(C_F), 부피계수(C_V) 등이 있다.

040 목구조 바닥에 대한 설명으로 옳지 않은 것은? 19 국가직 9급

① 바닥구조는 수직하중에 대하여 충분한 강도와 강성을 가져야 한다.
② 바닥구조는 바닥구조에 전달되는 수평하중을 안전하게 골조와 벽체에 전달할 수 있는 강도와 강성을 지녀야 한다.
③ 구조용바닥판재로 구성된 플랜지재는 수평하중에 의해 발생하는 면내전단력에 대해 충분한 강도와 강성을 지녀야 한다.
④ 바닥격막구조의 구조형식에는 수평격막구조, 수평트러스 등이 있다.

041 목구조 휨부재의 설계에 대한 설명으로 옳지 않은 것은? 16 국가직 9급

① 휨부재의 따냄은 가능한 한 피하며, 특히 부재의 인장 측에서의 따냄을 피한다.
② 따냄깊이가 보 춤의 1/6 그리고 따냄길이가 보 춤의 1/3 이하인 경우, 휨부재의 강성에는 영향이 없는 것으로 한다.
③ 단순보의 경간은 양지점의 안쪽측면거리에 각 지점에서 필요한 지압길이의 1/3을 더한 값으로 한다.
④ 보안정계수는 휨하중을 받는 보가 횡방향변위를 일으킬 가능성을 고려한 보정계수이다.

042
건축구조기준에서 목구조에 대한 설명으로 옳지 않은 것은? 16 국가직 7급

① 목구조의 가새에는 내력저하를 초래하는 따냄을 피한다.
② 목구조의 토대는 기초에 긴결한다. 긴결철물은 약 2m 간격으로 설치하고, 가새단부와 토대의 이음 등의 응력집중이 예상되는 부근에는 별도의 긴결철물을 설치한다.
③ 바닥틀은 수직하중에 대해서 충분한 강도 및 강성을 가져야 하며, 수평하중에 의해서 생기는 전단력을 안전하게 내력벽에 전달할 수 있는 강도 및 강성을 갖는 구조로 한다.
④ 단일기둥은 원칙적으로 이음을 피하며, 부득이 이음을 할 경우는 접합부에 주의하고 또한 부재의 중앙부분에서 이음을 한다.

042
단일기둥은 원칙적으로 이음을 피하며, 부득이 이음을 할 경우는 접합부에 주의하고 또한 부재의 중앙부분을 피한다.
정답 ④

043
목조 벽체의 가새에 관한 기술 중 옳지 않은 것은? 07 지방직 9급

① 가새의 경사는 45°에 가까울수록 유리하다.
② 가새의 단면은 큰 것이 좋지만 기둥에 휨모멘트를 줄 수도 있으므로 주의해야 한다.
③ 가새와 샛기둥의 접합부는 가새를 조금 따내어 맞추는 것이 좋다.
④ 가새는 수평력에 대하여 견디게 하는 부재이다.

043
가새와 샛기둥의 접합부는 가새를 따내지 않고 샛기둥을 잘라 가새에 맞추고 못치기 한다.
정답 ③

044
목구조의 구조계획에 대한 설명으로 옳지 않은 것은? 15 지방직 9급

① 가새는 골조의 스팬방향과 도리방향에 균형을 이루도록 배치한다.
② 가새는 그 단부를 구조내력상 중요한 세로재와 접합한다.
③ 주각을 직접 기초 위에 설치하는 경우에는 철물로 긴결한다.
④ 단일기둥은 원칙적으로 이음을 피한다.

044
가새는 그 단부를 기둥과 보, 기타 구조내력상 중요한 가로재와 접합한다.
정답 ②

정답 및 해설

045
가새는 일반적으로 구조 내에서 인장강도에 의하여 수평하중을 지지하는 역할을 갖는다. 가새가 인장하중을 효율적으로 지지하기 위해서는 그 단부가 기둥과 보 등의 구조내력상 중요한 부재와 견고하게 접합하여 있어야 하며, 가새를 통하여 전달되는 압축응력, 인장응력 및 전단응력에 대하여 철물 또는 구조내력상 안전한 방법에 의하여 접합하여야 한다.
정답 ④

046
버팀대를 사용하는 이유는 부재 절점인 접합부의 강성이 증대되기 때문이다.
정답 ③

047
목구조설계 하중조합에서 지진하중을 고려할 때, 지진하중의 계수는 0.7이다.
정답 ①

---

045 목구조에서 가새에 대한 설명으로 옳지 않은 것은? 11 국가직 9급

① 가새는 단부를 기둥과 보, 기타 구조내력상 중요한 가로재와 접합한다.
② 가새에는 내력 저하를 초래하는 따냄을 피한다.
③ 가새가 있는 골조에서 기둥과 보, 도리, 토대와의 맞춤은 압축력, 인장력 및 전단력에 대하여 철물류 또는 구조내력상 안전한 방법으로 긴결한다.
④ 가새는 일반적으로 구조 내에서 압축강도에 의하여 수평하중을 지지하는 역할을 갖는다.

046 목구조에서 버팀대를 사용하는 이유로 적절한 것은? 09 국가직 7급

① 보수를 용이하게 하기 위해
② 모양을 좋게 하기 위해
③ 절점을 강접합으로 하기 위해
④ 이음이 잘 되도록 하기 위해

047 목구조의 구조설계에 대한 설명으로 옳지 않은 것은? 14 국가직 9급

① 목구조설계 하중조합에서 지진하중을 고려할 때, 지진하중의 계수는 1.4이다.
② 건물외주벽체 및 주요 칸막이벽 등 구조내력상 중요한 부분의 기초는 가능한 한 연속기초로 한다.
③ 침엽수구조재의 건조상태 구분에서 함수율이 19%를 초과하는 경우는 생재로 분류한다.
④ 목구조 기둥의 세장비는 50을 초과하지 않도록 하며, 시공 중에는 75를 초과하지 않도록 한다.

048
목구조에 대한 설명으로 옳지 않은 것은? 11 국가직 7급

① 토대와 기초 사이에 나타날 수 있는 수평변형은 감잡이쇠와 띠쇠의 설치에 의해 방지할 수 있다.
② 버팀대는 가새를 댈 수 없는 곳에 설치하는 대각선 부재이며 접합부분의 강성을 높이기 위해 설치한다.
③ 귀잡이는 토대, 보, 도리 등의 가로재가 서로 수평으로 맞추어지는 귀를 안정된 세모구조로 하기 위하여 빗방향으로 설치하는 부재이다.
④ 오버행(Overhang)은 경골목구조에서 바닥구조 상부의 외벽이 바닥구조 하부의 외벽 위치보다 바닥장선 간격(Depth, Length) 이상 실외 측으로 나온 것을 뜻한다.

048
토대와 기초 사이에 나타날 수 있는 수평변형은 앵커볼트의 설치에 의해 방지할 수 있다.
정답 ①

049
목구조에 대한 설명으로 옳지 않은 것은? 19 국가직 7급

① 층도리는 평기둥 및 통재기둥 위에 설치하여 위·아래층 중간에 대는 수평재이다.
② 버팀대는 가새를 댈 수 없는 곳에서 수평력에 저항하도록 모서리에 짧게 보강하는 부재이다.
③ 샛기둥은 본기둥 사이에 세워 벽체를 구성하며 가새의 휨을 방지하는 역할을 한다.
④ 인방은 기둥과 기둥 사이에 가로로 설치하여 창문틀의 상·하부 하중을 기둥에 전달한다.

049
층도리는 2층 마룻바닥이 있는 부분에 수평으로 대는 가로재이며, 기둥을 연결하며 샛기둥 또는 평기둥 위에 얹히고, 통재기둥과 통재기둥 사이에 건너지르고, 보를 받게 되며 윗기둥의 토대로 되는 것이다.
정답 ①

050
목구조 부재설계기준에서 수평하중저항구조의 설계에 대한 설명으로 옳지 않은 것은? 23 국가직 9급

① 바닥격막구조는 콘크리트구조 및 조적조에 따라 유발되는 지진하중을 지지하도록 설계하여야 한다.
② 모든 격막구조는 인장 및 압축 하중을 전달하도록 가장자리에 경계부재를 설치하여야 한다.
③ 개구부 주변의 경계부재는 전단응력을 분산하도록 설계하여야 한다.
④ 격막의 덮개용 목질판상재를 경계부재의 이음에 사용하지 않아야 한다.

050
바닥격막구조는 콘크리트구조 및 조적조에 따라 유발되는 지진하중을 지지하도록 설계해서는 안 된다.
정답 ①

정답 및 해설

051
바닥덮개에는 두께 18mm 이상의 구조용 합판을 사용한다.
정답 ④

052
내력벽의 모서리 및 교차부에 각각 3개의 스터드를 사용하도록 설계한다.
정답 ②

053
높이 3층 경골목조건축물의 1층 내력벽면적은 실내벽을 포함한 전체 벽면적의 40% 이상, 3층 건물의 2층에서는 30% 이상, 그리고 3층 건물의 3층에서는 25% 이상 되어야 한다.
정답 ③

---

051 경골목구조 바닥 및 기초에 대한 설명으로 옳지 않은 것은? 19 지방직 9급

① 바닥의 총하중에 의한 최대처짐 허용한계는 경간(L)의 $\frac{1}{240}$로 한다.

② 바닥장선 상호 간의 간격은 650mm 이하로 한다.

③ 줄기초 기초벽의 두께는 최하층벽 두께의 1.5배 이상으로서 150mm 이상이어야 한다.

④ 바닥덮개에는 두께 15mm 이상의 구조용 합판을 사용한다.

052 3층 규모의 경골목조건축물의 내력벽 설계에 대한 설명으로 가장 옳지 않은 것은? 19 서울직 9급(後)

① 내력벽 사이의 거리를 10m로 설계한다.

② 내력벽의 모서리 및 교차부에 각각 2개의 스터드를 사용하도록 설계한다.

③ 3층은 전체 벽면적에 대한 내력벽면적의 비율을 25%로 설계한다.

④ 지하층 벽을 조적조로 설계한다.

053 경골목구조 내력벽의 배치에 대한 설명으로 옳지 않은 것은? 20 국가직 7급

① 건축물에 작용하는 수직하중 및 수평하중을 안전하게 지지할 수 있도록 내력벽을 균형 있게 배치한다.

② 외벽 사이의 교차부에는 길이 900mm 이상의 내력벽을 하나 이상 설치한다.

③ 높이 3층 경골목조건축물의 1층 내력벽면적은 실내벽을 포함한 전체 벽면적의 30% 이상으로 한다.

④ 내력벽 사이의 거리는 12m 이하로 한다.

054
경골 목구조에 대한 설명으로 옳지 않은 것은? 11 지방직 9급

① 지붕구조는 활하중에 의한 최대처짐이 경간의 1/360, 총하중에 의한 최대처짐이 경간의 1/240의 값을 초과할 수 없다.
② 보와 같이 구조내력상 휨에 저항하는 주요부재의 품질은 침엽수 구조용재의 2등급 이상, 구조용 집성재 및 목재단판 적층재의 1급에 적합하거나 이와 동등 이상이어야 한다.
③ 토대는 최소직경 12mm 및 길이 230mm 이상의 앵커볼트 등으로 기초에 고정되어야 하며, 앵커볼트의 머리부분은 기초에 180mm 이상 매립되어야 한다.
④ 내력벽에 설치되는 개구부의 폭은 4m 이하로 하여야 한다.

054
바닥구조의 처짐은 활하중의 경우 경간의 1/360, 총하중에 대해서는 경간의 1/240을 초과할 수 없고, 지붕구조의 처짐은 활하중의 경우 경간의 1/240, 총하중에 대해서는 경간의 1/180을 초과할 수 없다.
정답 ①

055
다음 중 목구조의 방부공법에 관련된 설명으로 가장 옳지 않은 것은? 17 서울시 9급(前)

① 기초의 토대에 환기구를 설치한다.
② 맞춤이나 이음 등의 목재가공부위는 방부제로 뿜칠처리를 한다.
③ 지붕처마와 채양은 채광 및 구조상 지장이 없는 한 길게 한다.
④ 방부공법 중 구조법은 최소로 하고, 방부제처리법을 우선으로 한다.

055
방부공법 중 방부제처리법은 최소로 하고, 구조법을 우선으로 한다.
정답 ④

056
목구조의 방부공법 설계에서 주의할 내용으로 옳지 않은 것은? 16 국가직 9급

① 비(雨)처리가 불량한 설계를 피한다.
② 외벽에는 포수성 재료를 사용한다.
③ 지붕모양을 복잡하게 하지 않는다.
④ 지붕처마와 차양은 채광 및 구조상 지장이 없는 한 길게 한다.

056
목조건축물의 방부공법설계에서 외벽에는 포수성 재료를 사용하지 않는다.
정답 ②

정답 및 해설

057
방부공법으로 방부제처리법을 최소로 하고 구조법을 우선으로 한다.
정답 ③

058

구분			내화시간
외벽	내력벽		1~3시간
	비내력벽	연소 우려가 있는 부분	1~1.5시간
		연소 우려가 없는 부분	0.5시간
내벽			1~3시간
보·기둥			1~3시간
바닥			1~2시간
지붕틀			0.5~1시간

정답 ③

059
② 보·기둥의 내화시간 1~3시간
③ 바닥의 내화시간 1~2시간
④ 지붕틀의 내화시간 0.5~1시간
정답 ①

---

057 목구조의 내구계획 및 공법으로 가장 옳지 않은 것은? 19 서울시 7급

① 내구성을 고려한 계획·설계는 목표사용연수를 설정하여 실시한다.
② 사용연수는 건축물 전체와 각 부위, 부품, 기구마다 추정하고, 성능저하에 따른 추정치와 썩음에 의한 추정치 중 작은 추정치를 구한다.
③ 방부공법으로 구조법을 최소로 하고 방부제처리법을 우선으로 한다.
④ 흰개미방지를 위하여 구조법, 방지제처리법, 토양처리법을 통하여 개미가 침입하는 것을 막는다.

058 4층 이하 목구조 주거용 건축물 주요구조부의 내화성능기준에 대한 설명으로 옳은 것은? 12 국가직 9급

① 바닥 – 30분
② 지붕틀 – 2시간
③ 내력벽 – 1시간
④ 기둥 – 4시간

059 「건축구조기준(KDS)」에 따라 목구조의 벽, 기둥, 바닥, 보, 지붕은 일정 기준 이상의 내화성능을 가진 내화구조로 하여야 한다. 주요구조부재의 내화시간으로 가장 옳은 것은? 17 서울시 9급(後)

① 내력벽의 내화시간 1~3시간
② 보·기둥의 내화시간 1시간 이내
③ 바닥의 내화시간 3시간 이상
④ 지붕틀의 내화시간 1~3시간

060
목구조에서 방화구획 및 방화벽에 대한 설명으로 옳지 않은 것은? 16 지방직 9급

① 방화구획에 설치되는 방화문은 항상 닫힌 상태로 유지하거나 수동으로 닫히는 구조이어야 한다.
② 주요구조부가 내화구조 또는 불연재료로 된 건축물은 연면적 1,000m²(자동식 스프링클러 소화설비 설치시 2,000m²) 이내마다 방화구획을 설치하여야 한다.
③ 연면적 1,000m² 이상인 목조의 건축물은 외벽 및 처마 밑의 연소할 우려가 있는 부분을 방화구조로 하되, 그 지붕은 불연재료로 하여야 한다.
④ 환기, 난방 또는 냉방시설의 풍도가 방화구획을 관통하는 경우에는 방화댐퍼를 설치하여야 한다.

060
방화구획에 설치되는 방화문은 항상 닫힌 상태로 유지하거나 자동으로 닫히는 구조이어야 한다.

정답 ①

061
목구조기준 방화설계에 대한 설명으로 옳지 않은 것은? 22 지방직 9급

① 내부마감재료는 방화상 지장이 없는 불연재료, 준불연재료 또는 난연재료를 사용한다.
② 보 및 기둥은 1시간에서 3시간의 내화성능을 가진 내화구조로 하여야 한다.
③ 주요구조부가 내화구조 또는 불연재료로 된 건축물은 연면적 1,000m² 이내마다 방화구획을 설치하여야 하며, 이 방화구획은 1시간 이상의 내화구조로 하여야 한다.
④ 연소 우려가 있는 부분의 외벽 개구부는 방화문 설치 등의 방화설비를 갖추어야 한다.

061
주요구조부가 내화구조 또는 불연재료로 된 건축물은 연면적 1,000m² 이내마다 방화구획을 설치하여야 하며, 이 방화구획은 2시간 이상의 내화구조로 하여야 한다.

정답 ③

CHAPTER 04 조적구조

정답 및 해설

001
프리즘은 그라우트 또는 모르타르가 포함된 단위조적의 개체로 조적조의 성질을 규정하기 위해 사용하는 시험체를 말하며, 구조설계에는 규정된 허용응력을 모두 적용한 경우에는 벽면적 500m당 3개의 프리즘을 제작·시험하고, 구조설계에는 규정된 허용응력의 1/2을 적용한 경우에는 시공 중 시험은 필요하지 않다.
정답 ③

002
기준 물질과의 탄성비의 비례에 근거한 등가면적을 환산단면적이라 한다.
정답 ④

003
대린벽은 내력벽을 교차하면서 서로 마주보고 있는 벽을 말한다.
정답 ①

---

001 조적식 구조에서 그라우트 또는 모르타르가 포함된 단위조적의 개체로 조적조의 성질을 규정하기 위해 사용하는 시험체로 옳은 것은? 〔11 국가직 9급, 24 지방직 9급〕

① 면살
② 아이바
③ 프리즘
④ 겹

002 조적식 구조에 대한 설명으로 옳지 않은 것은? 〔20 국가직 9급〕

① 전단면적에서 채워지지 않은 빈 공간을 뺀 면적을 순단면적이라 한다.
② 한 내력벽에 직각으로 교차하는 벽을 대린벽이라 한다.
③ 가로줄눈에서 모르타르와 접한 조적단위의 표면적을 가로줄눈면적이라 한다.
④ 기준 물질과의 탄성비의 비례에 근거한 등가면적을 전단면적이라 한다.

003 조적식 구조의 용어에 대한 설명으로 옳지 않은 것은? 〔19 지방직 9급〕

① 대린벽은 비내력벽 두께방향의 단위조적개체로 구성된 벽체이다.
② 속빈단위조적개체는 중심공간, 미세공간 또는 깊은 홈을 가진 공간에 평행한 평면의 순단면적이 같은 평면에서 측정한 전단면적의 75%보다 적은 조적단위이다.
③ 유효보강면적은 보강면적에 유효면적방향과 보강면과의 사이각의 코사인값을 곱한 값이다.
④ 환산단면적은 기준 물질과의 탄성비의 비례에 근거한 등가면적이다.

004
조적식 구조 용어의 정의로 옳지 않은 것은? 16 국가직 9급

① 대린벽은 두께방향으로 단위 조적개체로 구성된 벽체이다.
② 세로줄눈은 수직으로 평면을 교차하는 모르타르 접합부이다.
③ 테두리보는 조적조에 보강근으로 보강된 수평부재이다.
④ 프리즘은 그라우트 또는 모르타르가 포함된 단위조적의 개체로 조적조의 성질을 규정하기 위해 사용하는 시험체이다.

004
대린벽은 내력벽을 교차하면서 서로 마주보고 있는 벽을 말한다.
정답 ①

005
조적식 구조의 용어에 대한 설명으로 옳지 않은 것은? 24 국가직 7급

① 대린벽: 한 내력벽에 직각으로 교차하는 벽
② 공칭치수: 규정된 부재의 실측 치수
③ 보강조적: 보강근이 조적체와 결합하여 외력에 저항하는 조적시공 형태
④ 프리즘: 그라우트 또는 모르타르가 포함된 단위조적의 개체로 조적조의 성질을 규정하기 위해 사용하는 시험체

005
공칭치수는 규정된 부재의 치수에 부재가 놓이는 접합부의 두께를 더한 치수를 말한다.
정답 ②

006
조적식 구조에서 사용되는 벽체용 붙임 모르타르의 용적배합비(세골재/결합재)로 옳은 것은? (단, 세골재는 표면건조 내부포수상태이고, 결합재는 주로 시멘트를 사용한다.) 11 국가직 9급

① 0.5~1.5
② 1.5~2.5
③ 2.5~3.0
④ 3.0~3.5

006
조적식 구조에서 사용되는 모르타르의 용적배합비는 바닥용 줄눈모르타르가 3~3.5, 벽체용 줄눈모르타르는 2.5~3.0, 벽체용 붙임모르타르는 1.5~2.5, 바닥용 붙임모르타르는 0.5~1.5이다.
정답 ②

007
조적공사에 사용되는 모르타르의 종류별 용적배합비(잔골재/결합재)로 옳은 것은? 15 서울시 9급

① 치장줄눈용 모르타르 용적배합비: 0.5~1.5
② 벽용 줄눈 모르타르 용적배합비: 0.5~1.5
③ 벽용 붙임 모르타르 용적배합비: 2.5~3.0
④ 바닥용 깔모르타르 용적배합비: 2.5~3.0

007
② 벽용 줄눈 모르타르 용적배합비: 2.5~3.0
③ 벽용 붙임 모르타르 용적배합비: 1.5~2.5
④ 바닥용 깔모르타르 용적배합비: 3.0~6.0
정답 ①

정답 및 해설

008
① 벽체용 줄눈 모르타르의 용적배합비(=2.5~3.0)는 바닥용 붙임 모르타르의 용적배합비(=0.5~1.5)보다 크게 사용한다.
③ 치장용 모르타르의 용적배합비(=1:1)는 사춤용 모르타르의 용적배합비(=1:3)보다 작게 사용한다.
④ 동결방지용액이나 염화물 등의 성분은 일반적으로 모르타르에 사용할 수 없다.

정답 ②

009
사춤용 모르타르의 배합비는 시멘트 : 모래=1 : 3으로 한다.

정답 ②

010
2층 건물 벽돌 조적조의 충전 모르타르 배합의 용적비(시멘트 : 세골재)는 1 : 3이다.

정답 ②

---

008 조적식 구조의 모르타르와 그라우트에 대한 설명으로 가장 옳은 것은?

17 서울시 7급

① 벽체용 줄눈 모르타르의 용적배합비(세골재/결합재)는 바닥용 붙임 모르타르의 용적배합비보다 작게 사용한다.
② 모르타르의 결합재는 주로 시멘트를 사용하며, 보수성 향상을 위하여 석회를 약간 혼합할 때도 있다.
③ 치장용 모르타르의 용적배합비(세골재/결합재)는 사춤용 모르타르의 용적배합비보다 크게 사용한다.
④ 동결방지용액이나 염화물 등의 성분은 일반적으로 모르타르에 사용할 수 있다.

009 조적조의 모르타르와 그라우트에 관한 설명으로 옳지 않은 것은?

09 국가직 9급

① 모르타르는 물의 양을 현장에서 적절한 시공연도를 얻을 수 있도록 조절할 수 있다.
② 사춤용 모르타르의 배합비는 시멘트 : 석회 : 모래=1 : 1 : 3으로 한다.
③ 그라우트는 재료의 분리가 없을 정도의 유동성을 갖도록 물이 첨가되어야 하고, 그라우트의 압축강도는 조적개체 강도의 1.3배 이상으로 한다.
④ 사춤용 그라우트의 배합비는 시멘트 : 모래 : 자갈=1 : 2 : 3으로 한다.

010 조적조에 사용되는 모르타르와 그라우트에 대한 설명으로 옳지 않은 것은? (단, 시멘트의 단위용적중량은 1.2kg/L 정도이고, 세골재는 표면건조 내부포수 상태이며, 결합재는 주로 시멘트를 사용한다.)

15 지방직 9급

① 시멘트성분을 지닌 재료 또는 첨가제들은 에폭시수지와 그 부가물이나 페놀, 석면섬유 또는 내화점토를 포함할 수 없다.
② 2층 건물 벽돌 조적조의 충전 모르타르 배합의 용적비(시멘트 : 세골재)는 1 : 2.5이다.
③ 바닥용 깔 모르타르의 용적배합비(세골재/결합재)는 3.0~6.0이다.
④ 그라우트의 압축강도는 조적 개체 강도의 1.3배 이상으로 한다.

011
다음 중 조적조에 사용되는 재료의 요구조건으로 옳지 않은 것은? 15 서울시 7급

① 그라우트는 재료의 분리가 없을 정도의 유동성을 갖도록 물을 첨가한다.
② 그라우트의 압축강도는 조적개체 강도의 0.8배 이상으로 한다.
③ 벽체용 줄눈모르타르의 세골재/결합재의 용적배합비는 2.5~3.0으로 한다.
④ 단층벽돌 조적조의 충전모르타르는 시멘트 1과 세골재 3.0의 용적비로 배합한다.

011
그라우트의 압축강도는 조적개체 강도의 1.3배 이상으로 한다.
정답 ②

012
조적식 구조에서 모르타르와 그라우트의 재료기준에 대한 설명으로 옳지 않은 것은? 16 지방직 9급

① 그라우트는 시멘트성분의 재료로서 석회 또는 포틀랜드시멘트 중에서 1가지 또는 2가지로 만들 수 있다.
② 모르타르는 시멘트성분의 재료로서 석회, 포틀랜드시멘트 중에서 1가지 또는 그 이상의 재료로 이루어질 수 있다.
③ 시멘트 성분을 지닌 재료 또는 첨가제들은 에폭시수지와 그 부가물이나 페놀, 석면섬유 또는 내화점토를 포함할 수 있다.
④ 모르타르나 그라우트에 사용되는 물은 깨끗해야 하고, 산·알칼리의 양, 유기물 또는 기타 유해물질의 영향이 없어야 한다.

012
시멘트 성분을 지닌 재료 또는 첨가제들은 에폭시수지와 그 부가물이나 페놀, 석면섬유 또는 내화점토를 포함할 수 없다.
정답 ③

013
조적식구조에서 사용하는 모르타르와 그라우트에 대한 설명으로 옳지 않은 것은? 24 국가직 9급

① 모르타르에서 사용하는 물의 양은 현장에서 적절한 시공연도를 얻도록 조절할 수 있다.
② 그라우트의 압축강도는 조적개체 강도의 1.3배 이상으로 한다.
③ 실험에 의해서 규준의 요구조건에 합당한 결과가 나타나지 않으면 모르타르나 그라우트에 공기연행제를 사용한다.
④ 동결방지용액이나 염화물 등의 성분은 모르타르나 그라우트에 사용할 수 없다

013
실험에 의해서 규준의 요구조건에 합당한 결과가 나타나지 않으면 모르타르나 그라우트에 공기연행제를 사용할 수 없다.
정답 ③

정답 및 해설

014
막힌줄눈으로 시공한 벽체는 통줄눈으로 시공한 벽체보다 수직하중에 대한 균열 저항성이 크다.

정답 ④

015
① 영식 쌓기 : 마구리 쌓기와 길이 쌓기를 교대로 하여 쌓는다.
③ 미식 쌓기 : 5켜는 길이 쌓기로 하고 다음 한켜는 마구리 쌓기로 한다.
④ 화란식 쌓기 : 한켜는 마구리 쌓기로 하고 그 다음 켜는 길이 쌓기를 교대로 하여 쌓는다.

정답 ②

016
(1) 벽두께($1.5B$)가 29cm이므로, 벽돌 맨 밑의 너비는 벽체 두께의 2배 정도이므로 $29 \times 2 = 58$cm
(2) 기초판의 너비는 벽돌 밑 너비보다 20~30cm 정도 크게 하므로 78 ~ 88cm
(3) 잡석다짐의 너비는 기초판 너비의 20~30cm 정도 크게 하므로 98 ~ 118cm

정답 ④

---

014 조적구조에 대한 설명으로 옳지 않은 것은?   18 국가직 9급

① 조적구조에서 기초의 부동침하는 조적 벽체 균열의 발생 원인이 될 수 있다.
② 보강조적이란 보강근이 조적체와 결합하여 외력에 저항하는 조적시공 형태이다.
③ 조적구조에 사용되는 그라우트의 압축강도는 조적개체의 압축강도의 1.3배 이상으로 한다.
④ 통줄눈으로 시공한 벽체는 막힌줄눈으로 시공한 벽체보다 수직하중에 대한 균열 저항성이 크다.

015 다음에서 설명하는 벽돌 쌓기 방법은?   22 국가직 9급

- 한 켜에서 길이 쌓기와 마구리 쌓기를 번갈아 가며 쌓는다.
- 끝부분에는 이오토막, 반절, 칠오토막 등 토막 벽돌이 많이 필요하다.

① 영식 쌓기
② 불식 쌓기
③ 미식 쌓기
④ 화란식 쌓기

016 다음과 같은 벽돌구조의 기초쌓기에서 A값으로 옳은 것은? (단, 벽돌은 표준형 벽돌을 사용한다.)   14 지방직 9급

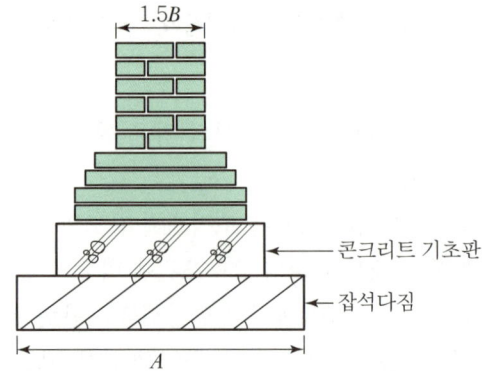

① 58cm
② 63cm
③ 75cm
④ 100cm

017

다음은 조적조 아치를 설명한 것이다. (가)에 들어갈 용어는? 21 지방직 9급

> 아치는 개구부 상부에 작용하는 하중을 아치의 축선을 따라 좌우로 나누어 전달되게 한 것으로, 아치를 이루는 부재 내에는 주로 ┌(가)┐ 이/가 작용하도록 한다.

① 휨모멘트 ② 전단력
③ 압축력 ④ 인장력

017
조적조 아치는 상부에서 오는 수직 하중이 아치의 중심선을 따라 좌우로 나누어져 압축력만 받게 하고 부재의 하부에 인장력이 생기지 않도록 한 구조이다.
정답 ③

018

벽돌벽체를 쌓을 때 조적 내부에 수직중공부를 두는 공간쌓기의 목적이 아닌 것은? 23 지방직 9급

① 방음기능 향상
② 단열성능 향상
③ 내진성능 향상
④ 방습기능 향상

018
공간쌓기의 주목적은 방습이며, 그 외에 방한, 단열, 방음, 결로 방지에 효과적이지만, 내진의 목적으로 사용되지는 못한다.
정답 ③

019

조적식 구조의 공간쌓기 시공에서 벽체 연결철물에 대한 설명으로 옳지 않은 것은? 11 국가직 7급

① 개구부 주위에는 개구부 가장자리에서 300mm 이내에 최대간격 900mm인 연결철물을 추가로 설치해야 한다.
② 벽체면적 0.4m²당 적어도 직경 9mm의 연결철물 1개 이상 설치되어야 한다.
③ 벽체의 연결철물은 끝부를 90°로 구부리고, 길이는 최소 50mm 이상으로 한다.
④ 연결철물은 교대로 배치해야 하며, 연결철물 간의 수직과 수평간격은 각각 800mm와 1,000mm를 초과할 수 없다.

019
연결철물은 교대로 배치해야 하며, 연결철물 간의 수직과 수평간격은 각각 600mm와 900mm를 초과할 수 없다.
정답 ④

정답 및 해설

020
공간쌓기벽의 공간너비가 80mm 미만인 경우에는 벽체면적 0.4m²당 적어도 직경 9mm의 연결철물을 1개 이상 설치하여야 한다.
정답 ②

021
연결철물은 교대로 배치해야 하며, 연결철물 간의 수직과 수평간격은 각각 600mm와 900mm를 초과할 수 없다.
정답 ②

022
그라우트의 압축강도는 조적개체 압축강도의 1.3배 이상으로 한다.
정답 ③

---

020 공간쌓기벽의 벽체연결철물에 대한 설명으로 옳지 않은 것은? 16 지방직 9급

① 벽체연결철물의 단부는 90°로 구부려 길이가 최소 50mm 이상이어야 한다.
② 공간쌓기벽의 공간너비가 80mm 미만인 경우에는 벽체면적 4.0m²당 적어도 직경 9mm의 연결철물 1개 이상 설치하여야 한다.
③ 연결철물은 교대로 배치해야 하며, 연결철물 간의 수직과 수평간격은 각각 600mm와 900mm를 초과할 수 없다.
④ 개구부 주위에는 개구부의 가장자리에서 300mm 이내에 최대간격 900mm인 연결철물을 추가로 설치해야 한다.

021 조적식 구조에서 공간쌓기벽의 벽체연결철물에 대한 설명으로 가장 옳지 않은 것은? (단, 길이조정 연결철물이 아닌 경우) 24 서울시 9급

① 벽체면적 0.4m²당 적어도 직경 9mm의 연결철물 1개 이상 설치하여야 한다.
② 연결철물은 교대로 배치해야 하며, 연결철물 간의 수직과 수평간격은 각각 900mm와 600mm를 초과할 수 없다.
③ 공간쌓기벽의 공간너비가 80mm 이상, 120mm이하인 경우에는 벽체면적 0.3m²당 적어도 직경 9mm의 연결철물을 1개 이상 설치해야 한다.
④ 개구부 주위에는 개구부의 가장자리에서 300mm 이내에 최대 간격 900mm인 연결철물을 추가로 설치해야 한다.

022 조적구조에 대한 설명으로 옳지 않은 것은? 19 국가직 7급

① 공간쌓기벽에서 홑겹벽에 걸친 벽체연결철물 부분은 모르타르나 그라우트 내부에 완전히 매립되어야 한다.
② 공간쌓기벽의 벽체연결철물 간의 수직간격과 수평간격이 각각 600mm와 900mm를 초과할 수 없다.
③ 그라우트의 압축강도는 조적개체 압축강도의 1.2배 이상으로 한다.
④ 조적구조를 위한 모르타르 또는 그라우트에는 동결방지용액을 사용할 수 없다.

023 조적식 구조의 설계일반사항에 대한 설명으로 옳지 않은 것은? 17 국가직 9급

① 공간쌓기벽의 개구부 주위에는 개구부의 가장자리에서 300mm 이내에 최대 간격 900mm인 연결철물을 추가로 설치해야 한다.
② 공간쌓기벽의 벽체연결철물 단부는 90°로 구부려 길이가 최소 30mm 이상이어야 한다.
③ 하중시험이 필요한 경우에는 해당 부재나 구조체의 해당 부위에 설계활하중의 2배에 고정하중의 0.5배를 합한 하중을 24시간 동안 작용시킨 후 하중을 제거한다.
④ 다중겹벽에서 줄눈보강철물의 수직간격은 400mm 이하로 한다.

정답 및 해설

023
공간쌓기벽의 벽체연결철물 단부는 90°로 구부려 길이가 최소 50mm 이상이어야 한다.
정답 ②

024 벽돌공사에 대한 설명으로 옳지 않은 것은? 18 지방직 9급

① 담당원의 승인 없이 사용할 수 있는 줄눈 모르타르 잔골재의 절건비중은 2.4g/cm³ 이상이어야 한다.
② 벽돌공사의 충전 콘크리트에 사용하는 굵은 골재는 양호한 입도분포를 가진 것으로 하고, 그 최대치수는 충전하는 벽돌공동부 최소 직경의 1/3 이하로 한다.
③ 보강벽돌쌓기에서 철근의 피복 두께는 20mm 이상으로 한다. 다만, 칸막이벽에서 콩자갈 콘크리트 또는 모르타르를 충전하는 경우에 있어서 10mm 이상으로 한다.
④ 보강벽돌쌓기에서 벽돌 공동부의 모르타르 및 콘크리트 1회의 타설높이는 1.5m 이하로 한다.

024
벽돌공사의 충전 콘크리트에 사용하는 굵은 골재는 양호한 입도분포를 가진 것으로 하고, 그 최대치수는 충전하는 벽돌공동부 최소 직경의 1/4 이하로 한다.
정답 ②

025 다음에서 설명하는 벽돌 구조의 각부구조 명칭은? 25 지방직 9급

> 창 밑에 돌이나 벽돌을 옆세워 쌓고 모르타르로 마감하여 만들며, 윗면은 경사지게 하여 빗물이 흐르도록 물흘림 경사를 두고, 그 아래에는 물끊기홈을 파서 물이 벽에 흘러들어 가지 않도록 한다.

① 창대
② 인방보
③ 대린벽
④ 테두리보

025
창대 벽돌은 윗면을 15° 내외로 경사지어 옆세워 쌓는다.
정답 ①

정답 및 해설

026
조적조 건물에서 발생하는 백화현상은 벽의 외부에 침투하는 빗물에 의해서 모르타르 중의 석회분이 공기 중의 탄산가스와 결합하여 벽돌이나 조적 벽면을 하얗게 오염시키는 현상으로 흡수율이 낮은 벽돌을 사용하여 탄산칼슘의 발생을 억제하여야 한다.

정답 ③

027
세로근은 원칙으로 기초 및 테두리보에서 위층의 테두리보까지 잇지 않고 배근하여 그 정착길이는 철근직경(d)의 40배 이상으로 하며, 상단의 테두리보 등에 적정 연결철물로 세로근을 연결한다.

정답 ③

028
보강철근은 부착력을 고려하여 굵은 것을 조금 넣는 것보다 가는 것을 많이 사용하는 것이 좋다.

정답 ③

---

026 조적조 건물에서 발생하는 백화현상의 방지대책으로 옳지 않은 것은? 10 지방직 9급

① 벽돌과 벽돌 사이를 모르타르로 빈틈없이 채운다.
② 해사를 사용하지 않는 것이 좋다.
③ 흡수율이 높은 벽돌을 사용하여 탄산칼슘의 발생을 억제한다.
④ 파라핀 에멀션 등의 방수제를 사용한다.

027 보강블록조에서 철근보강 방법에 대한 설명으로 옳지 않은 것은? 09 지방직 9급

① 철근은 굵은 것을 조금 넣는 것보다 가는 것을 많이 넣는 것이 좋다.
② 세로 철근의 정착길이는 철근지름의 40배 이상으로 한다.
③ 세로 철근의 정착이음은 보강블록 속에 둔다.
④ 철근을 배치한 곳에는 모르타르 또는 콘크리트로 채워 넣어 철근피복이 충분히 되고 빈틈을 없게 한다.

028 철근콘크리트 보강 블록조의 철근보강 요령에 대한 설명으로 옳지 않은 것은? 11 지방직 7급

① 보강철근의 정착은 기초보 또는 테두리보에 둔다.
② 세로근은 줄기초에서 그 위의 보까지 완전한 하나의 철근으로 하는 것이 좋다.
③ 보강철근은 시공성을 고려하여 가는 철근을 많이 사용하기 보다는 굵은 철근을 사용한다.
④ 벽의 끝부분과 개구부 주위에는 보강철근을 배치하여 휨 또는 전단을 보강할 필요가 있다.

029 석재 사용상 주의할 점에 대해서 틀린 것은?

08 국가직 9급

① 석회석은 외장용으로 사용하기에는 부적당하다.
② 석재는 인장력을 받는 곳은 피해야 한다.
③ 화강암은 경도, 강도, 내마모성이 우수하다.
④ 대리석은 외장용에 적당하다.

029
대리석은 산 및 화열에 약하고 풍화, 마모, 내구성이 적으므로 외장용으로서는 부적당하다.
정답 ④

030 다음은 돌 표면 마무리에 대한 설명이다. 돌 가공순서를 바르게 나열한 것은?

11 지방직 9급

> ㄱ. 정으로 쪼아 평탄하고 거친 면으로 다듬는다.
> ㄴ. 철사, 금강사, 카보런덤, 모래, 숫돌 등을 넣어 물을 주어가며 갈아서 광택이 나게 한다.
> ㄷ. 날망치로 평탄하고 균일하게 다듬는다.
> ㄹ. 마름돌의 돌출부를 쇠메로 다듬는다.
> ㅁ. 도드락망치로 더욱 평탄하게 다듬는다.

① ㄱ – ㄹ – ㄴ – ㄷ – ㅁ
② ㄱ – ㅁ – ㄹ – ㄷ – ㄴ
③ ㄹ – ㄱ – ㅁ – ㄷ – ㄴ
④ ㄹ – ㄱ – ㄷ – ㅁ – ㄴ

030
돌의 가공 순서
혹두기(쇠메) → 정다듬(정) → 도드락다듬(도드락망치) → 잔다듬(날망치) → 물갈기(금강사, 숫돌)
정답 ③

정답 및 해설

031
블록의 모든 구멍에 콘크리트로 메워야 하는 것은 아니며, 보강근이 설치되는 곳에 모르타르 또는 콘크리트로 사춤하여 움직이지 않게 고정되어야 한다.
정답 ④

032
조적조 구조설계법의 종류에는 허용응력설계법, 강도설계법, 경험적설계법이 있다.
정답 ②

033
최소두께 규정으로 인하여 층간에 두께변화가 발생한 경우에는 더 큰 두께값을 상층에 적용하여야 한다.
정답 ②

---

031 보강콘크리트 블록조에 관한 설명으로 옳지 않은 것은? 10 국가직 9급

① 통줄눈으로 시공하는 것이 좋다.
② 굵은 철근을 조금 넣는 것보다 가는 철근을 많이 넣는 것이 좋다.
③ 벽의 세로근은 구부리지 않고 설치하도록 한다.
④ 블록의 모든 구멍은 콘크리트로 메워야 한다.

032 건축구조기준에서 규정된 일반 조적식 구조의 설계법이 아닌 것은? 12 국가직 9급, 18 지방직 9급

① 허용응력설계법
② 한계상태설계법
③ 경험적설계법
④ 강도설계법

033 조적식 구조의 경험적 설계법에서 조적내력벽 최소두께에 대한 설명으로 옳지 않은 것은? 17 국가직 7급

① 2층 이상의 건물에서 조적내력벽의 공칭두께는 200mm 이상이어야 한다.
② 최소두께 규정으로 인하여 층간에 두께변화가 발생한 경우에는 평균 두께값을 상층에 적용하여야 한다.
③ 층고가 2,700mm를 넘지 않는 1층 건물의 속찬조적벽의 공칭두께는 150mm 이상으로 할 수 있다.
④ 파라펫벽의 두께는 200mm 이상이어야 하며, 높이는 두께의 3배를 넘을 수 없다.

034
건축구조기준에서 규정된 조적조의 구조계획에 대한 설명으로 옳지 않은 것은?

13 국가직 9급

① 조적벽이 횡력에 저항하는 경우에는 전체높이가 13m, 처마높이가 9m 이하이어야 경험적 설계법을 적용할 수 있다.
② 경험적 설계법을 사용하는 경우, 조적벽이 구조물의 횡안정성 확보를 위해 사용될 때는 전단벽들이 횡력과 평행한 방향으로 배치되어야 한다.
③ 경험적 설계법을 사용하는 경우, 2층 이상의 건물에서 조적내력벽의 공칭두께는 200mm 이상이어야 한다.
④ 경험적 설계법을 사용하지 않는 경우, 바닥슬래브와 벽체간의 접합부는 최소 3.0kN/m의 하중에 저항할 수 있도록 최대 2.5m 간격의 적절한 정착기구로 정착력을 발휘하여야 한다.

034 정답 및 해설
경험적 설계법을 사용하지 않는 경우, 바닥슬래브와 벽체 간의 접합부는 최소 3.0kN/m의 하중에 저항할 수 있도록 최대 1.2m 간격의 적절한 정착기구로 정착력을 발휘하여야 한다.

정답 ④

035
경험적 설계법에 의해 조적구조물을 설계하고자 할 때, 다음 규정 중 가장 옳지 않은 것은?

16 서울시 9급(前)

① 패러핏벽의 두께는 하부 벽체보다 얇지 않아야 한다.
② 패러핏벽의 높이는 두께의 3배 이상이어야 한다.
③ 2층 이상의 건물에서 조적내력벽의 공칭두께는 200mm 이상이어야 한다.
④ 건축구조기준의 최소두께규정으로 인하여 층간에 두께 변화가 발생한 경우에는 더 큰 두께값을 상층에도 적용하여야 한다.

035
패러핏벽의 높이는 두께의 3배 이하이어야 한다.

정답 ②

036
조적식 구조에 관한 설명으로 옳지 않은 것은?

07 국가직 9급

① 조적조 구조물은 허용응력설계법, 강도설계법, 경험적설계법 중 한 가지 방법으로 설계할 수 있다.
② 조적조 구조물의 경험적 설계법에서 횡력에 저항하는 조적벽의 전체높이는 21m 이하로 한다.
③ 조적조 구조물의 경험적 설계법에서 패러핏벽의 두께는 200mm 이상이어야 하며, 높이는 두께의 3배를 넘을 수 없다.
④ 벽돌조적조 3층 건물의 경우 충전 모르타르의 배합은 시멘트 : 세골재의 용적비를 1 : 2.5로 한다.

036
조적조 구조물의 경험적 설계법에서 조적벽이 횡력에 저항하는 경우에는 전체 높이가 13m, 처마높이가 9m 이하이어야 경험적 설계법을 적용할 수 있다.

정답 ②

정답 및 해설

037
패러핏벽의 두께는 200mm 이상이어야 하며, 높이는 두께의 3배를 넘을 수 없다. 패러핏벽은 하부 벽체보다 얇지 않아야 한다.
정답 ④

038
횡안정성 확보를 위해 사용된 전단벽들은 횡력과 평행한 방향으로 배치되어야 한다.
정답 ④

039
전단벽 간의 최대간격은 아래에 제시된 표의 비율을 초과할 수 없다.

바닥판 또는 지붕유형	벽체 간 간격 : 전단벽 길이
현장타설 콘크리트	5 : 1
프리캐스트 콘크리트	4 : 1
콘크리트 타설 철재 데크	3 : 1
무타설 철재 데크	2 : 1
목재 다이어프램	2 : 1

정답 ②

---

037 조적구조물의 경험적 설계법에 대한 설명으로 옳지 않은 것은? 09 지방직 9급

① 2층 이상의 건물에서 조적내력벽의 공칭두께는 200mm 이상이어야 한다.
② 층고가 2.7m를 넘지 않는 1층 건물의 속찬 조적벽의 공칭두께는 150mm 이상으로 할 수 있다.
③ 조적벽이 횡력에 저항하는 경우에는 전체 높이가 13m, 처마높이가 9m 이하이어야 한다.
④ 패러핏벽의 두께는 200mm 이상이어야 하며, 높이는 두께의 5배를 넘을 수 없다.

038 조적식 구조의 경험적 설계방법에 대한 설명으로 옳지 않은 것은? 16 국가직 9급

① 횡안정성을 위해 전단벽이 요구되는 각 방향에 대하여 해당 방향으로 배치된 전단벽길이의 합계가 건물의 장변길이의 50% 이상이어야 한다.(이때 개구부는 전단벽의 길이 합계산정에서 제외한다.)
② 조적벽이 횡력에 저항하는 경우에는 전체높이가 13m, 처마 높이가 9m 이하이어야 경험적 설계법을 적용할 수 있다.
③ 횡안정성 확보를 위한 조적전단벽의 공칭두께는 최소 200mm 이상이어야 한다.
④ 횡안정성 확보를 위해 사용된 전단벽들은 횡력과 수직한 방향으로 배치되어야 한다.

039 조적벽이 구조물의 횡안정성 확보를 위해 사용될 때 경험적 설계를 위한 전단벽 간의 최대 간격 비율(벽체간 간격 : 전단벽길이)이 가장 큰 바닥판 또는 지붕 유형은? 13 지방직 9급

① 콘크리트타설 철재 데크
② 현장타설 콘크리트
③ 무타설 철재 데크
④ 프리캐스트 콘크리트

040

조적벽이 구조물의 횡안전성 확보를 위해서 사용될 때는 전단벽들이 횡력과 평행한 방향으로 배치되어야 한다. 바닥판이 콘크리트 타설 철재 데크일 때, 건축구조기준의 경험적 설계법으로 조적벽을 설계하기 위한 전단벽체간 최대간격과 전단벽 길이의 비율은?

14 국가직 7급

① 5 : 1
② 4 : 1
③ 3 : 1
④ 2 : 1

040
경험적 설계를 위한 전단벽 최대간격

바닥판 또는 지붕유형	벽체 간 간격 : 전단벽 길이
현장타설 콘크리트	5 : 1
프리캐스트 콘크리트	4 : 1
콘크리트 타설 철재 데크	3 : 1
무타설 철재 데크	2 : 1
목재 다이어프램	2 : 1

정답 ③

041

벽돌 구조에서 창문 등의 개구부 상부를 지지하며 상부에서 오는 하중을 좌우벽으로 전달하는 부재로 옳은 것은?

20 지방직 9급

① 창대
② 코벨
③ 인방보
④ 테두리보

041
인방보는 창·문꼴 위에 가로질러 설치하여, 상부의 수직 및 집중하중을 좌우 벽체에 분산하여 전달하는 역할을 하는 보이다.

정답 ③

042

조적조가 허용응력도를 초과하지 않기 위해 확보해야 하는 인방보의 최소 지지길이(mm)는?

12 국가직 9급

① 75
② 100
③ 125
④ 150

042
인방보는 구조기준에서 조적조가 허용응력도를 초과하지 않도록 최소한 100mm의 지지길이는 확보되어야 한다고 되어 있다.

정답 ②

정답 및 해설

043
조적식 구조에서 테두리보는 벽면의 수직균열을 방지하는 역할을 한다.

정답 ②

044
조적조에서 테두리보는 벽체의 수직균열을 방지한다.

정답 ①

045
보강 블록조에서 사용되는 테두리보는 벽면의 수직균열을 방지하는 역할을 한다.

정답 ③

---

043 조적식 구조에서 테두리보에 대한 설명으로 옳지 않은 것은?   11 국가직 9급

① 벽체를 일체화시킨다.
② 벽면의 수평균열을 방지한다.
③ 건물 전체의 강성을 높이는 역할을 한다.
④ 지붕이나 바닥의 하중을 균등하게 벽체에 전달한다.

044 조적조에서 테두리보의 역할로 옳지 않은 것은?   13 국가직 7급

① 벽체의 수평균열을 방지한다.
② 수직하중을 분산시킨다.
③ 세로근의 정착자리를 제공한다.
④ 집중하중에 대해 보강한다.

045 보강 블록조에서 사용하는 테두리 보의 특징으로 옳지 않은 것은?   10 국가직 7급

① 벽체를 일체화시키고 하중을 균등하게 분포시킨다.
② 세로철근을 정착시킨다.
③ 벽면의 수평균열을 방지한다.
④ 개구부의 상부와 같이 하중을 집중적으로 받는 부분을 보강한다.

046
조적조 테두리보에 대한 설명으로 옳은 것만을 모두 고른 것은? 13 국가직 9급

ㄱ. 춤은 내력벽 두께의 1.5배 이상으로 하여야 하며, 단층건물에서는 150mm 이상으로 하고 2층 및 3층 건물에서는 300mm 이상으로 한다.
ㄴ. 원형철근을 주근으로 사용할 경우, φ9mm 또는 φ12mm의 단배근이 가능하지만 중요한 보는 φ12 이상의 복근으로 배근한다.
ㄷ. 보의 너비는 일반적으로 대린벽간 중심거리 간격의 1/20 이상으로 한다.
ㄹ. 창문의 상부를 가로질러 설치하여 상부의 수직 및 집중하중을 좌우벽체로 분산시켜 전달하는 데 사용되는 부재이다.

① ㄱ, ㄷ
② ㄴ, ㄷ
③ ㄱ, ㄴ, ㄷ
④ ㄴ, ㄷ, ㄹ

046 해설
㉠ 테두리보의 춤은 내력벽 두께의 1.5배 이상으로 하여야 하며, 단층건물에서는 250mm 이상으로 하고 2층 및 3층 건물에서는 300mm 이상으로 한다.
㉣ 창문의 상부를 가로질러 설치하여 상부의 수직 및 집중하중을 좌우벽체로 분산시켜 전달하는 데 사용되는 부재는 인방보이다.
정답 ②

047
조적구조의 벽체를 보강하기 위한 테두리보의 역할에 대한 설명으로 옳지 않은 것은? 18 국가직 9급

① 기초판 위에 설치하여 조적벽체의 부동침하를 방지한다.
② 조적벽체에 작용하는 하중에 의한 수직 균열을 방지한다.
③ 조적벽체 상부의 하중을 균등하게 분산시킨다.
④ 조적벽체를 일체화하여 벽체의 강성을 증대시킨다.

047 해설
기초판 위에 설치하여 조적벽체의 부동침하를 방지하는 것은 지중보이다.
정답 ①

048
조적구조에 대한 설명으로 옳지 않은 것은? 23 지방직 9급

① 일반적으로 풍하중이나 지진하중과 같은 수평하중에 취약하다.
② 벽돌구조의 세로줄눈은 막힌줄눈보다 통줄눈으로 설계하는 것이 구조적으로 유리하다.
③ 테두리보는 조적벽 상부에 설치하여 구조를 일체화시키고 상부하중을 균등히 분포시킨다.
④ 벽돌쌓기 방법 중 불식쌓기는 같은 켜에 길이쌓기와 마구리쌓기를 교대로 사용하는 방법이다.

048 해설
벽돌구조의 세로줄눈은 통줄눈보다 막힌줄눈으로 설계하는 것이 구조적으로 유리하다.
정답 ②

정답 및 해설

049
내력벽의 길이는 10m을 넘을 수 없다.
정답 ①

050
조적조 건물에서 벽량은 내력벽 길이의 합계를 그 층의 바닥면적으로 나눈 값으로, 최소 15cm/m² 이상이 되도록 한다.
정답 ①

051
건축물의 층수·높이 및 벽의 길이에 따른 조적조 내력벽 두께
(단위 : mm)

구분	A(그 해당 층의 바닥 면적) ≤60m²				
H	5m 미만		5m 이상 11m 미만		11m 이상
L	8m 미만	8m 이상	8m 미만	8m 이상	8m 미만	8m 이상
1층	150	190	190	190	290
2층	—	—	190	190	190

정답 ③

049
벽돌구조의 구조제한에 대한 설명으로 옳지 않은 것은?   09 지방직 9급

① 내력벽의 길이는 12m을 넘을 수 없다.
② 내력벽의 두께는 바로 위층의 내력벽 두께 이상이어야 한다.
③ 내력벽으로 토압을 받는 부분의 높이가 2.5m을 넘지 아니하는 경우에는 벽돌구조로 할 수 있다.
④ 테두리보의 춤은 벽두께의 1.5배 이상으로 한다.

050
조적조 건물에서의 벽량은?   10 지방직 9급

① 바닥면적에 대한 내력벽 총길이의 비
② 바닥면적에 대한 내력벽 총두께의 비
③ 바닥면적에 대한 내력벽 총단면적의 비
④ 바닥면적에 대한 내력벽 총높이의 비

051
건물 높이가 11m(2층)이고 벽의 길이가 8m인 조적조 건물의 각층별 내력벽의 두께는? (단, 조적조의 종류에 따른 당해 벽높이 두께의 규정은 무시한다. 단위 : cm)
09 국가직 9급

	1층 두께	2층 두께
①	19	15
②	19	19
③	29	19
④	39	29

052 벽돌조에 관한 설명으로 옳은 것은?   10 국가직 9급

① 내력벽의 길이는 15m 이하로 한다.
② 내력벽 두께는 벽 높이의 1/30 이상으로 한다.
③ 개구부 상호 간, 또는 개구부와 대린벽의 중심과의 거리는 벽두께의 2배 이상으로 한다.
④ 개구부 폭이 2.4m 이상인 경우에는 철근콘크리트 인방보를 설치한다.

052
① 내력벽의 길이는 10m 이하로 한다.
② 내력벽 두께는 벽 높이의 1/20 이상으로 한다.
④ 개구부 폭이 1.8m 초과인 경우에는 철근콘크리트 인방보를 설치한다.

정답 ③

053 벽돌조의 규정에 관한 기술 중 옳지 않은 것은?   09 지방직 7급

① 칸막이벽의 두께는 90mm 이상으로 해야 한다.
② 벽의 두께는 높이의 1/15 이상으로 해야 한다.
③ 벽돌 내쌓기의 정도는 2B를 한도로 한다.
④ 폭이 1.8m를 넘는 개구부의 상부에는 철근콘크리트조의 윗인방을 설치하여야 한다.

053
벽돌벽의 두께는 높이의 1/20 이상으로 해야 한다.

정답 ②

054 조적조에 관한 설명 중 옳지 않은 것은?   14 서울시 7급

① 보강콘크리트 블록 구조를 제외한 내력벽의 조적재는 막힌 줄눈으로 시공하고, 내력벽의 길이는 10m를 넘을 수 없다.
② 단위재의 강도와 모르타르의 접착력에 의해 구조체의 강도가 결정된다.
③ 돌구조의 내력벽의 두께는 해당 벽높이의 1/15 이상으로 한다.
④ 조적조의 간격으로서 그 높이가 2m 이하인 벽일 때 쌓기용 모르타르의 결합재와 세골재의 용적 배합비는 1 : 7로 할 수 있다.
⑤ 내력벽의 두께는 벽돌벽인 경우는 해당 벽높이의 1/20 이상, 블록벽인 경우는 1/16 이상으로 한다.

054
벽체 쌓기용 줄눈 모르타르의 결합재와 세골재의 용적 배합비는 1 : (2.5~3)이다.

정답 ④

정답 및 해설

055 정답 ③

056
하나의 층에 있어서의 개구부와 그 바로 위층에 있는 개구부와의 수직 거리는 600mm 이상으로 하여야 한다.

정답 ②

057
조적식 구조의 담의 높이는 3m 이하로 하며, 일정길이마다 버팀벽을 설치해야 한다.

정답 ③

---

055 개구부와 바로 그 위 개구부와의 수직 거리는 얼마 이상으로 하는가? 10 국가직 9급

① 200mm　　② 400mm
③ 600mm　　④ 800mm

056 조적식 구조인 벽에 있는 개구부에 대한 설명으로 옳지 않은 것은? 09 지방직 9급

① 각층의 대린벽으로 구획된 각 벽에 있어서 개구부의 폭의 합계는 그 벽의 길이의 1/2 이하로 하여야 한다.
② 하나의 층에 있어서의 개구부와 그 바로 위층에 있는 개구부와의 수직거리는 300mm 이상으로 하여야 한다.
③ 조적식 구조인 벽에 설치하는 개구부에 있어서는 각 층마다 그 개구부 상호 간 또는 개구부와 대린벽의 중심과의 수평거리는 그 벽의 두께의 2배 이상으로 하여야 한다. 다만, 개구부의 상부가 아치구조인 경우에는 그러하지 아니하다.
④ 폭이 1.8m를 넘는 개구부의 상부에는 철근콘크리트구조의 윗인방을 설치하여야 한다.

057 조적식 구조의 구조제한사항에 대한 설명으로 옳지 않은 것은? 12 지방직 9급

① 하나의 층에 있어서 개구부와 그 바로 위층에 있는 개구부와의 수직 거리는 60cm 이상으로 해야 한다.
② 토압을 받는 내력벽은 조적식 구조로 하여서는 안 된다. 다만, 토압을 받는 부분의 높이가 2.5m를 넘지 아니하는 경우에는 조적식 구조인 벽돌구조로 할 수 있다.
③ 조적식 구조의 담의 높이는 4m 이하로 하며, 일정길이마다 버팀벽을 설치해야 한다.
④ 각 층의 대린벽으로 구획된 각 벽에 있어서 개구부의 폭의 합계는 그 벽 길이의 $\frac{1}{2}$ 이하로 해야 한다.

058
조적식 구조에 대한 설명으로 가장 옳은 것은? 20 서울시 7급

① 조적식 구조인 건축물 중 2층 건축물에 있어서 2층 내력벽의 높이는 9m를 넘을 수 없다.
② 조적식 구조인 내력벽의 길이는 15m를 넘을 수 없다.
③ 조적식 구조인 내력벽으로 둘러싸인 부분의 바닥면적은 100m²를 넘을 수 없다.
④ 조적식 구조인 내력벽의 기초(최하층의 바닥면 이하에 해당하는 부분을 말한다)는 연속기초로 하여야 한다.

정답 및 해설

058
① 조적식 구조인 건축물 중 2층 건축물에 있어서 2층 내력벽의 높이는 4m를 넘을 수 없다.
② 조적식 구조인 내력벽의 길이는 10m를 넘을 수 없다.
③ 조적식 구조인 내력벽으로 둘러싸인 부분의 바닥면적은 80m²를 넘을 수 없다.

정답 ④

059
소규모 건축물의 조적식 구조에 대한 설명으로 옳은 것은? 14 지방직 9급

① 높이 4m를 초과하는 내력벽의 벽길이는 10m 이하로 하고 내력벽으로 둘러싸인 부분의 바닥면적은 70m²를 넘을 수 없다.
② 폭이 1.6m를 넘는 개구부의 상부에는 철근콘크리트조의 윗인방을 설치해야 한다.
③ 상부 하중을 받는 내력벽은 통줄눈으로 벽돌을 쌓아야 한다.
④ 각층의 대린벽으로 구획된 각 내력벽에 있어서 개구부의 폭의 합계는 그 벽의 길이의 2분의 1 이하로 하여야 한다.

059
① 높이 4m를 초과하는 내력벽의 벽길이는 10m 이하로 하고 내력벽으로 둘러싸인 부분의 바닥면적은 80m²를 넘을 수 없다.
② 폭이 1.8m을 넘는 개구부의 상부에는 철근콘크리트조의 윗인방을 설치해야 한다.
③ 상부 하중을 받는 내력벽은 막힌 줄눈으로 벽돌을 쌓아야 한다.

정답 ④

기본 편

PART 3

철근콘크리트구조

CHAPTER 1　총론

CHAPTER 2　사용성 및 내구성

CHAPTER 3　부재의 해석 및 설계

CHAPTER 01 총론

정답 및 해설

001
인장철근비는 콘크리트의 유효 단면적에 대한 인장철근 단면적의 비이다.
정답 ①

002
단면의 유효깊이는 콘크리트 압축연단에서부터 모든 인장철근군의 도심까지 거리를 말한다.
정답 ②

---

001 철근콘크리트구조의 용어에 대한 설명으로 옳지 않은 것은? 21 지방직 9급

① 인장철근비는 콘크리트의 전체 단면적에 대한 인장철근 단면적의 비이다.
② 설계강도는 단면 또는 부재의 공칭강도에 강도감소계수를 곱한 강도이다.
③ 계수하중은 사용하중에 설계법에서 요구하는 하중계수를 곱한 하중이다.
④ 균형변형률 상태는 인장철근이 설계기준항복강도 f_y에 대응하는 변형률에 도달하고, 동시에 압축 콘크리트가 가정된 극한변형률에 도달할 때의 단면상태를 말한다.

002 그림과 같이 정휨모멘트를 받는 철근콘크리트 단면에 대한 공칭 휨모멘트를 산정하기 위해 필요한 유효깊이[mm]는? (단, 단면은 인장지배단면이고, 인장철근의 종류는 동일하며, 보폭 $b=400\text{mm}$, $d_1=570\text{mm}$, $d_2=600\text{mm}$, $d_3=630\text{mm}$, $d_4=700\text{mm}$이다) 25 지방직 9급

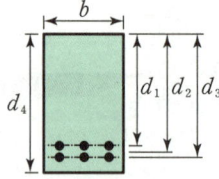

① 570 ② 600
③ 630 ④ 700

003 그림과 같은 단면을 갖는 직사각형 보의 인장철근비는? (단, D22 철근 3개의 단면적 합은 $600mm^2$이다.)

19 서울시 9급(前)

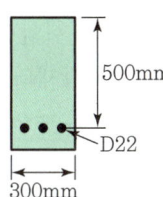

① 0.004 ② 0.006
③ 0.008 ④ 0.01

003
인장철근비
$\rho = \dfrac{A_s}{bd} = \dfrac{600}{300 \times 500} = 0.004$

정답 ①

004 다음 그림의 단근장방형보에서 인장철근비로 옳은 것은? (단, 인장철근량 $A_s = 10cm^2$임)

14 서울시 7급

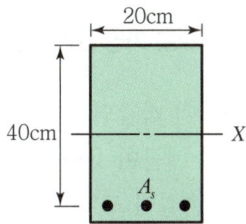

① 0.0102 ② 0.0125
③ 0.0215 ④ 0.0252
⑤ 0.0352

004
인장철근비(ρ)
$= \dfrac{A_s}{bd} = \dfrac{10}{20 \times 40} = 0.0125$

정답 ②

005 철근콘크리트구조의 성립요인에 대한 설명으로 옳지 않은 것은?

21 지방직 9급

① 콘크리트와 철근은 역학적 성질이 매우 유사하다.
② 철근과 콘크리트의 열팽장계수가 거의 같다.
③ 콘크리트가 강알칼리성을 띠고 있어 콘크리트 속에 매립된 철근의 부식을 방지한다.
④ 철근과 콘크리트 사이의 부착강도가 크므로 두 재료가 일체화되어 외력에 대해 저항한다.

005
콘크리트와 철근은 역학적 성질이 매우 다르다.

정답 ①

정답 및 해설

006
구조물의 평가를 위한 하중의 크기를 정밀 현장 조사에 의하여 확인하는 경우에는, 구조물의 소요강도를 구하기 위한 하중조합에서 고정하중과 활하중의 하중계수는 5%만큼 감소시킬 수 있다.

정답 ④

007
용접철망은 항복강도가 큰 철선을 사용하기 때문에 연신율이 작다.

정답 ④

008
항복점이 뚜렷하게 나타나지 않는 경우에는 0.002의 변형률에서 강재의 탄성계수와 같은 기울기로 직선을 그은 후 응력−변형률 곡선과 만나는 점의 응력을 항복강도(f_y)로 결정하여야 한다.

정답 ③

---

006 기존 콘크리트구조물의 안전성 평가기준에 대한 설명으로 옳지 않은 것은?

19 지방직 9급

① 조사 및 시험에서 구조 부재의 치수는 위험단면에서 확인하여야 한다.
② 철근, 용접철망 또는 긴장재의 위치 및 크기는 계측에 의해 위험단면에서 결정하여야 한다. 도면의 내용이 표본조사에 의해 확인된 경우에는 도면에 근거하여 철근의 위치를 결정할 수 있다.
③ 건물에서 부재의 안전성을 재하시험 결과에 근거하여 직접 평가할 경우에는 보, 슬래브 등과 같은 휨부재의 안전성 검토에만 적용할 수 있다.
④ 구조물의 평가를 위한 하중의 크기를 정밀 현장 조사에 의하여 확인하는 경우에는, 구조물의 소요강도를 구하기 위한 하중조합에서 고정하중과 활하중의 하중계수는 25%만큼 감소시킬 수 있다.

007 용접철망에 대한 설명으로 가장 옳지 않은 것은?

17 서울시 7급

① 가공조립의 인력이 저감되고 고도의 기술을 필요로 하지 않는다.
② 치수가 정확하고 배근이 용이하다.
③ 절단 등에 의한 손실이 크다.
④ 연신율이 커서 가공이 용이하다.

008 콘크리트구조에 사용되는 강재 및 철근배치에 대한 설명으로 옳지 않은 것은?

16 국가직 9급

① 철근 조립을 위해 교차되는 철근은 용접하지 않아야 한다. 다만, 책임기술자가 승인한 경우에는 용접할 수 있다.
② 보강용 철근은 이형 철근을 사용하여야 한다. 다만, 나선철근이나 강선으로 원형 철근을 사용할 수 있다.
③ 항복점이 뚜렷하게 나타나지 않는 경우에는 0.003의 변형률에서 강재의 탄성계수와 같은 기울기로 직선을 그은 후 응력−변형률 곡선과 만나는 점의 응력을 항복강도(f_y)로 결정하여야 한다.
④ 상단과 하단에 2단 이상으로 철근이 배치된 경우 상하 철근은 동일 연직면 내에 배치되어야 하고, 이때 상하 철근의 순간격은 25mm 이상으로 하여야 한다.

009

그림과 같은 철근의 인장시험에 의한 응력-변형률 관계에서, 콘크리트 구조 설계(강도설계법)에 따른 철근의 항복강도에 해당하는 지점은? 25 지방직 9급

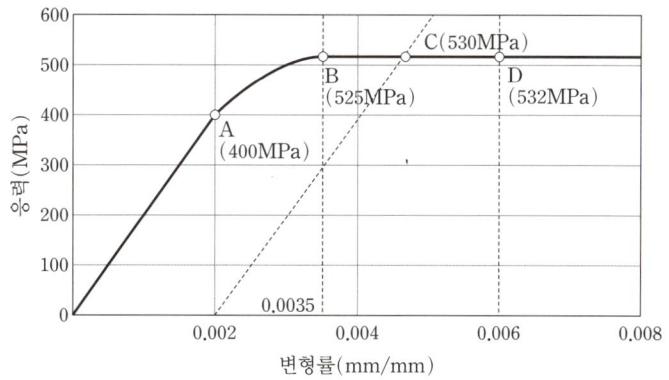

① A점(직선구간 끝의 응력값)
② B점(변형률 0.0035에 상응하는 응력값)
③ C점(변형률 0.002에서 응력 - 변형률 관계의 탄성계수와 같은 기울기로 그은 직선과 만나는 응력값)
④ D점(변형률 0.006에 상응하는 응력값)

009

철근, 철선 및 용접철망의 응력-변형률 곡선에서 항복점이 뚜렷하게 나타나는 경우에는 항복점에서의 응력을 항복강도로 결정한다. 항복점이 뚜렷하게 나타나지 않는 경우에는 0.2% 오프셋법을 적용하여, 0.002의 변형률에서 강재의 탄성계수와 같은 기울기로 직선을 그은 후 응력-변형률 곡선과 만나는 점의 응력을 항복강도(f_y)로 결정하여야 한다.

정답 ③

010

〈보기〉는 건축물의 각 구조 부재별 피복두께를 나타낸 것이다. ㉠~㉢ 중 올바르게 제시된 값들을 모두 고른 것은? (단, 프리스트레스하지 않는 부재의 현장치기 콘크리트이며, 콘크리트의 설계기준압축강도(f_{ck})는 40MPa이다.) 19 서울시 9급(後)

- D16 철근이 배근된 외벽 : ㉠ 40mm
- D22 철근이 배근된 내부 슬래브 : ㉡ 20mm
- D25 철근이 배근된 내부 기둥 : ㉢ 30mm

① ㉠, ㉡
② ㉠, ㉢
③ ㉡, ㉢
④ ㉠, ㉡, ㉢

010

D25 철근이 배근된 내부 기둥의 최소피복두께는 40mm이지만, 콘크리트 설계기준압축강도가 40MPa이므로 규정된 값에서 10mm 저감시킨 30mm로 할 수 있다.

정답 ④

정답 및 해설

011 현장치기 콘크리트의 피복두께

표면 조건	부재	철근	피복 두께
옥외 또는 흙에 직접 접하지 않는 콘크리트	슬래브, 벽체, 장선	D35 이하	20mm
		D35 초과	40mm
	보, 기둥	모든 철근	40mm
흙에 접하거나 옥외에 직접 노출 되는 콘크리트		D16 이하	40mm
		D19 이상	50mm
흙에 접하여 콘크리트를 친 후 영구히 흙에 묻혀 있는 콘크리트			75mm
수중에 타설하는 콘크리트			100mm

정답 ②

012
흙에 접하거나 옥외의 공기에 직접 노출되는 D22 철근을 사용한 기둥의 최소피복두께는 50m 이상으로 한다.

정답 ②

013
① 옥외의 공기에 직접 노출되는 D29 철근을 사용하는 기둥 : 50mm
② 흙에 접하여 콘크리트를 친 후 영구히 흙에 묻혀 있는 보 : 75mm
③ 수중에 타설하는 기둥 : 100mm

정답 ④

---

011 프리스트레스하지 않는 부재의 현장치기콘크리트에서, 흙에 접하여 콘크리트를 친 후 영구히 흙에 묻혀 있는 콘크리트의 최소 피복 두께[mm]는? 　20 국가직 9급

① 100　　　　② 75
③ 60　　　　　④ 40

012 현장치기콘크리트 철근의 최소피복두께(mm)로 옳지 않은 것은? 　12 국가직 9급

① 옥외의 공기나 흙에 직접 접하지 않는 D22 철근을 사용한 벽체 : 20
② 흙에 접하거나 옥외의 공기에 직접 노출되는 D22 철근을 사용한 기둥 : 60
③ 옥외의 공기나 흙에 직접 접하지 않는 D13 철근을 사용한 절판부재 : 20
④ 흙에 접하거나 옥외의 공기에 직접 노출되는 D13 철근을 사용한 슬래브 : 40

013 프리스트레스하지 않는 현장치기콘크리트 부재의 최소피복두께에 대한 설명으로 옳은 것은? 　17 지방직 9급

① 옥외의 공기에 직접 노출되는 D29 철근을 사용하는 기둥 : 40mm
② 흙에 접하여 콘크리트를 친 후 영구히 흙에 묻혀 있는 보 : 60mm
③ 수중에 타설하는 기둥 : 80mm
④ 옥외의 공기나 흙에 직접 접하지 않는 콘크리트 설계기준강도가 30MPa인 보 : 40mm

014
프리스트레스하지 않는 부재의 현장치기콘크리트의 최소피복두께에 대한 설명으로 옳지 않은 것은? 18 국가직 9급

① 수중에서 타설하는 콘크리트 : 80mm
② 옥외의 공기나 흙에 직접 접하지 않는 콘크리트 절판부재 : 20mm
③ 흙에 접하여 콘크리트를 친 후 영구히 흙에 묻혀 있는 콘크리트 : 75mm
④ 옥외의 공기나 흙에 직접 접하지 않는 콘크리트로 D35 이하의 철근을 사용한 슬래브 : 20mm

014
프리스트레스하지 않는 부재의 현장치기콘크리트의 최소피복두께에서 수중에서 타설하는 콘크리트는 최소 100mm 이상이다.
정답 ①

015
프리스트레스하지 않는 구조부재의 현장치기 콘크리트와 최소 피복두께를 옳지 않게 짝지은 것은? (단, 콘크리트 설계기준압축강도는 28MPa이다.) 20 서울시 7급

① 수중에서 치는 콘크리트 : 100mm
② 흙에 접하여 콘크리트를 친 후 영구히 흙에 묻혀 있는 콘크리트 : 60mm
③ 옥외의 공기나 흙에 직접 접하지 않는 보나 기둥 : 40mm
④ D35 이하의 철근을 사용한 옥외의 공기나 흙에 직접 접하지 않는 슬래브 : 20mm

015
흙에 접하여 콘크리트를 친 후 영구히 흙에 묻혀 있는 콘크리트의 최소 피복두께는 75mm 이상으로 한다.
정답 ②

016
특수환경에 노출되지 않고 프리스트레스하지 않는 부재에 대한 현장치기 콘크리트의 최소 피복두께로 옳지 않은 것은? 21 지방직 9급

① D19 이상의 철근을 사용한 옥외의 공기에 직접 노출되는 콘크리트의 경우 : 50mm
② D35 이하의 철근을 사용한 옥외의 공기나 흙에 직접 접하지 않는 콘크리트 벽체의 경우 : 20mm
③ 흙에 접하여 콘크리트를 친 후 영구히 흙에 묻혀 있는 콘크리트의 경우 : 60mm
④ 콘크리트 설계기준압축강도가 30MPa인 옥외의 공기나 흙에 직접 접하지 않는 콘크리트 기둥의 경우 : 40mm

016
흙에 접하여 콘크리트를 친 후 영구히 흙에 묻혀 있는 콘크리트의 경우 : 75mm
정답 ③

정답 및 해설

017
피복두께는 콘크리트 표면과 그에 가장 가까이 배치된 철근 표면까지의 거리이다.

정답 ④

018
철근콘크리트구조에서 피복두께는 콘크리트 표면으로부터 최외단 철근 바깥표면까지의 최단거리로 정의한다.

정답 ①

019
현장치기 콘크리트의 피복두께

표면 조건	부재	철근	피복 두께
옥외 또는 흙에 직접 접하지 않는 콘크리트	슬래브, 벽체, 장선	D35 이하	20mm
		D35 초과	40mm
	보, 기둥	모든 철근	40mm
흙에 접하거나 옥외에 직접 노출되는 콘크리트		D16 이하	40mm
		D19 이상	50mm
흙에 접하여 콘크리트를 친 후 영구히 흙에 묻혀 있는 콘크리트			75mm
수중에 타설하는 콘크리트			100mm

정답 ①

---

017 철근콘크리트구조에서 철근의 피복두께에 대한 설명으로 옳지 않은 것은? (단, 특수환경에 노출되지 않은 콘크리트로 한다.)   20 지방직 9급

① 옥외의 공기나 흙에 직접 접하지 않는 프리캐스트콘크리트 기둥의 띠철근에 대한 최소피복두께는 10mm이다.
② 피복두께는 철근을 화재로부터 보호하고, 공기와의 접촉으로 부식되는 것을 방지하는 역할을 한다.
③ 프리스트레스하지 않는 수중타설 현장치기콘크리트 부재의 최소피복두께는 100mm이다.
④ 피복두께는 콘크리트 표면과 그에 가장 가까이 배치된 철근 중심까지의 거리이다.

018 철근콘크리트구조에서 피복두께에 대한 설명으로 옳지 않은 것은?   10 지방직 9급

① 콘크리트 표면으로부터 최외단 철근 중심까지의 거리로 정의된다.
② 철근콘크리트구조물의 내구성 및 철근과 콘크리트의 부착력 확보 관점에서 규정된 것이다.
③ 기초판과 같이 흙에 접하여 콘크리트가 타설되고 영구히 흙에 묻혀 있는 부재의 피복두께는 75mm 이상이어야 한다.
④ 옥외 공기나 흙에 노출되지 않는 보와 기둥의 최소피복두께는 40mm이지만 콘크리트 압축강도가 40MPa 이상인 경우 10mm를 저감할 수 있다.

019 철근콘크리트구조에서 현장치기 콘크리트의 경우 각 부재의 최소 피복두께의 값으로 옳지 않은 것은?   09 국가직 9급

① 옥외의 공기나 흙에 직접 접하지 않는 슬래브나 장선에 D35 철근을 사용한 경우 : 40mm
② 흙에 접하거나 옥외의 공기에 직접 노출되는 콘크리트에 D25 철근을 사용한 경우 : 50mm
③ 흙에 접하여 콘크리트를 친 후 영구히 흙에 묻혀 있는 콘크리트 : 75mm
④ 수중에서 타설하는 콘크리트 : 100mm

020

다음 중 프리스트레스하지 않는 현장치기 콘크리트의 최소피복두께로 가장 옳지 않은 것은?

17 서울시 9급(前)

① 흙에 접하여 콘크리트를 친 후 영구히 흙에 묻혀 있는 콘크리트의 최소 피복두께는 75mm이다.
② 옥외 공기에 직접 노출되는 콘크리트 기둥에 D22 철근이 사용될 경우 최소 피복두께는 40mm이다.
③ 옥외의 공기나 흙에 직접 접하지 않은 슬래브에 D13 철근이 사용될 경우 최소 피복두께는 20mm이다.
④ 옥외의 공기나 흙에 직접 접하지 않은 보에 사용된 콘크리트의 강도가 $f_{ck} \geq 40$MPa일 때 최소 피복두께는 30mm이다.

020
옥외 공기에 직접 노출되는 콘크리트 기둥에 D22 철근이 사용될 경우 최소 피복두께는 50mm이다.

정답 ②

021

옥외의 공기나 흙에 직접 접하지 않는 프리캐스트콘크리트 보에 배근되는 스터럽의 최소피복두께[mm]는?

16 국가직 9급

① 10
② 20
③ 30
④ 40

021
최소피복두께는 옥외의 공기나 흙에 직접 접하지 않는 프리캐스트콘크리트 보 또는 기둥에 배근되는 띠철근, 스터럽, 나선철근인 경우 10mm, 주철근인 경우 철근의 공칭직경 이상으로 한다.

정답 ①

022

다음 중 프리스트레스하지 않는 부재의 현장치기 콘크리트의 최소 피복두께에 관한 설명으로 가장 옳지 않은 것은?

17 서울시 9급(後)

① 흙에 접하거나 옥외의 공기에 직접 노출되는 콘크리트에서 D25 철근일 경우는 50mm이다.
② 흙에 접하여 콘크리트를 친 후 영구히 흙에 묻혀 있는 콘크리트의 경우는 60mm이다.
③ 수중에서 타설하는 콘크리트의 경우는 100mm이다.
④ 옥외의 공기나 흙에 직접 접하지 않는 콘크리트의 보와 기둥은 40mm이다.(콘크리트의 설계기준강도 f_{ck}가 40MPa 이상인 경우 규정된 값에서 10mm 저감시킬 수 있다.)

022
흙에 접하여 콘크리트를 친 후 영구히 흙에 묻혀 있는 콘크리트의 경우는 75mm이다.

정답 ②

정답 및 해설

023
피복두께는 콘크리트 표면에서 가장 근접한 철근표면까지 거리를 말한다.

정답 ①

024
2개 이상의 철근을 묶어서 사용하는 다발철근은 이형철근으로, 그 개수는 4개 이하이어야 하며, 이들은 스터럽이나 띠철근으로 둘러싸여져야 한다.

정답 ④

---

023 철근콘크리트조에서 철근의 피복두께에 관한 기술 중 틀린 것은? 　11 지방직 9급

① 철근의 피복두께는 주근의 표면부터 콘크리트의 표면까지의 최단거리를 말한다.
② 현장치기 콘크리트 중 흙에 접하거나 옥외의 공기에 직접 노출되는 콘크리트에 사용되는 D19 이상 철근의 최소피복두께는 50mm이다.
③ 내화를 필요로 하는 구조물의 피복두께는 화열의 온도, 지속시간, 사용골재의 성질 등을 고려하여 정하여야 한다.
④ 다발철근의 피복두께는 다발의 등가지름 이상으로 하여야 한다.

024 「건축구조기준(KDS)」에서 제시하는 철근 배치 간격제한에 관한 설명 중 가장 옳지 않은 것은? 　17 서울시 9급(後)

① 동일 평면에서 평행하는 철근 사이의 수평 순간격은 25mm 이상, 철근의 공칭지름 이상으로 하여야 한다.
② 상단과 하단에 2단 이상으로 배치된 경우 상하 철근은 동일 연직면 내에 배치되어야 하고, 이때 상하 철근의 순간격은 25mm 이상으로 하여야 한다.
③ 나선철근 또는 띠철근이 배근된 압축부재에서 축방향철근의 순간격은 40mm 이상, 또한 철근 공칭지름의 1.5배 이상으로 하여야 한다.
④ 2개 이상의 철근을 묶어서 사용하는 다발철근은 이형철근으로, 그 개수는 5개 이하이어야 하며, 이들은 스터럽이나 띠철근으로 둘러싸여져야 한다.

025
철근콘크리트구조에서 철근배근에 대한 설명으로 옳지 않은 것은? 14 국가직 9급

① 동일 평면에서 평행하는 철근 사이의 수평 순간격은 25mm 이상, 또한 철근의 공칭지름 이상으로 하며, 굵은골재 공칭최대치수 규정도 만족해야 한다.
② 1방향 철근콘크리트 슬래브에서 수축·온도철근은 설계기준항복강도를 발휘할 수 있도록 정착되어야 한다.
③ 나선철근과 띠철근 기둥에서 종방향철근의 순간격은 40mm 이상, 또한 철근공칭지름의 1.5배 이상으로 하며, 굵은골재 공칭최대치수 규정도 만족해야 한다.
④ 흙에 접하는 현장치기 콘크리트에 배근되는 D25 철근의 최소피복두께는 40mm이다.

025
흙에 접하는 현장치기 콘크리트에 배근되는 D25 철근의 최소피복두께는 50mm이다.
정답 ④

026
다발철근에 대한 설명으로 가장 옳지 않은 것은? (단, d_b : 철근의 공칭 지름이다.) 19 서울시 7급, 24 서울시 9급

① 2개 이상의 철근을 묶어서 사용하는 다발철근은 원형 철근과 이형철근으로 그 개수는 4개 이하이어야 하며, 스터럽이나 띠철근으로 둘러싸여야 한다.
② 휨 부재의 경간 내에서 끝나는 한 다발철근 내의 개개 철근은 $40d_b$ 이상 서로 엇갈리게 끝나야 한다.
③ 다발철근의 간격과 최소피복두께를 철근지름으로 나타낼 경우, 다발철근의 지름은 등가단면적으로 환산된 1개의 철근지름으로 보아야 한다.
④ 보에서 D35를 초과하는 철근은 다발로 사용할 수 없다.

026
2개 이상의 철근을 묶어서 사용하는 다발철근은 이형철근으로, 그 개수는 4개 이하이어야 하며, 이들은 스터럽이나 띠철근으로 둘러싸여야 한다.
정답 ①

027
철근콘크리트구조에서 철근의 정착길이가 충분하지 않을 경우 표준갈고리로 하여 정착길이를 짧게 할 수 있다. D25 주철근을 90° 표준갈고리로 하여 정착시킬 경우 갈고리 철근의 자유단 길이로 옳은 것은? (단, D25철근의 공칭지름은 25mm로 한다.) 15 서울시 9급

① 150mm
② 200mm
③ 250mm
④ 300mm

027
주철근의 표준갈고리 가공 시 90° 표준갈고리는 90° 구부린 끝에서 $12d_b$ 이상 더 연장되어야 하므로 갈고리 철근의 자유단 길이는 12×25mm=300mm가 된다.
정답 ④

정답 및 해설

028
주철근의 90° 표준갈고리는 90° 구부린 끝에서 $12d_b$ 이상 더 연장되어야 한다.
정답 ②

029
주철근에 대한 90° 표준갈고리의 구부림 내면 반지름은 $3d_b$ 이상으로 하여야 한다.
정답 ②

030
D25 이하인 스터럽과 띠철근의 135° 표준갈고리는 구부린 끝에서 $6d_b$ 이상 더 연장하여야 한다.
정답 ④

---

028 철근콘크리트구조에 사용되는 표준갈고리에 대한 설명으로 옳지 않은 것은? (단, d_b는 철근의 공칭지름이다.)
09 지방직 9급, 11 지방직 7급

① 주철근의 180° 표준갈고리는 180° 구부린 반원 끝에서 $4d_b$ 이상, 또한 60mm 이상 더 연장되어야 한다.
② 주철근의 90° 표준갈고리는 90° 구부린 끝에서 $6d_b$ 이상 더 연장되어야 한다.
③ 스터럽과 띠철근의 90° 표준갈고리에서 D16 이하의 철근은 90° 구부린 끝에서 $6d_b$ 이상 더 연장하여야 한다.
④ 스터럽과 띠철근의 135° 표준갈고리에서 D25 이하의 철근은 135° 구부린 끝에서 $6d_b$ 이상 더 연장하여야 한다.

029 철근콘크리트구조에서 공칭직경이 d_b인 D16 철근의 표준갈고리 가공에 대한 설명으로 옳지 않은 것은?
20 지방직 9급

① 주철근에 대한 180° 표준갈고리는 구부린 반원 끝에서 $4d_b$ 이상 더 연장하여야 한다.
② 주철근에 대한 90° 표준갈고리의 구부림 내면 반지름은 $2d_b$ 이상으로 하여야 한다.
③ 스터럽과 띠철근에 대한 90° 표준갈고리는 구부린 끝에서 $6d_b$ 이상 더 연장하여야 한다.
④ 스터럽에 대한 90° 표준갈고리의 구부림 내면 반지름은 $2d_b$ 이상으로 하여야 한다.

030 철근콘크리트구조의 철근가공에서 표준갈고리에 대한 설명으로 옳지 않은 것은?
12 국가직 9급

① 180° 표준갈고리는 구부린 반원 끝에서 $4d_b$ 이상, 또한 60mm 이상 더 연장되어야 한다.
② D19, D22와 D25인 스터럽과 띠철근의 90° 표준갈고리는 구부린 끝에서 $12d_b$ 이상 더 연장하여야 한다.
③ D16 이하인 스터럽과 띠철근의 90° 표준갈고리는 구부린 끝에서 $6d_b$ 이상 더 연장하여야 한다.
④ D25 이하인 스터럽과 띠철근의 135° 표준갈고리는 구부린 끝에서 $4d_b$ 이상 더 연장하여야 한다.

031 콘크리트구조에서 표준갈고리에 대한 설명으로 옳지 않은 것은? 18 지방직 9급

① 주철근의 표준갈고리는 180° 표준갈고리와 90° 표준갈고리로 분류된다.
② 주철근의 90° 표준갈고리는 구부린 끝에서 공칭지름의 12배 이상 더 연장되어야 한다.
③ 스터럽과 띠철근의 표준갈고리는 90° 표준갈고리와 135° 표준갈고리로 분류된다.
④ D19 철근을 사용한 스터럽의 90° 표준갈고리는 구부린 끝에서 공칭지름의 6배 이상 더 연장되어야 한다.

정답 및 해설

031
D19 철근을 사용한 스터럽의 90° 표준갈고리는 구부린 끝에서 공칭지름의 12배 이상 더 연장되어야 한다.
정답 ④

---

032 다음의 ㉠, ㉡에 들어갈 내용으로 옳은 것은? (단, d_b는 철근의 공칭지름이다.) 20 서울시 7급

> 스터럽으로 사용되는 D13 철근의 135° 표준갈고리의 구부림 내면 반지름은 (㉠) 이상으로 하여야 하며 구부린 끝에서 (㉡) 이상 더 연장하여야 한다.

	㉠	㉡		㉠	㉡
①	$2d_b$	$6d_b$	②	$2d_b$	$12d_b$
③	$3d_b$	$6d_b$	④	$3d_b$	$12d_b$

032
스터럽으로 사용되는 D13 철근의 135° 표준갈고리의 구부림 내면 반지름은 $2d_b$ 이상으로 하여야 하며 구부린 끝에서 $6d_b$ 이상 더 연장하여야 한다.
정답 ①

---

033 콘크리트구조의 철근상세에 대한 설명으로 가장 옳지 않은 것은? 19 서울시 9급(前)

① 주철근의 180° 표준갈고리는 구부린 반원 끝에서 철근지름의 4배 이상, 또한 60mm 이상 더 연장되어야 한다.
② 주철근의 90° 표준갈고리는 구부린 끝에서 철근지름의 6배 이상 더 연장되어야 한다.
③ 스터럽과 띠철근의 90° 표준갈고리의 경우, D16 이하의 철근은 구부린 끝에서 철근지름의 6배 이상 더 연장되어야 한다.
④ 스터럽과 띠철근의 135° 표준갈고리의 경우, D25 이하의 철근은 구부린 끝에서 철근지름의 6배 이상 더 연장되어야 한다.

033
주철근의 90° 표준갈고리는 구부린 끝에서 철근지름의 12배 이상 더 연장되어야 한다.
정답 ②

정답 및 해설

034
굵은골재의 공칭 최대치수는 다음 값을 초과하지 않아야 한다.
㉠ 거푸집 양 측면 사이의 최소거리의 1/5 이하
㉡ 슬래브 두께의 1/3 이하
㉢ 개별철근, 다발철근, 긴장재 또는 덕트 사이 최소 순간격의 3/4 이하
정답 ③

035
철근조립을 위해 교차되는 철근은 움직이지 않도록 철선으로 결속한다.
정답 ②

036
스터럽 또는 띠철근으로 사용되는 용접철망(원형 또는 이형)에 대한 표준갈고리의 구부림 내면반지름은 지름이 7mm 이상인 이형철선은 $2d_b$, 그 밖의 철선은 d_b 이상으로 하여야 한다.
정답 ②

---

034 철근콘크리트구조에서 골재크기 및 철근간격의 제한규정에 대한 설명으로 옳지 않은 것은?
10 국가직 7급

① 동일 평면에서 평행한 철근 사이의 수평 순간격은 25mm 이상, 또한 철근의 공칭 지름 이상으로 하여야 한다.
② 상단과 하단에 2단 이상으로 배치된 경우 상하철근은 동일 연직면 내에 배치되어야 하고, 이때 상하철근의 순간격은 25mm 이상으로 하여야 한다.
③ 굵은골재의 공칭 최대치수는 개별 철근 사이의 최소 순간격을 초과하지 않아야 한다.
④ 벽체 또는 슬래브에서 휨주철근의 간격은 벽체나 슬래브 두께의 3배 이하로 하여야 하고, 또한 450mm 이하로 하여야 한다.

035 철근콘크리트구조의 철근배근에 대한 설명으로 옳지 않은 것은?
10 지방직 7급

① 철근은 콘크리트를 치기 전에 정확하게 배치하고 움직이지 않도록 적절하게 배치한다.
② 철근조립을 위해 교차되는 철근은 움직이지 않도록 용접해야 한다.
③ 스터럽과 띠철근의 표준갈고리는 90° 표준갈고리와 135° 표준갈고리로 구분된다.
④ 갈고리는 압축을 받는 경우 철근정착에 유효하지 않은 것으로 보아야 한다.

036 철근콘크리트조에서 철근의 가공과 배치에 대한 설명으로 옳지 않은 것은? (단, d_b는 철근, 철선 또는 프리스트레싱 강연선의 공칭지름(mm)을 의미한다.)
13 국가직 9급

① 철근조립을 위해 교차되는 철근은 용접하지 않아야 한다. 다만, 책임기술자가 승인한 경우에는 용접할 수 있다.
② 스터럽 또는 띠철근으로 사용되는 용접철망(원형 또는 이형)에 대한 표준갈고리의 구부림 내면반지름은 지름이 7mm 이상인 이형철선은 d_b, 그 밖의 철선은 $2d_b$ 이상으로 하여야 한다.
③ 부재단에서 프리텐셔닝 긴장재의 중심간격은 강선에서 $5d_b$, 강연선에서 $4d_b$ 이상이어야 한다.
④ 동일 평면에서 평행하는 철근 사이의 수평 순간격은 25mm 이상, 또한 철근의 공칭지름 이상으로 하여야 하며, 또한 굵은골재의 공칭 최대치수에 대한 제한규정도 만족하여야 한다.

037 저온의 동절기 공사, 도로 및 수중공사 등 긴급공사에 사용되며, 뛰어난 단기강도 때문에 PC제품 제조 시 생산성을 높일 수 있는 시멘트는? 15 국가직 9급

① 고로시멘트
② 조강포틀랜드시멘트
③ 중용열포틀랜드시멘트
④ 내황산염포틀랜드시멘트

037
조강포틀랜드시멘트는 분말도가 크고, 발열량이 커서 조기강도가 다른 시멘트보다 크다.
정답 ②

038 철근콘크리트구조에 사용되는 골재에 대한 설명 중 옳지 않은 것은? 09 국가직 7급

① 굵은골재는 콘크리트 체규격 5mm체를 통과하고 0.08mm체에 남는 골재이다.
② 골재의 입도를 나타내는 조립률은 0.15, 0.3, 0.6, 1.2, 2.5, 5, 10, 20, 40 및 80mm의 10개 체의 누가 잔류율의 합계를 100으로 나눈 값이다.
③ 굵은 골재의 공칭 최대치수는 거푸집 양 측면 사이의 최소 거리의 1/5, 슬래브 두께의 1/3, 개별철근 또는 다발철근 사이 최소 순간격의 3/4을 초과하지 않아야 한다.
④ 콘크리트용 골재는 보통 중량콘크리트에 사용되는 천연골재와 경량콘크리트에 사용되는 플라이애시, 점토 등을 소성 팽창시킨 인공경량골재로 구분된다.

038
잔골재는 콘크리트 체규격 5mm체를 통과하고 0.08mm체에 남는 골재이다.
정답 ①

039 콘크리트 AE혼화제의 사용효과에 대한 설명으로 옳지 않은 것은? 15 국가직 7급

① 물시멘트비가 일정한 경우 증가된 간극비 때문에 강도가 증가한다.
② 콘크리트의 동결융해에 대한 저항성이 증가한다.
③ 타설하는 동안 재료분리 현상이 감소한다.
④ 콘크리트 내에 공기를 연행시킴으로써 작업성(Workabily)이 향상된다.

039
AE혼화제를 사용하면 공기량은 증가하지만, 콘크리트의 압축강도는 감소한다.
정답 ①

정답 및 해설

040
저강도 콘크리트는 고강도 콘크리트보다 더 큰 변형률에서 파괴된다.
정답 ④

041
① 강도설계법에서 파괴 시 극한 변형률 값으로 본다.
③ 초기접선탄성계수는 응력-변형률 곡선에서 초기 선형 상태의 기울기를 뜻한다.
④ 압축강도 실험 시 하중을 가하는 재하속도는 강도 값에 영향을 미친다.
정답 ②

042
콘크리트의 할선탄성계수
$E_c = 8,500 \sqrt[3]{f_{cu} + \Delta f}$
$= 8,500 \sqrt[3]{30+4}$
$= 8,500 \sqrt[3]{34}$
여기서, Δf는 f_{ck}가 40MPa 이하면 4MPa, 60MPa 이상이면 6MPa이며, 그 사이는 직선보간으로 구한다.
정답 ③

---

040 콘크리트 응력-변형률 곡선에 대한 설명으로 가장 옳지 않은 것은? 17 서울시 7급

① 응력이 낮은 범위에서는 비선형이지만 선형으로 볼 수 있다.
② 허용응력 범위에서 콘크리트는 탄성재료이다.
③ 최대응력에서 변형률은 0.002~0.0033 범위에 있다.
④ 저강도 콘크리트는 고강도 콘크리트보다 더 작은 변형률에서 파괴된다.

041 콘크리트 재료에 대한 설명으로 가장 옳은 것은? 19 서울시 9급(前)

① 강도설계법에서 파괴 시 극한 변형률을 0.005로 본다.
② 콘크리트의 탄성계수는 콘크리트의 압축강도에 따라 그 값을 달리한다.
③ 할선탄성계수(secant modulus)는 응력-변형률 곡선에서 초기 선형 상태의 기울기를 뜻한다.
④ 압축강도 실험 시 하중을 가하는 재하속도는 강도 값에 영향을 미치지 않는다.

042 보통중량 콘크리트의 설계기준압축강도(f_{ck})가 30MPa일 때 콘크리트의 할선탄성계수(E_c, MPa)는? (단, 콘크리트의 평균 압축강도(f_{cm})에 대한 충분한 시험자료는 없는 상태이다) 24 국가직 9급

① $8,500 \sqrt[3]{30}$
② $8,500 \sqrt[3]{33}$
③ $8,500 \sqrt[3]{34}$
④ $8,500 \sqrt[3]{35}$

043
철근콘크리트구조의 재료 및 특성에 관한 설명으로 옳지 않은 것은?   14 서울시 7급

① 콘크리트의 인장강도는 압축강도에 비해 매우 작기 때문에 철근콘크리트 단면 설계 시 고려하지 않는다.
② 콘크리트 압축강도는 지름 15cm, 높이 30cm의 원통형 표준 공시체를 사용하여 재령 28일 기준으로 측정한 값이다.
③ 철근의 종류로는 단면이 원형인 원형철근과 부착력을 증대시키기 위해 표면에 돌기를 붙인 이형철근이 있다.
④ 철근의 역학적 특성은 인장시험, 굽힘시험 등의 재료시험을 통해서 파악한다.
⑤ 콘크리트와 철근의 탄성계수는 강도의 증가에 따라 상승한다.

043
철근의 탄성계수는 강도의 증감에 관계없이 일정한 값을 갖는 데 비해 일반적으로 콘크리트의 탄성계수는 강도가 증가함에 따라 상승한다.
정답 ⑤

044
철근콘크리트구조에서 콘크리트의 품질시험에 대한 설명으로 옳지 않은 것은? (단, f_{ck}는 콘크리트의 설계기준압축강도를 의미한다.)   13 국가직 9급

① 특별한 다른 규정이 없을 경우 f_{ck}는 재령 28일 강도를 기준으로 해야 한다. 다른 재령에 시험을 했다면, f_{ck}의 시험일자를 설계도나 시방서에 명시해야 한다.
② 콘크리트는 내구성 규정을 만족시키도록 배합해야 할 뿐만 아니라 평균 소요배합강도가 확보되도록 배합하여야 한다. 콘크리트를 생산할 때 시험실 공시체에 대해 규정한 바와 같이 f_{ck} 미만의 강도가 나오는 빈도를 최소화하여야 한다.
③ 사용 콘크리트의 전체 양이 40m³보다 적을 경우 책임기술자의 판단으로 만족할 만한 강도라고 인정될 때는 강도시험을 생략할 수 있다.
④ 쪼갬인장강도 시험결과를 현장 콘크리트의 적합성 판단기준으로 사용할 수 있다.

044
쪼갬인장강도 시험결과를 현장 콘크리트의 적합성 판단기준으로 사용할 수 없다.
정답 ④

045
KDS구조기준에 따라 콘크리트 평가를 하기 위해 각 날짜에 친 각 등급의 콘크리트 강도시험용 시료의 최소 채취 기준으로 옳지 않은 것은? (단, 콘크리트를 치는 전체량은 각 답항에 대하여 채취를 할 수 있는 양이다.)   14 지방직 9급, 19 지방직 9급

① 하루에 1회 이상
② 200m³ 당 1회 이상
③ 슬래브나 벽체의 표면적 500m² 마다 1회 이상
④ 배합이 변경될 때마다 1회 이상

045
각 날짜에 친 각 등급의 콘크리트 강도시험용 시료는 하루에 1회 이상, 120m³당 1회 이상, 슬래브나 벽체의 표면적 500m²마다 1회 이상, 배합이 변경될 때마다 1회 이상으로 채취하여야 한다.
정답 ②

정답 및 해설

046
KDS 41 30 00 : 120m² 당 1회 이상
정답 ②

047
콘크리트 각 등급의 강도는 3번의 연속강도 시험의 결과 그 평균값이 f_{ck} 이상일 때와 개개의 강도시험값이 f_{ck}가 35MPa 이하인 경우에는 $(f_{ck}-3.5)$MPa 이상, 또한 f_{ck}가 35MPa 초과인 경우에는 $0.9f_{ck}$ 이상인 경우, 두 요건이 충족되면 만족할 만한 것으로 간주할 수 있다.
정답 ④

048
① 비빈 콘크리트를 3회로 나누어 넣고 매회 다짐막대로 25회 다진다.
② 상부직경 100mm, 하부직경 200mm, 높이 300mm의 철제형틀을 평평한 수밀판 위에 놓고 측정한다.
④ 콘크리트의 성형성이나 마무리의 용이성 판단에 이용된다.
정답 ③

---

046 건축구조물에서 각 날짜에 타설한 각 등급의 콘크리트 강도시험용 시료를 채취하는 기준으로 옳지 않은 것은?   19 국가직 9급

① 하루에 1회 이상
② 150m³당 1회 이상
③ 슬래브나 벽체의 표면적 500m²마다 1회 이상
④ 배합이 변경될 때마다 1회 이상

047 시험실에서 양생한 공시체의 강도평가에 대한 〈보기〉의 설명에서 ㉠~㉢에 들어갈 값을 순서대로 바르게 나열한 것은?   19 서울시 9급(前)

> 콘크리트 각 등급의 강도는 다음의 두 요건이 충족되면 만족할 만한 것으로 간주할 수 있다.
> (가) ㉠번의 연속강도 시험의 결과 그 평균값이 ㉡ 이상일 때
> (나) 개개의 강도시험값이 f_{ck}가 35MPa 이하인 경우에는 $(f_{ck}-3.5)$MPa 이상, 또한 f_{ck}가 35MPa 초과인 경우에는 ㉢ 이상인 경우

	㉠	㉡	㉢
①	2	f_{ck}	$0.85f_{ck}$
②	2	$0.9f_{ck}$	$0.9f_{ck}$
③	3	$0.9f_{ck}$	$0.85f_{ck}$
④	3	f_{ck}	$0.9f_{ck}$

048 슬럼프시험에 대한 설명으로 옳은 것은?   11 국가직 9급

① 비빈 콘크리트를 3회로 나누어 넣고 매회 다짐막대로 20회 다진다.
② 상부직경 150mm, 하부직경 250mm, 높이 300mm의 철제형틀을 평평한 수밀판 위에 놓고 측정한다.
③ 콘크리트의 반죽질기를 측정하고 워커빌리티를 비교하는 데 이용된다.
④ 콘크리트의 성형성이나 마무리의 용이성 판단에 이용하지 않는다.

049 콘크리트구조 현장재하실험에 대한 설명으로 옳지 않은 것은? 19 국가직 9급

① 재하할 보나 슬래브 수와 하중배치는 강도가 의심스러운 구조부재의 위험단면에서 최대응력과 처짐이 발생하도록 결정하여야 한다.
② 재하할 실험하중은 해당 구조 부분에 작용하고 있는 고정하중을 포함하여 설계하중의 75% 이상이어야 한다.
③ 실험하중은 4회 이상 균등하게 나누어 증가시켜야 한다.
④ 측정된 최대처짐과 잔류처짐이 허용기준을 만족하지 않을 때 재하실험을 반복할 수 있다.

049
재하할 실험하중은 해당 구조 부분에 작용하고 있는 고정하중을 포함하여 설계하중의 85%, 즉 $0.85(1.2D+1.6L)$ 이상이어야 한다.
정답 ②

050 현장재하실험 중 콘크리트구조의 재하실험에 대한 설명으로 가장 옳지 않은 것은? 19 서울시 9급(後)

① 하나의 하중배열로 구조물의 적합성을 나타내는 데 필요한 효과(처짐, 비틀림, 응력 등)들의 최댓값을 나타내지 못한다면 2종류 이상의 실험하중의 배열을 사용하여야 한다.
② 재하할 실험하중은 해당 구조부분에 작용하고 있는 고정하중을 포함하여 설계하중의 85%, 즉 $0.85(1.2D+1.6L)$ 이상이어야 한다.
③ 처짐, 회전각, 변형률, 미끄러짐, 균열폭 등 측정값의 기준이 되는 영점 확인은 실험하중의 재하 직전 2시간 이내에 최초 읽기를 시행하여야 한다.
④ 전체 실험하중은 최종 단계의 모든 측정값을 얻은 직후에 제거하며 최종 잔류측정값은 실험하중이 제거된 후 24시간이 경과하였을 때 읽어야 한다.

050
처짐, 회전각, 변형률, 미끄러짐, 균열폭 등 측정값의 기준이 되는 영점 확인은 실험하중의 재하 직전 1시간 이내에 최초 읽기를 시행하여야 한다.
정답 ③

051 해안지역 건물 설계 시 염분에 대한 대책으로 옳지 않은 것은? 10 지방직 9급

① 피복두께를 증가시킨다.
② 콘크리트의 강도를 증가시킨다.
③ 별도의 표면처리공사를 시행한다.
④ 물-시멘트비가 큰 콘크리트를 사용한다.

051
해안지역 건물은 바닷물이 증발하면서 건물에 침투하는 경향이 있으므로 부재 설계시 물-시멘트비가 적은 콘크리트를 사용하여 염분의 침투를 막을 필요가 있다.
정답 ④

CHAPTER 02 사용성 및 내구성

정답 및 해설

001
균열제어를 위한 철근은 필요로 하는 부재 단면의 주변에 분산시켜 배치하여야 하고, 이 경우 철근의 지름과 간격을 가능한 한 작게 하여야 한다.
정답 ④

002
부재의 안전성은 계수하중에 의하여 검토하지만, 처짐이나 균열 또는 피로 등 사용성은 사용하중에 의하여 검토한다.
정답 ③

003
콘크리트 구조물의 내구성 평가 시 성능저하환경에 놓여있는 콘크리트 구조물의 주된 성능저하인자인 염해, 탄산화, 동결융해, 화학적 침식, 알칼리 골재반응에 대하여 검토하여야 한다. 크리프는 콘크리트 구조물의 사용성 평가 기준에 해당된다.
정답 ①

---

001 콘크리트구조의 사용성 설계기준에 대한 설명으로 옳지 않은 것은?   19 지방직 9급

① 사용성 검토는 균열, 처짐, 피로의 영향 등을 고려하여 이루어져야 한다.
② 특별히 수밀성이 요구되는 구조는 적절한 방법으로 균열에 대한 검토를 하여야 하며, 이 경우 소요수밀성을 갖도록 하기 위한 허용균열폭을 설정하여 검토할 수 있다.
③ 미관이 중요한 구조는 미관상의 허용균열폭을 설정하여 균열을 검토할 수 있다.
④ 균열제어를 위한 철근은 필요로 하는 부재 단면의 주변에 분산시켜 배치하여야 하고, 이 경우 철근의 지름과 간격을 가능한 한 크게 하여야 한다.

002 건축구조기준(KDS)에 따른 철근콘크리트구조물의 처짐검토를 위해 적용하는 하중은?   12 국가직 9급

① 계수하중(Factored Load)
② 설계하중(Design Load)
③ 사용하중(Service Load)
④ 극한하중(Ultimate Load)

003 콘크리트구조 내구성 설계기준에서 규정하고 있는 내구성 평가의 주된 성능저하 인자와 가장 관련성이 적은 것은?   22 지방직 9급

① 크리프
② 탄산화
③ 화학적 침식
④ 염해

004

철근콘크리트구조의 내구성 및 사용성에 대한 설명으로 옳지 않은 것은?

09 국가직 7급

① 처짐은 고강도 콘크리트와 철근을 사용할 때보다 저강도의 재료를 사용할 때 주의하여야 한다.
② 내구성에 있어서 균열은 환경조건, 피복두께, 사용기간 등에 따라 정해지는 허용균열폭 이하로 제어하는 것을 원칙으로 한다.
③ 보의 처짐은 칸막이벽에 균열이 일으키거나 문, 창문 등의 개구부를 변형시켜 기능을 저하시킨다.
④ 보의 처짐 계산 시 즉시 처짐뿐만 아니라 크리프와 건조수축에 의한 장기처짐을 고려하여야 한다.

정답 및 해설

004
처짐은 콘크리트나 철근이 고강도화의 경향에 있고, 또 설계법이 정밀해짐에 따라 부재단면이 작아지는 경향이 있으므로, 이 경우일 때 더 처짐이나 균열에 대하여 검토하여야 한다.

정답 ①

005

콘크리트구조 내구성 설계기준에서 보통 정도의 습도에 노출되는 콘크리트로 탄산화 위험이 비교적 높은 경우에 내구성 확보를 위하여 요구되는 콘크리트 최소 설계기준압축강도[MPa]는? (단, 별도의 내구성 설계와 보호 조치는 취하지 않는다)

24 지방직 9급

① 24
② 27
③ 30
④ 35

005
콘크리트구조 내구성 설계기준에서 보통 정도의 습도에 노출되는 콘크리트로 탄산화 위험이 비교적 높은 경우에 내구성 확보를 위하여 요구되는 콘크리트 최소 설계기준압축강도는 27MPa 이상이라야 한다. 다만, 별도의 내구성 설계를 통해 입증된 경우나 성능이 확인된 별도의 조치를 취하는 경우에는 규정하는 값보다 낮은 강도를 적용할 수 있다.

정답 ②

006

콘크리트 인장강도에 대한 설명으로 가장 옳지 않은 것은?

19 서울시 9급(前)

① 휨재의 균열발생, 전단, 부착 등 콘크리트의 인장응력 발생 조건별로 적합한 인장강도 시험방법으로 평가해야 한다.
② f_{ck}값을 이용하여 콘크리트파괴계수 f_r을 산정할 때, 동일한 f_{ck}를 갖는 경량콘크리트와 일반중량콘크리트의 f_r은 동일하다.
③ 시험 없이 계산으로 산정된 콘크리트파괴계수 f_r과 쪼갬인장강도 f_{sp}는 $\sqrt{f_{ck}}$에 비례한다.
④ 쪼갬인장강도 시험 결과는 현장 콘크리트의 적합성 판단기준으로 사용할 수 없다.

006
f_{ck}값을 이용하여 콘크리트파괴계수 f_r을 산정할 때, 동일한 f_{ck}를 갖는 경량콘크리트와 일반중량콘크리트의 f_r은 다르다.

정답 ②

정답 및 해설

007
콘크리트 파괴계수
$f_r = 0.63\lambda\sqrt{f_{ck}}\text{MPa}$
$= 0.63 \times 1 \times \sqrt{25} = 3.15\text{MPa}$
정답 ①

008
$M_{cr} = Z \times f_r$
$= \dfrac{bh^2}{6} \times 0.63\lambda\sqrt{f_{ck}}$
$= 0.105bh^2\sqrt{f_{ck}}$
정답 ①

009
$M_{cr} = \dfrac{I_g \times f_{cr}}{y_t} = \dfrac{\dfrac{bh^3}{12} \times f_{cr}}{\dfrac{h}{2}}$
$= \dfrac{bh^2}{6} f_{cr}$
정답 ④

---

007 콘크리트의 균열모멘트(M_{cr})를 계산하기 위한 콘크리트 파괴계수 f_r[MPa]은? (단, 일반콘크리트이며, 콘크리트 설계기준압축강도(f_{ck})는 25MPa이다.)

14 국가직 9급

① 3.15　　　　　　　② 4.15
③ 5.15　　　　　　　④ 6.15

008 보통중량콘크리트 파괴계수를 고려할 때, 단면 폭 b 및 단면 높이 h인 직사각형 콘크리트 단면의 휨균열 모멘트 M_{cr}의 값은? (단, f_{ck}는 콘크리트의 설계기준 압축강도이며, 처짐은 단면 높이 방향으로 발생하는 것으로 가정한다.)　19 서울시 9급(後)

① $M_{cr} = 0.105bh^2\sqrt{f_{ck}}$
② $M_{cr} = 0.205bh^2\sqrt{f_{ck}}$
③ $M_{cr} = 0.305bh^2\sqrt{f_{ck}}$
④ $M_{cr} = 0.405bh^2\sqrt{f_{ck}}$

009 폭 b 및 높이 h인 직사각형 단면($b \times h$)을 갖는 무근콘크리트 보에서, 콘크리트의 인장균열강도가 f_{cr}인 경우 이 보의 최초 휨인장 균열모멘트 M_{cr}의 산정값은?

17 서울시 9급(後)

① $M_{cr} = \dfrac{bh^3}{12} f_{cr}$　　② $M_{cr} = \dfrac{bh^2}{12} f_{cr}$
③ $M_{cr} = \dfrac{bh^3}{6} f_{cr}$　　④ $M_{cr} = \dfrac{bh^2}{6} f_{cr}$

010

그림과 같은 직사각형 콘크리트 보에 연직하중이 작용할 때, 단면의 균열휨모멘트(M_{CT})[kN·m] 값은? (단, f_{Ck}는 36MPa이며, 보통중량콘크리트이다)

24 국가직 7급

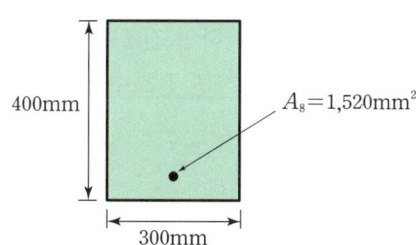

① 28.80
② 30.24
③ 33.60
④ 57.50

010

균열모멘트(M_{CT})
= 파괴계수(f_r) × 단면계수(Z)
= $0.63\lambda\sqrt{f_{ck}} \times \dfrac{bh^2}{6}$
= $(0.63 \times 1 \times 6) \times \dfrac{300 \times 400^2}{6}$
= 30,240,000N·mm
= 30.24kN·m

정답 ②

011

응력을 작용시킨 상태에서 탄성변형 및 건조수축 변형을 제외시킨 변형으로 시간이 경과함에 따라 변형이 증가되는 현상은?

22 국가직 9급

① 레이턴스(Laance)
② 크리프(Creep)
③ 블리딩(Bleeding)
④ 알칼리골재반응(Alkali aggregate reaction)

011

① 레이턴스 : 콘크리트를 부어 넣은 후 블리딩수의 증발에 따라 그 표면에 발생하는 백색의 미세한 물질
③ 블리딩 : 아직 굳지 않은 시멘트 풀, 모르타르 및 콘크리트에 있어서 물이 윗면에 스며 오르는 현상
④ 알칼리골재반응 : 포틀랜드시멘트 중의 알칼리 성분과 골재 등의 실리카 광물이 화학반응을 일으켜 팽창을 유발하는 반응

정답 ②

012

콘크리트의 크리프에 대한 설명으로 옳지 않은 것은?

16 지방직 9급

① 콘크리트 강도가 낮을수록 크리프는 증가한다.
② 재하기간이 증가함에 따라 크리프는 증가한다.
③ 외기의 상대습도가 높을수록 크리프는 증가한다.
④ 작용하중이 클수록 크리프는 증가한다.

012

외기의 온도가 높고, 상대습도가 낮을수록 크리프는 증가한다.

정답 ③

정답 및 해설

013
단위골재량이 증가하면 건조수축은 감소하고, 크리프도 감소한다.
정답 ②

014
대기 중의 습도가 높을수록 크리프변형률은 감소한다.
정답 ④

015
크리프는 콘크리트에 일정한 하중이 계속 작용하면 하중이 증가하지 않아도 시간이 경과함에 따라 변형이 계속 증가하는 현상을 말하며, 습윤상태일 때보다 건조상태일 때 증가한다.
정답 ④

016
② 건조수축은 습기를 흡수하면 팽창하고 건조하면 수축하게 되는데, 이와 같이 습기가 증발함에 따라 콘크리트가 수축하는 현상을 말한다.
③ 압축강도용 공시체는 $\phi 150 \times 300$ mm를 기준으로 하며, 200mm 입방체 공시체의 경우에는 0.83의 보정계수를 사용하여 압축강도를 산정한다.
④ 5mm 체를 통과하고 0.08mm 체에 남은 골재를 잔골재라 한다.
정답 ①

---

013 콘크리트의 크리프 및 건조수축에 대한 설명으로 옳지 않은 것은? 17 국가직 9급

① 콘크리트 강도가 증가하면 크리프는 감소한다.
② 단위골재량이 증가하면 크리프는 증가한다.
③ 대기 중의 습도가 증가하면 건조수축은 감소한다.
④ 물-시멘트비가 증가하면 건조수축은 증가한다.

014 콘크리트의 크리프는 고층건축물의 기둥축소현상 등 구조적으로 바람직하지 않은 영향을 미친다. 콘크리트 크리프변형률에 대한 설명으로 가장 옳지 않은 것은? 17 서울시 9급(前)

① 물-시멘트비가 클수록 크리프변형률은 증가한다.
② 콘크리트의 압축강도가 클수록 크리프변형률은 감소한다.
③ 단위골재량이 클수록 크리프변형률은 감소한다.
④ 대기 중의 습도가 높을수록 크리프변형률은 증가한다.

015 콘크리트의 크리프(Creep)에 대한 설명으로 옳지 않은 것은? 10 지방직 9급

① 재하 시간이 길어질수록 증가한다.
② 초기 재령 시 재하하면 증가한다.
③ 휨 부재의 경우 압축철근이 많을수록 감소한다.
④ 건조상태일 때보다 습윤상태일 때 증가한다.

016 콘크리트 재료에 관한 설명으로 가장 옳은 것은? 17 서울시 7급

① 일반적으로 물-시멘트비와 시멘트량이 감소할수록 크리프가 감소한다.
② 일반적으로 건조수축은 하중이 증가할 때, 콘크리트의 부피가 줄어드는 현상이다.
③ 압축강도용 공시체는 $\phi 150 \times 300$ mm를 기준으로 하며, 200mm 입방체 공시체의 경우에는 1.0보다 큰 보정계수를 사용하여 압축강도를 산정한다.
④ 5mm 체를 통과하고 0.08mm 체에 남은 골재를 굵은골재라 한다.

017
철근콘크리트 구조물 휨부재의 추가 장기처짐 설계에서 5년 이상 지속압축하중을 받는 구조물의 지속하중에 대한 시간경과계수 ξ의 값은?

25 국가직 9급

① 1.0
② 1.2
③ 1.4
④ 2.0

017
구조물의 지속하중에 대한 시간경과계수(ξ)

시간경과 일수	5년 이상	12 개월	6 개월
시간경과 계수	2.0	1.4	1.2

정답 ④

018
철근콘크리트 보에 10년 동안 지속하중이 작용할 때, 이 보의 장기 추가처짐에 대한 계수(λ_Δ)는? (단, 압축철근비(ρ')는 0.00096이며, 인장철근비(ρ)는 0.0066이다)

24 국가직 9급

① $\lambda_\Delta = \dfrac{1}{1+50(0.0066)}$
② $\lambda_\Delta = \dfrac{2}{1+50(0.0066)}$
③ $\lambda_\Delta = \dfrac{1}{1+50(0.00096)}$
④ $\lambda_\Delta = \dfrac{2}{1+50(0.00096)}$

018
장기처짐계수(λ_Δ)
$= \dfrac{\xi(\text{시간경과계수})}{1+(50 \times \rho')}$
$= \dfrac{2}{1+50 \times 0.00096}$

여기서, 시간경과계수(ξ)는 5년 이상인 경우 2.0이다.

정답 ④

019
다음 중 철근콘크리트 보 부재의 처짐설계에 대한 설명으로 옳지 않은 것은?

15 서울시 7급

① 1단연속 1방향 슬래브의 최소두께는 스팬길이의 1/24이다.
② 보의 최소두께는 양단연속의 경우가 단순지지의 경우보다 더 크게 설정된다.
③ 보의 장기처짐을 줄이기 위해 압축철근비를 증가시킨다.
④ 탄성계수 및 단면2차모멘트가 클수록 보의 탄성처짐은 감소한다.

019
보의 최소두께는 단순지지의 경우($l/16$)가 양단연속의 경우($l/21$)보다 더 크게 설정된다.

정답 ②

정답 및 해설

020
캔틸레버 1방향 슬래브의 최소두께
$= \dfrac{L}{10} = \dfrac{2,000}{10} = 200\text{mm}$

정답 ④

021

구분	켄틸레버	단순지지	1단 연속	양단 연속
보 또는 리브(Rib)가 있는 1방향 슬래브	$\dfrac{l}{8}$	$\dfrac{l}{16}$	$\dfrac{l}{18.5}$	$\dfrac{l}{21}$
1방향 슬래브	$\dfrac{l}{10}$	$\dfrac{l}{20}$	$\dfrac{l}{24}$	$\dfrac{l}{28}$

정답 ①

022
① 단순지지 1방향 슬래브 : $L/20$
② 1단연속 1방향 슬래브 : $L/24$
③ 양단연속 1방향 슬래브 : $L/28$

정답 ④

---

020 리브가 없는 철근콘크리트 일방향 캔틸레버 슬래브의 캔틸레버된 길이가 2m일 때, 처짐을 계산하지 않는 경우의 해당 슬래브 최소두께는? (단, 해당 슬래브는 큰 처짐에 의해 손상되기 쉬운 칸막이벽이나 기타 구조물을 지지 또는 부착하지 않으며, 보통 콘크리트(단위질량 $w_c = 2,300\text{kg/m}^3$)와 설계기준항복강도 400MPa 철근을 사용한다.)

16 지방직 9급

① 80mm ② 100mm
③ 150mm ④ 200mm

021 보통중량콘크리트를 사용하고 설계기준항복강도가 400MPa인 철근을 사용할 경우, 처짐을 계산하지 않아도 되는 1방향 슬래브(슬래브 길이 l)의 최소 두께를 지지조건에 따라 나타낸 것으로 옳지 않은 것은? (단, 해당부재는 큰 처짐에 의해 손상되기 쉬운 칸막이벽이나 기타 구조물을 지지 또는 부착하지 않은 부재이다.)

21 국가직 9급

① 단순 지지 : $l/18$
② 1단 연속 : $l/24$
③ 양단 연속 : $l/28$
④ 캔틸레버 : $l/10$

022 강도설계법에서 처짐을 계산하지 않는 경우, 길이가 L인 철근콘크리트 리브가 없는 1방향 슬래브 또는 보의 최소두께 규정으로 옳게 짝지은 것은? (단, 보통중량콘크리트와 설계기준항복강도 400MPa인 철근을 사용한 부재이다.)

20 서울시 7급

① 단순지지 1방향 슬래브 — $L/24$
② 1단연속 1방향 슬래브 — $L/20$
③ 양단연속 1방향 슬래브 — $L/10$
④ 단순지지보 — $L/16$

023

같은 경간을 가지는 1방향 슬래브에서 처짐을 계산하지 않는 경우의 최소 두께가 가장 크게 되는 지지조건은?

09 국가직 9급

① 단순지지
② 1단 연속
③ 캔틸레버
④ 양단 연속

023

처짐을 계산하지 않는 경우의 최소 두께

구분	캔틸레버	단순지지	1단 연속	양단 연속
보 또는 리브(Rib)가 있는 1방향 슬래브	$l/8$	$l/16$	$l/18.5$	$l/21$
1방향 슬래브	$l/10$	$l/20$	$l/24$	$l/28$

정답 ③

024

다음 중 처짐 검토를 하지 않아도 되는 1방향 슬래브의 지지조건별 최소두께로 옳은 것은? (단, 슬래브에 리브는 없으며, 경간은 4.2m이다.)

17 서울시 9급(前)

① 단순 지지, 175mm
② 1단 연속, 140mm
③ 양단 연속, 150mm
④ 캔틸레버, 280mm

024

① 단순 지지인 경우
$$\frac{l}{20} = \frac{4,200}{20} = 210\text{mm}$$

② 1단 연속인 경우
$$\frac{l}{24} = \frac{4,200}{24} = 175\text{mm}$$

③ 양단 연속인 경우
$$\frac{l}{28} = \frac{4,200}{28} = 150\text{mm}$$

④ 캔틸레버인 경우
$$\frac{l}{10} = \frac{4,200}{10} = 420\text{mm}$$

정답 ③

025

처짐을 계산하지 않는 경우, 큰 처짐에 의하여 손상되기 쉬운 칸막이벽이나 기타 구조물을 지지하지 않는 1방향 슬래브의 최소두께로 옳지 않은 것은? (단, l은 슬래브의 길이이고, 기건단위질량이 2,300kg/m³인 콘크리트와 설계기준항복강도가 400MPa인 철근을 사용한다.)

12 국가직 9급

① 캔틸레버 슬래브 : $l/16$
② 단순지지 슬래브 : $l/20$
③ 1단 연속 슬래브 : $l/24$
④ 양단 연속 슬래브 : $l/28$

025

구분	캔틸레버	단순지지	1단 연속	양단 연속
보 또는 리브(Rib)가 있는 1방향 슬래브	$l/8$	$l/16$	$l/18.5$	$l/21$
1방향 슬래브	$l/10$	$l/20$	$l/24$	$l/28$

정답 ①

정답 및 해설

026
철근콘크리트 슬래브의 길이가 l이고 처짐을 계산하지 않는 경우, 캔틸레버인 경우 리브가 있는 1방향 슬래브의 최소 두께는 $l/8$이다.

정답 ④

027
처짐을 계산하지 않는 경우 슬리브 두께

구분	캔틸레버	단순지지	1단 연속	양단 연속
1방향 슬래브	$l/10$	$l/20$	$l/24$	$l/28$

∴ 최소두께 $= \dfrac{l}{28} = \dfrac{4,200}{28}$
$= 150mm$

정답 ②

028
처짐을 계산하지 않은 경우의 1방향 캔틸레버 슬래브의 최소두께는 슬래브 길이 × 1/10을 적용한다.

∴ $t = \dfrac{l}{10} = \dfrac{150cm}{10} = 15cm$

정답 ④

026
철근콘크리트 슬래브의 길이가 l이고 처짐을 계산하지 않는 경우, 리브가 있는 1방향 슬래브의 최소 두께로 옳지 않은 것은? (단, 보통중량 콘크리트와 설계기준항복강도가 $400MPa$인 철근을 사용하며, 큰 처짐에 의해 손상되기 쉬운 칸막이 벽이나 기타 구조물을 지지 또는 부착하지 않는다)

24 지방직 9급

① 단순 지지인 경우 $l/16$
② 1단 연속인 경우 $l/18.5$
③ 양단 연속인 경우 $l/21$
④ 캔틸레버인 경우 $l/10$

027
강도설계법에서 양단 연속 1방향 콘크리트 슬래브의 경간(L)이 $4.2m$일 때, 처짐을 계산하지 않아도 되는 경우 슬래브의 최소두께는? (단, 슬래브는 보통콘크리트와 설계기준항복강도 $400MPa$의 철근을 사용한다.)

11 지방직 9급

① 13cm
② 15cm
③ 17cm
④ 20cm

028
그림에서 처짐을 계산하지 않는 경우 처짐두께 규정에 의한 캔틸레버 슬래브의 최소두께(t)로 옳은 것은? (단, 보통콘크리트 $f_{ck}=24MPa$, $f_y=400MPa$이다.)

14 서울시 9급

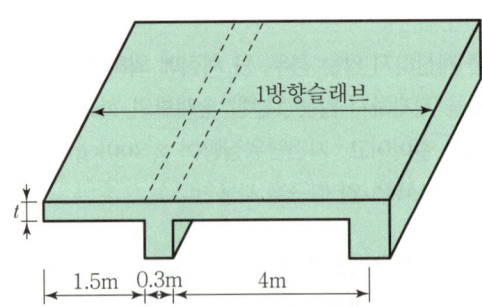

① 10.0cm
② 12.0cm
③ 13.5cm
④ 15.0cm
⑤ 18.0cm

029

그림은 경간 구조물의 단면을 나타낸 것이다. 1방향 슬래브 (가)~(라) 중 처짐 계산이 필요한 것을 모두 고른 것은? (단, 리브가 없는 슬래브이며, 두께는 150mm이고, 콘크리트의 설계 기준압축강도는 21MPa이며, 철근의 설계기준항복강도는 400MPa이다.)

19 서울시 9급(後)

① (가)
② (가), (나)
③ (가), (다)
④ (나), (라)

029

(가) $\dfrac{l}{10} = \dfrac{1,600}{10} = 160\text{mm}$

(나) $\dfrac{l}{28} = \dfrac{4,100}{28} = 146.4\text{mm}$

(다) $\dfrac{l}{28} = \dfrac{5,000}{28} = 178.6\text{mm}$

(라) $\dfrac{l}{24} = \dfrac{3,200}{24} = 133.3\text{mm}$

∴ (가)와 (다)의 조건에서는 슬래브 두께보다 크게 나왔으므로 처짐 계산이 필요하다.

정답 ③

030

철근콘크리트 슬래브설계에서 처짐을 계산하지 않는 경우, 다음과 같은 조건을 가진 리브가 있는 1방향 슬래브의 최소 두께[mm]는?

12 지방직 9급

- 지지조건 : 양단연속
- 슬래브의 길이(l) : 4,200mm
- 콘크리트의 단위질량(W_c) : 2,300kg/m³
- 철근의 설계기준항복강도(f_y) : 350MPa

① 139.5
② 150.0
③ 186.0
④ 200.0

030

지지조건이 양단연속인 경우, 리브가 있는 1방향 슬래브의 최소두께는 슬래브의 길이×1/21을 적용한다. 다만, 설계기준항복강도(f_y)가 400MPa 이외인 경우는 계산된 두께 값에 $(0.43+f_y/700)$를 곱하여야 한다.

∴ 1방향 슬래브 최소두께
$= \dfrac{l}{21} \times \left(0.43 + \dfrac{f_y}{700}\right)$
$= \dfrac{4,200}{21} \times \left(0.43 + \dfrac{350}{700}\right)$
$= 200 \times 0.93$
$= 186\text{mm}$

정답 ③

정답 및 해설

031
① 과도한 처짐에 의해 손상되기 쉬운 비구조 요소를 지지 또는 부착한 지붕 또는 바닥구조인 경우 전체 처짐 중 비구조요소가 부착된 후에 발생하는 처짐부분의 한계값 : $\dfrac{l}{480}$

③ 과도한 처짐에 의해 손상될 염려가 없는 비구조 요소를 지지 또는 부착한 지붕 또는 바닥구조인 경우 전체 처짐 중 비구조요소가 부착된 후에 발생하는 처짐부분의 한계값 : $\dfrac{l}{240}$

④ 과도한 처짐에 의해 손상되기 쉬운 비구조 요소를 지지 또는 부착하지 않은 평지붕구조인 경우 활하중 L에 의한 순간처짐한계값 : $\dfrac{l}{180}$

정답 ②

032
① 평지붕 구조일 경우 : 활하중에 의한 순간처짐이 부재 길이의 1/180 이하
③ 과도한 처짐에 의해 손상되기 쉬운 비구조 요소를 지지 또는 부착한 지붕 또는 바닥 구조일 경우 : 전체 처짐 중에서 비구조 요소가 부착된 후에 발생하는 처짐 부분이 부재 길이의 1/480 이하
④ 과도한 처짐에 의해 손상될 염려가 없는 비구조 요소를 지지 또는 부착한 지붕 또는 바닥 구조일 경우 : 전체 처짐 중에서 비구조 요소가 부착된 후에 발생하는 처짐 부분이 부재 길이의 1/240 이하

정답 ②

---

031 「콘크리트구조 사용성 설계기준(KDS 14 20 30)」에서 〈보기〉와 같은 경우 최대 허용처짐은? (단, l은 부재의 길이이다.)

24 서울시 9급

> • 부재의 형태 : 과도한 처짐에 의해 손상되기 쉬운 비구조요소를 지지 또는 부착하지 않은 바닥구조
> • 고려하여야 할 처짐 : 활하중 L에 의한 순간처짐

① $\dfrac{l}{480}$

② $\dfrac{l}{360}$

③ $\dfrac{l}{240}$

④ $\dfrac{l}{180}$

032 과도한 처짐에 의해 손상되기 쉬운 비구조요소를 지지 또는 부착하지 않은 1방향 바닥구조의 최대 허용처짐 조건으로 옳은 것은?

21 국가직 9급

① 활하중에 의한 순간처짐이 부재 길이의 1/180 이하
② 활하중에 의한 순간처짐이 부재 길이의 1/360 이하
③ 전체 처짐 중에서 비구조 요소가 부착된 후에 발생하는 처짐 부분이 부재 길이의 1/480 이하
④ 전체 처짐 중에서 비구조 요소가 부착된 후에 발생하는 처짐 부분이 부재 길이의 1/240 이하

033

다음 중 철근콘크리트의 처짐에 대한 설명으로 가장 옳지 않은 것은? (단, l : 부재의 길이)

16 서울시 9급(後)

① 장기처짐은 지속하중의 재하기간, 압축철근비 등에 영향을 받는다.
② 처짐을 계산할 때 하중작용에 의한 순간처짐은 부재강성에 대한 균열과 철근의 영향을 고려하여 탄성처짐공식을 사용하여 산정하여야 한다.
③ 과도한 처짐에 의해 손상되기 쉬운 비구조 요소를 지지 또는 부착하지 않은 바닥구조에 대한 최대허용처짐은 고정하중(Dead load)에 의한 장기처짐으로 계산하며 처짐한계값은 $\frac{l}{360}$이다.
④ 큰 처짐에 의해 손상되기 쉬운 칸막이벽이나 기타 구조물을 지지 또는 부착하지 않은 단순지지된 보의 최소두께는 $\frac{l}{16}$이다.

033
과도한 처짐에 의해 손상되기 쉬운 비구조 요소를 지지 또는 부착하지 않은 바닥구조에 대한 최대허용처짐은 활하중에 의한 순간처짐으로 계산하며 처짐 한계값은 $\frac{l}{360}$이다.

정답 ③

034

철근콘크리트 보의 처짐에 대한 설명으로 옳지 않은 것은?

16 국가직 9급

① 균일단면을 가지는 탄성보의 처짐은 보 단면의 2차 모멘트에 반비례한다.
② 장기처짐은 압축철근비가 증가함에 따라 증가한다.
③ 하중작용에 의한 순간처짐은 부재강성에 대한 균열과 철근의 영향을 고려하여 탄성처짐공식을 사용하여 산정하여야 한다.
④ 과도한 처짐에 의해 손상되기 쉬운 비구조 요소를 지지 또는 부착하지 않은 평지붕구조의 활하중 L에 의한 순간처짐한계는 $l/180$이다.(l : 보의 경간)

034
장기처짐은 압축철근비가 증가함에 따라 감소한다.

정답 ②

CHAPTER 03 부재의 해석 및 설계

정답 및 해설

001
공칭강도는 강도설계법의 규정과 가정에 따라 계산된 강도감소계수를 적용하지 않은 부재 또는 단면의 강도를 말하고, 설계강도는 강도감소계수를 적용한 부재 또는 단면의 강도를 말한다.
정답 ③

002
① 계수하중
③ 강성
④ 사용하중
정답 ②

01 설계하중

001 콘크리트구조에 사용되는 용어의 정의로 옳지 않은 것은? 17 지방직 9급

① 계수하중 : 강도설계법으로 부재를 설계할 때 사용하중에 하중계수를 곱한 하중
② 고성능 감수제 : 감수제의 일종으로 소요의 작업성을 얻기 위해 필요한 단위수량을 감소시키고, 유동성을 증진시킬 목적으로 사용되는 혼화재료
③ 공칭강도 : 강도설계법의 규정과 가정에 따라 계산된 강도감소계수를 적용한 부재 또는 단면의 강도
④ 균형철근비 : 인장철근이 설계기준항복강도에 도달함과 동시에 압축연단 콘크리트의 변형률이 극한변형률에 도달하는 단면의 인장철근비

002 건축구조기준 총칙에서 공칭강도에 대한 설명으로 옳은 것은? 22 국가직 9급

① 강도설계법 또는 한계상태설계법으로 설계할 때 사용하중에 하중계수를 곱한 값이다.
② 구조체나 구조부재의 하중에 대한 저항능력으로 적합한 구조역학원리나 현장실험 또는 축소모형의 실험결과로부터 유도된 공식과 규정된 재료강도 및 부재치수를 사용하여 계산된 값이다.
③ 구조물이나 구조부재의 변형에 대한 저항능력을 말하며, 발생한 변위 또는 회전에 대한 적용된 힘 또는 모멘트의 비율이다.
④ 고정하중 및 활하중과 같이 건축구조기준에서 규정하는 각종 하중으로서 하중계수를 곱하지 않은 값이다.

003

콘크리트구조물의 설계에서 강도설계법의 강도 관계식으로 옳은 것은? (단, M_d는 설계강도, M_n는 공칭강도, M_u은 소요강도, ϕ는 강도감소계수이다.)

14 서울시 7급

① $M_u \leq M_d = \phi \cdot M_n$
② $M_d = M_u \leq \phi \cdot M_n$
③ $M_d \leq \phi \cdot M_n = M_u$
④ $M_n = \phi \cdot M_d \geq M_n$
⑤ $M_u \geq M_d = \phi \cdot M_n$

003
소요강도 ≤ 설계강도
(=강도감소계수×공칭강도)
정답 ①

004

철근콘크리트구조의 강도설계법에서 강도감소계수를 사용하는 이유를 설명한 것으로 부적절한 것은?

14 서울시 7급

① 부정확한 설계 방정식에 대한 여유 확보
② 주어진 하중조건에 대한 부재의 연성능력과 신뢰도 확보
③ 구조물에서 차지하는 구조부재의 중요도 반영
④ 구조물에 작용하는 하중의 불확실성에 대한 여유 확보
⑤ 시공 시 재료의 강도와 부재치수의 변동 가능성 고려

004
구조물에 작용하는 하중의 불확실성에 대한 여유 확보는 하중계수를 사용하는 이유이다.
정답 ④

005

철근콘크리트구조의 극한강도설계법에서 강도감소계수를 사용하는 이유로 가장 옳지 않은 것은?

18 서울시 9급

① 부정확한 부재강도 계산식에 대한 여유 확보
② 구조물에서 구조부재가 차지하는 부재의 중요도 반영
③ 구조물에 작용하는 하중의 불확실성에 대한 여유 확보
④ 주어진 하중조건에 대한 부재의 연성능력과 신뢰도 확보

005
구조물에 작용하는 하중의 불확실성에 대한 여유 확보는 하중계수를 사용하는 이유이다.
정답 ③

정답 및 해설

006
고정하중과 지진하중만으로 하중을 조합한 소요강도는 $0.9D+1.0E$으로 고정하중에 적용하는 하중계수는 0.9이고, 지진하중에 적용하는 하중계수는 1.0이다.

정답 ①

007
① $1.4(D+F)$
② $1.2D+1.6L$
③ $1.2D+1.0W+1.0L$

정답 ④

008
$0.9D+1.0W$

정답 ③

009
① $1.4(D+F)$
③ $1.2D+1.0E+1.0L+0.2S$
④ $1.2D+1.0W+1.0L+0.5S$

정답 ②

---

006 강도설계법을 사용하여 구조물의 소요강도를 산정하는 경우, 고정하중과 지진하중만으로 하중을 조합할 때 고정하중에 적용하는 하중계수는? 24 지방직 9급

① 0.9
② 1.0
③ 1.2
④ 1.4

007 강도설계법으로 건축구조물 설계시 하중조합으로 가장 옳은 것은? (단, D : 고정하중, L : 활하중, S : 적설하중, W : 풍하중, E : 지진하중이다.) 19 서울시 9급(前)

① $1.2D$
② $1.4D+1.6L$
③ $1.2D+1.0W+1.6L$
④ $0.9D+1.0E$

008 건축구조기준에 의해 건축 구조물을 강도설계법으로 설계할 경우 소요강도 산정을 위한 하중조합으로 옳지 않은 것은? (여기서 D는 고정하중, L은 활하중, F는 유체압 및 용기내용물하중, E는 지진하중, S는 적설하중, W는 풍하중이다. 단, L에 대한 하중계수 저감은 고려하지 않는다.) 20 지방직 9급

① $1.4(D+F)$
② $1.2D+1.0E+1.0L+0.2S$
③ $0.9D+1.2W$
④ $0.9D+1.0E$

009 건축구조기준에서 강도설계법 또는 한계상태설계법으로 건축 구조물을 설계하는 경우 하중조합으로 옳은 것은? (단, 고정하중(D), 활하중(L), 지진하중(E), 풍하중(W), 적설하중(S)만 고려하며, 활하중에 대한 하중계수 저감은 고려하지 않는다.) 23 국가직 9급

① $1.4D+1.0W$
② $1.2D+1.6L+0.5S$
③ $1.2D+1.0E+1.0L+0.5S$
④ $0.9D+1.3W+1.0L+0.2S$

010

건축물은 하중조합에 의한 하중효과에 저항하도록 설계하여야 한다. 다음 그림에 제시된 건축물의 기둥, 벽체 등 수직부재에 인장력을 발생시킬 가능성이 가장 큰 하중조합은? (단, 하중조합에서 고정하중(D), 활하중(L), 지진하중(E)만 고려하며, 모든 층의 경간에 작용하는 고정하중과 활하중의 크기는 동일하다고 가정한다.)

14 국가직 7급

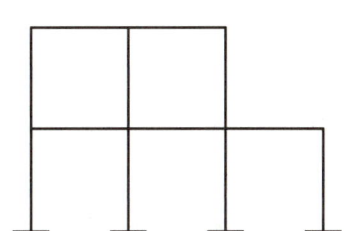

① $0.9D + 1.0E$
② $1.2D + 1.6L$
③ $1.2D + 1.0E + 1.0L$
④ $1.4D$

010

고정하중, 활하중, 지진하중만 고려할 경우 하중조합은 $0.9D + 1.0E$와 $1.2D + 1.0E + 1.0L$이다. 이 중 하중조합이 상대적으로 적은 $0.9D + 1.0E$는 설계강도가 작게 나오기 때문에 건축물의 기둥, 벽체 등 수직부재에 인장력을 발생시킬 가능성이 큰 하중조합으로 볼 수 있다.

정답 ①

011

건축 구조물을 설계할 때 하중계수와 하중조합을 고려한 소요강도계산식으로 옳지 않은 것은?

11 지방직 7급

> D : 고정하중 또는 이에 의해서 생기는 단면력
> L : 활하중 또는 이에 의해서 생기는 단면력
> L_r : 지붕활하중 또는 이에 의해서 생기는 단면력
> W : 풍하중 또는 이에 의해서 생기는 단면력
> E : 지진하중 또는 이에 의해서 생기는 단면력
> S : 적설하중 또는 이에 의해서 생기는 단면력
> R : 강우하중 또는 이에 의해서 생기는 단면력
> α_H : 토피의 두께에 따른 연직방향 하중 H_v에 대한 보정계수
> F : 유체의 중량 및 압력에 의한 하중 또는 이에 의해서 생기는 단면력
> H_v : 흙, 지하수 또는 기타 재료의 자중에 의한 연직방향하중 또는 이에 의해서 생기는 단면력
> H_h : 흙, 지하수 또는 기타 재료의 횡압력에 의한 수평방향하중 또는 이에 의해서 생기는 단면력

① $U = 1.4(D + F)$
② $U = 1.2D + 1.0E + 1.0L + 0.2S$
③ $U = 1.2D + 1.0W + 1.0L + 0.5(S \text{ 또는 } R)$
④ $U = 1.4D + 1.7(L_r \text{ 또는 } S \text{ 또는 } R) + (1.0L \text{ 또는 } 0.65W)$

011

$U = 1.2D + 1.6(L_r \text{ 또는 } S \text{ 또는 } R) + (1.0L \text{ 또는 } 0.5W)$

정답 ④

정답 및 해설

012
① 나선철근으로 보강되지 않은 부재의 압축지배 단면 : 0.65
② 전단력과 비틀림모멘트를 받는 부재 : 0.75
③ 포스트텐션 정착구역 : 0.85
④ 인장지배 단면 : 0.85
정답 ①

013
① 나선철근기둥 $\phi=0.70$
② 포스트 텐션 정착구역 $\phi=0.85$
③ 인장지배단면 $\phi=0.85$
정답 ④

014
콘크리트구조의 설계강도 산정 시 적용하는 전단력과 비틀림모멘트의 강도감소계수는 0.75이다.
정답 ④

015
① 인장지배단면 : 0.85
② 포스트텐션 정착구역 : 0.85
③ 스트럿-타이모델에서 스트럿, 절점부 및 지압부 : 0.75
④ 무근콘크리트의 휨모멘트, 압축력, 전단력, 지압력 : 0.55
정답 ④

---

012 철근콘크리트 부재의 설계강도를 계산할 때 가장 작은 강도감소계수를 사용하는 경우는? 13 국가직 9급

① 나선철근으로 보강되지 않은 부재의 압축지배 단면
② 전단력과 비틀림모멘트를 받는 부재
③ 포스트텐션 정착구역
④ 인장지배 단면

013 「건축구조기준(KDS)」에 따른 철근콘크리트구조 부재에 적용되는 강도감소계수로 옳은 것은? 17 서울시 9급(後)

① 나선철근기둥 $\phi=0.65$
② 포스트 텐션 정착구역 $\phi=0.70$
③ 인장지배단면 $\phi=0.75$
④ 전단력과 비틀림모멘트 $\phi=0.75$

014 콘크리트구조의 설계강도 산정 시 적용하는 강도감소계수로 옳지 않은 것은? 18 지방직 9급

① 인장지배 단면 : 0.85
② 압축지배 단면(나선철근으로 보강된 철근콘크리트 부재) : 0.70
③ 포스트텐션 정착구역 : 0.85
④ 전단력과 비틀림모멘트 : 0.70

015 철근콘크리트 설계에서 적용되는 강도감소계수가 가장 작은 것은? 23 국가직 9급

① 인장지배단면
② 포스트텐션 정착구역
③ 스트럿-타이모델에서 스트럿, 절점부 및 지압부
④ 무근콘크리트의 휨모멘트, 압축력, 전단력, 지압력

02 보설계

016 철근콘크리트 보의 휨 해석과 설계에 관한 설명 중 옳지 않은 것은? 15 서울시 9급

① 콘크리트의 인장강도는 철근콘크리트 부재 단면의 축강도와 휨강도 계산에 반영한다.
② 보에 휨이 작용할 때 발생하는 부재의 곡률은 작용시킨 휨모멘트에 비례하고, 부재의 곡률 반지름은 휨 강성에 비례한다.
③ 콘크리트 압축응력-변형률 곡선은 실험결과에 따라 직사각형, 사다리꼴 또는 포물선 등으로 가정할 수 있다.
④ 평면유지의 가정이 일반적인 보에서는 통용되지만 깊은 보의 경우 비선형 변형률 분포가 고려되어야 한다.

016
콘크리트의 인장강도는 철근콘크리트 부재 단면의 축강도와 휨강도 계산에서 무시할 수 있다.
정답 ①

017 보 구조물의 휨에 대한 설명으로 옳지 않은 것은? 13 국가직 7급

① 보에 휨이 작용할 때 인장도 압축도 되지 않고 원래의 길이를 유지하는 부재 단면의 축을 중립축이라 한다.
② 휨 변형을 하기 전 보의 중립축에 수직한 단면은 휨 변형 후에도 수직한 면을 그대로 유지한다.
③ 보에 휨이 작용할 때 발생하는 부재의 곡률은 작용시킨 휨모멘트에 반비례한다.
④ 보에 휨이 작용할 때 발생하는 부재의 곡률 반지름은 휨 강성에 비례한다.

017
보에 휨이 작용할 때 발생하는 부재의 곡률은 작용시킨 휨모멘트에 비례한다.
정답 ③

018 휨모멘트를 받는 부재의 콘크리트 설계기준압축강도가 40MPa일 때, 콘크리트 압축연단의 극한변형률 ε_{cu} 값은? 24 지방직 9급

① 0.0030
② 0.0031
③ 0.0032
④ 0.0033

018
휨모멘트 또는 휨모멘트와 축력을 동시에 받는 부재의 콘크리트 압축연단의 극한변형률은 콘크리트의 설계기준압축강도가 40MPa 이하인 경우에는 0.0033으로 가정하며, 40MPa을 초과할 경우에는 매 10MPa의 강도 증가에 대하여 0.0001씩 감소시킨다.
정답 ④

정답 및 해설

019
균형변형률 상태에서 철근과 콘크리트의 변형률은 중립축에서 부터의 거리에 비례하지만, 철근과 콘크리트의 응력은 비례한다고 볼 수 없다.
정답 ①

020
휨모멘트를 받는 콘크리트부재의 압축연단의 극한 변형률은 콘크리트 설계기준강도가 40MPa 이하인 경우에는 0.0033으로 가정한다.
정답 ①

021
철근의 변형률이 설계기준항복강도에 대응하는 변형률보다 큰 경우에는 철근의 응력은 변형률에 관계없이 설계기준항복강도로 하여야 한다.
정답 ③

---

019 극한강도설계법에서 철근콘크리트 휨부재의 단면에 대한 설명으로 옳지 않은 것은?
11 국가직 7급

① 균형변형률 상태에서 철근과 콘크리트의 응력은 중립축에서부터의 거리에 비례한다.
② 압축 측 연단의 콘크리트 최대변형률은 콘크리트 설계기준강도가 40MPa 이하인 경우에는 0.0033으로 가정한다.
③ 부재의 휨강도 계산에서 콘크리트의 인장강도는 무시한다.
④ 압축연단의 콘크리트 변형률에 도달함과 동시에 인장철근의 변형률이 항복변형률에 도달하는 경우의 철근비를 균형철근비라 한다.

020 다음 중 휨모멘트와 축력을 동시에 받는 콘크리트부재의 설계에 사용되는 가정으로 옳지 않은 것은?
15 서울시 7급

① 휨모멘트를 받는 콘크리트부재의 압축연단의 극한변형률은 콘크리트 설계기준강도가 40MPa 이하인 경우에는 0.002로 가정한다.
② 철근과 콘크리트의 변형률은 중립축으로부터의 거리에 비례한다.
③ 고강도콘크리트의 경우 압축강도 이후 응력이 급속히 감소한다.
④ 콘크리트의 인장강도는 철근콘크리트부재 단면의 축강도와 휨강도계산에서 무시할 수 있다.

021 철근콘크리트 휨 및 압축 부재의 설계를 위한 가정으로 옳지 않은 것은?
14 국가직 9급

① 프리스트레스트 콘크리트의 일부 경우를 제외하면 콘크리트의 인장강도는 무시할 수 있다.
② 휨모멘트 또는 휨모멘트와 축력을 동시에 받는 부재의 콘크리트 압축연단의 극한변형률은 콘크리트 설계기준강도가 40MPa 이하인 경우에는 0.0033으로 가정한다.
③ 철근에 생기는 변형률은 철근의 항복변형률과 같은 것으로 가정하여야 한다.
④ 콘크리트의 압축응력-변형률 관계는 광범위한 실험의 결과와 실질적으로 일치하는 어떠한 형상으로도 가정할 수 있다.

022

철근콘크리트 휨부재 설계에 대한 설명으로 옳지 않은 것은? (단, f_y는 철근의 설계기준항복강도이다)

24 국가직 9급

① 휨모멘트를 받는 부재의 콘크리트 압축연단의 극한변형률은 콘크리트의 설계기준압축강도가 40MPa 이하인 경우에는 0.003으로 가정한다.
② 철근과 콘크리트의 변형률은 중립축부터 거리에 비례하는 것으로 가정할 수 있다. 그러나 설계 기준에 규정된 깊은 보는 비선형 변형률 분포를 고려하여야 한다.
③ 철근의 변형률이 f_y에 대응하는 변형률보다 큰 경우 철근의 응력은 변형률에 관계없이 f_y로 하여야 한다.
④ 콘크리트 압축응력의 분포와 콘크리트변형률 사이의 관계는 직사각형, 사다리꼴, 포물선형 등으로 가정할 수 있다.

정답 및 해설

022
휨모멘트를 받는 부재의 콘크리트 압축연단의 극한변형률은 콘크리트의 설계기준압축강도가 40MPa 이하인 경우에는 0.0033으로 가정하며, 40MPa를 초과할 경우에는 매 10MPa의 강도 증가에 대하여 0.0001씩 감소시킨다.

정답 ①

023

건축구조기준(KDS)을 적용하여 철근콘크리트 휨부재를 설계 및 해석할 때 옳지 않은 것은?

13 지방직 9급

① 연속 휨부재에서 휨모멘트의 재분배는 휨모멘트를 감소시킬 단면에서 최외단 인장철근의 순인장변형률이 0.0075 이상인 경우에만 가능하다.
② 휨철근의 응력이 설계기준항복강도 이하일 때, 철근의 응력은 그 변형률에 철근의 단면적을 곱한 값으로 한다.
③ 긴장재를 제외한 철근의 설계기준항복강도는 600MPa를 초과하지 않아야 한다.
④ 포스트텐션 정착부 설계에서, 최대 프리스트레싱 강재의 긴장력에 대하여 하중계수 1.2를 적용하여야 한다.

023
철근의 응력(f_s)이 설계기준항복강도(f_y) 이하일 때, 철근의 응력은 그 변형률에 철근의 탄성계수(E_s)를 곱한 값으로 하여야 하고, 철근의 변형률이 f_y에 대응하는 변형률보다 큰 경우에는 철근의 응력은 변형률에 관계없이 f_y로 하여야 한다.

정답 ②

024

철근콘크리트구조에서 휨모멘트나 축력 또는 휨모멘트와 축력을 동시에 받는 단면의 설계 시 적용되는 설계가정과 일반원칙에 대한 설명 중 옳은 것은?

16 서울시 9급(後)

① 압축철근이 설계기준항복강도 f_y에 대응하는 변형률에 도달하고 동시에 압축콘크리트가 극한변형률에 도달할 때, 그 단면이 균형변형률 상태에 있다고 본다.
② 휨모멘트 또는 휨모멘트와 축력을 동시에 받는 부재의 콘크리트 인장연단의 극한변형률은 콘크리트 설계기준강도가 40MPa 이하인 경우에는 0.0033으로 가정하여야 한다.
③ 철근의 응력이 설계기준항복강도 f_y 이하일 때, 철근의 응력은 그 변형률에 철근의 탄성계수(E_s)를 곱한 값으로 하여야 한다.
④ 압축콘크리트가 가정된 극한변형률에 도달할 때, 최외단 인장철근의 순인장변형률 ε_t가 압축지배변형률 한계 이하인 단면을 인장지배단면이라고 한다.

정답 및 해설

024
① 인장철근이 설계기준항복강도 f_y에 대응하는 변형률에 도달하고 동시에 압축콘크리트가 극한변형률에 도달할 때, 그 단면이 균형변형률 상태에 있다고 본다.
② 휨모멘트 또는 휨모멘트와 축력을 동시에 받는 부재의 콘크리트 압축연단의 극한변형률은 콘크리트 설계기준강도가 40MPa 이하인 경우에는 0.0033으로 가정하여야 한다.
④ 압축콘크리트가 가정된 극한변형률에 도달할 때, 최외단 인장철근의 순인장변형률 ε_t가 압축지배변형률 한계 이하인 단면을 압축지배단면이라고 한다.

정답 ③

025

다음은 철근콘크리트 구조의 인장지배단면에 관한 내용이다. (가)~(다)에 들어갈 내용을 바르게 연결한 것은?

24 국가직 9급

> 압축연단 콘크리트가 가정된 극한변형률에 도달할 때 최외단 인장철근의 순인장변형률 ε_t가 (가)의 인장지배변형률 한계 (나)인 단면을 인장지배단면이라고 한다. 다만, 철근의 항복강도가 400MPa을 초과하는 경우에는 인장지배변형률 한계를 철근 항복변형률의 (다)배로 한다.

	(가)	(나)	(다)
①	0.004	이상	2.0
②	0.004	이하	2.0
③	0.005	이상	2.5
④	0.005	이하	2.5

025
압축연단 콘크리트가 가정된 극한변형률에 도달할 때 최외단 인장철근의 순인장변형률 ε_t가 0.005의 인장지배변형률 한계 이상인 단면을 인장지배단면이라고 한다. 다만, 철근의 항복강도가 400MPa을 초과하는 경우에는 인장지배변형률 한계를 철근 항복변형률의 2.5배로 한다.

정답 ③

026
철근콘크리트구조에서 휨모멘트나 축력 또는 휨모멘트와 축력을 동시에 받는 단면 설계 시 적용하는 일반원칙에 대한 설명으로 옳지 않은 것은?　15 국가직 9급

① 인장지배변형률한계는 균형변형률상태에서 인장철근의 순인장변형률과 같다.
② 압축콘크리트가 가정된 극한변형률에 도달할 때, 최외단 인장철근의 순인장변형률이 압축지배변형률한계 이하인 단면을 압축지배단면이라고 한다.
③ 휨부재의 강도를 증가시키기 위하여 추가 인장철근과 이에 대응하는 압축철근을 사용할 수 있다.
④ 인장철근이 설계기준항복강도에 대응하는 변형률에 도달하고 동시에 압축콘크리트가 극한변형률에 도달할 때, 그 단면이 균형변형률상태에 있다고 본다.

026
압축지배변형률한계는 균형변형률 상태에서 인장철근의 순인장 변형률과 같다.
정답 ①

027
휨과 축력을 받는 철근콘크리트 보의 설계 일반에 대한 설명으로 옳지 않은 것은?　15 지방직 9급

① 철근과 콘크리트의 변형률은 중립축으로부터 거리에 비례하는 것으로 가정할 수 있다.
② 인장철근이 설계기준항복강도에 대응하는 변형률에 도달하고 동시에 압축 콘크리트가 가정된 극한변형률에 도달할 때, 그 단면이 균형변형률상태에 있다고 본다.
③ 압축연단 콘크리트가 가정된 극한변형률에 도달할 때, 최외단 인장철근의 순인장변형률이 압축지배변형률 한계 이하인 단면을 인장지배단면이라고 한다.
④ 휨부재의 강도를 증가시키기 위하여 추가 인장철근과 이에 대응하는 압축철근을 사용할 수 있다.

027
압축연단 콘크리트가 가정된 극한변형률에 도달할 때, 최외단 인장철근의 순인장변형률이 압축지배변형률한계 이하인 단면을 압축지배단면이라고 한다.
정답 ③

정답 및 해설

028
공칭강도에서 최외단 인장철근의 순인장변형률이 인장지배단면인 경우에는 강도감소계수로 0.85을 사용한다.

정답 ③

029
지배단면별 변형률 한계

철근의 설계기준 항복강도	압축지배 변형률 한계(ε_y)	인장지배 변형률 한계
300MPa	0.0015	0.005
350MPa	0.00175	0.005
400MPa	0.002	0.005
500MPa	0.0025	0.00625 (2.5ε_y)

정답 ③

030
인장철근의 설계기준항복강도 f_y가 500MPa일 때, 인장지배단면인 경우 최외단 인장철근의 순인장변형률 (ε_t)은 0.00625(2.5ε_y) 이상이다.

철근의 설계기준 항복강도	압축지배 변형률 한계	인장지배 변형률 한계
300MPa	0.0015	0.005
350MPa	0.00175	0.005
400MPa	0.0020	0.005
500MPa	0.0025	0.00625 (2.5ε_y)

정답 ④

---

028 철근콘크리트 휨부재 설계에 대한 설명으로 옳지 않은 것은?   24 국가직 7급

① 콘크리트 압축연단의 극한변형률은 콘크리트의 설계기준압축강도가 40MPa 이하인 경우에는 0.0033으로 가정한다.
② 압축연단 콘크리트가 가정된 극한변형률에 도달할 때 최외단 인장철근의 순인장변형률 ε_t가 0.005의 인장지배변형률 한계 이상인 단면을 인장지배단면이라고 한다. 다만, 철근의 항복강도가 400MPa을 초과하는 경우에는 인장지배변형률 한계를 철근항복변형률의 2.5배로 한다.
③ 공칭강도에서 최외단 인장철근의 순인장변형률이 인장지배단면인 경우에는 강도감소계수로 0.80을 사용한다.
④ 프리스트레스를 가하지 않은 휨부재는 공칭강도 상태에서 순인장변형률 ε_t가 휨부재의 최소 허용변형률 이상이어야 한다. 휨부재의 최소 허용변형률은 철근의 항복강도가 400MPa 이하인 경우 0.004로 하며, 철근의 항복강도가 400MPa을 초과하는 경우 철근 항복변형률의 2배로 한다.

029 휨모멘트와 축력을 받는 철근콘크리트 부재가 인장지배단면이 되기 위한 최외단 인장철근의 인장지배변형률 한계는? (단, 인장철근의 설계기준항복강도는 500MPa이다.)   13 지방직 9급

① 0.004
② 0.005
③ 0.00625
④ 0.0075

030 철근콘크리트 보의 휨설계에서 인장철근의 설계기준항복강도 f_y가 500MPa일 때, 최외단 인장철근의 순인장변형률 ε_t의 최솟값은? (단, 보의 단면은 인장지배단면이다)   25 국가직 9급

① 0.004
② 0.005
③ 0.006
④ 0.00625

031
철근콘크리트 휨재 또는 압축재의 강도감소계수에 대한 설명으로 옳지 않은 것은?

16 서울시 9급(前)

① 압축연단 콘크리트가 가정된 극한 변형률에 도달할 때 최외단 인장철근의 순인장 변형률이 압축지배 변형률 한계 이하인 단면을 압축지배 단면이라고 한다.
② 극한 상태에서 휨해석에 의해 계산된 단면의 최외단 인장철근 변형률이 0.005 이상일 경우 그 단면을 인장지배 단면이라고 한다.
③ 압축지배 단면으로 정의되는 경우 강도감소계수는 띠철근인 경우 0.75를 사용한다.
④ 인장철근의 순인장 변형률이 인장지배 한계 이상일 경우 그 단면은 연성적으로 거동하는 것으로 볼 수 있으며 강도감소계수는 0.85를 사용한다.

031
압축지배 단면으로 정의되는 경우 강도감소계수는 띠철근인 경우 0.65를 사용한다.

정답 ③

032
철근콘크리트 부재설계 시 강도감소계수에 대한 설명 중 옳지 않은 것은?

15 서울시 9급

① 강도감소계수의 크기를 결정하는 기준은 부재의 파괴양상이다.
② 휨모멘트가 크게 작용하는 기둥의 경우, 변형률에 따라 강도감소계수 값을 보정한다.
③ 인장지배 단면 부재에 적용되는 강도감소계수가 압축지배 단면 부재에 적용되는 값보다 작다.
④ 인장지배 단면인 보 휨설계 시 적용되는 강도감소계수는 0.85이다.

032
인장지배 단면 부재에 적용되는 강도감소계수(0.85)가 압축지배 단면 부재(0.65~0.7)에 적용되는 값보다 크다.

정답 ③

033
철근콘크리트 부재의 휨 해석과 설계를 위한 가정 사항으로 가장 옳지 않은 것은?

20 서울시 7급

① 변형 전에 부재축에 수직한 평면은 변형 후에도 부재축에 수직한다.
② 콘크리트 설계기준 압축강도가 40MPa 이하인 경우, 콘크리트는 인장변형률이 0.003에 도달했을 때 파괴된다.
③ 철근의 변형률은 같은 위치의 콘크리트에 생기는 변형률과 같다.
④ 콘크리트의 압축응력-변형률 관계는 시험 결과에 따라 직사각형, 사다리꼴 또는 포물선 등으로 가정할 수 있다.

033
휨모멘트 또는 휨모멘트와 축력을 동시에 받는 부재의 콘크리트 압축연단의 극한변형률은 콘크리트의 설계기준압축강도가 40MPa 이하인 경우에는 0.0033으로 가정하며, 40MPa을 초과할 경우에는 매 10MPa의 강도 증가에 대하여 0.0001씩 감소시킨다.

정답 ②

정답 및 해설

034
① 철근과 콘크리트의 변형률은 중립축으로부터 거리에 비례하는 것으로 가정할 수 있다.
② 등가직사각형 응력블록에서 콘크리트 등가압축응력의 크기는 25.5 MPa이다.
③ 등가직사각형 응력블록의 깊이는 압축연단에서 중립축까지 거리에 계수 $\beta_1=0.8$을 곱한 값으로 한다.

정답 ④

035
콘크리트 등가 직사각형 압축응력블록의 깊이 계수 β_1

f_{ck}(MPa)	40 이하	50 이하
β_1	0.80	0.80

60 이하	70 이하	80 이하	90 이하
0.76	0.74	0.72	0.70

정답 ①

036
철근의 탄성계수는 설계기준항복강도의 증감에 관계없이 일정한 값을 갖는다.

정답 ①

---

034 건축구조기준(KDS)에 따라 깊은보가 아닌 일반 철근콘크리트 보의 휨강도를 설계할 때 단면의 응력과 변형률 분포에 대한 설명으로 옳은 것은? (단, 콘크리트는 설계기준압축강도 30MPa, 철근은 설계기준항복강도 600MPa를 사용한다.)

14 지방직 9급

① 철근과 콘크리트의 변형률은 중립축으로부터 거리에 비례하는 것으로 가정할 수 없다.
② 등가직사각형 응력블록에서 콘크리트 등가압축응력의 크기는 30MPa이다.
③ 등가직사각형 응력블록의 깊이는 압축연단에서 중립축까지 거리의 0.85를 곱한 값으로 한다.
④ 압축철근을 배근할 경우 압축철근은 콘크리트 압축강도와 상관없이 항복하지 않는다.

035 콘크리트의 설계기준압축강도가 30MPa일 때, 콘크리트 등가 직사각형 압축응력블록의 깊이 계수 β_1의 값은?

25 국가직 9급

① 0.8
② 0.85
③ 0.9
④ 1.0

036 철근과 콘크리트의 재료특성과 휨 및 압축을 받는 철근콘크리트 부재의 설계가정에 대한 설명으로 옳지 않은 것은? (단, $f_{ck} \leq 90\text{MPa}$)

18 국가직 9급

① 철근은 설계기준항복강도가 높아지면 탄성계수도 증가한다.
② 콘크리트 압축응력 분포와 콘크리트변형률 사이의 관계는 직사각형, 사다리꼴, 포물선형 또는 강도의 예측에서 광범위한 실험의 결과와 실질적으로 일치하는 어떤 형상으로도 가정할 수 있다.
③ 등가직사각형 응력블록계수 β_1의 범위는 $0.70 \leq \beta_1 \leq 0.80$이다.
④ 철근의 변형률이 f_y에 대응하는 변형률보다 큰 경우 철근의 응력은 변형률에 관계없이 f_y로 하여야 한다.

037
다음 그림은 휨모멘트만을 받는 철근콘크리트 보의 극한상태에서 변형률 분포를 나타낸 것이다. 휨모멘트에 대한 설계강도를 산정할 때 적용되는 강도감소계수는? (단, $f_y=400\text{MPa}, f_{ck}=24\text{MPa}$이다.)

18 국가직 9급

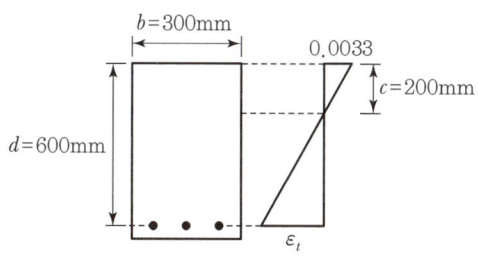

① 0.95
② 0.85
③ 0.75
④ 0.65

037
(1) 최외단 인장철근의 순인장변형률 (ε_t)
$$\therefore \varepsilon_t = \frac{0.0033 \times (d_t - c)}{c}$$
$$= \frac{0.0033 \times (600-200)}{200}$$
$$= 0.0066$$
(2) 변형률 한계($f_y=400\text{MPa}$)
인장지배 변형률 한계(0.005)
$< \varepsilon_t (0.0066)$
∴ 인장지배 단면의 강도감소계수
$= 0.85$

정답 ②

038
건축구조기준에 따라 나선철근으로 보강된 철근콘크리트 기둥의 설계에서 종국상태 시 최외단 인장철근의 순인장변형률이 0.003일 때, 기둥의 축력과 휨모멘트에 대한 강도감소계수(ϕ)의 값은? (단, 철근의 항복강도는 400MPa, 탄성계수는 $2.0 \times 10^5 \text{MPa}$이라고 한다.)

16 국가직 7급

① 0.70
② 0.75
③ 0.80
④ 0.85

038
순인장변형률($\varepsilon_t=0.003$)이 압축지배 변형률 한계($\varepsilon_y=0.002$)와 인장지배 변형률 한계($\varepsilon=0.005$) 사이인 경우이므로 강도감소계수는 0.70에서 0.85 사이에 직선 보간한 값을 사용한다.
∴ 나선철근인 경우 강도감소계수
$= 0.70 + (\varepsilon_t - 0.002) \times 50$
$= 0.70 + (0.003 - 0.002) \times 50$
$= 0.75$

정답 ②

039
다음은 휨모멘트를 받는 철근콘크리트 단근보의 실제 압축응력분포를 등가응력블록으로 단순화한 그림이다. 이때 등가응력블록의 크기 A 및 깊이 B의 크기로 옳은 것은? (단, 콘크리트의 압축강도 $f_{ck}=38\text{MPa}$이다.)

11 국가직 7급

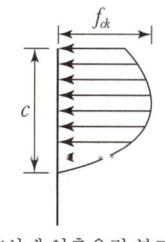 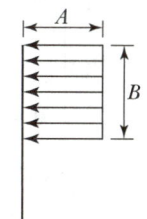

〈실제 압축응력 분포〉 〈등가응력 분포〉

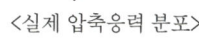

	A	B
①	$0.85f_{ck}$	$0.84c$
②	$0.85f_{ck}$	$0.80c$
③	$0.85f_{ck}$	$0.78c$
④	$0.85f_{ck}$	$0.76c$

039
A : 최대 압축 변형률이 발생할 때 등가 압축 영역에 $0.85f_{ck}$인 콘크리트 응력이 등분포한다.
B : 등가응력블록깊이(a)
$= \beta_1 \times c$
$= 0.80 \times c$
$= 0.80c$

정답 ②

040

철근콘크리트 구조 설계에서 보의 휨모멘트 계산을 위한 압축응력 등가블록깊이 계산 시 사용되는 설계변수가 아닌 것은?

18 서울시 9급

① 보의 폭
② 콘크리트 탄성계수
③ 인장철근의 설계기준항복강도
④ 인장철근 단면적

정답 및 해설

040
압축응력 등가블록깊이(a)
$=\dfrac{A_s \times f_y}{0.85 f_{ck} \times b}$로 계산한다.
여기서,
A_s : 인장철근 단면적
f_y : 인장철근의 설계기준 항복강도
f_{ck} : 콘크리트 설계기준 압축강도
b : 보의 폭

정답 ②

041

보폭(b)이 400mm인 직사각형 단근보에서 인장철근이 항복할 때 등가직사각형 응력블록의 깊이(a)는? (단, 인장철근량 $A_s=2{,}700\text{mm}^2$, 콘크리트 설계기준압축강도 $f_{ck}=27\text{MPa}$, 철근 설계기준항복강도 $f_y=400\text{MPa}$이다.)

11 지방직 9급

① 100.0mm
② 117.6mm
③ 133.3mm
④ 153.8mm

041
등가응력블록깊이
$a = \dfrac{A_s \times f_y}{0.85 \times f_{ck} \times b}$
$= \dfrac{2{,}700 \times 400}{0.85 \times 27 \times 400}$
$\fallingdotseq 117.6\text{mm}$

정답 ②

042

그림과 같은 철근콘크리트 보에서 인장측 철근 단면적(A_s)의 값은? (단, 압축측 연단에서 중립축까지의 거리 $c=200\text{mm}$이고, 콘크리트의 설계기준압축강도 $f_{ck}=20\text{MPa}$, 인장철근의 설계기준항복강도 $f_y=400\text{MPa}$이다.)

15 국가직 7급

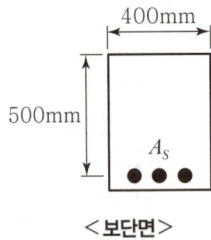
<보단면>

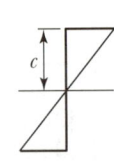
<변형률>

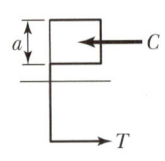
<등기응력 및 내력>

① 2,550mm²
② 2,720mm²
③ 3,400mm²
④ 4,000mm²

042
$C=T$이므로,
$0.85 f_{ck} \times a \times b = A_s \times f_y$
$\therefore A_s = \dfrac{0.85 f_{ck} \times (\beta_1 \times c) \times b}{f_y}$
$= \dfrac{0.85 \times 20 \times (0.80 \times 200) \times 400}{400}$
$= 2{,}720\text{mm}^2$

정답 ②

043

철근콘크리트 단근보를 강도설계법으로 설계할 때, 콘크리트 단면에서 생기는 압축력[kN]은? (단, 등가직사각형 응력블록을 사용하는 것으로 가정하고, 콘크리트의 설계기준압축강도 $f_{ck}=27\text{MPa}$, 보의 폭은 300mm, 등가응력블록의 깊이는 100mm이다.)

11 지방직 7급

① 585.2
② 607.5
③ 688.5
④ 810.0

043
콘크리트가 부담하는 압축력
$\therefore C = 0.85 f_{ck} \times a \times b$
$= 0.85 \times 27 \times 100 \times 300$
$= 688,500\text{N}$
$= 688.5\text{kN}$

정답 ③

044

철근콘크리트 단근직사각형보를 강도설계법으로 설계할 때, 콘크리트의 압축력[kN]에 가장 가까운 것은? (단, 보의 폭(b)은 300mm, 콘크리트 설계기준압축강도(f_{ck})는 30MPa, 압축연단에서 중립축까지의 거리(c)는 100mm이다.)

14 국가직 9급

① 612
② 640
③ 650
④ 760

044
$C = 0.85 f_{ck} \times a \times b$
$= 0.85 f_{ck} \times (\beta_1 \times c) \times b$
$= 0.85 \times 30 \times 0.80 \times 100 \times 300$
$= 612,000\text{N} = 612\text{kN}$

정답 ①

045

직사각형 단면을 가지는 철근콘크리트 단근보의 계수휨모멘트(M_u)가 $850 \times 10^6\text{N} \cdot \text{mm}$이고, 공칭강도저항계수($R_n$)가 4N/mm^2이다. 보 유효깊이의 제곱(d^2)이 $500,000\text{mm}^2$이고 최외단 인장철근의 순인장변형률이 0.01일 때, 계수휨모멘트를 만족하기 위한 보의 최소폭은? (단, $R_n = \rho f_y \left(1 - \dfrac{\rho f_y}{1.7 f_{ck}}\right)$이며, ρ는 인장철근비, f_{ck}는 콘크리트의 설계기준압축강도, f_y는 철근의 설계기준항복강도이다.)

13 지방직 9급

① 500mm
② 550mm
③ 600mm
④ 650mm

045
단근보의 계수휨모멘트(M_u)
$= \phi R_n \times bd^2$이므로,
$\therefore$ 보의 최소폭
$b = \dfrac{M_u}{\phi R_n \times d^2}$
$= \dfrac{850 \times 10^6}{0.85 \times 4 \times 500,000}$
$= 500\text{mm}$

정답 ①

정답 및 해설

046

$C=T$를 이용해서 구한다.
$0.85f_{ck} \times a \times b = A_s \times f_y$
($\because a = \beta_1 c$를 대입)
$c_b = \dfrac{A_s \times f_y}{0.85 f_{ck} \times \beta_1 \times b}$
($\beta_1 = 0.80 \leftarrow f_{ck}$가 20MPa이므로)
$\therefore c_b = \dfrac{1,700 \times 400}{0.85 \times 20 \times 0.80 \times 400}$
$\qquad = 125\text{mm}$

정답 ④

047

최외단 인장철근의 순인장변형률
$(\varepsilon_t) = \dfrac{\varepsilon_u \times (d_t - c)}{c}$
$0.0099 = \dfrac{0.0033 \times (600-c)}{c}$
$\therefore c = 150\text{mm}$

정답 ③

048

균형철근비(ρ_b)
$= \dfrac{0.85 f_{ck}}{f_y} \times \beta_1 \times \dfrac{660}{660 + f_y}$

정답 ③

---

046 그림과 같은 철근콘크리트 보 단면에서 극한상태에서의 중립축 위치 c(압축연단으로부터 중립축까지의 거리)에 가장 가까운 값은? (단, 콘크리트의 설계기준압축강도는 20MPa, 철근의 설계기준항복강도는 400MPa로 가정하며, A_s는 인장철근량이다.)

19 지방직 9급

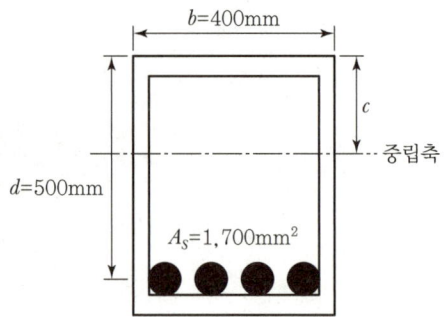

① 109.7mm ② 113.4mm ③ 117.6mm ④ 125.0mm

047 그림과 같은 철근콘크리트 보의 단면과 변형률 분포에서 설계휨강도를 계산할 때, 중립축 깊이 $c[\text{mm}]$의 값은? (단, 최외단 인장철근의 순인장변형률 ε_t는 0.0099, 콘크리트의 설계기준압축강도 f_{ck}는 27MPa, 단면의 유효깊이는 600mm, ε_{cu}는 콘크리트의 극한변형률이다)

25 국가직 9급

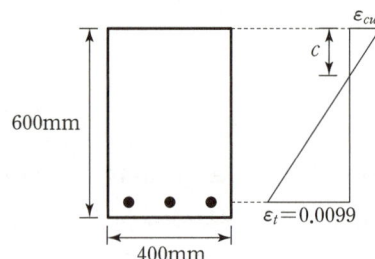

① 100 ② 120 ③ 150 ④ 200

048 철근콘크리트 균형보의 철근비(ρ_b)를 구하는 공식으로 옳은 것은?
(단, 콘크리트강도 $f_{ck}=24\text{MPa}$, 철근항복강도 $f_y=400\text{MPa}$, $\beta_1=$등가응력 블록의 응력중심거리비이다.)

14 서울시 9급

① $\rho_b = 0.85 \dfrac{f_{ck} \times 660}{f_y \times (660 + f_{ck})}$ 　② $\rho_b = 0.85 \beta_1 \dfrac{f_y \times 660}{f_{ck} \times (660 + f_{ck})}$

③ $\rho_b = 0.85 \beta_1 \dfrac{f_{ck} \times 660}{f_y \times (660 + f_y)}$ 　④ $\rho_b = 0.85 \dfrac{f_y \times 660}{f_{ck} \times (660 + f_y)}$

⑤ $\rho_b = 0.85 \beta_1 \dfrac{f_{ck} \times 400}{f_y \times (400 + f_{ck})}$

049
균형철근비를 초과하는 주인장철근이 배근된 철근콘크리트 보에 나타나는 특징으로 옳지 않은 것은?

13 지방직 9급

① 극한상태에서는 취성적인 파괴가 나타난다.
② 중립축의 위치는 균형철근비 이하로 보강된 경우보다 주인장철근 방향으로 내려간다.
③ 사용하중에 대한 처짐은 균형철근비 이하로 보강된 경우보다 작게 나타난다.
④ 극한상태의 휨강도는 균형철근비 이하로 보강된 경우보다 작게 나타난다.

049
극한상태의 휨강도는 균형철근비 이하로 보강된 경우보다 크게 나타난다.

정답 ④

050
다음 중 휨 및 압축을 받는 부재의 설계에 대한 설명으로 옳지 않은 것은? (단, ρ_b는 균형철근비이다.)

14 서울시 9급

① 휨 또는 휨과 축력을 동시에 받는 부재의 콘크리트 압축연단의 극한변형률(ε_u)은 콘크리트 설계기준강도가 40MPa 이하인 경우에는 0.0033으로 가정한다.
② 인장철근이 설계기준항복강도(f_y)에 대응하는 변형률에 도달하고 동시에 압축콘크리트가 극한변형률에 도달할 때를 균형변형률 상태로 본다.
③ 압축콘크리트가 가정된 극한변형률(ε_u)에 도달할 때 최외단 인장철근의 순인장변형률(ε_t)이 압축지배변형률한계 이하인 단면을 압축지배단면이라고 한다.
④ 압축콘크리트가 가정된 극한변형률(ε_u)에 도달할 때 최외단 인장철근의 순인장변형률(ε_t)이 인장지배변형률 한계 이상인 단면을 인장지배단면이라고 한다.
⑤ 인장철근비를 최대철근비보다 작게 규정한 이유는 휨재 또는 축력이 크지 않은 휨-압축재가 파괴 이전에 전단파괴에 이르도록 유도하기 위함이다.

050
인장철근비를 최대철근비보다 작게 규정한 이유는 휨재 또는 축력이 크지 않은 휨-압축재가 파괴 이전에 철근의 항복에 의한 연성파괴에 이르도록 유도하기 위함이다.

정답 ⑤

> **정답 및 해설**

051
보의 인장철근비를 최대 철근비 이상으로 배근하면 과다철근보가 되기 때문에 압축 측 콘크리트가 인장철근보다 먼저 파괴에 이르러 취성 파괴가 발생한다.
정답 ③

052
정답 ④

053
정답 ③

---

051 휨모멘트를 받는 철근콘크리트 보의 인장철근비를 최대 철근비 이상으로 배근할 경우 발생할 수 있는 파괴양상으로 옳은 것은?
16 서울시 9급(前)

① 인장철근이 압축 측 콘크리트보다 먼저 항복하여 연성 파괴가 발생한다.
② 인장철근이 압축 측 콘크리트보다 먼저 항복하여 취성 파괴가 발생한다.
③ 압축 측 콘크리트가 인장철근보다 먼저 파괴에 이르러 취성 파괴가 발생한다.
④ 압축 측 콘크리트가 인장철근보다 먼저 파괴에 이르러 연성 파괴가 발생한다.

052 단근 직사각형보를 강도 설계법으로 해석할 때 그 철근비를 균형철근비 이하로 규제하는 이유는?
08 국가직 9급

① 처짐 감소를 위하여
② 철근량 절약을 위하여
③ 철근의 연성파괴 방지를 위하여
④ 콘크리트의 취성파괴 방지를 위하여

053 강도설계법에 의한 철근콘크리트보의 설계 시 최대철근비 개념을 두는 가장 큰 이유는?
09 지방직 7급, 10 국가직 9급

① 경제적인 설계가 되도록 하기 위해
② 취성파괴를 유도하기 위해
③ 연성파괴를 유도하기 위해
④ 구조적인 효율을 높이기 위해

054
철근콘크리트 보의 설계에서 인장철근에 대한 설명으로 옳지 않은 것은?

11 국가직 9급

① 최소철근비 이상에서 인장철근비를 작게 하고 단면을 크게 하는 것은 처짐 제한에 유리하다.
② 인장철근비가 증가하면 할수록 보의 연성도 증가한다.
③ 균열방지를 위해서는 최소한의 인장철근 보강이 필요하다.
④ 인장철근비가 감소하면 취성균열파괴가 발생할 수 있다.

054 정답 및 해설
철근콘크리트 보의 설계에서 균형상태보다 더 많은 양의 철근을 인장측에 배치한 보(과다 철근보)는 철근이 항복하기 전에 콘크리트의 변형률에 도달하기 때문에 콘크리트의 갑작스런 파쇄로 보의 취성이 증가하게 된다.

정답 ②

055
휨모멘트를 받는 철근콘크리트 부재의 인장철근비를 최대철근비 이상으로 배근할 경우 극한상태에서 나타나는 파괴양상으로 옳은 것은?

11 국가직 7급

① 압축콘크리트가 인장철근보다 먼저 파괴에 이르러 취성파괴가 발생한다.
② 압축콘크리트가 인장철근보다 먼저 파괴에 이르러 연성파괴가 발생한다.
③ 인장철근이 압축콘크리트 파괴보다 먼저 항복하여 취성파괴가 발생한다.
④ 인장철근이 압축콘크리트 파괴보다 먼저 항복하여 연성파괴가 발생한다.

055
인장측에 상대적으로 많은 양의 철근이 배치되면, 인장측의 철근이 항복을 시작하기 전에 압축 측 콘크리트의 압축응력이 압축강도에 도달하게 된다. 이때, 압축변형률이 커지면서 콘크리트는 인장철근보다 먼저 파괴에 이르러 취성파괴가 발생한다.

정답 ①

056
철근콘크리트구조에서 휨부재와 압축부재의 제한사항으로 옳지 않은 것은?

17 국가직 9급

① 보의 횡지지 간격은 압축 플랜지 또는 압축면의 최소 폭의 75배를 초과하지 않아야 한다.
② 두께가 균일한 구조용 슬래브와 기초판에서 경간방향으로 보강되는 휨철근의 최대 간격은 위험단면이 아닌 경우에 슬래브 또는 기초판 두께의 3배와 450mm 중 작은 값을 초과하지 않아야 한다.
③ 비합성 압축부재의 축방향 주철근 단면적은 전체 단면적의 0.01배 이상, 0.08배 이하로 하여야 한다. 축방향 주철근이 겹침이음되는 경우의 철근비는 0.04를 초과하지 않아야 한다.
④ 압축부재의 축방향 주철근의 최소 개수는 사각형이나 원형 띠철근으로 둘러싸인 경우 4개로 하여야 한다.

056
보의 횡지지 간격은 압축 플랜지 또는 압축면의 최소 폭의 50배를 초과하지 않아야 한다.

정답 ①

정답 및 해설

057
보 경간의 1/12에 보의 복부 폭을 더한 값은 반T형보의 유효폭을 결정하기 위한 값이다.
정답 ①

058
슬래브와 보를 일체로 타설하고, 보의 양쪽에 슬래브가 있는 철근 콘크리트 T형보의 유효폭을 산정하는 세 가지 방법은 ① 슬래브 두께의 16배$+b_w$, ② 양쪽 슬래브의 중심 간 거리, ③ 보 경간의 1/4이며, 이 중 작은 값을 유효폭으로 산정한다.
정답 ②

059
'보의 경간의 1/4'은 T형보의 유효폭 산정 조건에 속한다.
[참고]
T형보의 유효폭 산정 조건
1. (양쪽으로 각각 내민 플랜지 두께의 8배씩)$+b_w$
2. 양쪽 슬래브의 중심 간 거리
3. 보 경간의 1/4
∴ 1, 2, 3 中 작은 값 선택
정답 ①

---

057 철근콘크리트구조에서 슬래브와 보가 일체로 타설된 T형보(보의 양쪽에 슬래브가 있는 경우)의 유효폭을 결정하기 위한 값이 아닌 것은?   13 국가직 7급

① 보 경간의 1/12에 보의 복부 폭을 더한 값
② 보 경간의 1/4
③ 양쪽으로 각각 내민 플랜지 두께의 8배씩에 보의 복부 폭을 더한 값
④ 양쪽 슬래브의 중심 간 거리

058 슬래브와 보를 일체로 타설하고, 보의 양쪽에 슬래브가 있는 철근 콘크리트 T형보의 유효폭을 산정하는 세 가지 방법에 해당하지 않는 것은? (단, b_w는 보의 복부(웨브)폭이며, 슬래브(플랜지)의 두께는 균일하다.)   23 지방직 9급

① 슬래브 두께의 16배$+b_w$
② 인접 보와의 내측거리
③ 양쪽 슬래브의 중심 간 거리
④ 보 경간의 1/4

059 한쪽에만 슬래브가 있는 반 T형보의 유효폭 산정 조건으로 옳지 않은 것은? (단, b_w는 반 T형보의 복부 폭이며, 두께가 균일한 슬래브와 보를 일체로 타설하였다)   25 국가직 9급

① 보의 경간의 1/4
② (보의 경간의 1/12)$+b_w$
③ (인접 보와 내측 거리의 1/2)$+b_w$
④ (한쪽으로 내민 플랜지 두께의 6배)$+b_w$

060 다음 그림에서 보와 슬래브가 일체로 타설된 T형보(G_1)의 유효폭(b)은? (단, 슬래브의 두께는 100mm, 보의 폭은 500mm이다.)   11 지방직 9급

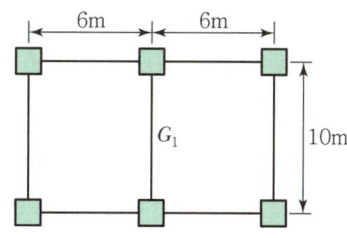

① 150cm
② 210cm
③ 250cm
④ 300cm

060
(1) 양쪽으로 각각 내민 플랜지 두께의 8배씩 + b
   = (10cm × 16) + 50cm
   = 210cm
(2) 양쪽 슬래브의 중심간 거리
   = $\frac{600cm}{2} + \frac{600cm}{2}$ = 600cm
(3) 보 스팬의 $\frac{1}{4}$
   = 1,000cm × $\frac{1}{4}$ = 250cm
∴ (1), (2), (3) 중 작은 값을 선택하면 210cm

정답 ②

061 슬래브와 보가 일체로 현장타설된 철근콘크리트 T형보(G_1)의 유효폭으로 옳은 것은? (단, 슬래브의 두께는 100mm, 보의 폭은 300mm이다.)   16 국가직 7급

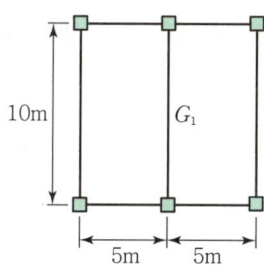

① 1,900mm
② 2,200mm
③ 2,500mm
④ 5,000mm

061
(1) 양쪽으로 각각 내민 플랜지 두께의 8배씩 + b_w
   = (100 × 16) + 300
   = 1,900mm
(2) 양쪽 슬래브의 중심 간 거리
   = 2.5m + 2.5m = 5,000mm
(3) 보 경간의 1/4 = 10m × 1/4
   = 2,500mm
∴ (1), (2), (3) 중 작은 값
   = 1,900mm

정답 ①

062 다음과 같은 구조평면도에서 G_2 보의 슬래브 유효폭(b_e)으로 옳은 것은?   11 국가직 7급

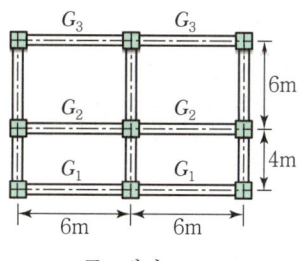 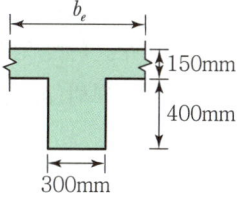

<구조평면도>   <G_2 보의 단면도>

① 1,000mm
② 1,500mm
③ 2,000mm
④ 5,000mm

062
T형보의 유효폭
(1) 양쪽으로 각각 내민 플랜지 두께의 8배씩 + b
   = (150mm × 16) + 300mm
   = 2,700mm
(2) 양쪽 슬래브의 중심 간 거리
   = $\frac{6,000mm}{2} + \frac{4,000mm}{2}$
   = 5,000mm
(3) 보 스팬의 $\frac{1}{4}$
   = 6,000mm × $\frac{1}{4}$ = 1,500mm
∴ (1), (2), (3) 중 작은 값을 선택하면 1,500mm

정답 ②

정답 및 해설

063
두께가 균일한 구조용 슬래브와 기초판에 대하여 경간방향으로 보강되는 인장철근의 최대간격은 슬래브 또는 기초판 두께의 3배와 450mm 중 작은 값을 초과하지 않도록 해야 한다.

정답 ③

064
복철근보는 압축철근으로 인하여 전단보강근을 원활히 배근할 수 있어서 조립이 편리하다.

정답 ③

065
① 보의 장기처짐을 감소시키기 위하여 압축철근을 주로 배치한다.
② 캔틸레버 보의 경우 주근은 상단에 주로 배치한다.
③ 보의 하부근은 주로 양단부에서 이음한다.
④ 보의 주근은 중앙부 하단에 주로 배치한다.

정답 ⑤

---

063 철근콘크리트 휨부재 설계 시 제한사항으로 옳지 않은 것은? 16 지방직 9급

① 보의 횡지지 간격은 압축플랜지 또는 압축면 최소폭의 50배를 초과하지 않도록 하여야 한다.
② 하중의 횡방향 편심의 영향은 횡지지 간격을 결정할 때 고려되어야 한다.
③ 두께가 균일한 구조용 슬래브와 기초판에 대하여 경간방향으로 보강되는 인장철근의 최대간격은 슬래브 또는 기초판 두께의 3배와 450mm 중 큰 값을 초과하지 않도록 해야 한다.
④ 보의 깊이 h가 900mm를 초과하면 종방향 표피철근을 인장연단으로부터 $h/2$ 받침부까지 부재 양쪽 측면을 따라 균일하게 배치하여야 한다.

064 철근콘크리트구조에서 복철근보에 대한 설명으로 옳지 않은 것은? 09 지방직 9급

① 장기처짐이 감소한다.
② 연성이 증진된다.
③ 철근 조립이 불편하다.
④ 설계강도가 증대된다.

065 철근콘크리트구조물의 배근에 대한 기술 중 옳은 것은? 14 서울시 9급

① 보의 장기처짐을 감소시키기 위하여 인장철근을 주로 배치한다.
② 캔틸레버 보의 경우 주근은 하단에 주로 배치한다.
③ 보의 하부근은 주로 중앙부에서 이음한다.
④ 보의 주근은 중앙부 상단에 주로 배치한다.
⑤ 보의 스터럽(stirrup)은 단부에 주로 배치한다.

066

철근콘크리트 복근보(Doubly Reinforced Beam)에서 압축철근을 배근하는 이유로 옳지 않은 것은?

09 국가직 9급

① 파괴 시까지 인장철근의 변형률이 증가하여 보의 연성을 증가시킨다.
② 장기하중에 의한 처짐을 감소시킨다.
③ 파괴모드를 인장파괴에서 압축파괴로 전환시킨다.
④ 철근의 배치가 용이해진다.

066
복근보에서 압축철근은 콘크리트의 압축파괴를 방지할 수 있는 기능을 가진다.
정답 ③

067

철근콘크리트 보에서 압축철근을 배치하는 이유로 가장 옳지 않은 것은?

19 서울시 7급

① 지속하중에 의한 처짐의 감소
② 연성의 증가
③ 파괴모드를 인장파괴에서 압축파괴로 전환
④ 철근의 배치용이

067
압축철근을 배치하면 콘크리트의 취성파괴를 억제시키는 역할을 한다.
정답 ③

068

철근콘크리트 보에서 압축철근을 배치하는 이유로 가장 옳지 않은 것은?

24 국가직 7급

① 철근콘크리트 부재의 연성 증가
② 철근콘크리트 부재의 장기처짐 감소
③ 전단철근의 배근과 간격 유지에 편리
④ 철근콘크리트 부재의 전단강도 증가

068
압축철근을 배근하는 이유는 콘크리트의 크리프와 건조수축을 억제하여 보의 처짐, 즉 보의 장기처짐을 감소시키는 것이지 부재의 전단강도를 증가시키는 것은 아니다.
정답 ④

069

압축 측 철근이 배근된 철근콘크리트 복근보의 장점으로 옳지 않은 것은?

09 지방직 7급

① 강도 증가
② 연성 증가
③ 단기처짐 감소
④ 철근조립 편이

069
압축 측 철근의 배치로 크리프의 변형을 줄일 수 있으므로 장기처짐이 감소된다.
정답 ③

070

아래 그림과 같은 철근콘크리트 보에서 균열이 발생할 때 A, B, C 구역의 균열 양상으로 바르게 짝지어진 것은?

14 서울시 9급, 16 서울시 9급(後)

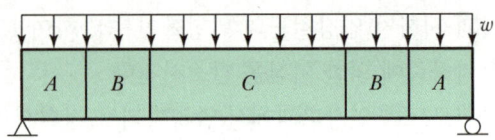

① 전단균열, 휨균열, 휨−전단균열
② 휨균열, 전단균열, 휨−전단균열
③ 휨균열, 휨−전단균열, 전단균열
④ 전단균열, 휨−전단균열, 휨균열
⑤ 휨−전단균열, 휨균열, 전단균열

070
철근콘크리트 보에서 균열은 부재의 중앙에서 발생하는 휨에 의한 균열인 휨균열과 사인장 응력에 의해 유발되는 휨−전단균열과 복부에 균열이 시작되는 전단균열로 구분할 수 있다.

정답 ④

071

철근콘크리트 부재의 전단력에 대한 거동을 평가하는 척도로 전단경간비(a/d)가 사용되고 있다. 전단경간비에 대한 설명으로 옳지 않은 것은?

14 서울시 9급

① 전단경간비는 최대휨내력과 최대전단내력의 비를 부재의 유효춤으로 나눈 값으로 표현한다.
② 전단경간비는 전단보강근의 간격을 결정하는 요소이다.
③ 전단경간비가 작을수록 전단파괴가 발생하기 쉽다.
④ 전단경간비가 클수록 휨파괴가 발생하기 쉽다.
⑤ 전단경간비는 부재의 휨파괴와 전단파괴를 구분하는 데 활용된다.

071
전단경간비는 부재의 전단력에 대한 거동을 평가하는 요소이며, 전단보강근의 간격은 전단철근에 의한 전단강도에 따라 달라진다.

정답 ②

072

철근콘크리트 보에서 전단경간이 보의 유효깊이보다 작고, 단부 콘크리트의 마찰저항이 작은 경우에 발생할 수 있는 파괴형태는?

12 국가직 7급

① 쪼갬파괴
② 인장파괴
③ 휨파괴
④ 사인장파괴

072
전단경간이 유효깊이보다 작은 경우, 파괴형태는 단부 콘크리트의 마찰저항이 작은 경우에는 쪼갬파괴(Splting failure)가 되고 그렇지 않은 경우에는 지지부에서의 압축파괴가 된다.

정답 ①

073
철근콘크리트구조에서 전단철근의 형태로 옳지 않은 것은? 11 국가직 9급

① 주인장철근에 38° 각도로 설치되는 스터럽
② 주인장철근에 32° 각도로 구부린 굽힘철근
③ 스터럽과 굽힘철근의 조합
④ 부재축에 직각으로 배치된 용접철망

073
철근콘크리트 부재의 경우 주인장 철근에 45° 이상의 각도로 설치되는 스터럽, 주인장 철근에 30° 이상의 각도로 구부린 굽힘철근을 전단철근으로 사용할 수 있다.

정답 ①

074
철근콘크리트 부재에서 전단보강철근으로 사용할 수 있는 형태로 옳지 않은 것은? 15 국가직 9급

① 주인장철근에 30°로 설치된 스터럽
② 부재축에 직각으로 배치된 용접 철망
③ 주인장철근에 45°로 구부린 굽힘철근
④ 나선철근, 원형 띠철근 또는 후프철근

074
철근콘크리트 부재에서 주인장철근에 45° 이상의 각도로 설치되는 스터럽은 전단보강철근으로 사용할 수 있는 형태이다.

정답 ①

075
철근콘크리트 부재의 전단철근으로 적절하지 않은 것은? 24 지방직 9급

① 부재축에 평행하게 배치한 용접철망
② 나선철근 또는 원형 띠철근
③ 주인장철근에 45도 이상의 각도로 설치되는 스터럽
④ 주인장철근에 30도 이상의 각도로 구부린 굽힘철근

075
부재축에 직각으로 배치한 용접철망은 철근콘크리트 부재의 전단철근으로 사용하여야 한다.

정답 ①

076
철근콘크리트구조에서 부재축에 직각인 전단철근을 사용하는 경우, 전단철근에 의한 전단강도의 크기에 영향을 미치는 요인이 아닌 것은? 17 국가직 9급

① 전단철근의 설계기준항복강도
② 인장철근의 중심에서 압축콘크리트 연단까지의 거리
③ 전단철근의 간격
④ 부재의 폭

076
철근콘크리트구조에서 부재축에 직각인 전단철근을 사용하는 경우, 전단철근에 의한 전단강도의 크기에 영향을 미치는 요인들은 전단철근의 설계기준항복강도(f_y), 인장철근의 중심에서 압축콘크리트 연단까지의 거리(d), 전단철근의 간격(s), 전단보강근 간격 내에 있는 전단보강근의 단면적(A_v)이다.

정답 ④

정답 및 해설

077
원형단면 부재의 콘크리트 전단강도(V_c)를 계산하기 위한 단면적은 콘크리트 단면의 유효깊이와 지름의 곱으로 구하여야 하며, 이때 단면의 유효깊이는 부재단면지름의 0.8배로 구할 수 있다.

정답 ③

078
$V_c = \dfrac{1}{6}\lambda\sqrt{f_{ck}}\,b_w d$
$= \dfrac{1}{6} \times 1 \times \sqrt{25} \times 300 \times 500$
$= 125\,\text{kN}$

정답 ②

079
설계전단강도
= 강도감소계수
 × 콘크리트의 공칭전단강도
$= 0.75 \times \left(\dfrac{1}{6} \times \sqrt{f_{ck}} \times b \times d\right)$
$= 0.75 \times \left(\dfrac{1}{6} \times \sqrt{25} \times 400 \times 600\right)$
$= 0.75 \times 200{,}000$
$= 150\,\text{kN}$

정답 ②

---

077 원형단면을 가지는 철근콘크리트 부재의 전단강도를 산정하기 위해 필요한 단면의 유효깊이는?

13 국가직 7급

① 압축 측 연단에서 최외단 인장철근 중심까지의 거리
② 압축 측 연단에서 인장철근군 전체의 단면 중심까지의 거리
③ 부재단면지름의 0.8배
④ 부재단면지름의 0.7배

078 다음과 같은 전단력과 휨모멘트만을 받는 철근콘크리트 보에서 콘크리트에 의한 공칭전단강도[kN]는? (단, 계수전단력과 계수휨모멘트는 고려하지 않는다.)

20 국가직 9급

- 보통중량콘크리트
- 콘크리트의 설계기준압축강도 : 25MPa
- 보의 복부 폭 : 300mm
- 인장철근의 중심에서 압축콘크리트 연단까지의 거리 : 500mm

① 100
② 125
③ 150
④ 175

079 직사각형 철근콘크리트 보의 폭 b_w가 400mm, 유효깊이 d는 600mm, 콘크리트의 설계기준압축강도 f_{ck}는 25MPa일 때, 콘크리트에 의한 설계 전단강도[kN]는? (단, 이 보는 전단력과 휨모멘트만을 받는다고 가정하며, 이때 전단경간비(V_{ud}/M_u)와 인장철근비(ρ_w)는 고려하지 않는다.)

12 지방직 9급

① 100
② 150
③ 200
④ 250

080

그림과 같은 단면의 철근콘크리트 보를 전단설계할 때, 부재축에 직각인 전단철근의 간격(s)[mm]으로 옳은 것은? (단, f_{yt}=400MPa, V_u=200kN, ϕV_c=100kN 이다)

24 국가직 7급

d=500mm, D10 (A_s=71mm²)

① 200
② 250
③ 300
④ 500

정답 및 해설

080
$V_u \leq \phi(V_C + V_S)$,
$200 \leq 100 + \phi V_S$,
$100 \leq \phi \times \dfrac{(A_v \times f_{yt} \times d)}{s}$,
$s \leq \dfrac{0.75 \times [(2 \times 71) \times 400 \times 500]}{100,000}$
, $s \leq 213$mm
∴ s = 2000mm

정답 ①

081

건축구조기준에서 규정된 철근콘크리트구조의 전단철근의 형태와 간격제한에 대한 설명으로 옳지 않은 것은? (단, d는 부재의 유효깊이(mm), f_{ck}는 콘크리트의 설계기준압축강도(MPa), b_w는 플랜지가 있는 부재의 복부 폭(mm), h는 부재전체의 두께 또는 깊이(mm)를 의미한다.)

13 국가직 9급

① 프리스트레스트 콘크리트 부재의 전단보강에서 부재축에 직각으로 배치된 전단철근의 간격은 $0.75h$ 이하이어야 하고, 또한 600mm 이하로 하여야 한다.
② 전단철근의 설계기준항복강도는 500MPa를 초과해서는 안 된다. 다만, 용접 이형철망을 사용할 경우 전단철근의 설계기준항복강도는 600MPa를 초과해서는 안 된다.
③ 전단철근에 의한 공칭전단강도(V_s)가 $\dfrac{1}{3}\lambda\sqrt{f_{ck}}b_w d$를 초과하는 철근콘크리트부재의 경우에는 스터럽의 최대간격을 $d/2$ 이하로 하여야 한다.
④ 철근콘크리트부재의 경우 주인장철근에 30° 이상의 각도로 구부린 굽힘철근을 전단철근으로 사용할 수 있다.

081
단철근에 의한 공칭전단강도(V_s)가 $\dfrac{1}{3}\lambda\sqrt{f_{ck}}b_w d$를 초과하는 철근콘크리트부재의 경우에는 스터럽의 최대간격을 $d/4$ 이하로 하여야 한다.

정답 ③

정답 및 해설

082
크리프 계산에 사용되는 콘크리트의 초기접선탄성계수는 할선탄성계수의 1.18배로 한다.

정답 ④

083
경사스터럽과 굽힘철근은 부재의 중간 높이에서 반력점 방향으로 주인장철근까지 연장된 45°선과 한 번 이상 교차되도록 배치하여야 한다.

정답 ④

---

082 콘크리트 구조의 설계원칙과 기준에 대한 설명으로 옳지 않은 것은? 21 국가직 9급

① 벽체의 전단철근 또는 용접 이형 철망을 제외한 전단철근의 설계기준항복강도는 500MPa을 초과할 수 없다.
② 철근콘크리트 부재축에 직각으로 배치된 전단철근의 간격은 600mm를 초과할 수 없다.
③ 콘크리트 구조물의 탄산화 내구성 평가에서 탄산화에 대한 허용 성능저하 한도는 탄산화 침투 깊이가 철근의 깊이까지 도달한 상태를 탄산화에 대한 허용 성능저하 한계상태로 정한다.
④ 크리프 계산에 사용되는 콘크리트의 초기접선탄성계수는 할선탄성계수의 0.9배로 한다.

083 보통모멘트골조에서 철근콘크리트 보의 전단철근 설계에 대한 설명으로 옳지 않은 것은? (단, 스트럿-타이모델에 따라 설계하지 않은 일반적인 보 부재로, 전단철근에 의한 전단강도는 콘크리트에 의한 전단강도의 2배 이하이며, d는 보의 유효깊이이다.) 19 국가직 9급

① 용접이형철망을 사용한 전단철근의 설계기준항복강도는 600MPa를 초과할 수 없다.
② 부재축에 직각으로 배치된 전단철근의 간격은 철근콘크리트 부재인 경우 $\frac{d}{2}$ 이하 또한 600mm 이하로 하여야 한다.
③ 종방향 철근을 구부려 전단철근으로 사용할 때는 그 경사길이의 중앙 $\frac{3}{4}$만이 전단철근으로서 유효하다.
④ 경사스터럽과 굽힘철근은 부재의 중간 높이에서 반력점 방향으로 주인장철근까지 연장된 30°선과 한 번 이상 교차되도록 배치하여야 한다.

084

「콘크리트구조 전단 및 비틀림 설계기준(KDS 14 20 22)」에서 전단철근에 대한 설명으로 가장 옳지 않은 것은?

24 서울시 9급

① 철근콘크리트 부재의 경우, 주인장 철근에 45° 이상의 각도로 설치되는 스터럽은 전단철근으로 사용할 수 있다.
② 철근콘크리트 부재의 경우, 주인장 철근에 30° 이상의 각도로 구부린 굽힘철근은 전단철근으로 사용할 수 있다.
③ 부재축에 직각으로 배치된 전단철근의 간격은 철근 콘크리트 부재일 경우는 d 이하, 프리스트레스트 콘크리트 부재일 경우는 $0.75h$ 이하이어야 하고, 또 어느 경우이든 700mm 이하로 하여야 한다. (d: 종방향 인장철근의 중심에서 압축콘크리트 연단까지 거리, h: 부재의 전체 깊이)
④ 전단철근의 설계기준항복강도는 500MPa을 초과할 수 없다. 다만, 벽체의 전단철근 또는 용접 이형철망을 사용할 경우 전단철근의 설계기준항복강도는 600MPa을 초과할 수 없다.

084 정답 및 해설

부재축에 직각으로 배치된 전단철근의 간격은 철근 콘크리트 부재일 경우는 $0.5d$ 이하, 프리스트레스트 콘크리트 부재일 경우는 $0.75h$ 이하이어야 하고, 또 어느 경우이든 600mm 이하로 하여야 한다. (d: 종방향 인장철근의 중심에서 압축콘크리트 연단까지 거리, h: 부재의 전체 깊이)

정답 ③

085

「구조설계기준(KDS)」에서는 응력교란영역에 해당하는 구조부재에 스트럿-타이 모델(strut-tie model)을 적용하도록 권장하고 있다. 스트럿-타이 모델을 구성하는 요소에 해당하지 않는 것은?

18 서울시 9급

① 절점(node)
② 하중경로(load path)
③ 타이(tie)
④ 스트럿(strut)

085

스트럿-타이 모델을 구성하는 요소에는 압축요소인 스트럿(strut), 인장력 전달요소인 타이(tie), 3개 이상 스트럿과 타이의 연결점 또는 스트럿과 타이 그리고 집중하중의 중심선이 교차하는 점인 절점(node), 절점의 유한영역인 절점영역(nodal zone)이 있다.

정답 ②

정답 및 해설

086
ㄱ. 스트럿-타이 모델의 절점에서는 3개 이상의 스트럿과 타이의 연결점 또는 스트럿과 타이 그리고 집중하중의 중심선이 교차한다.
ㄹ. B영역은 보 이론의 평면유지원리가 적용되는 부분 / D영역은 집중하중에 의한 하중 불연속부, 단면이 급변하는 기하학적 불연속부 그리고 보 이론의 평면유지원리가 적용되지 않는 영역을 뜻한다.
정답 ②

087
깊은보는 단면의 변형률이 비선형분포로 나타나므로 스트럿-타이모델을 적용하여 설계할 수 있다.
정답 ②

088
전단마찰철근의 설계기준항복강도는 500MPa 이하로 한다.
정답 ④

---

086 콘크리트구조의 스트럿-타이 모델에 대한 설명으로 옳은 것만을 모두 고르면?

22 지방직 9급

> ㄱ. 스트럿-타이 모델의 절점에서는 2개 이하의 스트럿과 타이가 만나야 한다.
> ㄴ. 스트럿(strut)은 스트럿-타이 모델의 압축요소로서, 프리즘 모양 또는 부채꼴 모양의 압축응력장을 이상화한 요소이다.
> ㄷ. 타이(tie)는 스트럿-타이 모델의 인장력 전달요소이다.
> ㄹ. B영역은 집중하중에 의한 하중 불연속부, 단면이 급변하는 기하학적 불연속부 그리고 보 이론의 평면유지원리가 적용되지 않는 영역을 뜻한다.

① ㄱ, ㄴ
② ㄴ, ㄷ
③ ㄴ, ㄹ
④ ㄷ, ㄹ

087 철근콘크리트 깊은보 설계에 대한 설명으로 옳지 않은 것은?

19 국가직 7급

① 깊은보는 순경간이 부재 깊이의 4배 이하이거나 하중이 받침부로부터 부재 깊이의 2배 거리 이내에 작용하는 보이다.
② 깊은보는 단면의 변형률이 선형분포로 나타나므로 스트럿-타이모델을 적용하여 설계할 수 있다.
③ 스트럿-타이모델에서 스트럿과 타이의 강도감소계수는 동일하지 않다.
④ 스트럿-타이모델에서 콘크리트 스트럿의 강도 산정 시 균열과 구속 철근의 영향을 고려한 유효압축강도를 적용한다.

088 철근콘크리트구조에서 전단마찰설계에 대한 설명으로 가장 옳지 않은 것은?

18 서울시 9급

① 전단마찰철근이 전단력 전달면에 수직한 경우 공칭전단강도 $V_n = A_{vf} f_y \mu$로 산정한다.
② 보통중량콘크리트의 경우 일부러 거칠게 하지 않은 굳은 콘크리트와 새로 친 콘크리트 사이의 마찰계수는 0.6으로 한다.
③ 전단마찰철근은 굳은 콘크리트와 새로 친 콘크리트 양쪽에 설계기준 항복강도를 발휘할 수 있도록 정착시켜야 한다.
④ 전단마찰철근의 설계기준항복강도는 600MPa 이하로 한다.

03 압축재설계

089 콘크리트구조설계(강도설계법) 일반사항에서 규정된 용어에 대한 설명으로 옳지 않은 것은?
25 지방직 9급

① 옵셋굽힘철근(offset bent bar): 상하 기둥 연결부에서 단면치수가 변하는 경우에 구부린 주철근
② 공칭강도(nominal strength): 하중에 대한 구조체나 구조부재 또는 단면의 저항능력을 말하며 강도감소계수 또는 저항계수를 적용하지 않은 강도
③ 크리프(creep): 응력을 작용시킨 상태에서 탄성변형 및 수축변형을 제외시킨 변형으로 시간이 경과함에 따라 변형이 증가되는 현상
④ 띠철근(tie reinforcement, tie bar): 보에서 종방향 철근의 위치를 확보하고 휨모멘트에 저항하도록 배근한 횡방향의 보강철근 또는 철선

089
띠철근(tie reinforcement, tie bar)은 기둥에서 종방향 철근의 위치를 확보하고 전단력에 저항하도록 정해진 간격으로 배치된 횡방향의 보강철근 또는 철선을 말한다.
정답 ④

090 철근콘크리트 구조 압축부재의 철근량 제한 조건 중 사각형이나 원형 띠철근으로 둘러싸인 압축부재의 축방향 주철근의 최소 개수는?
20 서울시 7급

① 6개
② 4개
③ 3개
④ 2개

090
압축부재의 축방향 주철근의 최소 개수는 사각형이나 원형 띠철근으로 둘러싸인 경우 4개, 삼각형 띠철근으로 둘러싸인 경우 3개, 나선철근으로 둘러싸인 경우 6개로 하여야 한다.
정답 ②

091 철근콘크리트 기둥의 축방향 주철근이 겹침이음되어 있지 않을 경우, 주철근의 최대 철근비는?
21 국가직 9급

① 1%
② 4%
③ 6%
④ 8%

091
철근콘크리트 기둥의 축방향 주철근이 겹침이음되어 있지 않을 경우, 주철근의 최소 철근비는 1% 이상이고, 최대 철근비는 8% 이하이다.
정답 ④

092 다음의 ㉠, ㉡에 들어갈 내용으로 옳은 것은?
20 서울시 7급

> 철근콘크리트 비합성 압축부재의 축방향 주철근 단면적은 전체 단면적 A_g의 (㉠)배 이상, (㉡)배 이하로 하여야 한다.

	㉠	㉡		㉠	㉡
①	0.01	0.06	②	0.02	0.06
③	0.01	0.08	④	0.02	0.08

092
철근콘크리트 비합성 압축부재의 축방향 주철근 단면적은 전체 단면적 A_g의 0.01배 이상, 0.08배 이하로 하여야 한다.
정답 ③

정답 및 해설

093
축방향 철근인 주근이 기둥의 휨내력을 증가시킨다.
정답 ②

094
축방향 철근이 원형으로 배치된 경우에는 원형 띠철근을 사용할 수 있다.
정답 ④

095
띠철근 중 D35 이상의 축방향 철근과 다발철근은 D13 이상의 띠철근으로 둘러싸야 하며, 띠철근 대신 등가단면적의 이형철선 또는 용접철망을 사용할 수 있다.
정답 ①

---

093 콘크리트구조 기둥에 사용되는 띠철근의 주요한 역할에 대한 설명으로 옳지 않은 것은?

18 지방직 9급

① 축방향 주철근을 정해진 위치에 고정시킨다.
② 기둥의 휨내력을 증가시킨다.
③ 축방향력을 받는 주철근의 좌굴을 억제시킨다.
④ 압축콘크리트의 파괴 시 기둥의 벌어짐을 구속하여 연성을 증가시킨다.

094 철근콘크리트 압축부재의 횡철근에 대한 설명으로 옳지 않은 것은?

16 지방직 9급

① 종방향 철근의 위치를 확보하는 역할을 한다.
② 전단력에 저항하는 역할을 한다.
③ 나선철근의 순간격은 25mm 이상, 75mm 이하이어야 한다.
④ 축방향 철근이 원형으로 배치된 경우에는 원형 띠철근을 사용할 수 없다.

095 철근콘크리트 압축부재의 횡철근 상세에 대한 설명으로 옳지 않은 것은?

24 국가직 7급

① 띠철근 대신 용접철망은 사용할 수 없다.
② 나선철근의 순간격은 25mm 이상, 75mm 이하이어야 한다.
③ 현장치기콘크리트 공사에서 나선철근 지름은 10mm 이상으로 하여야 한다.
④ 기초판 또는 슬래브의 윗면에 연결되는 압축부재의 첫 번째 띠철근 간격은 다른 띠철근 간격의 1/2 이하로 하여야 한다

096 철근콘크리트 기둥의 띠철근(대근, Hoop)에 대한 설명으로 옳지 않은 것은?

09 지방직 7급

① 기둥 주근의 좌굴을 방지한다.
② 기둥의 연성을 증진시킨다.
③ 동일한 강도의 철근량을 사용하는 경우 나선철근에 비하여 압축저항 성능이 좋지 않다.
④ 내진설계를 적용해야 하는 건축물은 기둥의 중앙부에 띠철근을 조밀하게 배근해야 한다.

정답 및 해설

096
내진설계를 적용해야 하는 건축물은 기둥의 양단부에 띠철근을 조밀하게 배근해야 한다.

정답 ④

097 건축물 철근콘크리트 압축부재에 사용되는 띠철근의 수직간격 규정에 대한 설명으로 옳은 것은?

22 국가직 9급

① 축방향 철근지름의 16배 이하로 배근하여야 한다.
② 띠철근이나 철선지름의 48배 이상으로 배근하여야 한다.
③ 기둥단면의 최소 치수 이상으로 배근하여야 한다.
④ 500mm 이상으로 배근하여야 한다.

097
② 띠철근이나 철선지름의 48배 이하로 배근하여야 한다.
③ 기둥단면 최소 치수의 $\frac{1}{2}$ 이하로 배근하여야 한다.
④ 500mm 이상으로 배근하는 조건은 없다.

정답 ①

098 건축물 직사각형 철근콘크리트 기둥의 단면이 $250 \times 400 \text{mm}$이고, 주근은 D22, 띠철근은 D10을 사용했을 때, 띠철근 간격의 최댓값[mm]은?

12 국가직 7급

① 200
② 352
③ 400
④ 480

098
띠철근의 간격
(1) 주근 지름의 16배 이하 :
$22 \times 16 = 352\text{mm}$
(2) 띠철근 지름의 48배 이하 :
$10 \times 48 = 480\text{mm}$
(3) 기둥의 최소폭 $\times \frac{1}{2}$ 이하 :
$250 \times \frac{1}{2} = 125\text{mm}$
∴ 띠철근의 간격은 (1), (2), (3) 중 작은 값이 125mm이지만 200mm보다 좁을 필요는 없기 때문에 200mm로 한다.

정답 ①

정답 및 해설

099
띠철근의 최대간격 산정
㉠ 25mm × 16배 = 400mm 이하
㉡ 10mm × 48배 = 480mm 이하
㉢ 기둥의 최소폭 × $\frac{1}{2}$ = 150mm 이하

∴ 최솟값이 150mm이지만 200mm보다 좁을 필요는 없기 때문에 200mm로 한다

정답 ①

100
㉠ 25 × 16배 = 400mm
㉡ 10 × 48배 = 480mm
㉢ 기둥의 최소폭 × $\frac{1}{2}$ = 250mm

∴ ㉠, ㉡, ㉢ 중 최솟값 250mm

정답 ①

---

099 그림과 같은 건축물 철근콘크리트 기둥 단면에서 건축구조기준(KDS)에 따른 띠철근의 최대 수직간격에 가장 근접한 값은? (단, 다른 부재 및 앵커볼트와 접합되는 부위가 아니며, 전단이나 비틀림 보강철근, 내진설계 특별 고려사항 등이 요구되지 않는다.)

14 지방직 9급

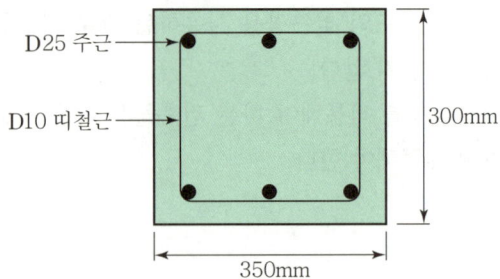

① 200mm
② 300mm
③ 350mm
④ 480mm

100 강도설계법에서 단면이 500 × 500mm이고 주근이 8-D25로 배근되어 있는 건축물 철근콘크리트 기둥에 띠철근을 D10으로 사용할 경우, 다음 중 띠철근의 최대 수직간격으로 옳은 것은?

14 서울시 9급

① 250mm   ② 350mm
③ 400mm   ④ 450mm
⑤ 500mm

101 다음 그림과 같은 단면을 가진 건축물 철근콘크리트의 압축부재에 횡보강철근으로 D10의 띠철근을 사용하는 경우 띠철근의 최대 수직간격으로 옳은 것은?

17 서울시 9급(前)

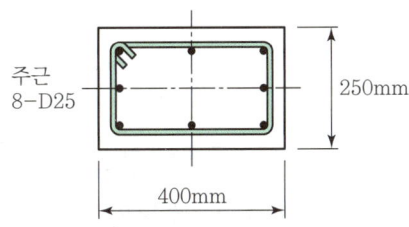

① 200mm
② 250mm
③ 300mm
④ 350mm

101
띠철근의 최대간격 산정
㉠ 25mm×16배=400mm 이하
㉡ 10mm×48배=480mm 이하
㉢ 기둥의 최소폭×$\frac{1}{2}$=125mm 이하
∴ ㉠, ㉡, ㉢ 중 작은 값이 125mm이지만 20mm보다 좁을 필요는 없기 때문에 200mm로 한다.

정답 ①

102 철근콘크리트 기둥의 배근 방법에 대한 설명으로 옳지 않은 것은? 20 국가직 9급

① 주철근의 위치를 확보하고 전단력에 저항하도록 띠철근을 배치한다.
② 사각형띠철근 기둥은 4개 이상, 나선철근 기둥은 6개 이상의 주철근을 배근한다.
③ 전체 단면적에 대한 주철근 단면적의 비율은 0.4% 이상 8% 이하로 한다.
④ 하중에 의해 요구되는 단면보다 큰 단면으로 설계된 기둥의 경우, 감소된 유효단면적을 사용하여 최소 철근량을 결정할 수 있다.

102
전체 단면적에 대한 주철근 단면적의 비율은 1% 이상 8% 이하로 한다.

정답 ③

정답 및 해설

103
D32 이하의 축방향철근은 D10 이상의 띠철근으로, D35 이상의 축방향 철근과 다발철근은 D13 이상의 띠철근으로 둘러싸야 하며, 이 경우 띠철근 대신 등가단면적의 이형철선과 용접철망을 사용할 수 있다.

정답 ③

104
축방향철근의 순간격이 150mm 이상 떨어진 경우 추가 띠철근을 배치하여 축방향철근을 횡지지하여야 한다.

정답 ③

---

103 보통모멘트골조에서 압축을 받는 건축물 철근콘크리트 기둥의 띠철근에 대한 설명으로 옳지 않은 것은? (단, 전단이나 비틀림 보강철근 등이 요구되는 경우, 실험 또는 구조해석 검토에 의한 예외사항 등과 같은 추가 규정은 고려하지 않는다.)

19 국가직 9급

① 모든 모서리 축방향철근은 135° 이하로 구부린 띠철근의 모서리에 의해 횡지지되어야 한다.
② 띠철근의 수직간격은 축방향 철근지름의 16배 이하, 띠철근이나 철선 지름의 48배 이하, 또한 기둥단면 최소 치수의 $\frac{1}{2}$ 이하로 하여야 한다.
③ D35 이상의 축방향 철근은 D10 이상의 띠철근으로 둘러싸야 하며, 이 경우 띠철근 대신 용접철망을 사용할 수 없다.
④ 기초판 또는 슬래브의 윗면에 연결되는 기둥의 첫 번째 띠철근 간격은 다른 띠철근 간격의 $\frac{1}{2}$ 이하로 하여야 한다.

104 건축물 철근콘크리트 기둥에서 띠철근에 대한 설명으로 옳지 않은 것은?

15 지방직 9급

① D32 이하의 축방향철근은 D10 이상의 띠철근으로, D35 이상의 축방향철근과 다발철근은 D13 이상의 띠철근으로 둘러싸야 한다.
② 띠철근 수직간격은 축방향철근 지름의 16배 이하, 띠철근 지름의 48배 이하, 또한 기둥단면 최소치수 $\frac{1}{2}$ 이하로 하여야 한다.
③ 축방향철근의 순간격이 100mm 이상 떨어진 경우 추가 띠철근을 배치하여 축방향철근을 횡지지하여야 한다.
④ 기초판 또는 슬래브의 윗면에 연결되는 기둥의 첫 번째 띠철근 간격은 다른 띠철근 간격의 1/2 이하로 하여야 한다.

105
철근콘크리트 압축부재에 대한 설명으로 옳은 것은? 12 국가직 9급

① 세장비가 커지면 좌굴의 영향이 감소하여 압축하중 지지능력이 증가한다.
② 높이가 단면 최소 치수의 2배 이상인 압축재를 기둥이라 한다.
③ 나선철근의 순간격은 25mm 이상 75mm 이하이어야 한다.
④ 압축부재의 철근량 제한에서 축방향 주철근이 겹침 이음되는 경우의 철근비는 0.05를 초과하지 않도록 하여야 한다.

정답 및 해설

105
① 세장비가 커지면 좌굴의 영향이 증가하여 압축하중 지지능력이 감소한다.
② 높이가 단면 최소 치수의 3배 이상인 압축재를 기둥이라 한다.
④ 압축부재의 철근량 제한에서 축방향 주철근이 겹침 이음되는 경우의 철근비는 0.04를 초과하지 않도록 하여야 한다.

정답 ③

106
건축물 철근콘크리트 기둥 설계에 대한 설명으로 옳지 않은 것은? 13 국가직 7급

① 띠철근의 수직 간격은 축방향 철근 지름의 16배, 띠철근 지름의 48배, 기둥 단면 최소 치수 $\frac{1}{2}$ 중 가장 작은 값 이하로 한다.
② 나선철근 기둥은 최소 6개의 축방향 철근을 가지도록 한다.
③ 콘크리트 벽체와 일체로 시공되는 기둥의 유효단면 한계는 나선철근이나 띠철근 외측에서 40mm보다 크지 않게 취하여야 한다.
④ 나선철근으로 보강된 프리스트레스트 콘크리트 기둥의 설계축강도는 편심이 없는 경우의 설계축강도의 0.8배를 초과하지 않아야 한다.

106
나선철근으로 보강된 프리스트레스트 콘크리트 기둥의 설계축강도는 편심이 없는 경우의 설계축강도의 0.85배를 초과하지 않아야 한다.

정답 ④

107
「콘크리트구조 휨 및 압축 설계기준(KDS 14 20 20)」에서 휨 및 압축부재 설계의 제한 사항에 대한 설명으로 가장 옳지 않은 것은? 24 서울시 9급

① 하중의 횡방향 편심의 영향은 휨부재의 횡지지 간격을 결정할 때 고려되어야 한다.
② 보의 횡지지 간격은 압축 플랜지 또는 압축면의 최소폭의 80배를 초과하지 않도록 하여야 한다.
③ 콘크리트 벽체나 교각구조와 일체로 시공되는 나선철근 또는 띠철근 압축부재 유효단면 한계는 나선철근이나 띠철근 외측에서 40mm보다 크지 않게 취하여야 한다.
④ 하중에 의한 요구되는 단면보다 큰 단면으로 설계된 압축부재의 경우 감소된 유효단면적을 사용하여 최소 철근량과 설계강도를 결정할 수 있다. 이 때 감소된 유효단면적은 전체 단면적의 1/2 이상이어야 한다.

107
보의 횡지지 간격은 압축 플랜지 또는 압축면의 최소폭의 50배를 초과하지 않도록 하여야 한다.

정답 ②

정답 및 해설

108
③은 띠철근을 갖고 있는 프리스트레스를 가하지 않은 기둥의 최대 설계축강도이다.

정답 ④

109
$0.65 \times 0.8 \times$ 최대축하중
$(P_o) = 0.65 \times 0.8 \times 10,000$
$= 5,200 \text{kN}$

정답 ③

110
㉠ A의 최대설계축강도
$= \phi P_n$
$= 0.7 \times 0.85$
$\times [0.85 f_{ck}(A_g - A_{st})$
$+ (A_{st} \times f_y)]$
㉡ B의 최대설계축강도
$= \phi P_n$
$= 0.65 \times 0.80$
$\times [0.85 f_{ck}(A_g - A_{st})$
$+ (A_{st} \times f_y)]$
∴ A : B $= 0.7 \times 0.85 : 0.65 \times 0.80$
$= 0.595 : 0.520$
$= 119 : 104$

정답 ②

---

108 직경 D인 원형 단면을 갖는 철근콘크리트 기둥이 중심축하중을 받는 경우 최대 설계축강도($\phi P_{n(\max)}$)는? (단, 종방향 철근의 전체단면적은 A_{st}, 콘크리트의 설계기준 압축강도는 f_{ck}, 철근의 설계기준 항복강도는 f_y이고, 나선철근을 갖고 있는 프리스트레스를 가하지 않은 기둥이다.)   21 지방직 9급

① $\phi P_{n(\max)} = 0.8\phi[0.85 f_{ck}(\pi D^2/4 + A_{st}) + f_y A_{st}]$
② $\phi P_{n(\max)} = 0.85\phi[0.85 f_{ck}(\pi D^2/4 + A_{st}) + f_y A_{st}]$
③ $\phi P_{n(\max)} = 0.8\phi[0.85 f_{ck}(\pi D^2/4 - A_{st}) + f_y A_{st}]$
④ $\phi P_{n(\max)} = 0.85\phi[0.85 f_{ck}(\pi D^2/4 - A_{st}) + f_y A_{st}]$

109 세장비를 고려하지 않는 철근콘크리트 띠기둥의 최대축하중(P_o)이 10,000kN일 경우 기둥의 최대 설계축하중은?   10 지방직 7급

① 3,500kN
② 4,000kN
③ 5,200kN
④ 6,500kN

110 그림과 같은 프리스트레스를 가하지 않은 압축부재 단면 A와 B에 대하여 최대 설계축강도($\phi P_{n(\max)}$)의 비를 비교한 것으로 옳은 것은? (단, 단면 A 및 B는 모두 관련 횡철근 상세규정을 만족하고 있으며, 두 단면의 전체단면적 A_g, 종방향 철근의 전체단면적 A_{st}, 콘크리트 설계기준압축강도 f_{ck}, 철근의 설계기준항복강도 f_y는 전부 서로 동일하다.)   17 국가직 7급

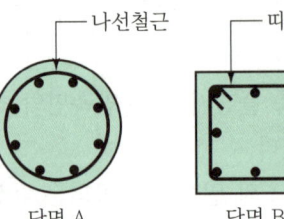

$A_g = 200,000 \text{mm}^2$
$A_{st} = 3,000 \text{mm}^2$
$f_{ck} = 30 \text{MPa}$
$f_y = 300 \text{MPa}$

단면 A   단면 B

① A : B = 135 : 104
② A : B = 119 : 104
③ A : B = 135 : 100
④ A : B = 119 : 100

111 철근콘크리트구조 벽체의 수평철근에 설계기준항복강도 400MPa인 D16 이형철근을 사용할 경우, 벽체의 전체 단면적에 대한 최소수평철근비는? 15 지방직 9급

① 0.0012
② 0.0015
③ 0.0020
④ 0.0025

정답 및 해설

111

구분	수직 철근비	수평 철근비
$f_y \geq 400\text{MPa}$ 로서 D16 이하의 이형철근	0.0012	$0.0020 \times \dfrac{400}{f_y}$
기타 이형철근	0.0015	0.0025

정답 ③

---

112 항복강도 400MPa인 D19 이형철근을 사용하는 철근콘크리트구조 내력벽의 최소 수직철근비와 최소 수평철근비는? 13 국가직 7급

① 최소 수직철근비 0.0012, 최소 수평철근비 0.0020
② 최소 수직철근비 0.0012, 최소 수평철근비 0.0025
③ 최소 수직철근비 0.0015, 최소 수평철근비 0.0020
④ 최소 수직철근비 0.0015, 최소 수평철근비 0.0025

112

벽체의 수직 및 수평 최소철근비

구분	수직 철근비	수평 철근비
$f_y \geq 400\text{MPa}$ 로서 D16 이하의 이형철근	0.0012	$0.0020 \times \dfrac{400}{f_y}$
기타 이형철근	0.0015	0.0025

정답 ④

---

113 철근콘크리트 벽체의 전체 단면적에 대한 최소 수직철근비, 최소 수평철근비의 규정으로 옳은 것은? (단, 사용하는 이형철근은 D13, 설계기준항복강도는 400MPa이다.) 17 서울시 9급(前)

① 최소 수직철근비=0.0012, 최소 수평철근비=0.0020
② 최소 수직철근비=0.0020, 최소 수평철근비=0.0012
③ 최소 수직철근비=0.0015, 최소 수평철근비=0.0025
④ 최소 수직철근비=0.0025, 최소 수평철근비=0.0015

113

벽체의 수직 및 수평 최소철근비

구분	수직 철근비	수평 철근비
$f_y \geq 400\text{MPa}$ 로서 D16 이하의 이형철근	0.0012	$0.0020 \times \dfrac{400}{f_y}$
기타 이형철근	0.0015	0.0025

정답 ①

정답 및 해설

114
② 두께 250mm 이상의 벽체는 수직 및 수평철근을 벽면을 따라 양면으로 배치하여야 한다.
③ 설계기준항복강도 400MPa 이상으로서 D16 이하의 이형철근을 사용하는 경우 최소 수직철근비는 0.0012로 한다.
④ 설계기준항복강도 400MPa 이상으로서 D16 이하의 이형철근을 사용하는 경우 최소 수평철근비는 $0.0020 \times \dfrac{400}{f_y}$으로 한다.

정답 ①

115
벽체의 수직 및 수평철근의 간격은 벽두께의 3배 이하, 또한 450mm 이하로 하여야 한다.

정답 ①

---

114 휨모멘트의 작용 여부에 상관없이 축력을 받는 건축구조물의 벽체 설계에 대한 설명으로 가장 옳은 것은?

17 서울시 7급

① 수직 및 수평철근의 간격은 벽두께의 3배 이하, 또한 450mm 이하로 하여야 한다.
② 두께 200mm 이상의 벽체는 수직 및 수평철근을 벽면을 따라 양면으로 배치하여야 한다.
③ 설계기준항복강도 400MPa 이상으로서 D16 이하의 이형철근을 사용하는 경우 최소 수직철근비는 0.0025로 한다.
④ 설계기준항복강도 400MPa 이상으로서 D16 이하의 이형철근을 사용하는 경우 최소 수평철근비는 0.0012로 한다.

115 철근콘크리트구조 벽체의 설계제한 규정에 대한 설명으로 옳지 않은 것은?

11 지방직 9급

① 벽체의 수직 및 수평철근의 간격은 벽두께의 5배 이하, 또한 500mm 이하로 하여야 한다.
② 지하실 벽체를 제외한 두께 250mm 이상의 벽체에 대해서는 수직 및 수평철근을 벽면에 평행하게 양면으로 배치하여야 한다.
③ 설계기준 항복강도 400MPa 이상으로서 D16 이하의 이형철근을 사용하는 벽체의 최소 수직철근비는 0.0012이다.
④ 설계기준 항복강도 400MPa 이상으로서 D16 이하의 이형철근을 사용하는 벽체의 최소 수평철근비는 $0.0020 \times \dfrac{400}{f_y}$이다.

116
건축구조기준(KDS)에 따라 철근콘크리트 벽체를 설계할 경우 이에 대한 설명으로 옳지 않은 것은?

14 지방직 9급

① 지름 10mm 용접철망의 벽체의 전체 단면적에 대한 최소 수평철근비는 0.0012이다.
② 두께 250mm 이상인 지상 벽체에서 외측면 철근은 외측면으로부터 50mm 이상, 벽두께의 1/3 이내에 배치하여야 한다.
③ 정밀한 구조해석에 의하지 않는 한, 각 집중하중에 대한 벽체의 유효 수평길이는 하중 사이의 중심거리 그리고 하중 지지폭에 벽체 두께의 4배를 더한 길이 중 작은 값을 초과하지 않도록 하여야 한다.
④ 수직 및 수평철근의 간격은 벽두께의 3배 이하, 또한 450 mm 이하로 하여야 한다.

116
지름 10mm 용접철망의 벽체의 전체 단면적에 대한 최소 수평철근비는 0.0020이다.

정답 ①

117
콘크리트 벽체 설계기준에 따른 벽체 설계에 대한 설명으로 옳지 않은 것은?

23 지방직 9급

① 수직 및 수평철근의 간격은 벽두께의 3배 이하 또한 450mm 이하로 한다.
② 두께 250mm 이상의 벽체에서는 수직 및 수평 철근을 벽면에 평행하게 양면으로 배근한다. 단, 지하실 벽체에는 이 규정을 적용하지 않을 수 있다.
③ 비내력벽의 두께는 100mm 이상이어야 하고, 또한 이를 횡방향으로 지지하고 있는 부재 사이 최소 거리의 1/30 이상이 되어야 한다.
④ 지하실 외벽의 두께는 150mm 이상이어야 한다.

117
지하실 외벽의 두께는 200mm 이상이어야 한다.

정답 ④

정답 및 해설

118
지하실 외벽 및 기초벽체의 두께는 200mm 이상으로 하여야 한다.
정답 ③

119
철근콘크리트 내력벽에서 수평철근의 최소철근비는 설계기준항복강도 400MPa 이상으로서 D16 이하의 이형철근인 경우 벽체 단면적에 대해 $0.2\% \times \frac{400}{f_y}$ 이상으로 하고, 수직철근인 경우는 0.12% 이상으로 한다.
정답 ②

120
① 1방향 슬래브의 건조수축 및 온도철근비 : 0.002
② D19 이형철근 사용 시 내력벽의 최소 수직철근비 : 0.0015
③ D16 이형철근 사용 시 내력벽의 최소 수평철근비 : 0.002
④ 기둥의 최소 압축철근비 : 0.01
정답 ②

---

118 콘크리트구조 벽체설계에서 실용설계법에 대한 설명으로 옳지 않은 것은?

18 지방직 9급

① 벽체의 축강도 산정 시 강도감소계수 ϕ는 0.65이다.
② 벽체의 두께는 수직 또는 수평받침점 간 거리 중에서 작은 값의 1/25 이상이어야 하고, 또한 100mm 이상이어야 한다.
③ 지하실 외벽 및 기초벽체의 두께는 150mm 이상으로 하여야 한다.
④ 상·하단이 횡구속된 벽체로서 상·하 양단 모두 회전이 구속되지 않은 경우 유효길이계수 k는 1.0이다.

119 철근콘크리트 벽체에 관한 설명 중 옳지 않은 것은?

09 국가직 7급

① 지하실 벽체를 제외한 두께 250mm 이상의 벽체에서는 수직 및 수평철근을 벽면에 평행하게 양면으로 배치하여야 한다.
② 내력벽에서 수평철근의 최소철근비는 설계기준항복강도 400MPa 이상으로서 D16 이하의 이형철근인 경우 벽체 단면적에 대해 0.12% 이상으로 한다.
③ 실용설계법에 의해 벽체를 설계할 경우 벽체의 두께는 수직 또는 수평 지점 간 거리 중 작은 값의 1/25 이상, 또한 100mm 이상이어야 한다.
④ 벽체는 계수연직축력이 $0.4A_g f_{ck}$ 이하이고, 총 수직철근량이 $0.01A_g$ 이하인 부재를 말한다.(A_g=벽체의 전체 단면적, f_{ck}=콘크리트 설계기준강도)

120 철근콘크리트부재 설계 시 철근의 항복강도가 400MPa일 때 가장 작은 값은?

10 지방직 9급

① 1방향 슬래브의 건조수축 및 온도철근비
② D19 이형철근 사용 시 내력벽의 최소 수직철근비
③ D16 이형철근 사용 시 내력벽의 최소 수평철근비
④ 기둥의 최소 압축철근비

121

다음 중 옹벽 설계시 고려할 사항으로 옳지 않은 것은?

09 지방직 7급

① 전도에 대한 안정
② 활동에 대한 안정
③ 지반 지지력에 대한 안정
④ 좌굴에 대한 안정

121
옹벽의 안정 조건
㉠ 전도에 대한 안전율 : 2.0(=200%) 이상
㉡ 활동에 대한 안전율 : 1.5(=150%) 이상
㉢ 침하(지지력)에 대한 안전율 : 1.0(=100%) 이상

정답 ④

122

다음은 옹벽 설계에 대한 규정이다. (가)에 들어갈 내용으로 옳은 것은? (단, 지진하중은 고려하지 않는다)

24 지방직 9급

> 옹벽은 지반의 횡작용에 의한 활동(미끄러짐)에 대하여 안전율이 ((가)) 이상이 되도록 설계하여야 한다.

① 1.2
② 1.3
③ 1.4
④ 1.5

122
옹벽은 지반의 횡작용에 의한 활동(미끄러짐)에 대하여 안전율이 1.5 이상이 되도록 설계하여야 하며, 전도에 안전하기 위해서는 저항 휨모멘트가 횡토압에 의한 전도 휨모멘트보다 커야 하며 설계 기준에서는 전도에 대한 안전율을 2.0 이상 요구하고 있다.

정답 ④

123

옹벽의 안정에 대한 설명으로 옳지 않은 것은?

17 국가직 7급

① 옹벽은 전도, 활동지지력, 사면활동에 대한 안정에 대하여 모두 만족하도록 검토하여야 한다.
② 옹벽의 전도에 대한 안전율은 2.0 이상이어야 한다.
③ 기초지반에 작용하는 최대압축응력은 기초지반의 허용지지력보다 커야 한다.
④ 옹벽 저판의 깊이는 동결심도보다 깊어야 하며 최소한 1.0m 이상으로 한다.

123
기초지반에 작용하는 최대압축응력은 기초지반의 허용지지력을 초과하지 않아야 한다.

정답 ③

정답 및 해설

124
옹벽의 안정조건은 전도에 대한 안정, 지지력에 대한 안정, 사면활동에 대한 안정이다.

정답 ②

125
지반에 유발되는 최대 지반반력이 지반의 허용지지력을 초과하지 않아야 한다.

정답 ③

126
주동토압은 $P_A = K_A \times \gamma \times h$으로 산정하고, 주동토압의 합력을 산정하면 $H_A = \dfrac{1}{2} \times K_A \times \gamma \times h^2$이 된다.

정답 ④

---

124 철근콘크리트옹벽의 안정 확보를 위한 검토 항목이 아닌 것은? 16 국가직 9급

① 전도에 대한 안정
② 진동에 대한 안정
③ 지지력에 대한 안정
④ 사면활동에 대한 안정

125 옹벽의 안정조건에 대한 설명으로 옳지 않은 것은? 13 지방직 9급

① 활동에 대한 저항력은 옹벽에 작용하는 수평력의 1.5배 이상이어야 한다.
② 전도에 대한 저항모멘트는 횡토압에 의한 전도휨모멘트의 2.0배 이상이어야 한다.
③ 지반에 유발되는 최대 지반반력이 지반의 극한지지력을 초과하지 않아야 한다.
④ 활동에 대한 안정조건만을 만족하지 못한 경우에는 활동방지벽을 설치하여 활동저항력을 증대시킬 수 있다.

126 그림과 같이 높이 h인 옹벽 저면에서의 주동토압 P_A 및 옹벽 전체에 작용하는 주동토압의 합력 H_A의 값은? (단, γ는 흙의 단위중량, K_A는 흙의 주동토압계수이다.) 19 서울시 9급(後)

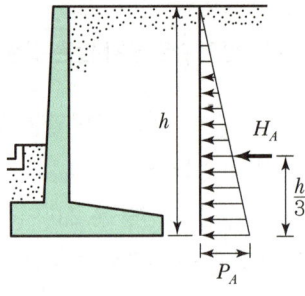

① $P_A = K_A \gamma h^2$, $H_A = \dfrac{1}{3} K_A \gamma h^3$

② $P_A = K_A \gamma h$, $H_A = \dfrac{1}{3} K_A \gamma h^2$

③ $P_A = K_A \gamma h^2$, $H_A = \dfrac{1}{2} K_A \gamma h^3$

④ $P_A = K_A \gamma h$, $H_A = \dfrac{1}{2} K_A \gamma h^2$

127

옹벽의 설계에 대한 설명으로 옳지 않은 것은? 09 지방직 9급

① 옹벽에 대한 전도 모멘트는 안전 모멘트를 초과하지 않아야 한다.
② 옹벽에 작용하는 토압의 수평성분에 의한 수평방향의 활동에 대하여 안전하여야 한다.
③ 옹벽기초 아래에 있는 기초지반은 충분한 지지력과 허용침하량 이내이어야 한다.
④ 옹벽이 길게 연속될 때에는 붕괴의 위험이 있으므로 신축이음을 설치하면 안 된다.

정답 및 해설

127
옹벽이 길게 연속될 때에는 붕괴의 위험이 있으므로 신축이음을 설치하되 완전히 절단하여 온도변화와 지반의 부등침하에 대비하여야 한다. 신축이음부의 토실유실을 방지하기 위해 고무 채움재 등을 주입하면 효과적이다.
정답 ④

128

옹벽 설계에 대한 설명으로 옳지 않은 것은? 15 국가직 7급

① 활동에 대한 저항력은 옹벽에 작용하는 수평력의 1.5배 이상으로 한다.
② 전도에 대한 저항모멘트는 횡토압에 의한 전도휨모멘트의 2.0배 이상으로 한다.
③ 부벽식 옹벽의 전면벽은 3변 지지된 2방향 슬래브로 설계할 수 있다.
④ 뒷부벽은 직사각형보로 설계하며, 앞부벽은 T형보로 설계한다.

128
옹벽 설계 시 뒷부벽은 T형보로 설계하며, 앞부벽은 직사각형보로 설계한다.
정답 ④

129

다음 중 옹벽의 구조기준에 대한 설명으로 옳은 것은? 16 서울시 7급

① 활동에 대한 저항력은 옹벽에 작용하는 수평력의 2.0배 이상이어야 한다.
② 전도에 대한 저항모멘트는 횡토압에 의한 전도휨모멘트의 1.5배 이상이어야 한다.
③ 뒷부벽은 'T'형보로 설계하여야 하며, 앞부벽은 직사각형 슬래브로 설계하여야 한다.
④ 저판의 뒷굽판은 정확한 방법이 사용되지 않는 한, 뒷굽판 상부에 재하되는 모든 하중을 지지하도록 설계하여야 한다.

129
① 활동에 대한 저항력은 옹벽에 작용하는 수평력의 1.5배 이상이어야 한다.
② 전도에 대한 저항모멘트는 횡토압에 의한 전도휨모멘트의 2.0배 이상이어야 한다.
③ 뒷부벽은 T형보로 설계하여야 하며, 앞부벽은 직사각형보로 설계하여야 한다.
정답 ④

정답 및 해설

130
1방향 슬래브는 마주 보는 2변만 지지되어 있는 슬래브나 장변경간이 단변경간의 2배 이상인 4변이 지지된 직사각형 슬래브로서 슬래브 하중의 90% 이상이 단변 방향으로 전달되므로 하중이 1방향으로만 전달되는 것으로 볼 수 있다. 주근을 단변에 평행한 방향으로 배근하고, 장변방향에는 온도조절철근을 배근하여 건조수축 또는 온도변화에 의하여 콘크리트에 발생하는 균열을 방지한다.

정답 ②

131
1방향 슬래브의 수축온도철근비는 설계기준항복강도가 400MPa 이하인 이형철근을 사용할 경우 0.002 이상으로 한다.

정답 ④

04 슬래브설계

130 철근콘크리트 1방향 슬래브 설계에 대한 설명 중 옳은 것은? 15 서울시 9급

① 2방향 슬래브에 비해 선호되지 않는 시스템이다.
② 1방향 슬래브는 단변방향으로 90% 이상의 슬래브 하중이 전달된다.
③ 전단보강을 위해 최소전단보강근을 배근한다.
④ 장변방향으로는 하중 전달이 미미하므로 철근을 배근할 필요가 없다.

131 철근콘크리트 슬래브 설계에 대한 설명으로 옳지 않은 것은? 10 지방직 7급

① 2방향 슬래브에서 중간대는 두 주열대 사이의 슬래브 영역을 가리킨다.
② 2방향 슬래브의 위험단면에서 철근간격은 슬래브 두께의 2배 이하, 또한 300mm 이하로 하여야 한다.
③ 1방향 슬래브의 두께는 최소 100mm 이상으로 한다.
④ 1방향 슬래브의 수축·온도철근비는 설계기준항복강도가 400MPa 이하인 이형철근을 사용할 경우 0.0015 이상으로 한다.

132 철근콘크리트구조물에서 수축·온도철근에 대한 설명으로 가장 옳은 것은?

19 서울시 7급

① 1방향 철근콘크리트 슬래브에 수축·온도철근으로 배치되는 이형철근 및 용접철망의 철근비는 0.0014 이상이어야 한다.
② 수축·온도철근량은 수축 및 온도변화에 대한 변형이 심하게 구속된 부재에 대해서는 하중계수와 하중조합을 고려하여 최대철근량을 증가시켜야 한다.
③ 슬래브에서 휨철근이 1방향으로만 배치되는 경우 이 휨철근에 평행한 방향으로 수축·온도철근을 배치하여야 한다.
④ 1방향 철근콘크리트 슬래브의 수축·온도철근은 설계기준항복강도까지 발휘할 수 있도록 정착할 필요는 없다.

정답 및 해설

132
② 수축·온도철근량은 수축 및 온도변화에 대한 변형이 심하게 구속된 부재에 대해서는 하중계수와 하중조합을 고려하여 최소철근량을 증가시켜야 한다.
③ 슬래브에서 휨철근이 1방향으로만 배치되는 경우 이 휨철근에 직각방향으로 수축·온도철근을 배치하여야 한다.
④ 1방향 철근콘크리트 슬래브의 수축·온도철근은 설계기준항복강도까지 발휘할 수 있도록 정착되어야 한다.

정답 ①

133 콘크리트구조 철근상세 설계기준에서 수축·온도철근에 대한 설명으로 옳지 않은 것은?

23 국가직 9급

① 슬래브에서 휨철근이 1방향으로만 배치되는 경우, 이 휨철근에 직각방향으로 수축·온도철근을 배치하여야 한다.
② 1방향 철근콘크리트 슬래브의 수축·온도철근비는 콘크리트 전체 단면적에 대한 수축·온도철근 단면적의 비로 한다.
③ 1방향 철근콘크리트 슬래브에 배치되는 수축·온도철근의 간격은 슬래브 두께의 6배 이하, 또한 500mm 이하로 하여야 한다.
④ 1방향 철근콘크리트 슬래브에서 수축·온도철근은 설계기준항복강도(f_y)를 발휘할 수 있도록 정착되어야 한다.

133
1방향 철근콘크리트 슬래브에 배치되는 수축·온도철근의 간격은 슬래브 두께의 5배 이하, 또한 450mm 이하로 하여야 한다.

정답 ③

정답 및 해설

134
최소철근량
$= \rho \times b \times d$
$= 0.002 \times 1,000 \times 150$
$= 300\text{mm}^2$

정답 ③

135
1방향 슬래브의 수축·온도철근비는 0.0014 이상 또한 설계기준항복강도가 400MPa를 초과하는 이형철근을 사용한 슬래브는 $0.0020 \times \dfrac{400}{f_y}$ 이상 중 큰 값으로 한다.

$\therefore 0.0020 \times \dfrac{400}{f_y} = 0.002 \times \dfrac{400}{500}$
$\qquad\qquad\qquad = 0.0016$

정답 ②

136
직접설계법을 사용하여 슬래브 시스템을 설계하기 위해서는 각 방향으로 연속한 받침부 중심간 경간길이의 차이는 긴 경간의 1/3 이하이어야 한다.

정답 ④

---

134 두께 150mm인 1방향 철근콘크리트 슬래브에 수축·온도철근을 배근하고자 한다. 단위 폭(1m)에 필요한 최소철근량을 계산하면 얼마인가? (단, 철근의 설계기준항복강도 $f_y = 400\text{MPa}$) 　　16 서울시 7급

① 150mm²　　　　② 225mm²
③ 300mm²　　　　④ 450mm²

135 건축구조기준(KDS)에 따른, 수축 및 온도변화에 대한 변형이 심하게 구속되지 않은 1방향 철근콘크리트 슬래브의 최소수축·온도철근비는? (단, 사용된 철근은 500MPa의 설계기준항복강도를 가지는 이형철근이다.) 　　14 지방직 9급

① 0.0014　　　　② 0.0016
③ 0.0018　　　　④ 0.0020

136 철근콘크리트구조의 슬래브 설계에 대한 설명으로 옳지 않은 것은? 　　12 지방직 9급

① 1방향슬래브의 두께는 최소 100mm 이상으로 하여야 한다.
② 1방향슬래브의 정모멘트철근 및 부모멘트철근의 중심간격은 위험단면에서는 슬래브두께의 2배 이하이어야 하고, 또한 300mm 이하로 하여야 한다.
③ 등가골조법에서 직접응력에 의한 기둥과 슬래브의 길이변화와 전단력에 의한 처짐은 무시할 수 있다.
④ 직접설계법을 사용하여 슬래브 시스템을 설계하기 위해서는 각 방향으로 연속한 받침부 중심간 경간길이의 차이는 긴 경간의 1/2 이하이어야 한다.

137
철근콘크리트 슬래브의 두께 및 철근배근에 대한 설명으로 옳은 것은?

11 국가직 9급

① 1방향 슬래브의 두께는 최소 120mm 이상으로 하여야 한다.
② 동일 평면에서 평행하는 철근 사이의 수평 순간격은 철근의 공칭지름 이상, 또한 22mm 이상, 또한 굵은 골재 최대 치수의 5/3 이상으로 한다.
③ 2방향슬래브의 위험단면에서 철근 간격은 슬래브 두께의 2배 이하 또한 300mm 이하로 하여야 한다. 단, 와플구조나 리브구조로 된 부분은 예외로 한다.
④ 슬래브 철근의 피복 두께는 10mm 이상으로 한다.

137
① 1방향 슬래브의 두께는 최소 100mm 이상으로 하여야 한다.
② 동일 평면에서 평행하는 철근 사이의 수평 순간격은 철근의 공칭지름 이상, 또한 25mm 이상, 또한 굵은골재의 공칭 최대 치수 규정으로 한다.
④ 슬래브 철근의 피복 두께는 옥외 또는 흙에 직접 접하지 않는 콘크리트일 경우 D35 이하인 경우 20mm이상, D35 초과인 경우 40mm 이상으로 한다.

정답 ③

138
다음 중 직접설계법을 이용한 슬래브 시스템의 설계 시 제한사항으로 옳지 않은 것은?

14 서울시 9급

① 각 방향으로 3경간 이상이 연속되어야 한다.
② 슬래브판들은 단변경간에 대한 장변경간의 비가 2 이하인 직사각형이어야 한다.
③ 각 방향으로 연속한 받침부 중심 간 경간길이의 차이는 긴 경간의 1/5 이하이어야 한다.
④ 연속한 기둥 중심선으로부터 기둥의 이탈은 이탈방향경간의 최대 10%까지 허용할 수 있다.
⑤ 모든 하중은 연직하중으로 슬래브판 전체에 등분포되어야 하며 활하중은 고정하중의 2배 이하이어야 한다.

138
각 방향으로 연속한 받침부 중심 간 경간길이의 차이는 긴 경간의 1/3 이하이어야 한다.

정답 ③

139
직접설계법이 적용된 콘크리트 슬래브의 제한사항에 대한 설명으로 옳지 않은 것은?

17 지방직 9급

① 각 방향으로 3경간 이상 연속되어야 한다.
② 고정하중은 활하중의 2배 이하이어야 한다.
③ 연속한 기둥 중심선을 기준으로 기둥의 어긋남은 그 방향 경간의 10% 이하이어야 한다.
④ 각 방향으로 연속한 받침부 중심 간 경간 차이는 긴 경간의 1/3 이하이어야 한다.

139
활하중은 고정하중의 2배 이하이어야 한다.

정답 ②

정답 및 해설

140
① 각 방향으로 3경간 이상 연속되어야 한다.
③ 슬래브 판들은 단변 경간에 대한 장변 경간의 비가 2 이하인 직사각형이어야 한다.
④ 연속한 기둥 중심선으로부터 기둥의 어긋남은 그 방향 경간의 최대 10%까지 허용할 수 있다.

정답 ②

141
연속한 기둥 중심선을 기준으로 기둥의 어긋남은 그 방향 경간의 최대 10%까지 허용할 수 있다.

정답 ④

---

140 철근콘크리트 2방향 슬래브 설계에 사용되는 직접설계법의 제한사항 중 옳은 것은?
16 서울시 9급(後)

① 각 방향으로 2경간 이상 연속되어야 한다.
② 모든 하중은 슬래브 판 전체에 걸쳐 등분포된 연직하중이어야 하며, 활하중은 고정하중의 2배 이하이어야 한다.
③ 슬래브 판들은 단변 경간에 대한 장변 경간의 비가 2 이상인 직사각형이어야 한다.
④ 연속한 기둥 중심선으로부터 기둥의 어긋남은 그 방향 경간의 최대 20%까지 허용할 수 있다.

141 철근콘크리트 2방향 슬래브를 직접설계법을 사용하여 설계하려고 할 때 만족시켜야 할 규정으로 옳지 않은 것은?
16 서울시 7급

① 각 방향으로 3경간 이상 연속되어야 한다.
② 슬래브 판들은 단변 경간에 대한 장변 경간의 비가 2 이하인 직사각형이어야 한다.
③ 각 방향으로 연속한 받침부 중심 간 경간 차이는 긴 경간의 1/3 이하이어야 한다.
④ 연속한 기둥 중심선을 기준으로 기둥의 어긋남은 그 방향 경간의 최대 15%까지 허용할 수 있다.

142 콘크리트구조 해석에 대한 설명으로 옳지 않은 것은? (단, ε_t : 공칭축강도에서 최외단 인장철근의 순인장변형률이며, 유효프리스트레스 힘, 크리프, 건조수축 및 온도에 의한 변형률은 제외한다.) 　　18 지방직 9급

① 근사해법에 의해 휨모멘트를 계산한 경우를 제외하고, 어떠한 가정의 하중을 적용하여 탄성이론에 의하여 산정한 연속 휨부재 받침부의 부모멘트는 20% 이내에서 $1,000\varepsilon_t\%$만큼 증가 또는 감소시킬 수 있다.
② 2경간 이상인 경우, 인접 2경간의 차이가 짧은 경간의 20% 이하인 경우, 등분포하중이 작용하는 경우, 활하중이 고정하중의 3배를 초과하지 않는 경우 및 부재의 단면크기가 일정한 경우를 모두 만족하는 연속보는 근사해법을 적용할 수 있다.
③ 연속 휨부재의 모멘트 재분배 시, 경간 내의 단면에 대한 휨모멘트의 계산은 수정 전 부모멘트를 사용하여야 하며, 휨모멘트 재분배 이후에도 정적 평형은 유지되어야 한다.
④ 휨모멘트의 재분배는 휨모멘트를 감소시킬 단면에서 최외단 인장철근의 순인장변형률 ε_t가 0.0075 이상인 경우에만 가능하다.

142
연속 휨부재의 모멘트 재분배 시, 경간 내의 단면에 대한 휨모멘트의 계산은 수정 된 부모멘트를 사용하여야 하며, 휨모멘트 재분배 이후에도 정적 평형은 유지되어야 한다.
정답 ③

143 철근콘크리트 연속 휨부재의 모멘트 재분배에 대한 설명으로 옳지 않은 것은? (단, 는 공칭축강도에서 최외단 인장철근의 순인장변형률이다) 　24 국가직 9급

① 경간 내의 단면에 대한 휨모멘트의 계산은 수정된 부모멘트를 사용하여야 한다.
② 근사해법에 의해 휨모멘트를 계산한 경우를 제외하고, 탄성이론에 의하여 산정한 연속 휨부재 받침부의 부모멘트는 20% 이내에서 $1,000\varepsilon_t\%$만큼 증가 또는 감소시킬 수 있다.
③ 휨모멘트 재분배 이후에도 정적 평형은 유지되어야 한다.
④ 휨모멘트의 재분배는 휨모멘트를 감소시킬 단면에서 ε_t가 0.0075 미만인 경우에만 가능하다.

143
휨모멘트의 재분배는 휨모멘트를 감소시킬 단면에서 ε_t가 0.0075 이상인 경우에만 가능하다.
정답 ④

정답 및 해설

144
연속한 기둥중심선으로부터 기둥의 이탈은 이탈방향 경간의 최대 10%까지 허용할 수 있다.

정답 ①

145
내부 경간에서는 전체 정적 계수휨모멘트 200kN·m를 단부(부계수휨모멘트)에 65% 비율인 130kN·m을, 중앙부(정계수휨모멘트)에 35% 비율인 70kN·m를 분배하여야 한다.

정답 ①

146
플랫플레이트 슬래브는 보와 지판이 없이 기둥만으로 지지하는 무량판 구조로서 하중이 크지 않거나 경간이 짧은 경우에 사용한다.

정답 ②

---

144 슬래브 시스템을 설계할 때 직접설계법을 사용할 수 있는 제한사항으로 옳지 않은 것은?

10 국가직 9급

① 연속한 기둥중심선으로부터 기둥의 이탈은 이탈방향 경간의 최대 30%까지 허용할 수 있다.
② 각 방향으로 연속한 받침부 중심간 경간길이의 차이는 긴경간의 1/3 이하이어야 한다.
③ 활하중은 고정하중의 2배 이하이어야 한다.
④ 각 방향으로 3경간 이상이 연속되어야 한다.

145 직접설계법을 적용한 철근콘크리트 슬래브 설계에서 내부경간 슬래브에 작용하는 전체 정적 계수휨모멘트(M_0)는 200kN·m이다. 이 내부경간 슬래브에서 단부와 중앙부의 계수휨모멘트로 옳은 것은? (단, −는 부계수휨모멘트, +는 정계수휨모멘트를 나타낸다.)

16 지방직 9급

	단부	중앙부
①	−130kN·m	+70kN·m
②	−100kN·m	+100kN·m
③	−70kN·m	+130kN·m
④	−40kN·m	+160kN·m

146 다음 중 보나 지판이 없이 슬래브와 기둥으로만 구성된 가장 간단한 형식의 철근콘크리트 슬래브 방식은?

16 서울시 9급(前)

① 플랫 슬래브
② 플랫플레이트 슬래브
③ 조이스트 슬래브
④ 워플 슬래브

147 일반적인 현장타설콘크리트를 이용한 보 슬래브(Beam Slab) 구조 시스템에 비하여 플랫 슬래브(Flat Slab) 구조 시스템이 가지는 특성 중 옳지 않은 것은?

14 지방직 9급

① 거푸집 제작이 용이하여 공기를 단축할 수 있다.
② 기둥 지판의 철근 배근이 복잡해지고 바닥판이 무거워진다.
③ 층고를 낮출 수 있어 실내이용률이 높다.
④ 골조의 강성이 높아서 고층 건물에 유리하다.

147
골조의 강성이 낮아서 고층 건물에 불리하다.
정답 ④

148 철근콘크리트 플랫슬래브의 지판 설계에 대한 설명으로 옳지 않은 것은?

16 지방직 9급

① 플랫슬래브에서 기둥 상부의 부모멘트에 대한 철근을 줄이기 위해 지판을 사용할 수 있다.
② 지판은 받침부 중심선에서 각 방향 받침부 중심간 경간의 1/8 이상을 각 방향으로 연장시켜야 한다.
③ 지판의 슬래브 아래로 돌출한 두께는 돌출부를 제외한 슬래브 두께의 1/4 이상으로 하여야 한다.
④ 지판 부위의 슬래브 철근량 계산 시 슬래브 아래로 돌출한 지판의 두께는 지판의 외단부에서 기둥이나 기둥머리면까지 거리의 1/4 이하로 취하여야 한다.

148
지판은 받침부 중심선에서 각 방향 받침부 중심간 경간의 1/6 이상을 각 방향으로 연장시켜야 한다.
정답 ②

149 플랫슬래브의 지판에 대한 설명으로 옳지 않은 것은?

12 지방직 9급

① 플랫슬래브에서 기둥 상부의 부모멘트에 대한 철근을 줄이기 위해 지판을 사용할 수 있다.
② 지판은 받침부 중심선에서 각 방향 받침부 중심간 경간의 $\frac{1}{6}$ 이상을 각 방향으로 연장시켜야 한다.
③ 지판 부위의 슬래브철근량 계산시 슬래브 아래로 돌출한 지판의 두께는 지판의 외단부에서 기둥이나 기둥머리면까지 거리의 $\frac{1}{4}$ 이하로 취하여야 한다.
④ 지판의 슬래브 아래로 돌출한 두께는 돌출부를 제외한 슬래브 두께의 $\frac{1}{6}$ 이상으로 하여야 한다.

149
지판의 슬래브 아래로 돌출한 두께는 돌출부를 제외한 슬래브 두께의 $\frac{1}{4}$ 이상으로 하여야 한다.
정답 ④

정답 및 해설

150
지판이 있는 2방향 슬래브의 유효지지단면은 이의 바닥 표면이 기둥축을 중심으로 45° 내로 펼쳐진 기둥과 기둥머리 또는 브래킷 내에 위치한 가장 큰 정원추, 정사면추 또는 쐐기 형태의 표면과 이루는 절단면으로 정의된다.

정답 ②

151
철근콘크리트 슬래브의 2방향 거동에 대한 공칭전단강도 산정에 사용되는 위험단면의 둘레길이 b_0는 최소로 되어야 하나 집중하중, 반력 구역, 기둥, 기둥머리 또는 지판 등의 경계로부터 $0.5d$ 보다 가까이 위치시킬 필요는 없다.

정답 ①

152
지반 위에 설치되는 직접기초라도 설계 시 뚫림전단을 고려하여야 한다.

정답 ③

---

150 플랫 슬래브에서 기둥 상부의 부모멘트에 대한 철근 배근량을 줄이기 위하여 지판을 사용하는 경우, 지판에 대한 규정으로 옳지 않은 것은?

22 지방직 9급

① 지판은 받침부 중심선에서 각 방향 받침부 중심 간 경간의 1/6 이상을 각 방향으로 연장시켜야 한다.
② 지판이 있는 2방향 슬래브의 유효지지단면은 이의 바닥 표면이 기둥축을 중심으로 30° 내로 펼쳐진 기둥과 기둥머리 또는 브래킷 내에 위치한 가장 큰 정원추, 정사면추 또는 쐐기 형태의 표면과 이루는 절단면으로 정의된다.
③ 지판의 슬래브 아래로 돌출한 두께는 돌출부를 제외한 슬래브 두께의 1/4 이상으로 하여야 한다.
④ 지판 부위 슬래브 철근량을 계산 시, 슬래브 아래로 돌출한 지판두께는 지판의 외단부에서 기둥이나 기둥머리 면까지 거리의 1/4 이하이어야 한다.

151 다음은 콘크리트구조 전단 및 비틀림 설계기준에서 철근콘크리트 슬래브의 2방향 거동에 대한 공칭전단강도 산정에 사용되는 위험단면의 둘레길이에 관한 내용이다. (가)에 들어갈 내용은? (단, d는 슬래브의 유효깊이이다)

25 지방직 9급

> 위험단면의 둘레길이 b_0는 최소로 되어야 하나 집중하중, 반력 구역, 기둥, 기둥머리 또는 지판 등의 경계로부터 [(가)] 보다 가까이 위치시킬 필요는 없다.

① 0.5d
② 1.0d
③ 1.5d
④ 2.0d

---

05 기초판설계

152 철근콘크리트 독립(확대)기초의 설계에 대한 설명으로 옳지 않은 것은?

10 국가직 7급

① 기초판의 크기는 허용지내력에 반비례한다.
② 기초판의 크기는 사용하중을 이용하여 산정한다.
③ 지반 위에 설치되는 직접기초이므로 설계 시 뚫림전단은 고려하지 않는다.
④ 철근배근 시 정착길이를 확보하기 위하여 표준갈고리를 설치할 수 있다.

153 독립기초 설계 시 허용응력설계법이 적용되는 경우는?   15 서울시 9급

① 기초 설계용 토압 산정
② 기초 크기 산정
③ 기초의 휨철근 산정
④ 기초 두께 산정

153
독립기초 설계 시 기초판에 사용하중을 사용하는 허용응력설계법으로 기초판의 크기를 산정한다.
정답 ②

154 다음 중 철근콘크리트 부재설계에서 계수하중이 적용되지 않는 경우는?   15 서울시 7급

① 2방향 슬래브의 휨설계
② 보의 전단설계
③ 기둥의 주근설계
④ 기초판의 크기설계

154
철근콘크리트 부재설계 시 기초판의 크기설계에서는 사용하중을 적용한다.
정답 ④

155 철근콘크리트구조 기초설계에 대한 설명으로 옳지 않은 것은?   23 지방직 9급

① 동일하중 조건에서 기초면적이 커질수록 지반의 지압 및 기초의 침하량은 감소한다.
② 연약 지반에서는 말뚝을 사용하여 기초의 하중을 연약 지층 하부의 암반층으로 전달하기도 한다.
③ 기초로부터 지반에 전달되는 하중의 면적당 크기가 허용지내력보다 커지도록 설계하여 지반이 구조물을 안정적으로 지지할 수 있도록 한다.
④ 부동침하는 구조물에 추가적인 응력과 균열을 발생시킬 수 있어 설계 시 주의하여야 한다.

155
기초로부터 지반에 전달되는 하중의 면적당 크기가 허용지내력보다 작아지도록 설계하여 지반이 구조물을 안정적으로 지지할 수 있도록 한다.
정답 ③

156 기초벽 및 옹벽에 대한 설명으로 가장 옳지 않은 것은?   24 서울시 9급

① 기초벽은 기초에 지지되어야 한다.
② 내부에 콘크리트 지면슬래브가 기초벽의 내부면에 밀착되어 있는 경우, 불균형 되메움 높이는 외측 마감지표면에서 내부 콘크리트 슬래브의 상부면까지로 할 수 있다.
③ 기초벽은 건축구조기준에서 규정한 토압 및 수압에 대하여 설계하여야 하며, 옹벽의 경우 수압은 고려하지 않고 건축구조기준에서 규정된 토압에 대하여 설계한다.
④ 옹벽은 전도, 활동, 과도한 기초반력 및 부상에 대하여 전체 안정성을 확보하도록 설계하여야 한다. 옹벽은 지반의 횡작용에 의한 활동에 대하여 안전율이 1.5 이상이 되도록 설계하여야 한다.

156
기초벽 및 옹벽은 건축구조기준에 규정한 토압 및 수압에 대하여 설계하여야 한다.
정답 ③

157

$A \geq \dfrac{P}{f_e}$

$= \dfrac{(1{,}700 + 1{,}300) \times 1.1}{300}$

$= \dfrac{3{,}300}{300} = 11\,\text{m}^2$

정답 ②

158

유효폭 내에 배근하는 단변방향 철근량
= 단변방향의 전체철근량
$\times \dfrac{2}{1 + \dfrac{l_y}{l_x}}$

$= 15{,}000 \times \dfrac{2}{1 + \dfrac{6}{4}} = 12{,}000\,\text{mm}^2$

정답 ②

159

직사각형 기초판에서 2방향 전단의 위험단면은 지지체의 표면에서 $0.5d$만큼 떨어진 곳의 둘레길이에 기초판의 유효깊이를 곱한 단면을 말한다.

정답 ②

---

157 한 변의 길이가 600mm인 정사각형 기둥이 고정하중 1,700kN과 활하중 1,300kN을 지지할 때 이 기둥에 대한 정사각형 독립기초의 최소 크기[m²]는? (단, 기초 무게 및 상재하중은 고정하중과 활하중의 10%로 가정하며 허용지내력 q_a는 300kN/m²이다.)

16 국가직 9급

① 9　　② 11
③ 13　　④ 15

158 그림과 같은 2방향 직사각형 독립 기초판의 단변방향으로 배근할 전체 철근량이 15,000mm²이면, 유효폭 내에 배근해야 하는 단변방향 철근량[mm²]은?

23 국가직 9급

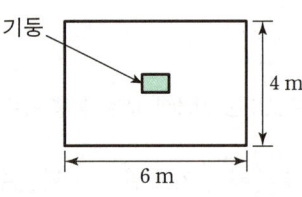

① 10,000　　② 12,000
③ 12,500　　④ 13,500

159 그림과 같은 철근콘크리트 직사각형 기초판에서 2방향 전단에 대한 위험단면의 면적은? (단, c_1, c_2는 기둥의 치수, d는 기초판의 유효깊이, D는 기초판의 전체 춤이다.)

21 지방직 9급

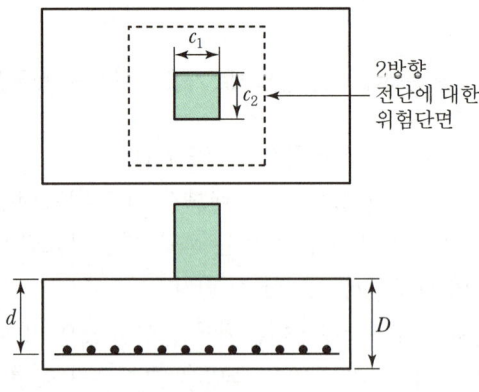

① $2 \times [(c_1 + 2d) + (c_2 + 2d)] \times d$
② $2 \times [(c_1 + d) + (c_2 + d)] \times d$
③ $2 \times [(c_1 + 2d) + (c_2 + 2d)] \times D$
④ $2 \times [(c_1 + d) + (c_2 + d)] \times D$

160
다음 그림에서 전단 위험단면을 가장 적절하게 표시한 것은? (단, d = 보의 유효 높이, t = 기초판 두께이다.)

14 서울시 9급

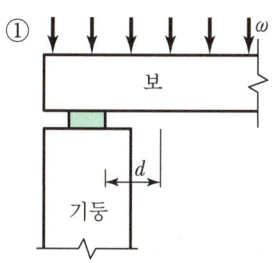
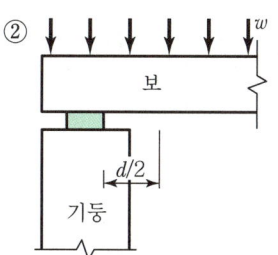
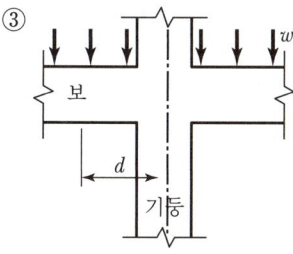
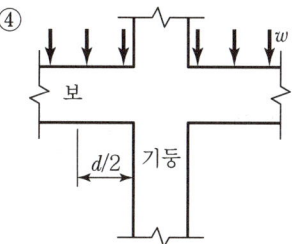
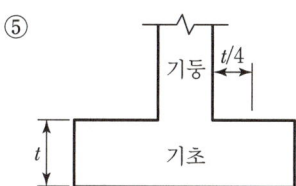

160
상재분포하중이 경사균열과 평행한 스트럿을 따라서 받침부에 직접하중 전달이 가능한 경우에는 받침부 내면에서 유효춤 d만큼 떨어진 단면을 전단 위험단면으로 사용한다.

정답 ①

161
철근콘크리트 기초판 설계에 대한 설명으로 옳지 않은 것은?

21 국가직 9급

① 조적조 벽체를 지지하는 기초판의 최대 계수휨모멘트를 계산할 때 위험단면은 벽체 중심과 단부 사이의 1/4 지점으로 한다.
② 휨모멘트에 대한 설계 시 1방향 기초판 또는 2방향 정사각형 기초판에서 철근은 기초판 전체 폭에 걸쳐 균등하게 배치하여야 한다.
③ 말뚝기초의 기초판 설계에서 말뚝의 반력은 각 말뚝이 중심에 집중된다고 가정하여 휨모멘트와 전단력을 계산할 수 있다.
④ 기초판 윗면부터 하부 철근까지 깊이는 직접기초의 경우는 150mm 이상, 말뚝기초의 경우는 300mm 이상으로 하여야 한다.

161
조적조 벽체를 지지하는 기초판의 최대 계수휨모멘트를 계산할 때 위험단면은 벽체 중심과 벽체 면과의 중간 지점으로 한다.

정답 ①

정답 및 해설

162
강재 베이스플레이트를 갖는 기둥을 지지하는 기초판은 외측면부터 위험 단면까지의 거리(d)가 기둥 외면과 강재 베이스플레이트 단부와의 중간이 되므로 $S/2$이다.

정답 ②

163
전단설계를 통해 기초판의 두께가 결정되고, 휨설계를 통해 기초판의 넓이 및 철근량이 산정된다.

정답 ④

---

162 그림과 같은 베이스플레이트를 갖는 기둥의 기초판에서, 최대계수휨모멘트 계산을 위한 기둥 외측면부터 위험단면까지의 거리(d)는? (단, S는 기둥 외측면과 베이스플레이트 연단과의 거리이다.)

13 국가직 7급

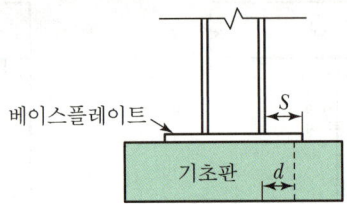

① S
② $S/2$
③ $S/3$
④ $S/4$

163 다음 철근콘크리트 독립기초의 전단설계에 대한 설명 중 옳지 않은 것은?

15 서울시 7급

① 강도감소계수는 0.75이며 하중계수가 적용된다.
② 1방향 전단검토의 위험단면은 기둥면에서 기초판의 유효깊이만큼 떨어진 곳이다.
③ 2방향 전단검토의 위험단면은 기둥면에서 기초판의 유효깊이의 0.5만큼 떨어진 곳이다.
④ 전단설계를 통해 기초판의 넓이 및 철근량이 산정된다.

164
철근콘크리트 기초판의 휨모멘트 계산을 위한 위험단면으로 옳지 않은 것은?

12 국가직 7급

① 콘크리트 기둥을 지지하는 기초판에서는 기둥의 외면
② 조적조 벽체를 지지하는 기초판에서는 벽체의 외면
③ 콘크리트 벽체를 지지하는 기초판에서는 벽체의 외면
④ 강재 베이스플레이트를 갖는 기둥을 지지하는 기초판에서는 기둥 외면과 강재 베이스플레이트 연단과의 중간

164
조적조 벽체를 지지하는 기초판은 벽체 중심과 벽체면과의 중간을 철근콘크리트 기초판의 휨모멘트 계산을 위한 위험단면으로 본다.

정답 ②

165
철근콘크리트 기초판 설계에 대한 설명으로 옳지 않은 것은?

12 지방직 9급

① 기초판에서 휨모멘트, 전단력 및 철근정착에 대한 위험단면의 위치를 정할 경우, 원형 또는 정다각형인 콘크리트 기둥이나 받침대는 같은 면적의 정사각형 부재로 취급할 수 있다.
② 기초판 상연에서부터 하부 철근까지의 깊이는 흙에 놓이는 기초의 경우는 150mm 이상, 말뚝기초의 경우는 300mm 이상으로 하여야 한다.
③ 기초판 각 단면에서의 휨모멘트는 기초판을 자른 수직면에서 그 수직면의 $\frac{1}{4}$면적에 작용하는 힘에 대해 계산한다.
④ 기초판철근은 각 단면에서 계산된 철근의 인장력 또는 압축력을 기준으로 묻힘길이, 인장갈고리, 기계적 장치 또는 이들의 조합에 의하여 그 단면의 양방향으로 정착하여야 한다.

165
기초판 각 단면에서의 휨모멘트는 기초판을 자른 수직면에서 그 수직면의 한쪽 전체면적에 작용하는 힘에 대해 계산하여야 한다.

정답 ③

정답 및 해설

166
축하중의 편심거리가 기초판 길이의 1/6을 넘으면 인장력이 발생하므로 $3m \times \frac{1}{6} = 0.5$ 이하일 경우 인장력이 발생하지 않는다.

정답 ④

167
말뚝에 지지되는 기초판의 임의 단면에 있어서, 말뚝의 중심이 임의 단면에서 $d_{pile}/2$ 이상 외측에 있는 말뚝의 반력은 그 단면에 전단력으로 작용하는 것으로 하고, 말뚝의 중심이 임의 단면에서 $d_{pile}/2$ 이상 내측에 있는 말뚝의 반력은 전단력으로 작용하지 않는 것으로 보아야 한다.

정답 ②

---

166 기초구조에 대한 설명으로 옳지 않은 것은?
11 국가직 7급

① 지름이 400mm인 기성콘크리트말뚝을 박을 때 말뚝의 최소중심간격은 1m이다.
② 연약지반에서 부동침하를 줄이기 위해서는 독립(확대)기초, 복합기초, 연속기초, 전면기초 중에서 전면기초가 가장 적합하다.
③ 독립(확대)기초의 기초판은 1방향전단과 2방향전단에 의한 파괴가 모두 발생하지 않도록 설계하여야 한다.
④ 3m×3m인 정방형 독립기초판에서 축하중의 편심거리가 0.6m 이하일 경우 인장력이 발생하지 않는다.

167 「건축구조기준(KDS)」에 따른 철근콘크리트구조의 기초판 설계에 관한 설명으로 가장 옳지 않은 것은?
17 서울시 9급(後)

① 2방향직사각형 기초판의 장변방향 철근은 단변폭 전체에 균등하게 배치한다.
② 말뚝에 지지되는 기초판의 임의 단면에 있어서, 말뚝의 중심이 임의 단면에서 $d_{pile}/2$ 이상 내측에 있는 말뚝의 반력은 그 단면에 전단력으로 작용하는 것으로 한다.
③ 기초판의 철근 정착 시 각 단면에서 계산된 철근의 인장력 또는 압축력이 발휘될 수 있도록 묻힘길이, 표준갈고리나 기계적 장치 또는 이들의 조합에 의하여 철근을 단면의 양측에 정착하여야 한다.
④ 기초판의 최대 계수휨모멘트 계산 시 위험단면의 경우 조적조 벽체를 지지하는 기초판은 벽체 중심과 단부 사이의 중간이다.

168
철근콘크리트 기초판을 설계할 때 주의해야 할 사항으로 옳지 않은 것은?

20 지방직 9급

① 말뚝기초의 기초판 설계에서 말뚝의 반력은 각 말뚝의 중심에 집중된다고 가정하여 휨모멘트와 전단력을 계산할 수 있다.
② 독립기초의 기초판 밑면적 크기는 허용지내력에 반비례한다.
③ 독립기초의 기초판 전단설계 시 1방향 전단과 2방향 전단을 검토한다.
④ 기초판 밑면적, 말뚝의 개수와 배열 산정에는 1.0을 초과하는 하중계수를 곱한 계수하중이 적용된다.

168
기초판 밑면적, 말뚝의 개수와 배열은 하중계수를 곱하지 않은 사용하중을 적용하여야 한다.
정답 ④

06 정착 및 이음설계

169
철근과 콘크리트의 부착력을 증대시키기 위한 방법으로 옳지 않은 것은?

09 지방직 7급

① 철근의 재료강도를 극대화한다.
② 철근의 피복두께와 정착길이를 적절히 유지한다.
③ 동일한 조건이라면 원형철근보다 이형철근을 사용한다.
④ 동일한 철근량을 사용하는 경우 직경이 작은 철근을 여러 개 사용한다.

169
철근의 설계기준항복강도가 증가하면 부착력은 오히려 감소하게 되어 정착길이를 길게 하여야 한다.
정답 ①

170
이형철근의 정착길이에 대한 설명으로 가장 옳지 않은 것은?

20 서울시 7급

① 직선 모양 인장철근의 정착길이는 철근의 위치, 도막, 지름의 영향을 받는다.
② 직선 모양 압축철근의 정착길이는 철근 위치의 영향을 받지 않는다.
③ 표준갈고리 인장철근의 정착길이는 철근 도막의 영향을 받지 않는다.
④ 직선 모양 인장철근의 정착길이는 횡방향 철근의 영향을 고려하면 줄어들 수 있다.

170
표준갈고리 인장철근의 정착길이는 철근 도막의 영향을 받는다.
정답 ③

171
철근콘크리트 설계에서 인장이형철근의 정착길이 산정에 사용되는 보정계수가 아닌 것은? (단, 정착길이는 기본정착길이에 보정계수를 고려하는 방법으로 구한다.)

23 국가직 9급

① 마찰계수
② 도막계수
③ 경량콘크리트계수
④ 철근배치 위치계수

171
인장이형철근의 정착길이 산정시 보정계수는 철근배치 위치계수, 경량콘크리트계수, 도막계수, 피복두께, 철근간격 등을 사용하여 산정한다.
정답 ①

정답 및 해설

172
표준갈고리를 갖는 인장이형철근의 기본정착길이 $l_{hb} = \dfrac{0.24\beta d_b f_y}{\lambda \sqrt{f_{ck}}}$

정답 ③

173
인장이형철근의 기본정착길이는 $l_{db} = \dfrac{0.6 d_b \times f_y}{\lambda \sqrt{f_{ck}}}$ 이므로 철근의 공칭지름(d_b), 철근의 설계기준항복강도(f_y)에 비례하고, 콘크리트의 설계기준압축강도(f_{ck})에 반비례하여 결정한다.

정답 ②

174
철근콘크리트구조에서 콘크리트의 압축강도가 증가할수록 인장철근의 정착길이 산정 값은 감소한다.

정답 ③

175
인장이형철근의 기본정착길이는 철근의 공칭지름, 철근의 설계기준항복강도에 비례하고, 콘크리트의 설계기준압축강도에 반비례한다.

정답 ③

---

172 「건축구조기준(KDS)」에서 표준갈고리를 갖는 인장이형철근의 기본정착길이로 옳은 것은? (단, d_b : 철근의 공칭지름, f_y : 철근의 설계기준항복강도, λ : 경량콘크리트계수, f_{ck} : 콘크리트 설계기준압축강도, α : 철근배치 위치계수, β : 철근 도막계수, C : 철근간격 또는 피복두께에 관련된 치수, K_{tr} : 횡방향 철근지수)

17 서울시 9급(後)

① $\dfrac{0.90 d_b f_y}{\lambda \sqrt{f_{ck}}} \dfrac{\alpha\beta\gamma}{\left(\dfrac{C+K_{tr}}{d_b}\right)}$

② $\dfrac{0.60 d_b f_y}{\lambda \sqrt{f_{ck}}}$

③ $\dfrac{0.24\beta d_b f_y}{\lambda \sqrt{f_{ck}}}$

④ $\dfrac{0.25 d_b f_y}{\lambda \sqrt{f_{ck}}}$

173 철근콘크리트 구조물의 인장 이형철근의 정착길이 산정에 고려하지 않는 것은?

25 국가직 9급

① 철근의 공칭지름
② 철근의 탄성계수
③ 철근의 설계기준항복강도
④ 콘크리트의 설계기준압축강도

174 다음 중 철근콘크리트구조에서 인장철근의 정착길이 산정 값이 감소하는 경우는?

15 서울시 7급

① 철근의 직경 증가
② 철근의 항복강도 증가
③ 콘크리트의 압축강도 증가
④ 경량콘크리트 사용

175 건축구조기준을 적용하여 철근콘크리트구조를 설계할 때, 인장이형철근의 기본정착길이를 결정하는 인자와 가장 거리가 먼 것은?

14 국가직 7급

① 철근의 공칭지름
② 철근의 설계기준항복강도
③ 인장철근비
④ 콘크리트의 설계기준압축강도

176
인장이형철근의 정착길이를 줄이기 위한 방법으로 옳지 않은 것은? 10 국가직 7급

① 압축강도가 큰 콘크리트를 사용한다.
② 공칭지름이 큰 철근을 사용한다.
③ 항복강도가 작은 철근을 사용한다.
④ 에폭시 도막이 되지 않은 철근을 사용한다.

176
공칭지름과 정착길이는 비례관계이므로 공칭지름이 작은 철근을 사용할수록 정착길이를 줄일 수 있다.
정답 ②

177
단부 갈고리를 사용하지 않은 인장철근의 정착길이에 대한 설명으로 옳지 않은 것은? 10 지방직 9급

① 상부철근은 하부철근보다 부착성능이 떨어지므로 정착길이를 증가시켜야 한다.
② 평균 쪼갬인장강도가 주어지지 않은 경량콘크리트를 사용할 경우 정착길이를 증가시켜야 한다.
③ 에폭시 도막철근을 사용할 경우 정착길이를 감소시킬 수 있다.
④ 인장철근의 정착길이는 300mm 이상이어야 한다.

177
에폭시 도막철근을 사용할 경우 미끄러짐이 발생할 수 있으므로 정착길이를 증가시켜야 한다.
정답 ③

178
인장을 받는 철근의 정착길이 산정에 대한 설명으로 옳지 않은 것은? 16 국가직 9급

① 정착길이는 철근의 설계기준항복강도(f_y)에 비례한다.
② 정착길이 산정 시 사용되는 $\sqrt{f_{ck}}$ 값은 70MPa을 초과할 수 없다.
   (f_{ck} : 콘크리트의 설계기준압축강도)
③ 정착길이는 철근의 지름에 비례한다.
④ 인장이형철근의 정착길이 l_d는 항상 300mm 이상이어야 한다.

178
정착길이 산정 시 사용되는 $\sqrt{f_{ck}}$ 값은 8.4MPa을 초과할 수 없다.
(f_{ck} : 콘크리트의 설계기준 압축강도)
정답 ②

정답 및 해설

179
기본정착길이
$$= \frac{0.24\beta d_b f_y}{\lambda\sqrt{f_{ck}}}$$
$$= \frac{0.24 \times 1 \times d_b \times 500}{1 \times \sqrt{25}} = 24 d_b$$
정답 ②

180
기본정착길이
$$= \frac{0.24\beta d_b f_y}{\lambda\sqrt{f_{ck}}}$$
$$= \frac{0.24 \times 1 \times 22 \times 500}{\sqrt{25}}$$
$$= 528\text{mm}$$
정답 ④

181
$(l_{db}) = \frac{0.6 d_b f_y}{\lambda\sqrt{f_{ck}}}$ 이므로 철근의 공칭지름(d_b), 철근의 설계기준항복강도(f_y)에 비례하고, 콘크리트의 설계기준압축강도(f_{ck})에 반비례하여 결정한다.
정답 ③

182
철근콘크리트구조에서 인장이형철근 및 이형철선의 정착길이 최솟값은 300mm 이상이고, 압축이형철근의 정착길이 최솟값은 200mm 이상으로 한다.
정답 ②

---

179 철근콘크리트구조에서 인장을 받는 SD500 D22 표준갈고리를 갖는 이형철근의 기본정착길이 l_{hb}는 철근 지름 d_b의 몇 배인가? (단, 일반중량콘크리트로 설계기준압축강도 $f_{ck}=25\text{MPa}$이고, 도막은 없다.)
19 서울시 9급(前)

① 19배　　　② 24배
③ 25배　　　④ 40배

180 표준갈고리를 갖는 인장이형철근의 기본정착길이[mm]는? (단, 사용 철근의 공칭지름(d_b)은 22mm이고, 철근의 설계기준항복강도(f_y)는 500MPa이며, 보통콘크리트의 설계기준압축강도(f_{ck})는 25MPa이다. 철근은 도막되지 않은 철근으로 본다.)
14 국가직 9급 일부수정

① 355　　　② 400
③ 444　　　④ 528

181 철근콘크리트구조에서 인장이형철근의 기본정착길이를 결정하는 요소로 옳지 않은 것은?
11 지방직 7급

① 철근의 공칭지름
② 철근의 설계기준항복강도
③ 철근배치위치계수
④ 콘크리트의 설계기준압축강도

182 철근콘크리트구조에서 인장 및 압축 이형철근 정착길이의 최솟값으로 옳은 것은?
09 국가직 9급

① 인장철근 : 200mm 이상, 압축철근 : 300mm 이상
② 인장철근 : 300mm 이상, 압축철근 : 200mm 이상
③ 인장철근 : 300mm 이상, 압축철근 : 400mm 이상
④ 인장철근 : 400mm 이상, 압축철근 : 300mm 이상

183
철근의 정착에 대한 설명으로 옳지 않은 것은? 22 국가직 9급

① 정착길이는 위험단면에서 철근의 설계기준항복강도를 발휘하는 데 필요한 최소한의 묻힘길이를 말한다.
② 인장 이형철근의 정착길이는 항상 300mm 이상이어야 한다.
③ 압축 이형철근의 정착길이는 항상 200mm 이상이어야 한다.
④ 단부에 표준갈고리가 있는 인장 이형철근의 정착길이는 항상 $4d_b$ 이상, 또한 100mm 이상이어야 한다.

183
단부에 표준갈고리가 있는 인장 이형철근의 정착길이는 항상 $8d_b$ 이상, 또한 150mm 이상이어야 한다.
정답 ④

184
철근콘크리트 부재에서 인장이형철근의 정착길이(l_d)에 대한 설명으로 옳지 않은 것은? (단, 정착길이(l_d)는 300mm 이상이다.) 15 지방직 9급

① 콘크리트 설계기준압축강도가 증가할수록 정착길이는 짧아진다.
② 철근의 설계기준항복강도가 증가할수록 정착길이는 짧아진다.
③ 횡방향 철근간격이 작을수록 정착길이는 짧아진다.
④ 에폭시 도막철근이 도막되지 않은 철근보다 정착길이가 길다.

184
철근의 설계기준항복강도가 증가할수록 정착길이는 길어진다.
정답 ②

185
철근콘크리트구조에 사용되는 인장 이형철근의 정착길이에 대한 설명으로 옳지 않은 것은? 17 국가직 7급

① 철근의 설계기준항복강도 및 공칭지름에 비례하고 콘크리트설계기준압축강도의 제곱근에 반비례한다.
② 에폭시 도막이 되어 있는 철근은 도막되어 있지 않은 철근보다 정착길이가 감소한다.
③ D22 이상의 철근은 D19 이하의 철근보다 정착길이를 크게 해야 한다.
④ 경량콘크리트를 사용하는 경우 일반적인 중량의 보통콘크리트보다 정착길이가 증가한다.

185
에폭시 도막이 되어 있는 철근은 도막되어 있지 않은 철근보다 정착길이가 증가한다.
정답 ②

정답 및 해설

186
4개의 철근으로 구성된 다발철근 내에 있는 개개 철근의 정착길이는 다발철근이 아닌 경우의 각 철근 정착길이보다 33% 증가시켜야 한다.

정답 ②

187
확대머리 이형철근의 인장에 대한 정착길이는 $0.22\dfrac{f_y d_b}{\psi\sqrt{f_{ck}}}$ 로 구할 수 있다.

정답 ①

188
확대머리의 순지압면적(A_{brg})은 $4A_b$ 이상이어야 한다.

정답 ①

---

186 건축구조기준에 따른 철근의 정착 및 이음에 대한 설명으로 옳지 않은 것은?

16 서울시 7급

① 표준갈고리를 갖는 인장이형철근의 기본정착길이는 철근의 설계기준항복강도에 비례한다.
② 4개의 철근으로 구성된 다발철근 내에 있는 개개 철근의 정착길이는 다발철근이 아닌 경우의 각 철근 정착길이보다 20% 증가시켜야 한다.
③ 압축이형철근의 기본정착길이는 콘크리트 설계기준압축강도의 제곱근에 반비례한다.
④ 휨부재에서 서로 직접 접촉되지 않게 겹침이음된 철근은 횡방향으로 소요 겹침이음 길이의 1/5 또는 150mm 중 작은 값 이상 떨어지지 않아야 한다.

187 건축구조기준(KDS)에서 최상층을 제외한 보통중량 콘크리트인 부재 접합부에 정착되고 에폭시를 도막하지 않은 확대머리 이형철근의 인장에 대한 기본정착길이(l_{dt})는? (단, f_y는 철근의 설계기준항복강도, f_{ck}는 콘크리트의 설계기준압축강도, d_b는 철근직경이며, 확대머리 이형철근의 정착길이 설계를 위한 모든 제한사항은 만족하는 것으로 가정한다.)

13 지방직 9급

① $0.22\dfrac{f_y d_b}{\psi\sqrt{f_{ck}}}$
② $0.24\dfrac{f_y d_b}{\psi\sqrt{f_{ck}}}$
③ $0.25\dfrac{f_y d_b}{\psi\sqrt{f_{ck}}}$
④ $0.60\dfrac{f_y d_b}{\psi\sqrt{f_{ck}}}$

188 확대머리 이형철근에 대한 설명으로서 옳지 않은 것은?

16 서울시 9급(前)

① 확대머리의 순지압면적(A_{brg})은 $4A_b$ 이하이어야 한다.
② 확대머리 이형철근은 경량콘크리트에 적용할 수 없으며, 보통중량콘크리트에만 사용한다.
③ 정착길이(l_{dt})는 항상 $8d_b$ 또한 150mm 이상이어야 한다.
④ 압축력을 받는 경우에 확대머리의 영향을 고려할 수 없다.

189

인장력을 받는 확대머리 이형철근의 정착에 대한 설명으로 옳지 않은 것은?

20 국가직 7급

① 확대머리의 순지압면적(A_{brg})은 $2A_b$ 이상이어야 한다.
② 정착길이는 철근 공칭지름의 8배 또한 150mm 이상이어야 한다.
③ 압축력을 받는 경우에 확대머리의 영향을 고려할 수 없다.
④ 확대머리 이형철근은 경량콘크리트에는 적용할 수 없다.

189
확대머리의 순지압면적(A_{brg})은 $4A_b$ 이상이어야 한다.

정답 ①

190

철근콘크리트구조에서 철근의 정착에 대한 설명으로 옳지 않은 것은?

17 국가직 9급

① 인장 이형철근의 정착길이는 항상 300mm 이상이어야 한다.
② 갈고리는 압축을 받는 경우 철근정착에 유효하지 않은 것으로 보아야 한다.
③ 정착길이 산정에 사용하는 $\sqrt{f_{ck}}$ (f_{ck} : 콘크리트의 설계기준압축강도) 값은 10.0 MPa을 초과할 수 없다.
④ 확대머리 이형철근은 압축을 받는 경우에 유효하지 않다.

190
정착길이 산정에 사용하는 $\sqrt{f_{ck}}$ (f_{ck} : 콘크리트의 설계기준압축강도) 값은 8.4MPa을 초과할 수 없다.

정답 ③

191

인장 이형철근의 정착길이에 대한 설명으로 옳지 않은 것은?

11 국가직 7급

① 에폭시 피복철근의 경우에는 부착력이 감소하므로 정착길이가 길어진다.
② 동일한 조건에서 표준갈고리철근의 정착길이는 직선철근의 정착길이보다 짧아진다.
③ 동일한 콘크리트 강도일 경우 경량콘크리트는 보통중량콘크리트보다 부착강도가 작으므로 정착길이가 길어진다.
④ 한 번에 타설하는 콘크리트의 깊이가 깊을수록 철근의 부착력이 증가하므로 정착길이가 짧아진다.

191
콘크리트를 칠 때 잉여수와 기포는 진동에 의해 상승하게 되고 철근 밑면에 축적하게 된다. 수평철근 밑의 콘크리트 깊이가 300mm 이상이면 철근의 부착강도가 상당히 작아지는 것으로 실험결과 나타났으며 이에 따라 정착길이를 증가시켜야 한다.

정답 ④

정답 및 해설

192
인장이형철근의 정착길이는 항상 300mm 이상이어야 한다.
정답 ④

193
인장력을 받는 이형철근 및 이형철선의 겹침이음길이는 A급과 B급으로 분류하며 다음 값 이상으로 하여야 하고, 또한 300mm 이상이어야 한다.
(1) A급 이음 : $1.0l_d$ (보정계수를 적용하지 않은 이형철근의 정착길이)
(2) B급 이음 : $1.3l_d$ (보정계수를 적용하지 않은 이형철근의 정착길이)
정답 ①

194
서로 다른 크기의 철근을 인장 겹침이음하는 경우 이음길이는 크기가 큰 철근의 정착길이와 크기가 작은 철근의 겹침이음길이 중 큰 값 이상이어야 한다.
정답 ②

---

192 철근의 정착길이에 대한 설명으로 옳지 않은 것은? (단, d_b : 철근의 공칭지름 [mm])
17 지방직 9급

① 단부에 표준갈고리가 있는 인장 이형철근의 정착길이는 항상 $8d_b$ 이상 또한 150mm 이상이어야 한다.
② 압축 이형철근의 정착길이는 항상 200mm 이상이어야 한다.
③ 확대머리 이형철근의 인장에 대한 정착길이는 $8d_b$ 또한 150 mm 이상이어야 한다.
④ 인장 이형철근의 정착길이는 항상 200mm 이상이어야 한다.

193 인장력을 받는 이형철근의 A급 겹침이음길이에 대한 설명으로 옳은 것은?
11 국가직 9급

① 인장 이형철근 정착길이 이상으로 한다.
② 인장 이형철근 정착길이의 1.3배 이상으로 한다.
③ 인장 이형철근 정착길이의 1.5배 이상으로 한다.
④ 인장 이형철근 정착길이의 2.0배 이상으로 한다.

194 다음은 인장력을 받는 이형철근의 겹침이음설계에 대한 내용이다. (가), (나)에 들어갈 내용을 바르게 연결한 것은?
25 지방직 9급

> 서로 다른 크기의 철근을 인장 겹침이음하는 경우 이음길이는 크기가 큰 철근의 [(가)]와 크기가 작은 철근의 [(나)] 중 큰 값 이상이어야 한다.

	(가)	(나)
①	정착길이	정착길이
②	정착길이	겹침이음길이
③	겹침이음길이	정착길이
④	겹침이음길이	겹침이음길이

195

철근콘크리트구조에서 철근의 정착 및 이음에 대한 설명으로 옳지 않은 것은?

13 국가직 9급

① 인장이형철근의 기본정착길이는 철근의 공칭지름과 철근의 설계기준 항복강도에 비례한다.
② 압축이형철근의 정착길이는 기본정착길이에 적용 가능한 모든 보정계수를 곱하여 구하여야 한다. 다만, 이때 구한 압축이형철근의 정착길이는 항상 200mm 이상이어야 한다.
③ 휨부재에서 서로 직접 접촉되지 않게 겹침이음된 철근은 횡방향으로 소요 겹침이음길이의 1/5 또는 150mm 중 작은 값 이상 떨어지지 않아야 한다.
④ 인장이형철근의 B급 겹침이음길이는 인장이형철근 정착길이의 1.3배 이상으로 하여야 한다. 그러나 150mm 이상이어야 한다.

195
인장이형철근의 B급 겹침이음길이는 인장이형철근 정착길이의 1.3배 이상으로 하여야 한다. 그러나 300mm 이상이어야 한다.

정답 ④

196

철근콘크리트구조에서 철근의 정착 및 이음에 관한 설명으로 가장 옳지 않은 것은?

18 서울시 9급

① 보에서 상부철근의 정착길이가 하부철근의 정착길이보다 길다.
② 압축을 받는 철근의 정착길이가 부족할 경우 철근 단부에 표준갈고리를 설치하여 정착길이를 줄일 수 있다.
③ 겹침이음의 경우 철근의 순간격은 겹침이음길이의 1/5 이하이며, 또한 150mm 이하이어야 한다.
④ 연속부재의 받침부에서 부모멘트에 배치된 인장철근 중 1/3 이상은 변곡점을 지나 부재의 유효깊이, 주근 공칭지름의 12배 또는 순경간의 1/16 중 큰 값 이상의 묻힘길이를 확보하여야 한다.

196
표준갈고리는 압축을 받는 경우 철근정착에 유효하지 않은 것으로 보기 때문에 압축측에 갈고리를 설치하여도 효과가 없다.

정답 ②

정답 및 해설

197
인장용접이형철망을 겹침이음하는 최소 길이는 2장의 철망이 겹쳐진 길이가 $1.3l_d$ 이상 또한 200mm 이상이어야 한다.

정답 ③

198
① 기둥의 나선철근 순간격은 25mm 이상, 75mm 이하이어야 한다.
③ 단부에 표준갈고리가 있는 인장 이형철근에 대한 정착길이는 150mm 이상이어야 한다.
④ 인장 용접이형철망의 겹침이음길이는 200mm 이상이어야 한다.

정답 ②

199
프라이아웃 파괴는 전단하중에 의한 파괴유형에 속한다.

정답 ③

---

197 철근의 이음에 대한 설명으로 옳지 않은 것은? (단, l_d는 정착길이를 의미한다.)

12 지방직 9급

① 압축이형철근의 겹침이음길이는 300mm 이상이어야 하고, 콘크리트의 설계기준강도가 21MPa 미만인 경우는 겹침이음 길이를 $\frac{1}{3}$ 증가시켜야 한다.
② 크기가 다른 이형철근을 압축부에서 겹침이음하는 경우, 이음길이는 크기가 큰 철근의 정착길이와 크기가 작은 철근의 겹침이음길이 중 큰 값 이상이어야 한다.
③ 인장용접이형철망을 겹침이음하는 최소 길이는 2장의 철망이 겹쳐진 길이가 $1.3l_d$ 이상 또한 150mm 이상이어야 한다.
④ 인장용접원형철망의 이음의 경우, 이음위치에서 배치된 철근량이 해석결과 요구되는 소요철근량의 2배 미만인 경우 각 철망의 가장 바깥 교차철선 사이를 잰 겹침길이는 교차철선 한 마디 간격에 50mm를 더한 길이 $1.5l_d$ 또는 150mm 중 가장 큰 값 이상이어야 한다.

198 철근콘크리트구조의 철근상세에 대한 설명으로 옳은 것은?

19 국가직 7급

① 기둥의 나선철근 순간격은 20mm 이상이어야 한다.
② D25 축방향 철근으로 배근된 기둥에 사용되는 띠철근은 D10 이상이어야 한다.
③ 단부에 표준갈고리가 있는 인장 이형철근에 대한 정착길이는 135mm 이상이어야 한다.
④ 인장 용접이형철망의 겹침이음길이는 150mm 이상이어야 한다.

07 콘크리트용 앵커 설계

199 콘크리트용 앵커의 인장하중에 의한 파괴유형이 아닌 것은?

15 지방직 9급

① 뽑힘 파괴
② 콘크리트 파괴
③ 프라이아웃 파괴
④ 측면파열 파괴

08 프리스트레스트 콘크리트 설계

200 강봉, 강선, 강연선 등과 같은 긴장재를 사용하여 콘크리트에 초기 긴장력을 도입한 구조는?

23 지방직 9급

① 공기막구조
② 프리스트레스트 콘크리트 구조
③ 프리캐스트 콘크리트 구조
④ 합성구조

200
프리스트레스트 콘크리트 구조는 외력에 의해 콘크리트에 발생하는 인장응력을 소정의 한도까지 상쇄할 수 있도록 미리 계획적으로 그 응력의 분포와 크기를 정하여 내력을 준 콘크리트를 말한다.
정답 ②

201 일반 철근콘크리트구조와 비교할 경우, 프리스트레스트 콘크리트구조의 특징에 대한 설명으로 옳지 않은 것은?

15 지방직 9급

① 균열의 억제에 유리하다.
② 처짐을 억제하여 장경간구조에 유리하다.
③ 고강도 재료의 사용에 따른 재료의 절감이 가능하다.
④ 고강도 강재의 사용으로 인해서 내화성능이 우수하다.

201
고강도 강재의 사용으로 인해서 내화성에 있어서는 불리하다.
정답 ④

202 일반 철근콘크리트구조와 비교하여 프리스트레스트 콘크리트구조의 특성에 대한 설명으로 옳지 않은 것은?

11 지방직 7급

① 고강도콘크리트나 강재를 사용하기 때문에 재료비가 비싸며, 생산에도 수고가 많이 든다.
② 프리스트레스를 가하고 있는 강재는 상시 고응력 상태에 있기 때문에 부식하기 쉽고 또한 화열에 의해 큰 손상을 받기 쉽다.
③ 균열 → 물의 침입 → 녹발생 → 균열 증대 → 균열의 사이클이 쉽게 발생하므로 내구성이 떨어진다.
④ 강성이 뛰어나 부재단면을 감소시킬 수 있으므로 자중이 줄어 장스팬구조에 유리하다.

202
프리스트레스트 콘크리트구조는 콘크리트 인장 측에 미리 응력을 주기 때문에 균열의 사이클이 쉽게 발생하지 않으며, 고강도 재료를 사용함으로써 내구적인 구조물이다. 또한 과다한 하중으로 인하여 일시적인 균열이 발생하더라도 하중이 제거되면, 균열은 다시 복원되므로 탄력성과 복원성이 강하다.
정답 ③

203 프리스트레스 콘크리트가 일반 철근콘크리트보다 우수한 점을 설명한 것으로 옳지 않은 것은?

07 국가직 7급

① 철근량을 줄일 수 있다.
② 현장에서의 작업능률을 높일 수 있다.
③ 내화성능을 높일 수 있다.
④ 콘크리트 균열을 적게 할 수 있다.

203
고강도 강재는 고온에 접하면 갑자기 강도가 감소하므로 PSC는 RC보다 내화성에 있어서는 불리하다.
정답 ③

정답 및 해설

204
피로강도가 일반 철근콘크리트에 비해 상당히 높으며, PSC는 강재를 긴장시킬 때 최대 응력이 콘크리트와 PS 강재에 작용한 상태이므로 PSC 구조물은 안전성이 높다.
정답 ③

205
긴장재를 곡선으로 배치한 보는 긴장재 인장력의 연직분력만큼 부재에 작용하는 전단력이 감소한다.
정답 ④

206
일반적으로 철근콘크리트 부재에 비하여 처짐은 작지만, 단면이 작기 때문에 처짐제어는 유리하지만 진동제어가 불리하다.
정답 ④

---

204 프리스트레스트 콘크리트 구조물의 특성으로 옳지 않은 것은? 09 지방직 7급

① 철근콘크리트구조에 비해 균열발생이 적으며 내구성이 높다.
② 프리스트레스가 사용하중에 의한 응력과 반대방향으로 작용하므로 처짐이 작다.
③ 피로강도가 일반 철근콘크리트에 비해 상당히 낮다.
④ 같은 단면의 철근콘크리트 부재보다 강성이 크다.

205 프리스트레스트 콘크리트(PSC)에 대한 설명으로 옳지 않은 것은? 15 국가직 7급

① 철근콘크리트에 비해 탄성과 복원성이 더 크다.
② 철근콘크리트에 비해 단면을 더 유효하게 이용한다.
③ 철근콘크리트에 비해 일반적으로 고강도의 콘크리트와 강재를 사용한다.
④ 긴장재를 곡선으로 배치한 보는 긴장재 인장력의 연직분력만큼 부재에 작용하는 전단력이 증가한다.

206 프리스트레스트 콘크리트구조에 대한 설명으로 옳지 않은 것은? 16 서울시 9급(後)

① 콘크리트의 건조수축 및 크리프는 긴장재에 도입된 프리스트레스를 손실시킨다.
② 시간이 경과됨에 따라 긴장재에 도입된 프리스트레스의 응력이 감소되는 현상을 릴랙세이션(Relaxation)이라 한다.
③ 포스트텐션 방식에서 단부 정착장치가 중요하다.
④ 일반적으로 철근콘크리트 부재에 비하여 처짐 및 진동 제어가 유리하다.

207 프리스트레스트 콘크리트구조의 프리텐션공법에서 긴장재의 응력손실 원인이 아닌 것은?

18 서울시 9급

① 긴장재와 덕트(시스) 사이의 마찰
② 콘크리트의 크리프
③ 긴장재 응력의 이완(relaxation)
④ 콘크리트의 탄성수축

207
긴장재와 덕트(시스) 사이의 마찰에 의한 손실은 포스트텐션에만 해당되는 손실 원인이다.
정답 ①

208 프리스트레스트 콘크리트구조에서 유효프리스트레스를 결정하기 위하여 고려해야 할 프리스트레스 손실의 원인이 아닌 것은?

20 국가직 7급

① 정착장치의 활동
② 콘크리트의 균열
③ 긴장재 응력의 릴랙세이션
④ 포스트텐션 긴장재와 덕트 사이의 마찰

208
프리스트레스트 콘크리트구조에서 프리스트레스 손실의 원인 중 즉시손실은 정착장치의 활동에 의한 감소, PS강재와 덕트의 마찰에 의한 감소, 콘크리트의 탄성수축이고, 시간이 경과되면서 발생하는 시간적 손실은 콘크리트의 크리프에 의한 감소, 콘크리트의 건조수축에 의한 감소, PS강재의 응력이완에 의한 손실이다.
정답 ②

209 프리스트레스트 콘크리트구조에서 프리스트레스의 손실원인으로 옳지 않은 것은?

12 지방직 9급

① 프리스트레싱 긴장시 발생한 콘크리트의 팽창
② 포스트텐셔닝 긴장재와 덕트 사이의 마찰
③ 콘크리트의 건조수축과 크리프
④ 긴장재 응력의 릴랙세이션

209
프리스트레스트 콘크리트 구조에서 프리스트레스의 손실원인은 프리스트레싱 긴장시 발생한 콘크리트의 탄성 수축이다.
정답 ①

210 프리스트레스 콘크리트구조에서 유효프리스트레스를 결정하기 위해 고려하여야 할 프리스트레스 손실원인과 거리가 먼 것은?

10 지방직 7급

① 전단철근의 크리프
② 긴장재 응력의 릴랙세이션
③ 콘크리트의 탄성수축
④ 포스트텐셔닝 긴장재와 덕트 사이의 마찰

210
전단철근의 크리프는 프리스트레스 손실원인과 관계가 없으며, 콘크리트의 크리프에 의한 감소가 도입 후 손실에 해당된다.
정답 ①

211
프리스트레스트 콘크리트구조에서 유효프리스트레스(f_{pe})를 결정하기 위하여 고려하여야 하는 프리스트레스 손실 원인이 아닌 것은?

24 국가직 7급

① 콘크리트의 팽창
② 콘크리트의 크리프
③ 긴장재 응력의 릴랙세이션
④ 포스트텐션 긴장재와 덕트 사이의 마찰

212
프리스트레스트 콘크리트 부재의 설계에 대한 설명으로 옳지 않은 것은?

21 국가직 9급

① 프리스트레스트 콘크리트 휨부재는 미리 압축을 가한 인장구역에서 계수하중에 의한 인장연단응력의 크기에 따라 비균열등급, 부분균열등급, 완전균열등급으로 구분된다.
② 프리스트레스를 도입할 때의 응력 계산 시 균열단면에서 콘크리트는 인장력에 저항할 수 없는 것으로 가정한다.
③ 비균열등급과 부분균열등급 휨부재의 사용하중에 의한 응력은 비균열단면을 사용하여 계산한다.
④ 완전균열단면 휨부재의 사용하중에 의한 응력은 균열환산단면을 사용하여 계산한다.

213
프리스트레스트 콘크리트의 구조설계에 대한 설명으로 옳은 것은?

09 지방직 7급

① 프리스트레스트 콘크리트 단면은 인장지배구간, 중립축구간, 압축지배구간으로 분류된다.
② 강연선이 길게 노출되었을 때 콘크리트가 받는 충격을 최소화하기 위해 가급적 부재에서 충분한 거리를 두고 강연선을 절단한다.
③ 프리스트레스트 콘크리트 부재를 설계할 때 사용하중 평가시 인장균열 및 국부파괴가 고려된다.
④ 긴장재가 부착되기 전의 단면특성을 계산할 경우에는 덕트로 인한 단면적의 손실을 고려하여야 한다.

정답 및 해설

211
프리트스레스트 콘크리트에서 프리스트레스 손실 원인은 도입 시 발생하는 즉시손실과 도입 후 발생하는 시간적 손실이 있다. 즉시손실의 종류에는 정착 장치의 활동에 의한 감소, PS강재와 덕트(시스)의 마찰에 의한 감소, 콘크리트의 탄성수축이 있으며, 시간적 손실의 종류에는 콘크리트의 크리프, 콘크리트의 건조수축, PS강재의 릴랙세이션이 있다.

정답 ①

212
프리스트레스트 콘크리트 휨부재는 미리 압축을 가한 인장구역에서 사용하중에 의한 인장연단응력의 크기에 따라 비균열등급, 부분균열등급, 완전균열등급으로 구분된다.

정답 ①

213
① 프리스트레스트 콘크리트는 전체 단면이 압축지배구간으로 분류된다.
② 강연선이 길게 노출되었을 때 콘크리트가 받는 충격을 최소화하기 위해 가급적 부재에서 짧은 거리를 두고 강연선을 절단한다.
③ 프리스트레싱 원리는 콘크리트는 압축강도가 크나 인장강도가 매우 작으며 신장능력이 작아서 하중에 의해 인장응력을 일으키는 부분에 미리 압축응력을 주어 인장응력을 소멸시키면 콘크리트는 균열이 발생하지 않게 되므로 전체 단면이 유효하게 되어 사용하중 평가시 인장균열을 고려하지 않는다.

정답 ④

214
프리스트레스트 콘크리트구조에 관한 설명으로 옳지 않은 것은? 10 국가직 9급

① 일반적으로 철근콘크리트 부재에 비해 처짐 제어에 유리하다.
② 포스트텐션 방식은 연속경간에는 적용이 불리하다.
③ 부분 프리스트레싱은 설계하중이 작용할 때 부재 단면의 일부에 인장응력이 발생하는 경우를 의미한다.
④ 포스트텐션 방식에서는 단부 정착장치가 중요하다.

214
포스트텐션 방식은 콘크리트가 굳은 후에 긴장재를 인장하고 그 끝부분을 콘크리트에 정착시켜 프리스트레스를 부재에 도입시키는 방법으로 현장에서 많이 사용하며, 연속경간에 적용하기 위한 방식이다.

정답 ②

215
프리스트레스트 콘크리트에서는 긴장력의 손실이 발생한다. 긴장력 손실의 요인 중에서 시간이 경과되면서 발생하는 시간 의존적 손실(또는 시간적 손실)에 해당하는 것을 모두 고르면? 16 국가직 7급

> ㄱ. 긴장재와 쉬스 사이의 마찰에 의한 손실
> ㄴ. 콘크리트의 탄성수축에 의한 손실
> ㄷ. 정착장치의 활동에 의한 손실
> ㄹ. 콘크리트의 크리프에 의한 손실

① ㄹ
② ㄴ, ㄷ
③ ㄷ, ㄹ
④ ㄱ, ㄴ, ㄷ, ㄹ

215
프리스트레스트 콘크리트의 긴장력 손실 요인 중에서 시간이 경과되면서 발생하는 시간 의존적 손실(또는 시간적 손실)에는 콘크리트의 크리프에 의한 손실, 콘크리트의 건조수축에 의한 손실, PS강재의 응력이완에 의한 손실이 있다.

정답 ①

216
프리스트레스트 콘크리트 구조에서 긴장재에 최초 도입된 프리스트레스의 손실에 대한 설명으로 옳은 것은? 25 지방직 9급

① 포스트텐션 방식에서는 정착장치의 앵커 정착손실이 나타나지 않는다.
② 프리텐션 방식의 경우 긴장재와 덕트(duct) 사이에서 마찰손실이 나타난다.
③ 프리스트레스 도입 후에 콘크리트 크리프 및 건조수축은 즉시 손실의 주요 원인이다.
④ 콘크리트의 탄성수축에 의한 손실은 프리텐션 방식의 경우 콘크리트 경화 후 긴장력이 도입될 때 나타나며, 포스트텐션 방식의 경우에는 긴장(jacking)할 때 나타난다.

216
① 포스트텐션 방식에서는 정착장치의 앵커 정착손실이 나타난다.
② 포스트텐션 방식의 경우 긴장재와 덕트(duct) 사이에서 마찰손실이 나타난다.
③ 프리스트레스 도입 후에 콘크리트 크리프 및 건조수축은 시간적 손실의 주요 원인이다.

정답 ④

정답 및 해설

217
프리스트레스 콘크리트구조에서 고강도 강재는 고온에 접하면 갑자기 강도가 감소하므로 PSC는 RC보다 내화성에 있어서는 불리하다.
정답 ②

218
프리스트레스 콘크리트 휨부재는 미리 압축을 가한 인장구역에서 사용하중에 의한 인장연단응력에 따라 비균열등급, 부분균열등급, 완전균열등급으로 구분된다.
정답 ③

---

217 프리스트레스트 콘크리트구조의 특징으로 옳지 않은 것은?   10 국가직 9급

① 일반상태에서는 균열이 생기지 않는다.
② 프리스트레스를 준 강재는 고응력 상태이므로 부식되기 어렵고 열에 강하다.
③ 콘크리트의 수축 및 크리프와 PC강재의 릴랙세이션에 의해 콘크리트의 프리스트레스력이 저하된다.
④ 고강도 강재와 고강도 콘크리트를 사용함으로써 부재가 슬림해질 수 있다.

218 프리스트레스트 콘크리트의 부재 설계에 대한 설명으로 옳지 않은 것은?   17 국가직 9급

① 부분균열등급 휨부재의 처짐은 균열환산단면해석에 기초하여 2개의 직선으로 구성되는 모멘트-처짐 관계나 유효단면2차모멘트를 적용하여 계산하여야 한다.
② 구조설계에서는 프리스트레스에 의해 발생되는 응력집중을 고려하여야 한다.
③ 휨부재는 미리 압축을 가한 인장구역에서 사용하중에 의한 인장연단응력에 따라 비균열등급과 부분균열등급의 두 가지로 구분된다.
④ 부분균열등급 휨부재의 사용하중에 의한 응력은 비균열단면을 사용하여 계산하여야 한다.

219

프리스트레스트 콘크리트구조에 대한 설명으로 옳지 않은 것은? 11 국가직 7급

① 유효프리스트레스를 결정하는 과정에는 정착장치의 활동, 콘크리트 탄성수축, 크리프, 건조수축을 모두 고려하여야 한다.
② 긴장재의 릴랙세이션(응력이완)에 의한 긴장력의 손실은 시간 종속적이다.
③ 포스트텐션(Post-tension) 방식은 대형 부재의 제작 및 부재의 연결시공이 유리하다.
④ 프리텐션(Pre-tension) 방식에서 비부착식 긴장재를 사용하면 부재의 재 긴장작업이 가능하다.

219
긴장재를 부착시키지 않은 프리스트레스트 콘크리트는 프리텐션 방식이 아닌 포스트텐션 방식에서 설치하는 방법으로 부재의 재 긴장작업이 가능하다.

정답 ④

220

프리스트레스트 콘크리트 부재에 대한 설명으로 옳지 않은 것은? 22 지방직 9급

① 프리스트레스트 콘크리트구조는 일반 철근콘크리트구조에 비하여 전체 단면을 유효하게 이용할 수 있어서 단면의 크기를 경감할 수 있다.
② 콘크리트에 프리스트레싱을 하는 방법으로 프리텐션 방식과 포스트텐션 방식 등이 있다.
③ 포스트텐션 방식은 긴장재에 인장력을 가하여 긴장재가 늘어난 상태에서 콘크리트를 타설하는 방식이다.
④ 프리스트레싱에 의해 긴장재는 인장력을 받고 콘크리트는 압축력을 받게 된다.

220
포스트텐션 방식은 콘크리트가 굳은 후에 긴장재를 인장하고 단부정착장치가 중요하기 때문에 부재의 양단에 정착시켜 프리스트레스를 부재에 도입시키는 방식이며, 프리텐션 방식은 긴장재에 인장력을 가하여 긴장재가 늘어난 상태에서 콘크리트를 타설하는 방식이다.

정답 ③

기본편

PART 4

강구조

CHAPTER 1　총론

CHAPTER 2　강구조 부재설계

CHAPTER 01 총론

정답 및 해설

001
① 고열과 부식에 약하다.
③ 재료가 균질하다.
④ 단면에 비해 부재 길이가 길고 두께가 얇아 좌굴의 영향이 크다.
정답 ②

002
강재의 내력은 고온에 대하여 취약성을 갖고 있어 500~600℃에서는 상온강도의 약 1/2, 800℃에서는 거의 0이 되어 내화력이 작기 때문에 반드시 내화설계에 의한 내화피복이 필요하다.
정답 ④

003
강재는 강도가 크기 때문에 부재가 세장하여 압축재(기둥부재)나 휨재(보부재)의 설계 시 변형이나 좌굴의 우려가 있기 때문에 이에 대한 대책을 고려하여야 한다.
정답 ④

---

001 강구조의 특징에 대한 설명으로 옳은 것은? 〈21 지방직 9급〉

① 고열과 부식에 강하다.
② 단위 면적당 강도가 크다.
③ 재료가 불균질하다.
④ 단면에 비해 부재 길이가 길고 두께가 얇아 좌굴의 영향이 작다.

002 다음 강구조의 특징에 관한 설명으로 옳지 않은 것은? 〈15 서울시 7급〉

① 소성변형 능력이 커서 안전성이 높다.
② 재료가 고강도이므로 고층건물이나 장스팬 구조에 적합하다.
③ 부재가 세장하므로 좌굴의 위험성이 높다.
④ 재료가 불에 타지 않기 때문에 내화력이 크다.

003 강구조에 대한 설명으로 옳지 않은 것은? 〈23 지방직 9급〉

① 소성변형능력이 우수하다.
② 내화성능향상과 부식방지를 위한 유지관리 대책이 필요하다.
③ 지속적인 반복하중에 따른 피로에 의한 파단의 우려가 있다.
④ 강재보 부재는 압축력이 작용하지 않으므로 좌굴을 고려하지 않아도 된다.

004
강구조의 설계기본원칙에 대한 설명으로 옳지 않은 것은? 18 지방직 9급

① 구조해석에서 연속보의 모멘트재분배는 소성해석에 의한다.
② 한계상태설계는 구조물이 모든 하중조합에 대하여 강도 및 사용성한계상태를 초과하지 않는다는 원리에 근거한다.
③ 강구조는 탄성해석, 비탄성해석 또는 소성해석에 의한 설계가 허용된다.
④ 강도한계상태에서 구조물의 설계강도가 소요강도와 동일한 경우는 구조물이 강도한계상태에 도달한 것이다.

004
구조해석에서 연속보의 모멘트재분배에 대한 규정은 탄성해석의 경우에만 허용된다.
정답 ①

005
강구조 설계 시 충격이 발생하는 활하중을 지지하는 구조물에 대해서 별도 규정이 없는 경우, 공칭활하중 최소 증가율로 옳지 않은 것은? 14 지방직 9급

① 승강기의 지지부 : 100%
② 피스톤 운동기기 또는 동력구동장치의 지지부 : 50%
③ 바닥과 발코니를 지지하는 행거 : 33%
④ 운전실 조작 주행크레인 지지보와 그 연결부 : 10%

005
운전실 조작 주행크레인 지지보와 그 연결부 : 25%
정답 ④

006
폭이 b이고 깊이가 h인 사각형 단면의 탄성단면계수에 대한 소성단면계수의 비로 옳은 것은? 16 서울시 9급(前)

① 1/2
② 2/3
③ 4/3
④ 3/2

006
탄성단면계수에 대한 소성단면계수의 비는 직사각형 단면인 경우 1.5이고, H형 단면의 경우 1.10~1.18 정도이며 대략 1.12가 평균값이다.
정답 ④

정답 및 해설

007
중립축 부근에 재료가 몰려 있을수록 단면 형상계수비는 커지고, 단면의 휨효율이 높을수록 단면 형상계수비는 작은 값을 갖는다.

정답 ③

008
강재의 탄소량이 증가하면 항복강도 · 탄성한계 · 인장강도 · 경도는 증가하지만, 연성 · 인성 · 용접성은 감소한다. 강재의 탄성계수는 탄소량에 상관없이 일정하다.

정답 ④

009
황(S)은 강재의 취성을 증가시켜 바람직하지 못한 성질을 가져오지만, 강재의 성분비에서 일정량 이상이 사용되지 못하도록 규제하여 강재의 기계가공성을 증가시키는 역할을 한다.

정답 ③

---

007 강재 단면에서 형상계수(k)는 소성단면계수(Z)를 탄성단면계수(S)로 나눈 값으로 정의한다. 다음 단면 중 형상계수가 가장 작은 것은?

14 국가직 7급

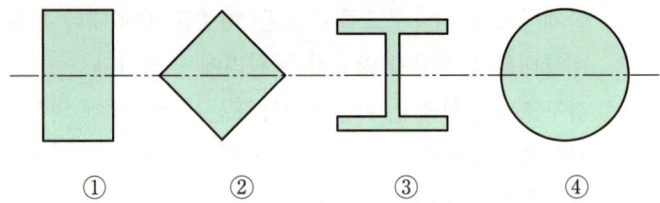

① ② ③ ④

008 강재의 탄소량을 0.2%에서 0.8%로 증가시켰을 경우 나타나는 강재의 기계적 성질 중 옳지 않은 것은?

09 국가직 9급

① 강재의 항복강도가 증가한다.
② 강재의 탄성한계가 증가한다.
③ 강재의 극한인장강도가 증가한다.
④ 강재의 탄성계수가 증가한다.

009 강구조에서 강에 포함된 화학성분에 의한 성질변화 내용으로 옳지 않은 것은?

11 지방직 9급

① 탄소(C)량이 증가할수록 강도는 증가한다.
② 인(P)은 취성을 증가시킨다.
③ 황(S)은 연성을 증가시킨다.
④ 니켈(Ni)은 내식성을 증가시킨다.

010 강재에 대한 설명으로 옳지 않은 것은? 16 국가직 9급

① 강재의 용접성은 탄소량에 의해서 큰 영향을 받는다.
② 강재의 인장시험 시 네킹현상으로 인해 변형도는 증가하지만 응력은 오히려 줄어든다.
③ 푸아송비는 인장이나 압축을 받는 부재의 하중 작용방향의 변형도에 대한 직교방향 변형도 비의 절댓값으로 정의되며, 강재의 경우 0.3이다.
④ 인성은 항복점 이상의 응력을 받는 금속재료가 소성변형을 일으켜 파괴되지 않고 변형을 계속하는 성질이다.

010
연성은 항복점 이상의 응력을 받는 금속재료가 소성변형을 일으켜 파괴되지 않고 변형을 계속하는 성질이다.
정답 ④

011 다음은 강재의 성질에 관한 기술이다. 이 중 옳지 않은 것은? 14 서울시 7급

① 고성능강은 일반강에 비하여 강도, 내진성능, 내후성능 등에 있어서 1개 이상의 성능이 향상된 강을 통칭한다.
② SN강재는 용접성, 냉간가공성, 인장강도, 연성 등이 우수한 강재이다.
③ 내후성강은 적절히 조치된 고강도, 저합금강으로서 부식방지를 위한 도막 없이 대기에 노출되어 사용되는 강재이다.
④ 인장강도는 재료가 견딜 수 있는 최대인장응력도이다.
⑤ 구조용강재는 건축, 토목, 선박 등의 구조재로서 이용되는 강재로서 탄소함유량이 0.6% 이상의 탄소강이다.

011
구조용강재는 건축, 토목, 선박 등의 구조재로서 이용되는 강재로서 탄소함유량이 0.15% 이상의 탄소강이다.
정답 ⑤

012 다음은 온도변화에 따른 강재의 특성에 관한 내용이다. (가)~(다)에 들어갈 말을 바르게 연결한 것은? 23 국가직 9급

일반적으로 강재는 저온 상태가 되면 <u>(가)</u> 와/과 <u>(나)</u> 이 급격히 감소하여 <u>(다)</u> 와 같은 현상이 발생하기 쉽다.

	(가)	(나)	(다)
①	인장강도	전단강성	취성파괴
②	인장강도	단면수축률	연성파괴
③	연신율	전단강성	연성파괴
④	연신율	단면수축률	취성파괴

012
온도변화에 따른 일반적인 강재의 특성은 저온 상태가 되면 연신률과 단면수축률이 급격히 감소하여 취성파괴와 같은 현상이 발생하기 쉽다.
정답 ④

정답 및 해설

013
탄소당량(C_{eq})
carbon equivalent = C+Mn/6+Si/24+Ni/40+Cr/5+Mo/4+V/14 으로 산정되므로, 탄소 이외의 원소는 Mn(망간), Si(규소), Ni(니켈), Cr(크롬), Mo(몰리브덴), V(바나듐)가 있다.

정답 ④

014
① 스테인리스강은 내식성과 내구성이 우수하고 표면의 광택을 살려서 내외부 마감재 등에 사용되는 강재이다.
② 저항복강은 보통의 구조용 강재보다 항복강도가 낮고 연성이 높기 때문에 소성변형능력에 의해 지진에너지를 흡수하는 역할을 하는 부재에 사용한다.
③ 내화강은 크롬, 몰리브덴 등의 원소를 첨가한 것으로 600℃의 고온에서도 상온 항복강도의 2/3 이상 유지할 수 있는 성능을 갖는 강재이다.

정답 ④

015
SM강은 용접구조용 압연강재이므로 내진설계에 사용되기 위해서는 국가공인기관에 의한 실험결과나 다른 합리적 기준에 의해 강재의 적합성을 입증해야만 특수모멘트골조, 중간모멘트골조 또는 편심가새골조 등으로 사용할 수 있다.

정답 ①

---

013 강재의 용접성을 나타내는 지표의 하나로 탄소와 탄소 이외의 원소를 탄소의 상당량으로 환산하여 산정한 탄소당량(C_{eq})이라는 값이 쓰이는데, 건축구조용 강재의 탄소당량을 산정하는 구성성분으로 옳지 않은 것은?

13 지방직 9급

① Cr(크롬)
② Mn(망간)
③ V(바나듐)
④ Na(나트륨)

014 신소재강에 대한 설명으로 옳은 것은?

11 국가직 7급

① 내부식성 강은 내식성과 내구성이 우수하고 표면의 광택을 살려서 내외부 마감재 등에 사용되는 강재이다.
② 내강도강은 보통의 구조용 강재보다 항복강도가 낮고 연성이 높기 때문에 소성변형능력에 의해 지진에너지를 흡수하는 역할을 하는 부재에 사용한다.
③ 저항복강은 크롬, 몰리브덴 등의 원소를 첨가한 것으로 600℃의 고온에서도 상온 항복강도의 2/3 이상 유지할 수 있는 성능을 갖는 강재이다.
④ 내후성강은 대기나 해양 등의 자연 부식환경에 대한 저항력을 높인 강재이다.

015 강구조의 내진설계에서 국가공인기관에 의한 실험결과나 다른 합리적 기준에 의해 강재의 적합성을 입증해야만 특수모멘트골조, 중간모멘트골조 또는 편심가새골조 등으로 사용할 수 있는 강재는?

23 지방직 9급

① SM강
② SN강
③ SHN강
④ TMC강

016
구조용 강재의 종류 및 특성에 대한 설명으로 옳지 않은 것은? 10 지방직 7급

① 일반적으로 사용되는 구조용 강재(SS400급)는 탄소함유량이 0.30%~0.59%인 중탄소강에 속한다.
② 구조용 합금강은 각종 금속 원소를 합금하여 탄소강에 비하여 강도가 높고 인성의 감소를 억제한 재료를 말한다.
③ 탄소당량(Carbon Equivalent)은 탄소와 기타 성분을 등가탄소량으로 환산한 것으로 강재의 용접성을 나타내는 지표로 사용된다.
④ TMCP강은 압연 가공과정 중 열처리 공정을 동시에 수행하여 높은 강도와 인성을 갖는 강재를 말한다.

016
일반적으로 사용되는 구조용 강재(SS400급)는 탄소함유량이 0.15~0.29%인 연탄소강에 속하고, 중탄소강과 고탄소강은 상대적으로 용접성이 떨어진다.
정답 ①

017
강구조 내화설계에 대한 용어의 설명으로 옳지 않은 것은? 21 국가직 9급

① 내화강 – 크롬, 몰리브덴 등의 원소를 첨가한 것으로서 600℃의 고온에서도 항복점이 상온의 2/3 이상 성능이 유지되는 강재
② 설계화재 – 건축물에 실제로 발생하는 내화설계의 대상이 되는 화재의 크기
③ 구조적합시간 – 합리적이고 공학적인 해석방법에 의하여 화재발생으로부터 건축물의 주요 구조부가 단속 및 연속적인 붕괴에 도달하는 시간
④ 사양적 내화설계 – 건축물에 실제로 발생되는 화재를 대상으로 합리적이고 공학적인 해석방법을 사용하여 화재크기, 부재의 온도상승, 고온환경에서 부재의 내력 및 변형 등을 예측하여 건축물의 내화성능을 평가하는 내화설계방법

017
성능적 내화설계는 건축물에 실제로 발생되는 화재를 대상으로 합리적이고 공학적인 해석방법을 사용하여 화재크기, 부재의 온도상승, 고온환경에서 부재의 내력 및 변형 등을 예측하여 건축물의 내화성능을 평가하는 내화설계방법이고, 사양적 내화설계는 건축법규에 명시된 사양적 규정에 의거하여 건축물의 용도, 구조, 층수, 규모에 따라 요구내화시간 및 부재의 선정이 이루어지는 내화설계방법을 말한다.
정답 ④

018
탄성계수 E값이 3.9GPa이고, 포아송비(Poissons Ratio)가 0.3인 재료의 전단탄성계수 G값은 얼마인가? 16 서울시 9급(後)

① 1GPa
② 1.5GPa
③ 2GPa
④ 3GPa

018
전단탄성계수
$$G = \frac{E}{2(1+\nu)} = \frac{3.9}{2(1+0.3)} = 1.5\text{GPa}$$
정답 ②

019

강구조에 사용되는 강재의 탄성영역에서 전단응력의 전단변형도에 대한 비례상수를 전단 탄성계수라 한다. 사용되는 강재의 탄성계수(E)가 2.0×10^5 N/mm² 이며 포아송비(ν)가 0.25라 할 때 전단탄성계수(G) 값은 얼마인가?

15 서울시 9급

① 80,000N/mm²
② 120,000N/mm²
③ 160,000N/mm²
④ 200,000N/mm²

020

강재의 응력－변형도 곡선에서 변형도가 커짐에 따라 다음의 각 점들이 나타나는 순서를 바르게 나열한 것은?

11 국가직 9급

| ㄱ. 상위항복점 | ㄴ. 하위항복점 | ㄷ. 비례한계점 |
| ㄹ. 탄성한계점 | ㅁ. 파괴강도점 | |

① ㄹ－ㄴ－ㄷ－ㄱ－ㅁ
② ㄷ－ㄹ－ㄱ－ㄴ－ㅁ
③ ㄹ－ㄱ－ㄷ－ㄴ－ㅁ
④ ㄷ－ㄱ－ㄴ－ㄹ－ㅁ

021

다음 중 응력－변형도곡선에서 나타나는 강재의 기계적 성질에 대한 설명으로 옳지 않은 것은?

14 서울시 7급

① 항복점 : 응력의 증가없이 변형도가 크게 증가하기 시작하는 지점의 응력
② 비례한도 : 응력과 변형도가 비례하여 선형관계를 유지하는 한계의 응력
③ 항복비 : 인장강도에 대한 휨강도의 비
④ 전단탄성계수 : 비례한도 내에서의 전단변형도에 대한 전단응력의 비
⑤ 연성 : 재료가 하중을 받아 항복 후 파괴에 이르기까지 소성변형을 할 수 있는 능력

정답 및 해설

019
전단탄성계수(G)
$= \dfrac{E}{2(1+\nu)} = \dfrac{2.0 \times 10^5}{2(1+0.25)}$
$= \dfrac{2.0 \times 10^5}{2.5} = 80,000 \text{N/mm}^2$

정답 ①

020
응력－변형도 곡선의 순서는 비례한도점 → 탄성한계점 → 상위항복점 → 하위항복점 → 변형도경화개시점 → 최대응력(강도)점 → 파괴강도점으로 구성된다.

정답 ②

021
항복비는 인장강도에 대한 항복강도의 비를 말한다.

정답 ③

022 〈보기1〉과 〈보기2〉의 (가)와 (나)에 들어갈 내용을 옳게 짝지은 것은?

24 서울시 9급

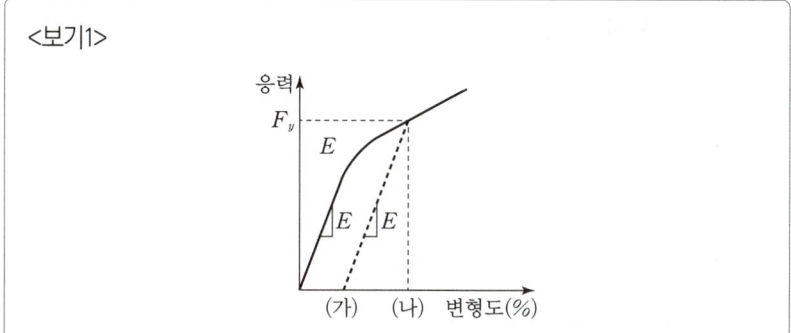

<보기2>
강재의 항복강도는 하항복점을 의미한다. 그런데 구조용 강재에 따라서는 응력-변형도 곡선에서 항복점이 뚜렷하게 보이지 않을 경우는, 〈보기1〉에 나타난 바와 같이 제하(unloading)시에 ((가))%의 영구 변형도를 가지는 점의 응력을 항복강도로 정의하거나, ((나))%의 총변형도에 해당하는 응력을 항복강도로 정의하기도 한다.

	(가)	(나)
①	0.2	0.5
②	0.2	0.7
③	0.3	0.5
④	0.3	0.7

022
구조용 강재에 따라서는 응력-변형도 곡선에서 항복점이 뚜렷하게 보이지 않을 경우는 제하(unloading)시에 0.2%의 영구 변형도를 가지는 점의 응력을 항복강도로 정의하거나, 0.5%의 총변형도에 해당하는 응력을 항복강도로 정의하기도 한다.

정답 ①

---

023 다음 중 용접성이 가장 양호한 용접 구조용 압연강재의 기호는?

25 지방직 9급

① SM275A
② SN275A
③ SM275C
④ SN275C

023
SM은 용접구조용 압연강재를 말하며, 마지막의 A는 충격흡수에너지에 의한 강재의 품질을 의미하며, A·B·C 순으로 A보다는 C가 충격특성이 향상되는 고품질의 강으로 용접성이 양호한 것을 의미한다.

정답 ③

---

024 구조용 강재의 재질규격 명칭에 대한 설명으로 옳지 않은 것은?

16 국가직 7급

① SS : 일반구조용 압연강재
② SN : 건축구조용 압연강재
③ SMA : 용접구조용 내후성 열간 압연강재
④ SHN : 일반구조용 탄소강관

024
SHN의 재질규격 명칭은 건축구조용 열간압연 형강이라고 한다.

정답 ④

정답 및 해설

025
건축구조용 열간압연 형강 – SHN400
정답 ④

026
HSA : 건축구조용 고성능 압연강재
정답 ③

027
SHN275는 건축구조용 열간압연 형강을 말하며, 건축구조용 압연 강재는 SN으로 나타낸다.
정답 ②

028
마지막의 A는 충격흡수에너지에 의한 강재의 품질을 의미하며, A · B · C 순으로 A보다는 C가 성능이 가장 우수한 등급이다.
정답 ④

---

025 구조용 강재의 명칭과 강종의 연결이 바르지 않은 것은? 15 지방직 9급

① 건축구조용 압연강재 – SN400A
② 용접구조용 내후성 열간압연강재 – SMA400AW
③ 용접구조용 압연강재 – SM490A
④ 건축구조용 열간압연 형강 – SS400

026 구조용강재의 명칭에 대한 설명으로 옳지 않은 것은? 19 지방직 9급

① SN : 건축구조용 압연 강재
② SHN : 건축구조용 열간 압연 형강
③ HSA : 건축구조용 탄소강관
④ SMA : 용접구조용 내후성 열간 압연 강재

027 한국산업표준(KS)에서 분류하는 구조용 강재의 기호와 명칭이 옳지 않은 것은? 24 국가직 7급

① SS275 - 일반구조용 압연 강재
② SHN275 - 건축구조용 압연 강재
③ HSA650 - 건축구조용 고성능 압연 강재
④ SMA275AW - 용접구조용 내후성 열간 압연 강재

028 다음 강재 기호에 대한 설명으로 옳지 않은 것은? (단, 두께는 16mm 이하이다.) 16 서울시 7급

$$\text{SMA} \quad 275\text{A}$$

① 내후성이 우수한 강재이다.
② 최소 항복강도가 275MPa이다.
③ 용접이 가능한 강재이다.
④ 충격흡수에너지 성능이 가장 우수한 등급이다.

029
한국산업표준(KS)에서 구조용 강재 SM275A에 대한 설명으로 옳지 않은 것은? (단, 두께는 16mm 이하이다.)
14 지방직 9급

① SM은 용접구조용 압연강재임을 의미한다.
② 최저 항복강도가 275MPa임을 나타낸다.
③ 기호 끝의 알파벳은 A, B, C의 순으로 용접성이 불량함을 의미한다.
④ 항복강도는 강재의 판 두께에 따라 달라질 수 있다.

029
기호 끝의 알파벳은 A보다 C가 용접성이 우수함을 의미하며, 충격흡수에너지에 의한 강재의 품질 또한 나타낸다.
정답 ③

030
KS D 3529에 따른 두께 16mm SMA235CP 강재에 대한 설명으로 가장 옳지 않은 것은?
18 서울시 9급

① 용접구조용 강재이다.
② 항복강도는 235MPa이다.
③ 일반구조용 강재에 비해 대기 중에서 부식에 대한 저항성이 우수하다.
④ 샤르피 흡수에너지가 가장 낮은 등급이다.

030
C이므로 샤르피 흡수에너지가 가장 높은 등급이다.
정답 ④

031
구조용 강재의 명칭과 강종의 관계로 옳지 않은 것은?
17 서울시 9급(前)

① 일반구조용 압연강재 : SS400
② 용접구조용 압연강재 : SM400A
③ 용접구조용 내후성 열간 압연강재 : SN400A
④ 건축구조용 열간압연 형강 : SHN400

031
SN 강재는 Steel for New Structures의 약자로 건축구조용 압연강재이다.
정답 ③

032
다음 중 강재의 성질에 관련한 설명으로 옳은 것은?
20 지방직 9급

① 림드강은 킬드강에 비해 재료의 균질성이 우수하다.
② 용접구조용 압연강재 SM275C는 SM275A보다 충격흡수에너지 측면에서 품질이 우수하다.
③ 일반구조용 압연강재 SS275의 인장강도는 275MPa이다.
④ 강재의 탄소량이 증가하면 강도는 감소하나 연성 및 용접성이 증가한다.

032
① 킬드강은 림드강에 비해 재료의 균질성이 우수하다.
③ 일반구조용 압연강재 SS275의 항복강도는 275MPa이다.
④ 강재의 탄소량이 증가하면 강도는 증가하나 연성 및 용접성은 감소한다.
정답 ②

정답 및 해설

033
② 취성 : 물체에 외벽을 가할 때 탄성한계가 적으면 그 한계를 넘자마자 파괴를 일으키는 성질을 말한다.
③ 탄성 : 외부 힘에 의하여 변형을 일으킨 물체가 힘이 제거되었을 때 원래의 모양으로 되돌아가려는 성질을 말한다.
④ 강성 : 구조물이나 구조부재의 변형에 대한 저항능력을 말하며, 발생한 변위 또는 회전에 대한 적용된 힘 또는 모멘트의 비율을 말한다.

정답 ①

034
구조용 강재의 탄성계수는 210,000MPa이다.

정답 ①

035
② 항복강도(F_y)는 275MPa이다.
③ 탄성계수(E)는 210,000MPa이다.
④ 전단탄성계수(G)는 81,000MPa이다.

정답 ①

---

033 항복점 이상의 응력을 받는 금속재료가 소성변형을 일으켜 파괴되지 않고 변형을 계속하는 성질은?

19 서울시 9급

① 연성
② 취성
③ 탄성
④ 강성

034 구조용 강재의 재료정수로 옳지 않은 것은?

22 국가직 9급

① 탄성계수 200,000MPa
② 전단탄성계수 81,000MPa
③ 푸아송비 0.3
④ 선팽창계수 0.000012/℃

035 건축물 강구조 설계기준에서 SS275 강종의 압연H형강 H−400×200×8×13의 강도 및 재료정수로 옳은 것은?

19 국가직 9급

① 인장강도(F_u)는 410MPa이다.
② 항복강도(F_y)는 265MPa이다.
③ 탄성계수(E)는 200,000MPa이다.
④ 전단탄성계수(G)는 79,000MPa이다.

036
강구조에서 와이어로프 등과 같은 인장재를 긴장시킬 때 사용하는 부속철물은?

23 지방직 9급

① 베이스플레이트(base plate)
② 턴버클(turn buckle)
③ 거셋플레이트(gusset plate)
④ 앵커볼트(anchor bolt)

정답 및 해설

036
① 베이스플레이트(base plate): 기둥의 하중을 기초에 분산시키기 위해서 콘크리트기초 위에 설치하는 판요소
③ 거셋플레이트(gusset plate): 트러스의 부재, 스트럿, 또는 가새재(브레이싱)를 보 또는 기둥에 연결하는 판요소
④ 앵커볼트(anchor bolt): 건축을 할 때나 기계 따위를 설치할 때 콘크리트 바닥에 묻어 기둥, 기계 따위를 고착시키는 볼트

정답 ②

037
볼트의 기계적 등급을 나타내기 위해 표시하는 F8T, F10T, F13T에서 가운데 숫자는 무엇을 의미하는가?

07 서울시 9급

① 휨강도
② 인장강도
③ 압축강도
④ 전단강도

037
고장력볼트의 기계적 등급을 나타내는 표시에서 가운데 숫자는 인장강도를 의미한다.

정답 ②

038
구조용 강재의 항복강도[MPa]로 옳지 않은 것은?

24 지방직 9급

① 판두께 15mm인 SS275 : 275
② 판두께 30mm인 SS275 : 265
③ 판두께 15mm인 SN275 : 275
④ 판두께 30mm인 SN275 : 265

038
판두께 30mm인 SN275 : 275

정답 ④

039
강구조의 재료 특성에 대한 설명으로 옳지 않은 것은?

24 지방직 9급

① SHN275는 건축구조용 열간압연형강이다.
② 구조용 강재의 전단탄성계수는 81,000MPa이다.
③ SN355 강재의 인장강도는 355MPa이다.
④ 고장력볼트는 재료의 강도에 따라 F8T, F10T, F13T로 구분한다.

039
SN355 강재의 항복강도는 355MPa이고, 인장강도는 490MPa이다.

정답 ③

CHAPTER 02 강구조 부재설계

01 접합부 설계

정답 및 해설

001
① 띠판 : 조립기둥, 조립보, 조립스트럿의 2개의 나란한 요소를 결집하기 위한 판재(tie plate)
③ 뒷댐재 : 용접에서 부재의 밑에 대는 금속판
④ 끼움재 : 부재의 두께를 늘리기 위해 사용되는 판재(filler)
정답 ②

002
① 국부휨 : 집중 인장하중에 의한 플랜지 변형의 한계상태
② 웨브 횡좌굴 : 집중압축력 작용점 반대편의 인장플랜지의 횡방향좌굴 한계상태
③ 횡비틀림좌굴 : 횡방향 변형과 비틀림을 동반하는 좌굴
정답 ④

003
강재의 접합부 형태에는 단순접합(전단접합)과 강접합(모멘트접합)이 있으며, 강접합에는 완전강접합과 부분강접합이 있다.
정답 ③

004
네킹은재료의 인장시험 시 극한하중에 도달하여 시험체가 잘록해지는 부분(necking)을 말한다.
정답 ②

---

001 강구조에서 집중하중에 대하여 내력을 향상시키기 위해, 보나 기둥에 웨브와 평행하도록 부착하는 판재는? 24 국가직 9급

① 띠판　　　　　　　② 겹침판
③ 뒷댐재　　　　　　④ 끼움재

002 강구조에서 집중하중이나 반력에 바로 인접한 부위 웨브판의 국부파괴 한계상태는? 25 국가직 9급

① 국부휨　　　　　　② 웨브 횡좌굴
③ 횡비틀림좌굴　　　④ 국부크리플링

003 강재의 접합부 형태가 아닌 것은? 18 지방직 9급

① 완전강접합　　　　② 부분강접합
③ 보강접합　　　　　④ 단순접합

004 강구조 하중저항계수 설계법의 용어에 대한 설명으로 옳지 않은 것은? 25 국가직 9급

① 거셋플레이트 : 트러스의 부재, 스트럿 또는 가새재(브레이싱)를 보 또는 기둥에 연결하는 판요소
② 네킹 : 재료의 압축시험 시 항복하중에 도달하여 시험체가 잘록해지는 부분
③ 필릿용접 : 용접되는 부재의 교차되는 면 사이에 일반적으로 삼각형의 단면이 만들어지는 용접
④ 비가새골조 : 부재 및 접합부의 휨저항으로 수평하중에 저항하는 골조

005

건축구조기준에서 사용하는 강구조 용어에 대한 설명으로 옳지 않은 것은?

14 국가직 7급

① 다이어프램플레이트 : 지지요소에 힘을 전달하도록 이용된 면내 휨강성과 휨강도를 갖고 있는 플레이트
② 서브머지드아크용접 : 두 모재의 접합부에 입상의 용제, 즉 플럭스를 놓고 그 속에서 용접봉과 모재 사이에 아크를 발생시켜 그 열로 용접하는 방법
③ 구속판요소 : 하중의 방향과 평행하게 양면이 직각방향의 판요소에 의해 연속된 압축을 받는 평판요소
④ 패널존 : 접합부를 관통하는 보와 기둥의 플랜지의 연장에 의해 구성되는 보-기둥 접합부의 웨브영역

정답 및 해설

005

다이어프램플레이트는 지지요소에 힘을 전달하도록 이용된 면내 전단강성과 전단강도를 갖고 있는 플레이트를 말한다.

정답 ①

006

강구조 접합부 설계에 대한 설명으로 가장 옳지 않은 것은?

19 서울시 9급(後)

① 접합부의 설계강도를 35kN으로 한다.
② 높이 50m인 다층건물구조물의 기둥이음부에 마찰접합을 사용한다.
③ 응력 전달 부위의 겹침이음 시 2열로 필릿용접한다.
④ 고장력 볼트(M22)의 구멍중심 간 거리를 60mm로 한다.

006

접합부의 설계강도를 45kN으로 한다.

정답 ①

007

강구조에 대한 설명으로 옳지 않은 것은?

10 지방직 7급

① 구조용 강재의 재료정수에서 탄성계수는 210,000MPa이고, 전단탄성계수는 81,000MPa이다.
② 비례한도 내에 있는 구조용 강재의 변형도가 0.0006일 때 강재의 응력은 126MPa이다.
③ 접합부의 설계강도는 40kN 이상이어야 한다.
④ 고장력볼트의 설계볼트장력은 볼트의 인장강도의 0.70배에 볼트의 유효단면적을 곱한 값이고, 볼트의 유효단면적은 공칭단면적의 0.75배이다.

007

강구조에서 모든 접합부는 존재응력과 상관없이 반드시 45kN 이상 지지하도록 설계해야 한다. 다만, 연결재, 새그로드 또는 띠장은 제외한다.

정답 ③

정답 및 해설

008
단순보의 접합부는 충분한 단부의 회전 능력이 있어야 하며, 이를 위해서는 소정의 비탄성변형은 허용할 수 있다.
정답 ②

009
상볼트는 볼트 표면을 모두 연마 마무리한 것으로 핀 접합부에 사용하고, 중볼트는 두부(Head)하부와 중간부를 마무리한 것으로 진동, 충격이 없는 내력부에 사용하고, 흑볼트는 가조임용으로 사용한다.
정답 ③

010
고장력볼트의 접합 방법에는 마찰접합, 지압접합, 인장접합이 있다.
정답 ①

011
볼트 접합부의 파괴유형은 전단접합에 의한 볼트의 전단파괴, 지압파괴, 측단부파괴, 연단부파괴가 있고, 인장접합에 의한 볼트의 인장파괴가 있다.
정답 ①

---

008 강구조의 접합에 대한 설명으로 가장 옳지 않은 것은? 19 서울시 7급

① 모멘트접합의 경우 단부가 구속된 작은보, 큰보 및 트러스의 접합은 접합강성에 의하여 유발되는 모멘트와 전단의 조합력에 따라 설계하여야 한다.
② 단순보의 접합부는 충분한 단부의 회전 능력이 있어야 하며, 이를 위해서는 소정의 비탄성변형은 허용될 수 없다.
③ 접합부의 설계강도는 45kN 이상이어야 한다.
④ 기둥이음부의 고장력볼트 및 용접이음은 이음부의 응력을 전달함과 동시에 이들 인장내력은 피접합재 압축강도의 1/2 이상이 되도록 한다.

009 철골구조의 볼트접합에서 볼트 표면을 모두 연마하여 마무리 한 것으로 핀 접합부에 많이 사용되는 것은? 10 국가직 7급

① 흑볼트 ② 중볼트
③ 상볼트 ④ 워셔

010 고장력볼트의 접합 방법으로 옳지 않은 것은? 24 지방직 9급

① 휨접합 ② 마찰접합
③ 인장접합 ④ 지압접합

011 강구조 부재의 접합에서 볼트 접합부의 파괴유형이 아닌 것은? 23 지방직 9급

① 볼트의 압축파괴
② 볼트의 인장파괴
③ 볼트의 전단파괴
④ 피접합재의 연단부파괴

012

고장력볼트 마찰접합의 특징으로 옳지 않은 것은?

15 지방직 9급

① 설계하중 상태에서 접합부재의 미끄러짐이 생기지 않는다.
② 유효단면적당 응력이 크며, 피로강도가 낮다.
③ 높은 접합강성을 유지하는 접합방법이다.
④ 응력방향이 바뀌더라도 혼란이 일어나지 않는다.

012
고장력볼트 마찰접합은 유효단면적당 응력이 작으며, 피로강도가 높다.
정답 ②

013

강재의 고장력볼트에 의한 마찰접합 특성에 대한 설명으로 옳은 것은?

16 국가직 9급

① 일반볼트접합과 비교하여 응력방향이 바뀌더라도 혼란이 일어나지 않는다.
② 일반볼트접합과 비교하여 응력집중이 크므로 반복응력에 대하여 약하다.
③ 설계미끄럼강도는 구멍의 종류와 무관하게 결정된다.
④ 설계미끄럼강도는 전단면의 수와 무관하게 결정된다.

013
② 일반볼트접합과 비교하여 응력집중이 적으므로 반복응력에 대하여 강하다.
③ 설계미끄럼강도는 구멍의 종류에 따라 결정된다.
④ 설계미끄럼강도는 전단면의 수에 따라 결정된다.
정답 ①

014

강구조에서 볼트 구멍의 허용오차로 옳지 않은 것은? (단, M○○은 볼트의 호칭(mm)을 나타냄)

15 서울시 9급

① M22 : 마찰이음 허용오차 $= +0.5(\text{mm})$,
  지압이음 $= \pm 0.3(\text{mm})$
② M24 : 마찰이음 허용오차 $= +0.5(\text{mm})$,
  지압이음 $= \pm 0.3(\text{mm})$
③ M27 : 마찰이음 허용오차 $= +1.0(\text{mm})$,
  지압이음 $= \pm 0.3(\text{mm})$
④ M30 : 마찰이음 허용오차 $= +1.0(\text{mm})$,
  지압이음 $= \pm 0.5(\text{mm})$

014
M30 : 마찰이음 허용오차
$= +1.0(\text{mm})$,
지압이음 : $\pm 0.3(\text{mm})$
정답 ④

정답 및 해설

015
고장력볼트와 용접접합을 1개소의 이음 또는 접합부에 병용하는 경우 용접접합에 전(全)내력을 부담하도록 해야 하므로, 고장력볼트는 단순히 고정해 주는 역할을 하게 된다. 하지만, 고장력볼트를 먼저 조인 후에 용접하는 경우에는 고장력볼트 접합의 강성은 용접접합의 강성과 거의 비슷하므로, 이와 같은 이음 또는 접합부의 내력은 예외적으로 양쪽 접합 내력의 합으로 설계할 수 있다.

정답 ②

016
볼트는 용접과 조합해서 하중을 부담시킬 수 없다. 이러한 경우 용접에 전체하중을 부담시키도록 한다. 다만, 전단접합 시에는 용접과 볼트의 병용이 허용된다.

정답 ①

017
기둥과 보의 안전한 접합부 설계를 위해서는 고장력볼트 설계강도, 용접부의 설계강도, 이음판의 인장항복 및 인장파괴, 이음판의 전단항복 및 전단파괴, 이음판의 블록전단파단에 대해서 먼저 적절한 검토가 있어야 한다.

정답 ④

---

015 볼트 및 고장력볼트 접합에 대한 설명으로 옳지 않은 것은?   09 지방직 7급

① 볼트의 피치는 일반적으로 볼트직경의 3~4배, 최소피치는 볼트직경의 2.5배로 한다.
② 고장력볼트와 용접의 병용접합은 용접하여 모재를 고정한 후 고장력볼트 조임을 한다.
③ 고장력볼트의 시공 시에는 설계볼트장력에 약 10%를 할증한 표준볼트장력으로 조임해야 한다.
④ 고장력볼트를 조일 때에는 표준볼트장력을 확보하기 위하여 군(群)볼트는 중앙부쪽에서 양단 측으로 조임해 나간다.

016 철골구조에서 병용접합에 대한 설명으로 옳지 않은 것은?   13 지방직 9급

① 전단접합에서 볼트접합은 용접과 조합해서 하중을 부담시킬 수 없다.
② 1개소의 이음 또는 접합부에 고장력볼트와 볼트를 겸용하는 경우에 강성이 큰 고장력볼트에 전내력을 부담시켜야 한다.
③ 내진성능요구도가 낮은 접합부를 제외한 기둥-보 모멘트 접합부에서 용접과 볼트가 병용될 경우에 볼트는 마찰접합을 사용한다.
④ 마찰볼트접합으로 기 시공된 구조물을 개축할 경우 병용되는 용접은 추가된 소요강도를 받는 것으로 용접설계를 병용할 수 있다.

017 강구조설계 시 기둥과 보의 전단접합(단순접합) 설계에서 검토할 사항으로 옳지 않은 것은?   12 국가직 9급

① 고장력볼트 설계강도
② 용접부의 설계강도
③ 이음판의 블록전단강도
④ 패널존의 전단강도

018
철골부재의 접합부 설계에 대한 설명으로 옳지 않은 것은? 11 지방직 9급

① 설계도서에서 별도로 지정이 없는 한 작은보 및 트러스의 단부접합은 일반적으로 전단력에 대해서만 설계한다.
② 연결재, 새그로드, 띠장 등을 제외한 철골부재 접합부의 설계강도는 45kN 이상이어야 한다.
③ 용접 후 고장력볼트를 체결한 모멘트 접합부에 작용되는 하중은 고장력볼트와 용접에 분담시킬 수 있다.
④ 기둥의 이음부에서 단면에 인장력이 발생할 우려가 없고, 접합부 단부의 면이 절삭마감에 의하여 밀착된 경우에는 소요압축력 및 소요휨모멘트 각각의 1/2은 접촉면에 의해 직접 응력을 전달시킬 수 있다.

018
용접 후 고장력볼트를 체결한 모멘트 접합부에 작용되는 하중은 모두 용접이 부담한다.
정답 ③

019
강구조의 고장력볼트 접합에 대한 설명으로 옳지 않은 것은? 11 국가직 9급

① 마찰접합은 고장력볼트의 체결력에 의한 마찰력으로 응력을 전달한다.
② 인장접합의 응력전달에 있어서 부재 간의 마찰력은 전혀 관여하지 않는다.
③ 지압접합은 부재 간의 지압력만으로 응력을 부담한다.
④ 마찰접합 시에도 지압강도는 검토해야 한다.

019
고장력볼트의 지압접합은 부재 간에 발생하는 마찰력과 볼트축의 전단력 및 부재의 지압력을 동시에 발생시켜 응력을 부담하는 접합방법이다.
정답 ③

정답 및 해설

020
고장력볼트의 구멍중심에서 볼트머리 또는 너트가 접하는 재의 연단까지의 최대거리는 판두께의 12배 이하 또한 150mm 이하로 한다.
정답 ②

021
설계미끄럼강도(ϕR_n)=$\phi \times (\mu \times h_f \times T_o \times N_s)$으로 구멍의 종류에 따른 미끄럼저감계수($\phi$), 미끄럼계수($\mu$), 끼움재계수($h_f$), 설계볼트장력($T_o$), 전단면의 수($N_s$)를 고려하여 산정한다.
정답 ③

022
고장력볼트의 미끄럼 강도 산정식에서는 미끄럼계수, 구멍의 종류에 따른 계수, 전단면의 수, 끼움재계수, 설계볼트장력을 고려한다.
정답 ①

---

020 강구조에서 고장력볼트 접합과 이음부 설계에 대한 설명 중 옳지 않은 것은?
16 서울시 9급(後)

① 고장력볼트의 구멍중심 간 거리는 공칭직경의 2.5배 이상으로 한다.
② 고장력볼트의 구멍중심에서 볼트머리 또는 너트가 접하는 재의 연단까지의 최대거리는 판두께의 15배 이하 또한 200mm 이하로 한다.
③ 고장력볼트의 마찰접합은 고장력볼트의 강력한 체결력에 의해 부재 간에 발생하는 마찰력을 이용하는 접합형식이다.
④ 고장력볼트의 지압접합은 부재 간에 발생하는 마찰력과 볼트축의 전단력 및 부재의 지압력을 동시에 발생시켜 응력을 부담한다.

021 고장력볼트 접합에서 설계미끄럼강도식과 가장 관련이 없는 것은?
17 서울시 7급

① 전단면의 수
② 설계볼트장력
③ 고장력볼트의 공칭단면적
④ 구멍의 종류에 따른 계수

022 고장력볼트의 미끄럼강도 산정식과 관계없는 것은?
12 국가직 9급

① 피접합재의 공칭인장강도
② 전단면의 수
③ 미끄럼계수
④ 설계볼트장력

023

「강구조연결설계기준(KDS 14 31 25)」에서 고장력볼트의 미끄럼 한계상태에 대한 마찰접합 설계강도의 내용으로 가장 옳지 않은 것은? (단, ϕ : 강도저항계수, μ : 미끄럼계수, h_f : 끼움재계수)

24 서울시 9급

① 무도장이고 블라스트 처리한 강재 표면인 경우, $\mu=0.5$
② 과대구멍 또는 하중방향에 평행한 단슬롯인 경우, $\phi=0.75$
③ 끼움재 내 하중의 분산을 위해 볼트를 추가하지 않은 경우로서 접합되는 재료 사이에 2개 이상의 끼움재가 있는 경우, $h_f=0.85$
④ 표준구멍 또는 하중방향에 수직인 단슬롯인 경우, $\phi=1.00$

023
과대구멍 또는 하중방향에 평행한 단슬롯인 경우, $\phi=0.85$
정답 ②

024

강구조의 이음부 설계에 대한 설명으로 옳지 않은 것은?

12 국가직 7급

① 고장력볼트의 구멍중심에서 볼트머리 또는 너트가 접하는 재의 연단까지 최대거리는 판두께의 12배 이하 또한 150mm 이하로 한다.
② 전단접합 시에는 용접과 볼트의 병용이 허용된다.
③ 고장력볼트의 구멍중심 간 거리는 구멍직경의 2배 이상으로 한다.
④ 높이가 38m 이상 되는 다층건축구조물의 기둥이음부는 용접 또는 마찰접합을 사용하여야 한다.

024
고장력볼트의 구멍중심 간 거리는 구멍직경의 2.5배 이상으로 한다.
정답 ③

025

다음 중 강구조의 접합 및 이음에 관한 설명으로 가장 옳지 않은 것은?

17 서울시 9급(前)

① 전단접합 시 볼트는 용접과 조합해서 하중을 부담시킬 수 없다.
② 연결재, 새그로드 또는 띠장을 제외한 접합부의 설계강도는 45kN 이상으로 한다.
③ 높이가 38m 이상 되는 다층건축구조물의 기둥이음부에는 용접접합, 마찰접합 또는 전인장조임을 적용해야 한다.
④ 고장력볼트의 구멍중심 간의 거리는 공칭직경의 2.5배 이상으로 한다.

025
볼트는 용접과 조합해서 하중을 부담시킬 수 없으며, 이러한 경우 용접에 전체 하중을 부담시키도록 한다. 다만, 전단접합 시에는 용접과 볼트의 병용이 허용된다.
정답 ①

정답 및 해설

026
① 고장력볼트 구멍중심 간 거리는 공칭직경의 2.5배 이상으로 한다.
② 고장력볼트 밀착조임은 임팩트렌치로 수 회 또는 일반렌치로 최대한 조이는 조임법이다.
③ 고장력볼트는 용접과 조합하여 하중을 부담시킬 수 없고, 고장력볼트와 용접을 병용할 경우 용접에 전체하중을 부담시킨다.
정답 ④

027
지압한계상태에 대한 볼트구멍의 지압강도 산정에서 강도감소계수는 0.75이다.
정답 ③

028
볼트는 용접과 조합해서 하중을 부담시킬 수 없으며, 이러한 경우 용접에 전체 하중을 부담시키도록 한다. 다만, 전단접합 시에는 용접과 볼트의 병용이 허용된다.
정답 ③

---

026 강구조 고장력볼트 접합의 일반사항에 대한 설명으로 옳은 것은? 19 국가직 9급

① 고장력볼트 구멍중심 간 거리는 공칭직경의 2.0배 이상으로 한다.
② 고장력볼트 전인장조임은 임팩트렌치로 수 회 또는 일반렌치로 최대한 조이는 조임법이다.
③ 고장력볼트는 용접과 조합하여 하중을 부담시킬 수 없고, 고장력볼트와 용접을 병용할 경우 고장력볼트에 전체하중을 부담시킨다.
④ 고장력볼트 마찰접합에서 하중이 접합부의 단부를 향할 때는 적절한 설계지압강도를 갖도록 검토하여야 한다.

027 강구조 볼트 접합에 대한 설명으로 가장 옳지 않은 것은? 19 서울시 9급(前)

① 고장력볼트의 미끄럼 한계상태에 대한 마찰접합의 설계강도 산정에서 볼트 구멍의 종류에 따라 강도감소계수가 다르다.
② 고장력볼트의 마찰접합볼트에 끼움재를 사용할 경우에는 미끄럼에 관련되는 모든 접촉면에서 미끄럼에 저항할 수 있도록 해야 한다.
③ 지압한계상태에 대한 볼트구멍의 지압강도 산정에서 구멍의 종류에 따라 강도감소계수가 다르다.
④ 지압접합에서 전단 또는 인장에 의한 소요응력 f가 설계응력의 20% 이하이면 조합응력의 효과를 무시할 수 있다.

028 강구조의 접합에 대한 설명으로 옳지 않은 것은? 17 국가직 9급

① 고장력볼트의 구멍 중심에서 볼트머리 또는 너트가 접하는 재의 연단까지의 최대거리는 판두께의 12배 이하 또한 150mm 이하로 한다.
② 접합부의 설계강도는 45kN 이상이어야 한다. 다만, 연결재, 새그로드 또는 띠장은 제외한다.
③ 전단접합 시에 용접과 볼트의 병용이 허용되지 않는다.
④ 일반볼트는 영구적인 구조물에는 사용하지 못하고 가체결용으로만 사용한다.

029

고장력볼트 및 볼트구멍에 대한 설명으로 옳지 않은 것은? 　14 서울시 7급

① 고장력볼트의 직경은 M16, M20, M22, M24 등으로 표기한다.
② 고장력볼트 시공 시 도입하는 표준볼트장력은 설계볼트장력에 최소 20%를 할증하여 시공한다.
③ 고장력볼트는 볼트·너트·와셔를 한 조로 하는데 KS B 1010의 규정에 맞는 품질과 규격이 되어야 한다.
④ 고장력볼트는 강재의 기계적 성질에 따라 F8T, F10T, F13T 등으로 구분된다.
⑤ 고장력볼트의 조임은 임팩트 렌치 또는 토크 렌치를 사용하는 것을 원칙으로 한다.

029
고장력볼트 시공 시 도입하는 표준볼트장력은 설계볼트장력에 최소 10%를 할증하여 시공한다.
정답 ②

030

강구조 연결 설계기준에 따른 M20 고장력볼트의 표준구멍의 직경과 과대구멍(대형구멍)의 직경[mm]으로 옳은 것은? 　24 지방직 9급

	표준구멍 직경	과대구멍(대형구멍) 직경
①	20	22
②	21	23
③	22	24
④	23	25

030
M20 고장력볼트의 표준구멍의 직경은 22mm이고, 과대구멍(대형구멍)의 직경은 24mm이다.
정답 ③

031

강구조의 고장력볼트에 대한 설명으로 옳지 않은 것은? 　12 지방직 9급

① 고장력볼트의 구멍중심 간의 거리는 공칭직경의 2.5배 이상으로 한다.
② 고장력볼트의 구멍중심에서 볼트머리 또는 너트가 접하는 재의 연단까지의 최대거리는 판두께의 12배 이하 또한 150mm 이하로 한다.
③ M22 고장력볼트를 사용할 경우 고장력볼트의 과대구멍의 직경은 26mm로 한다.
④ 고장력볼트의 설계볼트장력은 볼트의 인장강도의 0.7배에 볼트의 공칭단면적의 0.75배를 곱한 값이다.

031
M22 고장력볼트를 사용할 경우 고장력볼트의 표준구멍의 직경은 24mm이고, 과대구멍의 직경은 28mm로 한다.
정답 ③

정답 및 해설

032
밀착조임은 지압접합 또는 진동이나 하중변화에 따른 고장력볼트의 풀림이나 피로가 설계에 고려되지 않는 경우에 사용된다.
정답 ④

033
마찰접합 설계미끄럼강도, 지압접합 설계인장강도, 볼트 구멍의 설계지압강도는 고장력볼트 접합부의 설계강도 산정시 볼트에 관한 검토 사항이고, 설계블록전단파단강도는 모든 접합재에 대한 접합부재 설계강도 산정시 검토 사항이다.
정답 ④

034
F10T 고장력볼트의 나사부가 전단면에 포함되지 않을 경우, 지압접합의 공칭전단강도(F_{nv})는 500MPa이고, 나사부가 전단면에 포함될 경우, 지압접합의 공칭전단강도(F_{nv})는 400MPa이다.
정답 ③

035
볼트의 인장강도(ϕR_n)
$= \phi \times (F_n \times A_b) \times 3$
$= 0.75 \times \left(600 \times \dfrac{\pi \times (20)^2}{4}\right) \times 3$
$= 135\pi \text{kN}$
정답 ③

---

032 고장력볼트에 대한 설명으로 옳지 않은 것은?
15 국가직 9급

① 고장력볼트의 유효단면적은 공칭단면적의 0.75배로 한다.
② 고장력볼트의 구멍 중심 간 거리는 공칭직경의 2.5배 이상으로 한다.
③ 마찰접합은 사용성한계상태의 미끄럼방지를 위해 사용되거나 강도한계상태에서 사용된다.
④ 밀착조임은 진동이나 하중변화에 따른 고장력볼트의 풀림이나 피로가 설계에 고려되는 경우 사용된다.

033 고장력볼트 접합부의 설계강도 산정 시 볼트에 관한 검토 사항이 아닌 것은?
14 지방직 7급

① 마찰접합 설계미끄럼강도
② 지압접합 설계인장강도
③ 볼트 구멍의 설계지압강도
④ 설계블록전단파단강도

034 F10T 고장력볼트의 나사부가 전단면에 포함되지 않을 경우, 지압접합의 공칭전단강도(F_{nv})는?
18 국가직 9급

① 300MPa   ② 400MPa
③ 500MPa   ④ 600MPa

035 볼트 F8T-M20 3개의 인장파단 한계 상태에 대한 설계 인장강도(ϕR_n)의 크기(kN)는?
20 서울시 7급

① 45π ② 90π
③ 135π ④ 180π

036
건축물 강구조 설계기준에서 규정하고 있는 볼트의 강도에 대한 설명으로 옳지 않은 것은?

22 지방직 9급

① 고장력볼트 볼트등급 F8T의 최소인장강도는 800MPa이다.
② 고장력볼트 볼트등급 F10T의 최소항복강도는 900MPa이다.
③ 고장력볼트 볼트등급 F13T의 최소인장강도는 1,300MPa이다.
④ 일반볼트 볼트등급 4.6의 최소항복강도는 200MPa이다.

036
일반볼트 볼트등급 4.6의 최소항복강도는 240MPa이다.
정답 ④

037
고장력볼트 M22(F10T)의 설계볼트장력 $T_0=200\text{kN}$일 때, 표준볼트장력은 얼마인가?

14 서울시 9급

① 180kN
② 200kN
③ 220kN
④ 240kN
⑤ 300kN

037
고장력볼트 시공 시 도입하는 표준볼트장력은 설계볼트장력에 최소 10%를 할증하여 시공하므로, 표준볼트장력은 $200\text{kN} \times 1.1 = 220\text{kN}$이다.
정답 ③

038
「구조설계기준(KDS)」에 따른 철골부재의 이음부 설계 세칙에 대한 설명으로 가장 옳지 않은 것은?

18 서울시 9급

① 응력을 전달하는 필릿용접 이음부의 길이는 필릿 사이즈의 10배 이상이며, 또한 30mm 이상이다.
② 겹침길이는 얇은 쪽 판 두께의 5배 이상이며, 또한 25mm 이상 겹치게 한다.
③ 응력을 전달하는 겹침이음은 2열 이상의 필릿용접을 원칙으로 한다.
④ 고장력볼트의 구멍 중심간 거리는 공칭직경의 1.5배 이상으로 한다.

038
고장력볼트의 구멍 중심 간 거리는 공칭직경의 2.5배 이상으로 한다.
정답 ④

정답 및 해설

039
① 피복아크용접 : 용접봉과 모재의 사이에 직류전압을 가한 상태에서 양극이 적정 간격에 도달하면 강렬한 빛의 아크가 발생하며, 이 아크가 발생하는 약 6,000℃의 고열을 이용한 용접이다.
③ 가스실드아크용접 : 가스로서 아크를 보호하여 용접하는 방법이다.
④ 금속아크용접 : 기본적으로 용가재로서 작용하는 소모전극 와이어를 일정한 속도로 용융지에 송급하면서 전류를 통하여 와이어와 모재사이에서 아크가 발생되도록 하는 용접법이다.

정답 ②

040
② 맞댐용접 : 2개의 판 끝면을 거의 동일한 평면 내에서 맞대어 하는 용접
③ 슬롯용접 : 부재를 다른 부재에 부착시키기 위해 긴 구멍을 뚫어서 하는 용접
④ 플러그용접 : 겹치기한 2매의 판재에 한쪽에만 구멍을 뚫고 그 구멍에 살붙이기하여 용접하는 방법

정답 ①

039 구조용 강재의 접합 시 두 모재의 접합부에 입상의 용제, 즉 플럭스를 놓고 그 플럭스 속에서 용접봉과 모재 사이에 아크를 발생시켜 그 열로 용접하는 방법은?

13 국가직 9급

① 피복아크용접(Shielded metal arc welding)
② 서브머지드아크용접(Submerged arc welding)
③ 가스실드아크용접(Gas shield arc welding)
④ 금속아크용접(Metal arc welding)

040 용접되는 부재의 교차되는 면 사이에 일반적으로 삼각형의 단면이 만들어지는 용접은?

22 국가직 9급

① 필릿용접
② 맞댐용접
③ 슬롯용접
④ 플러그용접

041 강구조 용어에 대한 설명으로 옳지 않은 것은? 12 지방직 9급

① 부식방지를 위한 도막 없이 대기에 노출되어 사용하는 강재를 내후성강이라고 한다.
② 비가새골조는 부재 및 접합부의 휨저항으로 수평하중에 저항하는 골조를 말한다.
③ 필릿용접은 용접되는 부재의 교차되는 면 사이에 일반적으로 삼각형의 단면이 만들어지는 용접을 말한다.
④ 용접접합부에 있어서 용접이음새나 받침쇠의 관통을 위해 또는 용접이음새끼리의 교차를 피하기 위해 설치한 원호상의 구멍을 그루브(Groove)라고 한다.

041
그루브(개선 또는 홈)는 부재의 끝을 절단해낸 것을 말하고, 용접접합부에 있어서 용접이음새나 받침쇠의 관통을 위해 또는 용접이음새끼리의 교차를 피하기 위해 설치한 원호상의 구멍은 스캘럽이라고 한다.
정답 ④

042 그림과 같은 강구조 용접이음 표기에서 S는? 21 지방직 9급

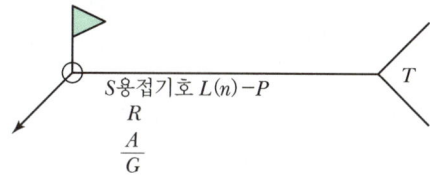

① 개선각
② 용접간격
③ 용접 사이즈
④ 용접부 처리방법

042
S : 용접 사이즈
L : 용접길이
P : 용접간격(피치)
정답 ③

043 다음 용접기호에 대한 설명으로 옳은 것은? 11 지방직 7급

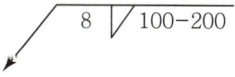

① 용접의 목두께는 8mm로 한다.
② 화살 쪽 또는 앞쪽에 용접한다.
③ 용접은 $\vee$(Bevel)형으로 한다.
④ 용접간격은 100mm, 용접길이는 200mm로 한다.

043
① 용접의 필릿치수(size)는 8mm로 한다.
③ 용접은 그루브용접의 $\vee$(Bevel)형이 아닌 필릿용접으로 한다.
④ 용접길이는 100mm, 용접간격(피치)은 200mm로 한다.
정답 ②

정답 및 해설

044
용접기호 지시선은 단속 필릿용접으로 필릿사이즈 6mm, 용접길이 100mm, 용접간격(피치) 200mm을 나타낸다.
정답 ②

045
필릿(Fillet) 용접을 부재 양면에 시행한다.
정답 ①

046
필릿용접의 용접기호이며, 앞에서부터 필릿(용접)사이즈, 용접길이-피치(용접간격) 순으로 배치하여 나타낸다.
정답 ③

---

044 다음 용접기호에 대한 설명으로 옳지 않은 것은?   15 서울시 7급

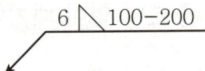

① 화살표 반대편에 용접한다.
② 쐐기형 용접으로 한다.
③ 용접의 치수는 6mm로 한다.
④ 용접길이는 100mm로 한다.

045 다음 용접기호에 대한 설명으로 옳지 않은 것은?   18 지방직 9급

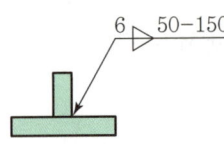 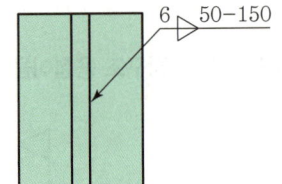

① 그루브(Groove) 용접을 부재 양면에 시행한다.
② 용접사이즈는 6mm이다.
③ 용접길이는 50mm이다.
④ 용접간격은 150mm이다.

046 강구조물의 필릿용접부를 용접이음 도시법에 따라 다음 그림과 같이 표기하는 경우 필릿(용접)사이즈가 6mm, 용접목두께가 4.2mm, 용접길이가 60mm, 용접간격이 150mm일 때, 가, 나, 다에 표기해야 할 내용으로 옳은 것은?   11 국가직 7급

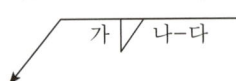

	가	나	다
①	4.2	60	150
②	4.2	150	60
③	6.0	60	150
④	6.0	150	60

047

두께가 15mm, 20mm인 2장의 강구조용 판재를 필릿용접할 때, 필릿용접의 최소 사이즈[mm]는?

15 국가직 9급

① 3
② 5
③ 6
④ 8

047

2장의 강구조용 판재 중 접합부의 얇은 쪽 모재두께인 15mm를 기준으로 산정할 때, 필릿용접의 최소 사이즈는 6mm이다.

모살용접 최소 사이즈

접합부의 얇은 쪽 판 두께(t)	필릿용접의 최소 사이즈
$t < 6$	3
$6 \leq t < 13$	5
$13 \leq t < 20$	6
$20 \leq t$	8

정답 ③

048

강구조 필릿용접의 최소 및 최대 사이즈는? (단, 접합부의 얇은 쪽 모재두께(t)는 10mm이다.)

14 지방직 9급

① 최소 : 3mm, 최대 : 8mm
② 최소 : 5mm, 최대 : 8mm
③ 최소 : 3mm, 최대 : 10mm
④ 최소 : 5mm, 최대 : 10mm

048

(1) 필릿용접의 최소 사이즈(mm)

접합부의 얇은 쪽 판 두께(t)	필릿용접의 최소 사이즈
$t < 6$	3
$6 \leq t < 13$	5
$13 \leq t < 20$	6
$20 \leq t$	8

∴ $t = 10$mm → $s = 5$mm

(2) 필릿용접의 최대 사이즈(mm)
① $t < 6$mm일 때, $s = t$
② 6mm $\leq t$일 때, $s = t - 2$mm
∴ $t = 10$mm → $s = 8$mm

정답 ②

049

필릿용접에서 얇은 쪽 모재두께(t)와 용접 최소사이즈(s_{min})의 관계로 옳지 않은 것은? (단, 단위는 mm이다.)

15 지방직 9급

① $t < 6$일 때, $s_{min} = 3$
② $6 \leq t < 13$일 때, $s_{min} = 5$
③ $13 \leq t < 20$일 때, $s_{min} = 6$
④ $20 \leq t$일 때, $s_{min} = 7$

049

$20 \leq t$일 때, $s_{min} = 8$

정답 ④

정답 및 해설

050
연단이 용접되는 판의 두께가 8mm일 때, 겹침이음의 필릿용접 최대치수는 6mm이다.
[참고]
겹침이음의 필릿용접의 최대치수 (mm)
1. $t<6mm$ 일 때, $s=t$
2. $t\geq6mm$ 일 때, $s=t-2mm$

정답 ④

051
접합부의 얇은 쪽 모재두께가 14mm인 경우, 필릿용접의 최소 사이즈는 6mm이다.

정답 ④

052
필릿용접의 유효길이는 필릿용접의 총길이에서 필릿사이즈의 2배를 공제한 값으로 한다.

정답 ④

---

050 강구조 설계에 대한 설명으로 옳지 않은 것은?
24 국가직 7급

① 구조용 강재의 탄성계수는 210,000MPa이고, 전단탄성계수는 81,000MPa이며, 포아송비는 0.3이다.
② 판두께가 20mm인 SM355의 항복강도는 345MPa이고, 인장강도는 490MPa이다.
③ 고장력볼트 M20의 표준구멍 직경은 22mm이고, M27의 표준구멍 직경은 30mm이다.
④ 연단이 용접되는 판의 두께가 8mm일 때, 겹침이음의 필릿용접 최대치수는 8mm이다.

051 다음 중 용접부 설계에 관한 설명으로 가장 옳지 않은 것은?
17 서울시 9급(前)

① 그루브용접의 유효길이는 접합되는 부분의 폭으로 한다.
② 이음면이 직각인 경우, 필릿용접의 유효목두께는 필릿사이즈의 0.7배로 한다.
③ 필릿용접의 유효길이는 필릿용접의 총길이에서 2배의 필릿사이즈를 공제한 값으로 한다.
④ 접합부의 얇은 쪽 모재두께가 14mm인 경우, 필릿용접의 최소 사이즈는 7mm이다.

052 필릿용접에 대한 설명으로 옳지 않은 것은?
10 지방직 9급

① 필릿용접의 유효면적은 유효길이에 유효목두께를 곱한 값으로 한다.
② 구멍필릿용접의 유효길이는 목두께의 중심을 잇는 용접중심선의 길이로 한다.
③ 필릿용접의 유효목두께는 필릿사이즈의 0.7배로 한다.
④ 필릿용접의 유효길이는 필릿용접의 총길이에서 유효목두께의 2배를 공제한 값으로 한다.

053
필릿용접에 대한 설명으로 옳지 않은 것은? 17 지방직 9급

① 접합부의 얇은 쪽 모재두께가 13mm일 때, 필릿용접의 최소 사이즈는 5mm이다.
② 필릿용접의 유효목두께는 필릿사이즈의 0.7배로 한다.
③ 단부하중을 받는 필릿용접에서 용접길이가 용접사이즈의 100배 이하일 경우에는 유효길이를 실제길이와 같은 값으로 간주할 수 있다.
④ 강도를 기반으로 하여 설계되는 필릿용접의 최소길이는 공칭용접사이즈의 4배 이상으로 해야 한다.

053
접합부의 얇은 쪽 모재두께가 13mm일 때, 필릿용접의 최소 사이즈는 6mm이다.
정답 ①

054
강구조의 용접접합에 대한 설명으로 옳지 않은 것은? 18 국가직 9급

① 플러그 및 슬롯용접의 유효전단면적은 접합면 내에서 구멍 또는 슬롯의 공칭단면적으로 한다.
② 그루브용접의 유효길이는 접합되는 부분의 폭으로 한다.
③ 그루브용접의 유효면적은 용접의 유효길이에 유효목두께를 곱한 것으로 한다.
④ 필릿용접의 유효길이는 필릿용접의 총길이에서 4배의 필릿사이즈를 공제한 값으로 한다.

054
필릿용접의 유효길이는 필릿용접의 총길이에서 2배의 필릿사이즈를 공제한 값으로 한다.
정답 ④

055
건축구조기준의 한계상태설계법에 따른 강구조 이음부의 설계세칙으로 옳지 않은 것은? 13 국가직 9급, 14 서울시 9급

① 응력을 전달하는 필릿용접의 최소유효길이는 공칭용접치수의 5배 이상 또한 30mm 이상을 원칙으로 한다.
② 응력을 전달하는 겹침이음은 2열 이상의 필릿용접을 원칙으로 하고, 겹침길이는 얇은 쪽 판두께의 5배 이상 또한 25mm 이상 겹치게 해야 한다.
③ 고장력볼트의 구멍 중심 간의 거리는 공칭직경의 2.5배 이상으로 한다.
④ 고장력볼트의 구멍중심에서 볼트머리 또는 너트가 접하는 재의 연단까지의 최대거리는 판두께의 12배 이하 또한 150mm 이하로 한다.

055
응력을 전달하는 필릿용접의 최소유효길이는 공칭용접치수의 10배 이상 또한 30mm 이상을 원칙으로 한다.
정답 ①

정답 및 해설

056
필릿용접의 유효목두께는 필릿사이즈의 0.7배이고, 최소 필릿사이즈는 접합부의 얇은 쪽 모재두께가 6mm일 때 5mm 이상이 된다. 그러므로 필릿용접의 유효목두께는 $5 \times 0.7 = 3.5$mm가 된다.

정답 ②

057
A_w(용접유효 면적)
$= a \times l_e$
$= 0.7s \times (L - 2s)$
$= (0.7 \times 10) \times (120 - 2 \times 10)$
$= 700\text{mm}^2$

정답 ②

---

056 그림과 같은 강구조 접합부를 필릿용접 최소사이즈로 접합하려고 할 때, 유효목두께의 값은?

13 국가직 7급

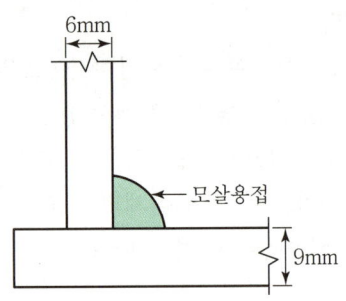

① 2.1mm ② 3.5mm
③ 4.2mm ④ 6.0mm

057 필릿용접의 총 길이가 120mm, 필릿치수가 10mm인 경우 필릿용접의 유효단면적[mm²]으로 옳은 것은?

10 국가직 9급

① 600
② 700
③ 800
④ 1,200

058 그림의 빗금 친 부분과 같은 양면 필릿 용접부의 유효면적의 크기(mm^2)는?

20 국가직 7급

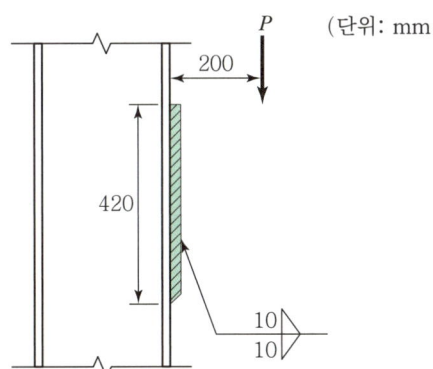

① 4,200
② 5,600
③ 5,880
④ 8,000

058
용접부의 유효면적
$= a \times l$
$= (0.7 \times 10) \times (420 - 2 \times 10) \times 2$
$= 5,600 mm^2$

정답 ②

059 다음과 같은 용접부위의 유효용접면적으로 옳은 것은?

14 서울시 9급

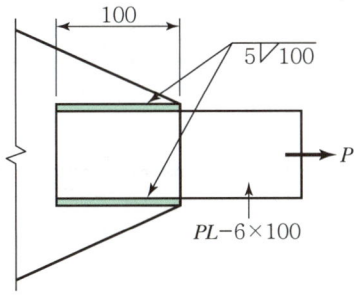

① $235mm^2$
② $315mm^2$
③ $410mm^2$
④ $630mm^2$
⑤ $725mm^2$

059
필릿용접의 유효면적(A)은 유효길이(l)에 유효목두께(a)를 곱한 것으로 한다.
(1) $A = a \times l = 0.7s \times (L - 2s)$
$= (0.7 \times 5) \times (100 - 2 \times 5)$
$= 315mm^2$
(2) 그림에서 2열용접으로 표시되어 있으므로 1열용접에 2배를 한다.
$\therefore A = 315 \times 2 = 630mm^2$

정답 ④

정답 및 해설

060

필릿용접의 유효면적(A)은 유효길이(l)에 유효목두께(a)를 곱한 것으로 한다.

$A = a \times l = 0.7S \times (L-2s)$
$= (0.7 \times 10) \times (300 - 2 \times 10)$
$= 1,960 \text{mm}^2$

그림에서 양면용접으로 표시되어 있으므로 한면용접에 2배를 한다.

∴ $A = 1,960 \text{mm}^2 \times 2$
$= 3,920 \text{mm}^2$

정답 ②

061

필릿용접의 유효면적(A)은 유효길이(l)에 유효목두께(a)를 곱한 것으로 한다.

(1) $A = a \times l$
$= 0.7s \times (L-2s)$
$= (0.7 \times 10) \times (120 - 2 \times 10)$
$= 700 \text{mm}^2$

(2) 그림에서 2열용접으로 표시되어 있으므로 1열용접에 2배를 한다.

∴ $A = 700 \text{mm}^2 \times 2 = 1,400 \text{mm}^2$

정답 ③

---

060 그림과 같은 필릿용접에서 유효용접면적의 값은?

09 국가직 9급

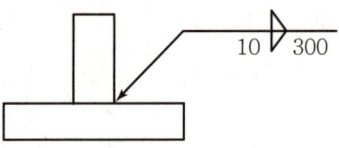

① 1,960mm²
② 3,920mm²
③ 5,600mm²
④ 6,000mm²

061 그림과 같이 평판두께가 13mm인 2개의 강판을 하중(P)방향과 평행하게 필릿용접으로 겹침이음하고자 한다. 용접부의 설계강도를 산정하는 데 필요한 용접재의 유효면적과 가장 가까운 값(mm^2)은? (단, 필릿용접부에 작용하는 하중은 단부하중이 아니며, 이음면은 직각이다.)

17 국가직 9급

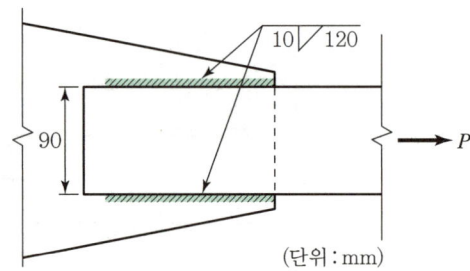

① 700
② 1,200
③ 1,400
④ 2,400

062 두께 12mm의 강판 두 장을 겹쳐 필릿용접으로 이음 하였다. 다음 그림에서 용접기호를 바탕으로 계산한 용접부의 용접유효면적(A_w)은? 14 국가직 7급

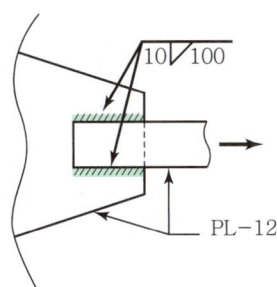

① 1,020mm²   ② 1,120mm²
③ 1,220mm²   ④ 1,320mm²

062
필릿용접의 유효면적(A)은 유효길이(l)에 유효목두께(a)를 곱한 것으로 한다.
(1) $A = a \times l$
$= 0.7s \times (L-2s)$
$= (0.7 \times 10) \times (100 - 2 \times 10)$
$= 560mm^2$
(2) 그림에서 2열용접으로 표시되어 있으므로 1열용접에 2배를 한다.
∴ $A = 560 \times 2 = 1,120mm^2$
정답 ②

063 그림과 같은 필릿용접부의 유효면적[mm²]은? (단, 이음면은 직각이다) 24 국가직 7급

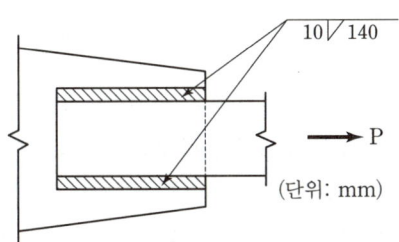

① 840   ② 980
③ 1,680 ④ 1,960

063
필릿용접의 유효면적(A)은 유효길이(l)에 유효목두께(a)를 곱한 것으로 한다.
(1) $A = a \times l = 0.7s \times (L-2s)$
$= (0.7 \times 10) \times (140 - 2 \times 10)$
$= 840mm^2$
(2) 그림에서 2열용접으로 표시되어 있으므로 1열용접에 2배를 한다.
∴ $A = 840 \times 2 = 1,680mm^2$
정답 ③

064 그림과 같이 H-형강과 브라켓의 이음부를 양면 필릿용접으로 할 때, 용접길이가 400mm, 모살치수가 10mm인 경우 유효용접면적(A_w)은? 17 서울시 7급

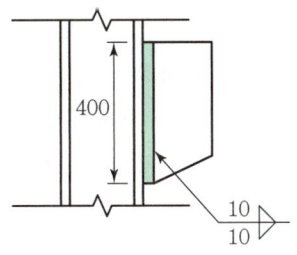

① 2,660mm²   ② 2,702mm²
③ 5,320mm²   ④ 5,404mm²

064
필릿용접의 유효면적(A)은 유효길이(l)에 유효목두께(a)를 곱한 것으로 한다.
(1) $A = a \times l = 0.7s \times (L-2s)$
$= (0.7 \times 10) \times (400 - 2 \times 10)$
$= 2,660mm^2$
(2) 그림에서 양면용접으로 표시되어 있으므로 한 면 용접에 2배를 한다.
∴ $A = 2,660 \times 2 = 5,320mm^2$
정답 ③

정답 및 해설

065
(1) 용접재의 공칭강도(F_{nw})
$= 0.6F_u = 0.6 \times 400 = 240$MPa
(2) 용접재의 유효면적
$= a \times l$
$= (0.7 \times 10) \times (70 - 2 \times 10) \times 2$
$= 700$mm^2
∴ 필릿용접부의 공칭강도 = 용접재의 공칭강도 × 용접재의 유효면적
$= 240 \times 700 = 168$kN

정답 ①

066
강도를 기반으로 하여 설계되는 필릿용접의 최소길이는 공칭용접치수의 4배 이상으로 하여야 한다.

정답 ④

067
용접기호의 표기방법에서 기호 및 사이즈는 용접하는 쪽이 화살 있는 쪽 또는 앞쪽인 때는 기선의 아래쪽에, 화살의 반대쪽이거나 뒤쪽이면 기선의 위쪽에 밀착하여 기재한다.

정답 ④

---

065 그림과 같은 필릿용접부의 공칭강도[kN]는? (단, 용접재의 인장강도 F_w는 400 MPa이며, 모재의 파단은 없다.)
20 국가직 9급

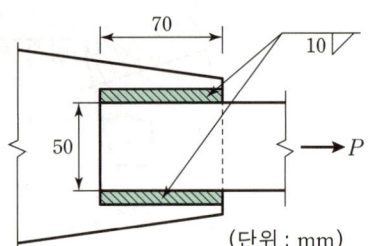

(단위 : mm)

① 168
② 210
③ 240
④ 280

066 강구조 설계에서 용접에 대한 설명으로 옳지 않은 것은?
23 국가직 9급

① 필릿용접의 유효면적은 유효길이에 유효목두께를 곱한 것으로 한다.
② 필릿용접의 유효길이는 필릿용접의 총길이에서 용접치수의 2배를 공제한 값으로 한다.
③ 플러그용접과 슬롯용접의 유효길이는 목두께의 중심을 잇는 용접중심선의 길이로 한다.
④ 강도를 기반으로 하여 설계되는 필릿용접의 최소길이는 공칭용접치수의 3배 이상으로 하여야 한다.

067 강구조의 용접접합에 대한 설명으로 옳지 않은 것은?
11 지방직 9급

① 개열(Lamellar Tearing)이란 용접금속의 수축에 의한 국부변형으로 발생되는 층상균열이다.
② 완전용입 그루브용접의 유효목두께는 접합판 중 얇은쪽 판두께로 하며, 필릿용접의 유효목두께는 필릿사이즈의 0.7배로 한다.
③ 그루브용접을 할 때는 개선 부분을 먼저 용접하고, 백가우징을 한 후 뒤쪽을 용접하거나 백가우징이 어려울 때는 뒷댐재를 대고 용접한다.
④ 용접기호표기는 용접하는 쪽이 화살표가 있는 쪽 또는 앞쪽인 경우 기선의 위쪽에 기재한다.

068
강구조의 용접에 대한 설명으로 옳지 않은 것은? 10 지방직 7급

① 고온균열은 인, 유황 등의 저용점 불순물에 의해 생긴다.
② 저온균열은 용접 시 열영향부에 흡수된 수소가 냉각과 동시에 과포화 상태가 되어 조직이 약해져서 생긴다.
③ 용접의 진행방향으로 1회의 용접조작을 패스(Pass)라 하고, 그로 인해 생기는 용착부를 비드(Bead)라 한다.
④ 용접불량에서 슬래그(Slag) 함입은 용접기술의 미숙이 원인이고, 첫 비드(Bead)에 얇은 용접봉을 사용했을 때 생기기 쉽다.

068
용접불량에서 슬래그(Slag) 함입은 용접기술의 미숙이 원인이고, 첫 비드(Bead)에 굵은 용접봉을 사용했을 때 생기기 쉽다.
정답 ④

069
강구조 용접접합부에서 용접 후 검사 시에 발생될 수 있는 결함의 유형으로 옳지 않은 것은? 21 국가직 9급

① 비드
② 블로홀
③ 언더컷
④ 오버랩

069
용접의 진행방향으로 1회의 용접조작을 패스라 하고, 그 결과 생기는 금속 용착부를 비드라 한다.
정답 ①

070
용접금속과 모재가 융합되지 않고 겹쳐지는 용접 결함은? 25 지방직 9급

① 크랙(crack)
② 오버랩(overlap)
③ 언더컷(under cut)
④ 크레이터(crater)

070
① 크랙(crack): 용접 후 냉각 시에 생기는 갈라짐
③ 언더컷(under cut): 모재가 녹아 용착금속이 채워지지 않고 홈으로 남게 되는 부분
④ 크레이터(crater): 용접길이의 시작부분과 끝부분이 움푹 파지는 현상
정답 ②

071
용접의 결함에 대한 설명으로 옳지 않은 것은? 15 국가직 9급

① 피시아이 : 용접 표면에 생기는 작은 구멍
② 블로홀 : 용접금속 중 가스에 의해 생긴 구형의 공동
③ 언더컷 : 용접부의 끝부분에서 모재가 패여 도랑처럼 된 부분
④ 오버랩 : 용착금속이 끝부분에서 모재와 융합하지 않고 겹쳐 있는 현상

071
피시아이는 블로홀 및 혼입된 슬래그가 모여서 표면에 둥근 은색반점이 생기는 현상을 말하며, 용접표면에 생기는 작은 구멍은 피트라고 한다.
정답 ①

정답 및 해설

072
마찰접합되는 고장력볼트는 너트회전법, 토크관리법, 토크쉬어볼트 등을 사용하여 설계볼트장력 이상으로 조여야 한다.
정답 ④

073
용량 50kN 이상의 크레인을 설치한 구조물 중 지붕트러스이음, 기둥과 트러스연결부, 기둥이음, 기둥가새, 크레인지지부인 경우 용접접합, 마찰접합 또는 전인장조임을 적용해야 한다.
정답 ③

074
높이가 38m 이상 되는 다층구조물의 기둥이음부에 대해서는 용접접합, 마찰접합 또는 전인장조임을 적용해야 한다.
정답 ②

---

072 강구조 접합에 대한 설명으로 옳지 않은 것은?
21 지방직 9급

① 일반볼트는 영구적인 구조물에는 사용하지 못하고 가체결용으로만 사용한다.
② 완전용입된 그루브용접의 유효목두께는 접합판 중 얇은 쪽 판두께로 한다.
③ 필릿용접의 유효길이는 필릿용접의 총길이에서 2배의 필릿 사이즈를 공제한 값으로 하여야 한다.
④ 마찰접합되는 고장력볼트는 너트회전법, 토크관리법, 토크쉬어볼트 등을 사용하여 설계볼트장력 이하로 조여야 한다.

073 강구조 접합설계 시 용접접합, 마찰접합 또는 전인장조임을 적용하지 않아도 되는 접합부는?
17 국가직 7급

① 높이가 40m인 다층건축구조물의 기둥이음부
② 높이가 50m인 건축구조물에서, 기둥-보 연결부와 기둥가새가 연결된 모든 보의 접합부
③ 용량 40kN의 크레인을 설치한 구조물 중 지붕트러스이음, 기둥과 트러스연결부, 기둥이음, 기둥가새, 크레인지지부
④ 충격이나 하중의 반전을 일으키는 활하중이나 동적하중을 받는 기계받침과 교량 등과 같이 동적 하중을 받는 구조물의 접합부

074 높이 50m의 다층건축구조물을 강구조로 설계할 때, 기둥이음부에 적용할 수 없는 접합방법은?
20 국가직 7급

① 고장력볼트 마찰접합
② 고장력볼트 지압접합
③ 그루브 용접접합
④ 필릿 용접접합

075
강구조 접합에서 용접과 볼트의 병용에 대한 설명으로 가장 옳지 않은 것은?

18 서울시 9급

① 신축 구조물의 경우 인장을 받는 접합에서는 용접이 전체하중을 부담한다.
② 신축 구조물에서 전단접합 시 표준구멍 또는 하중 방향에 수직인 단슬롯구멍이 사용된 경우, 볼트와 하중 방향에 평행한 필릿용접이 하중을 각각 분담할 수 있다.
③ 마찰볼트접합으로 기 시공된 구조물을 개축할 경우 고장력볼트는 기 시공된 하중을 받는 것으로 가정하고 병용되는 용접은 추가된 소요강도를 받는 것으로 용접설계를 병용할 수 있다.
④ 높이가 38m 이상인 다층건축구조물의 기둥이음부에서는 볼트가 설계하중의 25%까지만 부담할 수 있다.

075 해설
높이가 38m 이상인 다층건축구조물의 기둥이음부에서는 용접접합, 마찰접합 또는 전인장조임을 적용해야 한다.

정답 ④

076
강구조 기둥의 주각부와 관계없는 것은?

12 국가직 9급

① 앵커볼트
② 턴버클
③ 베이스플레이트
④ 윙플레이트

076 해설
턴버클은 양편에 서로 반대 방향의 수나사가 달려 있어 이것을 회전시켜 그 수나사에 이어진 줄을 당겨 죄는 기구로 강구조에서 인장재를 팽팽히 당겨 조이는 역할을 한다.

정답 ②

---

02 구조부재 설계

077
강구조의 인장재에 대한 설명으로 옳은 것은?

19 지방직 9급

① 순단면적은 전단지연의 영향을 고려하여 산정한 것이다.
② 유효순단면의 파단한계상태에 대한 인장저항계수는 0.80이다.
③ 인장재의 설계인장강도는 총단면의 항복한계상태와 유효순단면의 파단한계상태에 대해 산정된 값 중 큰 값으로 한다.
④ 부재의 총단면적은 부재축의 직각방향으로 측정된 각 요소단면의 합이다.

077 해설
① 유효순단면적은 전단지연의 영향을 고려하여 산정한 것이다.
② 유효순단면의 파단한계상태에 대한 인장저항계수는 0.75이다.
③ 인장재의 설계인장강도는 총단면의 항복한계상태와 유효순단면의 파단한계상태에 대해 산정된 값 중 작은 값으로 한다.

정답 ④

정답 및 해설

078
인장재의 유효순단면이 파단되는 경우 저항계수(ϕ)는 0.75이다.
정답 ②

079
① 중심축 인장력을 받는 인장재 설계인장강도에서 총단면 항복한계상태의 ϕ_t : 0.9
② 중심축 인장력을 받는 인장재 설계인장강도에서 유효순단면 파단한계상태의 ϕ_t : 0.75
③ 중심축 압축력을 받는 압축재 설계압축강도의 ϕ_c : 0.9
④ 휨부재 설계휨강도의 ϕ_b : 0.9
정답 ②

080
① 볼트 구멍의 설계지압강도 : 0.75
② 압축재의 설계압축강도 : 0.90
③ 인장재의 인장파단 시 설계인장강도 : 0.75
④ 인장재의 블록전단강도 : 0.75
정답 ②

---

078 철골구조 한계상태설계법에서 저항계수(ϕ)에 관한 설명으로 옳지 않은 것은?

07 국가직 7급

① 인장재의 총단면이 항복하는 경우 $\phi=0.9$
② 인장재의 유효 순단면이 파단되는 경우 $\phi=0.7$
③ 압축재의 설계강도 결정시(국부좌굴이 발생하지 않을 경우) $\phi=0.9$
④ 휨재의 설계강도 결정시(국부좌굴이 발생하지 않을 경우) $\phi=0.9$

079 강구조 설계에서 적용되는 강도감소계수가 가장 작은 것은?

22 국가직 9급

① 중심축 인장력을 받는 인장재 설계인장강도에서 총단면 항복한계상태의 ϕ_t
② 중심축 인장력을 받는 인장재 설계인장강도에서 유효순단면 파단한계상태의 ϕ_t
③ 중심축 압축력을 받는 압축재 설계압축강도의 ϕ_c
④ 휨부재 설계휨강도의 ϕ_b

080 철골구조에서 설계강도를 계산할 때 저항계수의 값이 다른 것은?

18 서울시 9급

① 볼트 구멍의 설계지압강도
② 압축재의 설계압축강도
③ 인장재의 인장파단 시 설계인장강도
④ 인장재의 블록전단강도

081

다음 그림과 같은 인장재의 순단면적[mm²]은? (단, 사용된 연결재의 구멍 공칭 치수는 18mm이고, 판의 두께는 5mm이다.)   14 국가직 9급

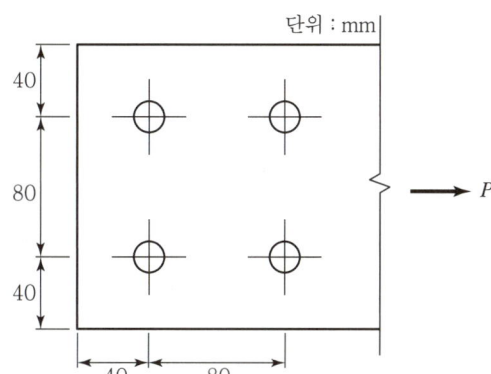

① 400
② 420
③ 600
④ 620

081
순단면적(A_n)
$= A_g - n \cdot d_o \cdot t$
$= (160 \times 5) - 2 \times 18 \times 5$
$= 620 \text{mm}^2$

정답 ④

082

그림과 같은 인장재의 순단면적은? (단, 인장재의 두께는 10mm이고, 모든 볼트 구멍은 M20 볼트의 표준구멍이다.)   19 국가직 7급

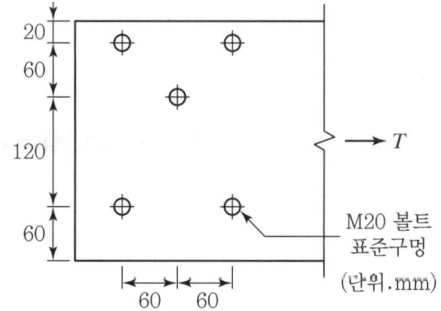

① 1,940mm²
② 2,160mm²
③ 2,165mm²
④ 2,200mm²

082
(1) 정렬배치인 경우:
$A_n = A_g - (n \times d_o \times t)$
$A_n = (260 \times 10) - (2 \times 22 \times 10)$
$= 2,160 \text{mm}^2$

(2) 엇모배치인 경우:
$A_n = A_g - (n \times d_o \times t) + \sum \dfrac{s^2}{4g} t$
$A_n = (260 \times 10) - (3 \times 22 \times 10)$
$+ \left(\dfrac{60^2}{4 \times 60} + \dfrac{60^2}{4 \times 120} \right) \times 10$
$= 2,165 \text{mm}^2$

∴ (1), (2) 중 작은 값인 2,160mm² 선택

정답 ②

정답 및 해설

083
볼트구멍 등에 의한 단면손실을 고려한 총단면적을 순단면적이라고 하며, 유효순단면은 전단지연의 영향을 고려하여 보정된 순단면적을 말한다.
정답 ③

084
인장재의 설계인장강도는 총단면의 항복한계상태와 유효순단면의 파단한계상태에 의해 산정된 값 중 작은 값으로 한다.
정답 ②

085
강재의 인장재는 총단면에 대한 항복과 유효순단면에 대한 파단이라는 두 가지 한계상태와 블록전단파단이라는 한계상태에 대해 검토해야 한다.
정답 ④

---

083 강구조 인장재의 설계인장강도 결정에 대한 설명으로 옳지 않은 것은?

11 국가직 9급

① 인장재의 세장비는 가급적 300을 넘지 않도록 한다.
② 인장재 설계 시 고려하는 대표적 한계상태는 총단면의 항복한계상태와 유효순단면적의 파단한계상태로 구성된다.
③ 유효순단면적은 볼트구멍에 의한 단면 손실을 고려한 총단면적으로 한다.
④ 끼움판을 사용한 2개 이상의 형강으로 구성된 조립인장재는 개재의 세장비가 가급적 300을 넘지 않도록 한다.

084 강재 인장재의 설계인장강도를 결정하는 데 적용하는 한계상태로 옳지 않은 것은?

16 서울시 9급(前)

① 총단면의 항복한계상태
② 유효순단면의 항복한계상태
③ 유효순단면의 파단한계상태
④ 블록전단파단

085 강재의 인장재 접합부 설계를 포함한 인장재 설계 시 검토할 사항으로 가장 옳지 않은 것은?

20 서울시 7급

① 총단면항복
② 유효순단면파단
③ 블록전단파단
④ 휨-좌굴강도

086

철골구조에서 한계상태 설계법에 의한 인장재의 설계 시 검토할 사항으로 가장 옳지 않은 것은? 17 서울시 9급(後)

① 웨브 크리플링(Web Crippling)
② 전단면적에 대한 항복
③ 유효단면에 대한 파괴
④ 블록시어(Block Shear)

086
인장재는 총단면에 대한 항복, 유효순단면에 대한 파단, 블록전단파단(Block Shear)이라는 한계상태에 대해 검토해야 하며, 웨브 크리플링(Web Crippling)은 집중하중이나 반력이 작용하는 위치 부근의 웨브재에 발생하는 국부적인 파괴를 말한다.
정답 ①

087

강구조 인장재 설계에 대한 설명으로 옳지 않은 것은? 17 국가직 7급

① 인장재의 중심과 접합의 중심이 일치하지 않을 경우 전단지연현상이 발생한다.
② 인장재의 유효순단면적이란 단면의 순단면적에 전단지연의 영향을 고려한 것이다.
③ 인장재는 순단면에 대한 항복과 유효순단면에 대한 파단이라는 두 가지 한계상태에 대해 검토하여야 한다.
④ 순단면적 산정 시 파단선이 불규칙배치인 경우 동일 조건의 정열배치와 비교하여 약간 더 큰 단면적으로 계산한다.

087
인장재는 총단면에 대한 항복과 유효순단면에 대한 파단이라는 두 가지 한계상태에 대해 검토하여야 한다.
정답 ③

088

강구조 인장재의 한계상태설계에 대한 설명으로 옳지 않은 것은? 10 지방직 7급

① 인장을 받는 부재의 설계 시 최대세장비의 제한은 없다.
② 유효순단면의 파단한계상태에 대해 인장강도 저감계수는 0.70으로 한다.
③ 총단면의 항복한계상태에 대해 인장강도 저감계수는 0.90으로 한다.
④ 설계인장강도는 총단면의 항복한계상태와 유효순단면의 파단한계상태의 공칭인장강도 중 작은 값으로 한다.

088
인장재의 유효순단면이 파단되는 경우 저항계수(ϕ)는 0.75이다.
정답 ②

정답 및 해설

089
인장재의 설계인장강도는 총단면의 항복한계상태와 유효순단면의 파단한계상태에 대해 산정된 값 중 작은 값으로 한다.

정답 ②

090
① 유효순단면의 파단한계상태에 대해 설계인장강도 계산시 인장저항계수(ϕ_t)는 0.75를 사용한다.
② 부재의 유효순단면적은 순단면적에 전단뒤짐계수를 곱해 산정한다.
④ 인장력이 용접이나 파스너를 통해 각각의 단면요소에 직접적으로 전달되는 모든 인장재의 전단지연계수는 1.0을 사용한다.

정답 ③

091
띠판에서의 단속용접 또는 파스너의 재축방향 간격은 150mm 이하로 한다.

정답 ③

---

089 강구조의 인장재 설계에 대한 설명으로 가장 옳지 않은 것은?   19 서울시 9급(後)

① 총단면의 항복한계상태를 계산할 때의 인장저항 계수(ϕ_t)는 0.9이다.
② 인장재의 설계인장강도는 총단면의 항복한계상태와 유효순단면의 파단한계상태에 대해 산정된 값 중 큰 값으로 한다.
③ 유효순단면의 파단한계상태를 계산할 때의 인장저항 계수(ϕ_t)는 0.75이다.
④ 유효 순단면적을 계산할 때 H형강, I형강, ㄷ형강, T형강, 단일ㄱ형강 및 쌍ㄱ형강과 같은 개단면의 경우, 전단뒤짐계수 U는 부재 총단면적에 대한 연결된 요소 총단면적의 비 이상이어야 한다.

090 건축구조기준에 따른 강재의 인장재 설계에 대한 설명으로 옳은 것은?   14 국가직 9급

① 유효순단면의 파단한계상태에 대해 설계인장강도 계산시 인장저항계수(ϕ_t)는 0.90을 사용한다.
② 부재의 유효순단면적은 총단면적에 전단뒤짐계수를 곱해 산정한다.
③ H형강, I형강, ㄷ형강, T형강, 단일ㄱ형강 및 쌍ㄱ형강과 같은 개단면의 경우, 전단뒤짐계수 U는 부재 총단면적에 대한 연결된 요소 총단면적의 비 이상이어야 한다.
④ 인장력이 용접이나 파스너를 통해 각각의 단면요소에 직접적으로 전달되는 모든 인장재의 전단뒤짐계수는 0.8을 사용한다.

091 판재, 형강 등으로 구성되는 조립인장재의 설계요건으로 옳지 않은 것은?   15 국가직 7급

① 끼움판을 사용한 2개 이상의 형강으로 구성된 조립인장재는 개재의 세장비가 가급적 300을 넘지 않도록 한다.
② 띠판의 부재 축방향 길이는 개별부재를 연결하는 용접 또는 연결재 열 사이 거리의 2/3 이상이야 하고, 그러한 띠판의 두께는 이들 열 사이거리의 1/50 이상 되어야 한다.
③ 띠판에서의 단속용접 또는 파스너의 재축방향 간격은 300mm 이하로 한다.
④ 개별부재 사이의 연결재의 부재 축방향 간격은 연결재 사이의 임의의 부재에서 세장비가 가급적 300 이하가 되도록 한다.

092 다음 중 강구조의 조립인장재에 관한 설명으로 가장 옳지 않은 것은?

17 서울시 9급(後)

① 레이싱이 없는 띠판은 조립인장부재의 개구면에 사용할 수 있으며, 띠판에서의 단속용접 또는 파스너의 재축방향 간격은 150mm 이하로 한다.
② 판재와 형강 또는 2개의 판재로 구성되어 연속적으로 접촉되어 있는 조립인장재의 재축방향 긴결간격은 대기 중 부식에 노출된 도장되지 않은 내후성 강재의 경우 얇은 판두께의 16배 또는 180mm 이하로 해야 한다.
③ 판재와 형강 또는 2개의 판재로 구성되어 연속적으로 접촉되어 있는 조립인장재의 재축방향 긴결간격은 도장된 부재 또는 부식의 우려가 없어 도장되지 않은 부재의 경우 얇은 판두께의 24배 또는 300mm 이하로 해야 한다.
④ 끼움판을 사용한 2개 이상의 형강으로 구성된 조립인장재는 개재의 세장비가 가급적 300을 넘지 않도록 한다.

정답 및 해설

092
판재와 형강 또는 2개의 판재로 구성되어 연속적으로 접촉되어 있는 조립인장재의 재축방향 긴결간격은 대기 중 부식에 노출된 도장되지 않은 내후성강재의 경우 얇은 판두께의 14배 또는 180mm 이하로 해야 한다.

정답 ②

---

093 강구조에서 조립인장재에 대한 설명으로 옳지 않은 것은?

18 국가직 9급

① 판재와 형강 또는 2개의 판재로 구성되어 연속적으로 접촉되어 있는 조립인장재의 재축방향 긴결간격은 대기 중 부식에 노출된 도장되지 않은 내후성강재의 경우 얇은 판두께의 24배 또는 280mm 이하로 해야 한다.
② 판재와 형강 또는 2개의 판재로 구성되어 연속적으로 접촉되어 있는 조립인장재의 재축방향 긴결간격은 도장된 부재 또는 부식의 우려가 없어 도장되지 않은 부재의 경우 얇은 판두께의 24배 또는 300mm 이하로 해야 한다.
③ 레이싱이 없는 띠판은 조립인장부재의 개구면에 사용할 수 있으며, 띠판에서의 단속용접 또는 파스너의 재축방향 간격은 150mm 이하로 한다.
④ 끼움판을 사용한 2개 이상의 형강으로 구성된 조립인장재는 개재의 세장비가 가급적 300을 넘지 않도록 한다.

093
판재와 형강 또는 2개의 판재로 구성되어 연속적으로 접촉되어 있는 조립인장재의 재축방향 긴결간격은 대기 중 부식에 노출된 도장되지 않은 내후성강재의 경우 얇은 판두께의 14배 또는 180mm 이하로 해야 한다.

정답 ①

정답 및 해설

094
판재, 형강 등으로 조립인장재를 구성하는 경우, 띠판에서의 단속용접 또는 파스너의 재축방향 간격은 150mm 이하로 한다.
정답 ②

095
구멍 끝에서부터 힘과 직각 방향의 플레이트 가장자리(측단)까지의 폭은 아이바 몸체폭의 2/3배보다 커야 하고, 3/4배 이하이어야 한다.
정답 ④

096
총단면의 항복한계상태에서의 설계인장강도는 부재의 총단면적과 강재의 항복강도를 곱하여 산정한 공칭인장강도에 인장저항계수 0.90을 곱하여 산정한다.
정답 ①

---

094 건축구조기준에 따른 강구조의 인장재에 대한 구조제한 사항으로 옳지 않은 것은?

14 국가직 9급

① 중심축 인장력을 받는 강봉의 설계시 최대세장비의 제한은 없다.
② 판재, 형강 등으로 조립인장재를 구성하는 경우, 띠판에서의 단속용접 또는 파스너의 재축방향 간격은 250mm 이하로 한다.
③ 핀접합부재의 경우 핀이 전하중상태에서 피접합재들 간의 상대변위를 발생시킬 경우 핀구멍의 직경은 핀 직경보다 1mm를 초과하여 크면 안된다.
④ 아이바의 경우 핀직경은 아이바몸체폭의 7/8배 이상이어야 한다.

095 건축물 강구조를 포함한 일반 강구조 아이바의 구조 제한에 대한 설명으로 가장 옳지 않은 것은?

20 서울시 7급

① 아이바의 원형 머리부분과 몸체 사이부분의 전환 반지름은 아이바 머리의 직경 이상이어야 한다.
② 항복강도(F_y)가 460MPa을 초과하는 강재의 구멍직경은 플레이트 두께의 5배를 초과할 수 없고 아이바 몸체의 폭은 그에 따라 감소시켜야 한다.
③ 핀 플레이트와 필러 플레이트를 밀착접촉으로 조임하기 위해 외부 너트를 사용하는 경우에만 13mm 미만의 플레이트 두께가 허용된다.
④ 구멍 끝에서부터 힘과 직각 방향의 플레이트 가장자리(측단)까지의 폭은 아이바 몸체폭의 2/3배보다 커서는 안 된다.

096 다음은 강구조 부재 설계기준(하중저항계수설계법)에서 인장재 설계에 대한 내용이다. (가), (나)에 들어갈 내용을 바르게 연결한 것은?

25 지방직 9급

> 총단면의 항복한계상태에서의 설계인장강도는 부재의 [(가)]과 강재의 항복강도를 곱하여 산정한 공칭인장강도에 인장저항계수 [(나)]을/를 곱하여 산정한다.

	(가)	(나)
①	총단면적	0.90
②	순단면적	0.90
③	총단면적	0.75
④	순단면적	0.75

097

다음과 같은 조건의 강구조 인장재설계에서 중심축 인장력을 받는 인장재의 설계 인장강도[kN]는?

12 지방직 9급

- 강재의 항복강도 : 235MPa
- 강재의 인장강도 : 400MPa
- 부재의 총단면적 : 1,000mm²
- 부재의 순단면적 : 900mm²
- 전단지연계수 : 0.8

① 211.5
② 216.0
③ 235.0
④ 288.0

정답 및 해설

097

인장재의 설계인장강도는 총단면의 항복한계상태와 유효순단면의 파단한계상태에 의해 산정된 값 중 작은 값으로 한다.

(1) 총단면의 항복한계상태
  = 인장저항계수값
   × 공칭인장강도($=F_y \times A_g$)
  = $0.9 \times (235 \times 1,000)$
  = 211.5kN

(2) 유효순단면의 파단한계상태
  = 인장저항계수값
   × 공칭인장강도($=F_u \times A_e$)
  = $0.75 \times (400 \times 900 \times 0.8)$
  = 216kN

∴ (1)과 (2) 중 작은 값인 211.5kN을 인장재의 설계인장강도로 한다.

정답 ①

098

〈보기〉와 같은 강구조 인장부재의 설계인장강도를 건축구조기준 한계상태설계법으로 산정하면? (단, 소수점 아래 첫째자리에서 반올림한다.)

16 서울시 7급

― 보기 ―
- 총단면적 : 2,800mm²
- 유효순단면적 : 2,500mm²
- 항복강도 : 240N/mm²
- 인장강도 : 400N/mm²
- 블록전단에 의한 파단은 없는 것으로 가정한다.

① 504kN
② 605kN
③ 672kN
④ 750kN

098

인장재의 설계인장강도는 총단면의 항복한계상태와 유효순단면의 파단한계상태에 의해 산정된 값 중 작은 값으로 한다.

(1) 총단면의 항복한계상태
  = 인장저항계수값 × ($F_y \times A_g$)
  = $0.9 \times (240 \times 2,800)$
  = 604.8kN

(2) 유효순단면의 파단한계상태
  = 인장저항계수값 × ($F_u \times A_e$)
  = $0.75 \times (400 \times 2,500)$
  = 750kN

∴ (1)과 (2) 중 작은 값인 605kN을 인장재의 설계인장강도로 한다.

정답 ②

정답 및 해설

099
세장비는 압축재의 유효길이를 단면 2차반경으로 나눈 값이다.
$$\therefore 세장비(\lambda) = \frac{KL}{r\left(=\sqrt{\frac{I}{A}}\right)}$$
정답 ④

100
세장비는 압축재의 유효길이를 단면 2차반경으로 나눈 값이다.
$$\therefore 세장비 = \frac{KL}{r\left(=\sqrt{\frac{I}{A}}\right)}$$
정답 ④

101
㉠ 세장비 : $\lambda = \frac{KL}{r}$
㉡ 단면2차반경 : $r = \sqrt{\frac{I}{A}}$
영계수(=탄성계수)는 필요 없다.
정답 ④

102
② 압축에서만 일어난다.
③ 기둥 설계 시 고려해야 한다.
④ 좌굴은 탄성영역뿐만 아니라 비탄성영역에서도 일어난다.
정답 ①

103
① 부재의 유효좌굴길이계수를 감소시킨다.
② 부재의 세장비를 감소시킨다.
③ 부재의 비지지길이를 감소시킨다.
정답 ④

---

099 단일 압축재의 세장비를 구할 때 고려하지 않아도 되는 것은? 16 서울시 9급(後)

① 부재 길이　　② 단면2차모멘트
③ 지지 조건　　④ 탄성계수

100 강구조에서 압축부재의 세장비를 구할 때 필요하지 않은 것은? 24 국가직 7급

① 단면2차모멘트　　② 유효좌굴길이계수
③ 단면적　　　　　　④ 탄성계수

101 단일 압축재에서 유효세장비를 구할 때 필요 없는 것은? 09 지방직 7급

① 좌굴길이　　　　② 단면적
③ 단면2차모멘트　　④ 영계수

102 강재의 좌굴에 대한 설명으로 옳은 것은? 16 서울시 9급(後)

① 부재의 길이가 길수록 더 쉽게 일어난다.
② 압축과 인장에서 모두 일어난다.
③ 기둥 설계 시에는 고려하지 않아도 된다.
④ 좌굴은 탄성영역에서만 일어난다.

103 강구조에서 압축재의 좌굴을 방지하는 방법으로 옳은 것은? 25 지방직 9급

① 부재의 유효좌굴길이계수를 증가시킨다.
② 부재의 세장비를 증가시킨다.
③ 부재의 비지지길이를 증가시킨다.
④ 강재의 좌굴축에 대한 단면2차모멘트를 증가시킨다.

104 강구조에서 압축재가 양단 고정이고, 휨좌굴에 대한 비지지길이는 3m이다. 이때의 유효세장비(λ)는? (단, 단면2차반경은 20mm) 　　17 서울시 9급(後)

① 75
② 105
③ 150
④ 300

104
유효길이(KL)
$= 0.5 \times 3{,}000\text{mm}$
$= 1{,}500\text{mm}$
$\therefore$ 세장비 $= \dfrac{KL}{r} = \dfrac{1{,}500}{20} = 75$

정답 ①

---

105 유효길이가 4m이고 직경이 100mm인 원형단면 압축재의 유효세장비는?　　19 지방직 9급

① 100
② 160
③ 250
④ 400

105
세장비 $= \dfrac{KL}{r\left(=\dfrac{d}{4}\right)} = \dfrac{4{,}000}{\dfrac{100}{4}}$
$= 160$

정답 ②

---

106 하중저항계수 설계법에 따른 강구조 부재설계 기준에서 압축부재의 상단부가 회전고정 및 이동자유, 하단부가 회전자유 및 이동고정일 경우 유효길이계수 K의 이론값은?　　25 국가직 9급

① 0.8
② 1.2
③ 2.0
④ 2.1

106
유효길이 계수(K) 이론값

재단조건 (점선은 좌굴 모드)	0.5L	0.7L	L
K의 이론값	0.5	0.7	1.0
재단조건 (점선은 좌굴 모드)	L	2L	2L
K의 이론값	1.0	2.0	2.0

기호 설명	회전구속, 이동구속 회전자유, 이동자유
	회전구속, 이동구속 회전자유, 이동자유

정답 ③

정답 및 해설

107
기둥의 상단부와 하단부의 회전과 이동이 모두 구속되어 있을 경우 유효길이계수(K)는 부재길이의 1/2로 본다.
정답 ①

108
$K_A(=2.0) > K_C(=1.0) > K_D(=0.7) > K_B(=0.5)$
정답 ②

109
압축부재의 하단부가 회전고정 및 이동고정 되어 있고 상단부가 회전자유 및 이동고정 되어 있을 경우 유효길이계수의 이론값은 0.7이다.
정답 ②

110
유효좌굴길이 $= KL = K \times 4m = 2.8m$
∴ 좌굴계수 $K = 0.7$
(1단 핀, 타단 고정)
정답 ④

---

107 기둥의 상단부와 하단부의 회전과 이동이 모두 구속되어 있을 경우 유효길이계수(K)의 이론값으로 옳은 것은?

10 국가직 9급

① 0.5 ② 0.7
③ 1.0 ④ 2.0

108 〈보기〉와 같이 서로 다른 지지조건을 가지는 강구조 압축재 A, B, C, D가 있다. 유효길이계수의 크기를 비교한 것으로 가장 옳은 것은? (단, 단부의 지지조건을 제외한 단면, 재질, 길이 등 모든 조건은 서로 동일하다.)

24 서울시 9급

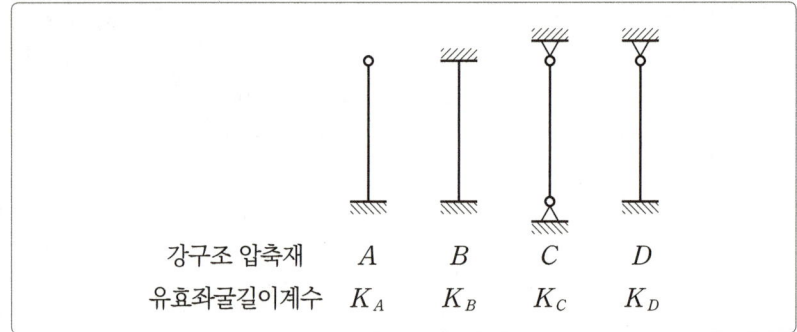

① $K_A > K_C > K_B > K_D$
② $K_A > K_C > K_D > K_B$
③ $K_C > K_A > K_B > K_D$
④ $K_C > K_A > K_D > K_B$

109 강구조 압축부재의 하단부가 회전고정 및 이동고정 되어 있고 상단부가 회전자유 및 이동고정 되어 있을 경우 유효길이계수의 이론값은?

24 국가직 9급

① 0.5 ② 0.7
③ 1.0 ④ 1.2

110 높이가 $4m$인 H형강 기둥의 이론적인 유효좌굴길이가 $2.8m$일 때, 지지상태로 옳은 것은?

17 국가직 7급

① 양단 고정 ② 양단 핀
③ 1단 자유, 타단 고정 ④ 1단 핀, 타단 고정

111 다음 중 철골구조에서 기둥 부재길이와 단부 지지조건에 의한 유효길이가 가장 작은 것은?

10 국가직 7급

① 부재길이 : L, 단부 지지조건 : 일단고정, 타단힌지
② 부재길이 : L, 단부 지지조건 : 일단고정, 타단자유
③ 부재길이 : L, 단부 지지조건 : 양단힌지
④ 부재길이 : $2L$, 단부 지지조건 : 양단고정

111
① 단부 지지조건이 일단고정, 타단힌지인 경우 유효길이 : $0.7L$
② 단부 지지조건이 일단고정, 타단자유인 경우 유효길이 : $2.0L$
③ 단부 지지조건이 양단힌지인 경우 유효길이 : $1.0L$
④ 단부 지지조건이 양단고정인 경우 유효길이 : $0.5 \times 2L = 1.0L$

정답 ①

112 높이 $L=3.0\text{m}$인 압연H형강 $\text{H}-200 \times 200 \times 8 \times 12$ 기둥이 하부는 고정단으로 지지되어 있고 상부는 단순지지되어 있다. 유효길이계수로 이론적인 값을 사용할 경우, 기둥의 약축방향 유효세장비는? (단, 압연H형강 $\text{H}-200 \times 200 \times 8 \times 12$의 약축방향 단면2차반경 $r_y=50.2\text{mm}$)

17 지방직 9급

① 29.9
② 41.8
③ 59.8
④ 71.7

112
세장비 $= \dfrac{KL}{r} = \dfrac{0.7 \times 3{,}000}{50.2} = 41.8$

정답 ②

113 수평이동이 제한된 기둥에서 양단부가 모두 고정단으로 되어 있고, 길이가 2m인 경우의 유효세장비(KL/r) 값은? (단, 유효길이계수 K는 이론값을 사용하고, 단면적 $A=100\text{mm}^2$, 단면2차모멘트 $I=10{,}000\text{mm}^4$ 이다.)

11 국가직 7급

① 50
② 100
③ 150
④ 200

113
(1) 유효길이(KL)
$= 0.5 \times 2{,}000\text{mm} = 1{,}000\text{mm}$
(2) 단면2차반경(r)
$= \sqrt{\dfrac{I}{A}} = \sqrt{\dfrac{10{,}000}{100}} = 10\text{mm}$
∴ 세장비 $= \dfrac{KL}{r} = \dfrac{1{,}0000\text{mm}}{10\text{mm}}$
$= 100$

정답 ②

정답 및 해설

114

(1) 강축의 세장비

$$= \frac{KL}{r_x} = \frac{0.7 \times 10,000}{100} = 70$$

(2) 약축의 세장비

$$= \frac{KL}{r_x} = \frac{1 \times 6,000}{50} = 120$$

∴ (1), (2) 중 큰 값인 120

정답 ③

115

① 유효길이(KL)
  $= 2.0 \times 0.5l = 1.0l$
② 유효길이(KL)
  $= 1.0 \times l = 1.0l$
③ 유효길이(KL)
  $= 0.7 \times 1.5l = 1.05l$
④ 유효길이(KL)
  $= 2.0 \times 0.7l = 1.4l$

정답 ④

---

114 그림과 같이 1단고정, 타단 핀고정이고 절점 횡이동이 없는 중심압축재가 있다. 부재단면은 압연H형강이고, 부재길이는 10m, 부재 중간에 약축 방향으로만 횡지지(핀고정)되어 있다. 이 부재의 휨좌굴강도를 결정하는 유효세장비로 가장 옳은 것은? (단, 부재단면의 국부좌굴은 발생하지 않으며, 유효세장비는 유효길이(이론값)를 단면2차반경으로 나눈 값으로 정의하고, 강축에 대한 단면2차반경 $r_x = 100$mm, 약축에 대한 단면2차반경 $r_y = 50$mm이다.) 19 서울시 9급(前)

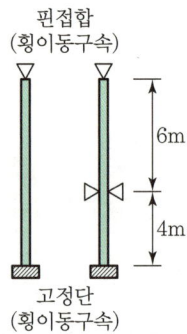

① 70 ② 100
③ 120 ④ 56

115 다음과 같은 단부조건을 갖는 강구조 압축재에서 유효길이(KL)가 가장 긴 부재는? 12 국가직 7급

| 회전구속 이동구속 | 회전자유 이동구속 | 회전구속 이동자유 | 회전자유 이동자유 |

① 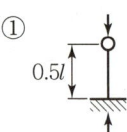 ②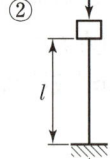

③ 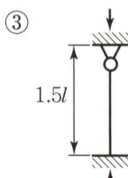 ④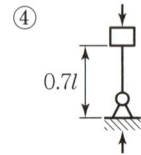

116 압축재 H형강 H−250×250×9×14의 유효길이가 가장 긴 것은? (단, 단면2차반경 $r_x=10.8$cm, $r_y=6.29$cm로 가정한다.) 　　13 국가직 7급

① 길이가 5m이고 양단 단순지지이며, 부재의 중간에서 약축에 대해 측면지지되어 있는 압축재
② 길이가 10m이고 양단고정이며, 부재의 중간에서 약축에 대해 측면지지되어 있는 압축재
③ 길이가 4m이고 캔틸레버이며, 캔틸레버 선단부에서 강축에 대해 측면지지되어 있는 압축재
④ 길이가 12m이고 양단고정이며, 부재의 중간에서 강축에 대해 측면지지되어 있는 압축재

116
유효길이(KL)
① 강축 : $KL=1.0\times 5=5$m,
　약축 : $KL=1.0\times 2.5=2.5$m
　→ 5m
② 강축 : $KL=0.5\times 10=5$m,
　약축 : $KL=0.7\times 5=3.5$m
　→ 5m
③ 강축 : $KL=0.7\times 4=2.8$m,
　약축 : $KL=2.0\times 4=8$m
　→ 8m
④ 강축 : $KL=0.7\times 6=4.2$m,
　약축 : $KL=0.5\times 12=6$m
　→ 6m
정답 ③

---

117 압축부재의 탄성좌굴하중 값에 영향을 미치는 요소가 아닌 것은?　　09 국가직 7급

① 부재의 길이
② 부재의 탄성계수
③ 부재의 단면적
④ 부재의 단면2차모멘트

117
좌굴하중(P_{cr})은 $\dfrac{\pi^2 EI}{(KL)^2}$ 이므로, 부재의 탄성계수(E)와 부재의 단면2차모멘트(I)에 비례하고, 부재의 유효좌굴계수(K) 및 부재의 길이에 반비례한다.
정답 ③

---

118 중심축하중을 받는 강재기둥의 탄성좌굴하중 산정을 위해 필요한 사항으로 옳지 않은 것은?　　10 지방직 9급

① 유효좌굴길이
② 단면계수
③ 탄성계수
④ 단면2차모멘트

118
강재기둥의 탄성좌굴하중 산정시에는 탄성계수(E), 단면2차모멘트(I), 유효좌굴길이(KL)에 따라 결정된다.
∴ 탄성좌굴하중(P_{cr})=$\dfrac{\pi^2 EI}{(KL)^2}$
정답 ②

---

119 압축하중을 받는 장주의 좌굴하중을 증가시키기 위한 방안으로 옳지 않은 것은?　　16 지방직 9급

① 부재 단면의 단면2차모멘트를 증가시킨다.
② 부재 단면의 회전반지름(단면2차반경)을 증가시킨다.
③ 부재의 탄성계수를 증가시킨다.
④ 부재의 비지지길이를 증가시킨다.

119
압축하중을 받는 장주의 좌굴하중을 증가시키기 위해서는 부재의 비지지길이를 감소시킨다.
정답 ④

정답 및 해설

120
좌굴하중공식 $P_{cr} = \dfrac{\pi^2 EI}{(KL)^2}$을 이용하여 구한다. 여기서, K(유효길이계수)는 지점의 상태가 양단이 힌지인 경우 1이고, 양단이 고정단인 경우는 양단이 힌지인 경우의 4배가 된다.

정답 ④

121
좌굴하중
$P_{cr} = \dfrac{\pi^2 EI}{(KL)^2} = \dfrac{\pi^2 \times 1}{(0.7 \times 1)^2} = 2\pi^2$

정답 ③

122
(1) $P_{(가)} = \dfrac{\pi^2 EI}{(KL)^2} = \dfrac{\pi^2 EI}{L^2}$
(2) $P_{(나)} = \dfrac{\pi^2 EI}{(KL)^2} = \dfrac{\pi^2 2EI}{4L^2}$

∴ 탄성좌굴하중의 비
$= \dfrac{P_{(가)}}{P_{(나)}} = \dfrac{\dfrac{\pi^2 EI}{L^2}}{\dfrac{\pi^2 2EI}{4L^2}} = 2$

정답 ③

---

120 강구조 압축재는 양단의 구속상태에 따라 탄성좌굴하중(P_{cr})의 값이 달라진다. 상단부와 하단부의 회전과 이동이 모두 구속되어 있는 압축재는 상단부와 하단부의 이동만 구속되어 있고 회전이 자유로운 기둥에 비해 탄성좌굴하중이 몇 배인가?

10 지방직 7급

① 0.5배 ② 1.0배
③ 2.0배 ④ 4.0배

121 그림과 같이 압축력을 받는 기둥의 오일러 좌굴하중에 가장 가까운 [MN]은? (단, 압축부재의 휨강성 EI는 $1 \text{MN} \cdot \text{m}^2$으로 한다.)

13 국가직 9급

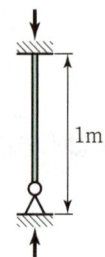

① $4\pi^2$ ② $3\pi^2$
③ $2\pi^2$ ④ $1\pi^2$

122 기둥 (가)와 (나)의 탄성좌굴하중을 각각 $P_{(가)}$와 $P_{(나)}$라 할 때, 두 탄성좌굴하중의 비$\left(\dfrac{P_{(가)}}{P_{(나)}}\right)$는? (단, 기둥의 길이는 모두 같고, 휨강성은 각각의 기둥 옆에 표시한 값이며, 자중의 효과는 무시한다.)

20 국가직 9급

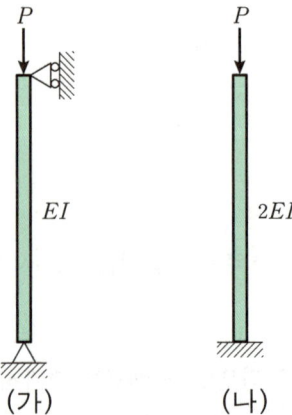

① 0.5 ② 1
③ 2   ④ 4

123

그림과 같은 양단 지지조건을 가지는 강구조 압축재에 대한 탄성좌굴하중의 비 $(a):(b):(c)$는? (단, 압축재의 길이, 재질 및 단면은 모두 동일하며, 자중은 무시하고 유효길이계수는 이론값을 적용한다.)

23 국가직 9급

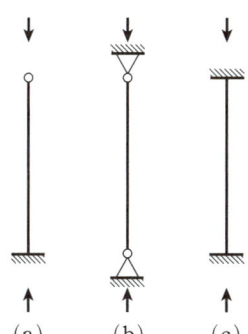

① 4 : 2 : 1
② 1 : 2 : 4
③ 16 : 4 : 1
④ 1 : 4 : 16

123

탄성좌굴하중 $(P_{cr}) = \dfrac{\pi^2 EI}{(KL)^2}$

$(a):(b):(c)$
$= \dfrac{1}{2^2} : \dfrac{1}{1^2} : \dfrac{1}{(1/2)^2}$
$= 1 : 4 : 16$

정답 ④

124

그림과 같은 기둥 A, B, C의 탄성좌굴하중의 비 $P_A : P_B : P_C$는? (단, 기둥 단면은 동일하며, 동일재료로 구성되고 유효길이 계수는 이론값으로 한다.)

09 지방직 9급

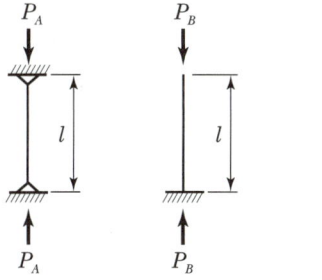

① 1 : 2 : 0.5
② 1 : 0.25 : 2
③ 1 : 0.25 : 4
④ 1 : 0.25 : 16

124

좌굴하중공식 $P_{cr} = \dfrac{\pi^2 EI}{(KL)^2}$을 이용하여 기둥 A, B, C의 탄성좌굴하중의 비를 구한다. 또한, 모든 기둥의 단면은 동일하며, 동일재료로 구성되어 있기 때문에 EI는 같고, 각각의 좌굴하중은 KL의 제곱에 반비례한다고 볼 수 있다.

$P_A = \dfrac{1}{(1.0 \times L)^2}$

$P_B = \dfrac{1}{(2.0 \times L)^2}$

$P_C = \dfrac{1}{(0.5 \times L)^2}$

$\therefore P_A : P_B : P_C = 1 : 0.25 : 4$

정답 ③

125

횡방향으로 구속되지 않는 1층 철골모멘트골조에 3m 길이의 일정한 원형 단면의 강재기둥이 있다. 기둥 하단의 지지조건이 회전구속-이동구속이고 기둥 상단의 지지조건이 회전구속-이동자유인 경우, 기둥의 탄성좌굴하중을 산정하기 위한 유효길이는?   16 국가직 7급

① 1.5m
② 2.1m
③ 3m
④ 7m

125 해설
기둥 하단의 지지조건이 회전구속-이동구속(고정단)이고 기둥 상단의 지지조건이 회전구속-이동자유인 경우, 부재의 유효길이 계수(K)는 1.0이므로 유효길이 $=KL=1.0 \times 3m=3m$이다.

정답 ③

126

그림과 같이 기둥의 실제 길이(L)와 단면이 동일하고 단부 조건이 서로 다른 (A) : (B) : (C)에 대한 이론적인 탄성좌굴 하중(P_{cr}) 비율은?   16 서울시 9급(前)

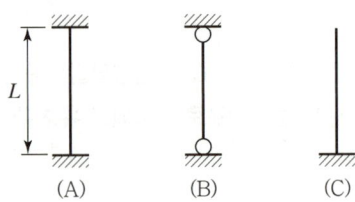

(A)   (B)   (C)

① 3 : 2 : 1
② 4 : 2 : 1
③ 9 : 4 : 1
④ 16 : 4 : 1

126 해설
좌굴하중공식 $P_{cr}=\dfrac{\pi^2 EI}{(KL)^2}$을 이용하여 기둥 A, B, C의 탄성좌굴하중의 비를 구한다. 또한, 모든 기둥의 단면은 동일하며, 동일재료로 구성되어 있기 때문에 EI는 같고, 각각의 좌굴하중은 KL의 제곱에 반비례한다고 볼 수 있다.

$P_A=\dfrac{1}{(0.5 \times L)^2}$

$P_B=\dfrac{1}{(1.0 \times L)^2}$

$P_C=\dfrac{1}{(2.0 \times L)^2}$

$\therefore P_A : P_B : P_C = 4 : 1 : 1/4$
$= 16 : 4 : 1$

정답 ④

127 길이, 단면 및 재질이 동일한 두 개의 기둥이 그림과 같이 지지점의 조건만 다를 때, 두 기둥에 작용하는 좌굴하중 P_1과 P_2의 이론적인 비율은?   19 서울시 7급

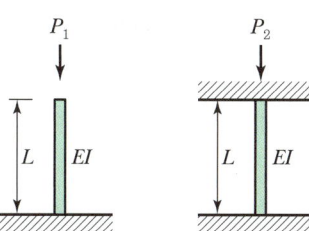

① $P_2/P_1 = 2.0$
② $P_2/P_1 = 4.0$
③ $P_2/P_1 = 8.0$
④ $P_2/P_1 = 16.0$

127

(1) $P_1 = \dfrac{\pi^2 EI}{(KL)^2} = \dfrac{\pi^2 EI}{(2 \times L)^2}$
$= \dfrac{\pi^2 EI}{4L^2}$

(2) $P_2 = \dfrac{\pi^2 EI}{(KL)^2} = \dfrac{\pi^2 EI}{(0.5 \times L)^2}$
$= \dfrac{4\pi^2 EI}{L^2}$

∴ $P_2/P_1 = \dfrac{\dfrac{4\pi^2 EI}{L^2}}{\dfrac{\pi^2 EI}{4L^2}} = 16$

정답 ④

128 그림과 같은 길이가 L인 압축재가 부재의 중앙에서 횡방향 지지되어 있을 경우, 이 부재의 면내방향 탄성좌굴하중(P_{cr})은? (단, 부재의 자중은 무시하고, 면외방향 좌굴은 발생하지 않는다고 가정하며, 부재 단면의 휨강성은 EI이다.)   21 국가직 9급

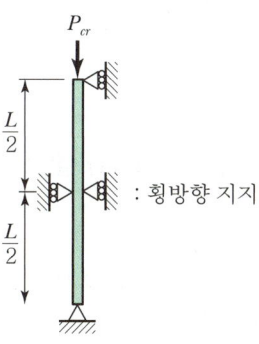

① $\dfrac{\pi^2 EI}{L^2}$
② $\dfrac{2\pi^2 EI}{L^2}$
③ $\dfrac{4\pi^2 EI}{L^2}$
④ $\dfrac{8\pi^2 EI}{L^2}$

128

$P_{cr} = \dfrac{\pi^2 EI}{(KL)^2} = \dfrac{\pi^2 EI}{\left(1 \times \dfrac{L}{2}\right)^2}$
$= \dfrac{4\pi^2 EI}{L^2}$

정답 ③

정답 및 해설

129
수평하중이 작용하지 않아도 기둥에 좌굴이 발생되면 지점의 상태에 따라서 횡이동을 수반한다.
정답 ④

130
블록전단강도는 인장재 설계시 고려 사항이다.
정답 ③

131
국부좌굴이 발생하기 전에 압축요소에 항복응력이 발생할 수 있으나 소성힌지의 회전능력을 갖지 못하는 단면은 비조밀단면이라고 한다.
정답 ④

---

129 강재기둥의 좌굴거동에 대하여 기술한 내용 중 가장 옳지 않은 것은?

17 서울시 9급(後)

① 횡이동이 있는 기둥의 경우 유효길이(KL)는 항상 길이(L) 이상이다.
② 세장비가 한계세장비보다 작은 기둥은 비탄성좌굴에 의해 파괴될 수 있다.
③ 접선탄성계수 이론은 비탄성좌굴에 대한 이론이다.
④ 수평하중이 작용하지 않는 기둥의 좌굴은 횡이동을 수반하지 않는다.

130 강구조 H형단면 부재에서 플랜지에 수직이며 웨브에 대하여 대칭인 집중하중을 받는 경우, 플랜지와 웨브에 대하여 검토하는 항목이 아닌 것은? (단, 한쪽의 플랜지에 집중하중을 받는 경우이다.)

19 국가직 9급

① 웨브크리플링강도
② 웨브횡좌굴강도
③ 블록전단강도
④ 플랜지국부휨강도

131 강구조에서 사용하는 용어에 대한 설명으로 옳지 않은 것은?

15 국가직 7급

① 필러 : 요소의 두께를 증가시키는 데 사용하는 플레이트
② 거싯플레이트 : 트러스의 부재, 스트럿 또는 가새재를 보 또는 기둥에 연결하는 판 요소
③ 스티프너 : 하중을 분배하거나, 전단력을 전달하거나, 좌굴을 방지하기 위해 부재에 부착하는 구조요소
④ 조밀단면 : 국부좌굴이 발생하기 전에 압축요소에 항복응력이 발생할 수 있으나 소성힌지의 회전능력을 갖지 못하는 단면

132 강구조의 국부좌굴에 대한 단면의 분류에서 비구속판요소의 폭(b)에 대한 설명으로 옳지 않은 것은?

17 지방직 9급

① H형강 플랜지에 대한 b는 전체플랜지폭의 반이다.
② ㄱ형강 다리에 대한 b는 전체공칭치수에서 두께를 감한 값이다.
③ T형강 플랜지에 대한 b는 전체플랜지폭의 반이다.
④ 플레이트의 b는 자유단으로부터 파스너 첫 번째 줄 혹은 용접선까지의 길이이다.

133 강구조의 국부좌굴에 대한 판폭두께비 제한값을 산정하는 경우, 비구속판요소의 폭으로 옳은 것은?

12 국가직 7급

① T형강 플랜지에 대한 폭 b는 전체플랜지폭으로 한다.
② Z형강 다리에 대한 폭 b는 전체공칭치수의 1/2로 한다.
③ 플레이트의 폭 b는 자유단으로부터 파스너 첫 번째 줄 혹은 용접선까지의 길이이다.
④ T형강의 스템 d는 전체공칭높이의 2/3로 한다.

134 압축력과 휨을 받는 1축 및 2축 대칭단면부재에 적용되는 휨과 압축력의 상관관계식에 대한 설명으로 옳지 않은 것은?

18 지방직 9급

① 소요압축강도와 설계압축강도의 상대적인 비율은 상관관계식의 변수 중 하나이다.
② 보의 공칭휨강도는 항복, 횡비틀림좌굴, 플랜지국부좌굴, 웨브국부좌굴 등 4가지 한계상태강도 가운데 최솟값으로 산정한다.
③ 강축 및 약축에 대하여 동시에 휨을 받을 때 약축에 대한 휨만 고려한다.
④ 소요휨강도는 2차효과가 포함된 모멘트이다.

132
ㄱ형강 다리에 대한 폭(b)은 전체공칭치수이다.
정답 ②

133
① T형강 플랜지에 대한 폭 b는 전체플랜지폭의 반이다.
② Z형강 다리에 대한 폭 b는 전체공칭치수이다.
④ T형강의 스템 d는 전체 공칭높이로 한다.
정답 ③

134
강축 및 약축에 대하여 동시에 휨을 받을 때 강축과 약축 모두 다 고려한다.
정답 ③

정답 및 해설

135

웨브의 판폭두께비 $\left(\dfrac{h}{t_w}\right)$

$= \dfrac{300-(15\times 2)-(18\times 2)}{10}$

$= \dfrac{234}{10} = 23.4$

정답 ①

136

$\dfrac{h}{t} = \dfrac{500-(16\times 2)}{10} = \dfrac{468}{10} = 46.8$

정답 ②

137

$\dfrac{b}{t} = \dfrac{200\div 2}{17} = \dfrac{100}{17} \fallingdotseq 5.88$

정답 ③

---

135 압연 H형강(H−300×300×10×15, $r=18mm$)에서 웨브의 판폭두께비는?

14 지방직 9급

① 23.4
② 25.2
③ 27.0
④ 28.8

136 용접 H형강(H−500×200×10×16) 보 웨브의 판폭두께비는?

21 국가직 9급

① 42.0
② 46.8
③ 54.8
④ 56.0

137 압연 H형강 H−600×200×11×17(SS400) 보의 플랜지의 판폭두께비는 얼마인가? (단, 소수 셋째 자리에서 반올림한다.)

16 서울시 9급(後)

① 3.88
② 4.88
③ 5.88
④ 6.88

138 강구조 설계 시 다음 그림과 같은 압연형강 H−500×200×10×16(r=20)에서 웨브의 폭두께비로 옳은 것은?

17 서울시 9급(前)

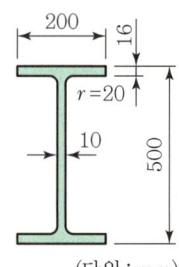

(단위 : mm)

① 42.8
② 44.8
③ 46.8
④ 48.8

138

웨브의 폭두께비 $\left(\dfrac{h}{t_w}\right)$

$=\dfrac{500-(16\times 2)-(20\times 2)}{10}$

$=\dfrac{428}{10}$

$=42.8$

정답 ①

---

139 2축 대칭인 용접 H형강 H−500×500×16×20의 플랜지 및 웨브 각각의 판폭두께비로 옳은 것은?

20 서울시 7급

	플랜지	웨브
①	12.50	28.75
②	12.50	25.75
③	13.75	23.50
④	13.75	27.50

139

(1) 플랜지 판폭두께비

$\dfrac{b}{t}=\dfrac{500\div 2}{20}=12.5$

(2) 웨브 판폭두께비

$\dfrac{h}{t}=\dfrac{500-(20\times 2)}{16}=28.75$

정답 ①

---

140 용접 H형강 (H−300×300×10×15) 판요소의 폭두께비는?

24 지방직 9급

	플랜지	웨브
①	10	27
②	10	30
③	20	27
④	20	30

140

(1) 플랜지

$\dfrac{b}{t}=\dfrac{300\div 2}{15}=\dfrac{150}{15}=10$

(2) 웨브 판폭두께비

$\dfrac{h}{t}=\dfrac{300-(15\times 2)}{10}=\dfrac{270}{10}$

$=27$

정답 ①

정답 및 해설

141
부재 중간에 사용되는 띠판의 폭은 부재단부 띠판길이의 1/2 이상이어야 한다.
정답 ④

142
덧판을 사용한 조립압축재의 파스너 및 단속용접의 최대간격은 가장 얇은 덧판 두께의 $0.75\sqrt{E/F_y}$배 또는 300mm 이하로 한다.
정답 ②

143
① 조립부재의 재축방향의 접합간격은 소재세장비가 조립압축재의 최대세장비를 초과하지 않도록 한다.
③ 압축력을 받는 래티스의 길이는 단일래티스의 경우 주부재와 래티스를 접합하는 용접 또는 파스너사이의 비지된 래티스의 길이이며, 복래티스의 경우 이 길이의 70%로 한다.
④ 단일래티스의 경우 부재축에 대한 래티스부재의 경사각은 60° 이상으로 한다.
정답 ②

---

141 래티스 형식 조립압축재에 설치하는 유공커버돌레이트형식 대안 조립 압축재에 대한 요구조건으로 옳지 않은 것은?
17 지방직 9급

① 띠판의 두께는 부재의 구성요소와 띠판을 연결시키는 용접 또는 파스너열 사이 거리의 1/50 이상이어야 한다.
② 띠판의 조립부재에 접합은 용접의 경우 용접길이는 띠판길이의 1/3 이상이어야 한다.
③ 부재단부에 사용되는 띠판의 폭은 부재의 구성요소와 띠판을 연결하는 용접 또는 파스너열 간격 이상이어야 한다.
④ 부재중간에 사용되는 띠판의 폭은 부재단부 띠판길이의 1/3 이상이어야 한다.

142 강구조 조립압축재의 구조 제한에 대한 설명으로 옳지 않은 것은? (단, E는 강재의 탄성계수, F_y는 강재의 항복강도를 나타낸다.)
16 지방직 9급

① 2개 이상의 압연형강으로 구성된 조립압축재는 접합재 사이의 개재세장비가 조립압축재 전체세장비의 3/4배를 초과하지 않도록 한다.
② 덧판을 사용한 조립압축재의 파스너 및 단속용접의 최대간격은 가장 얇은 덧판 두께의 $1.5\sqrt{E/F_y}$배 또는 500mm 이하로 한다.
③ 도장 내후성 강재로 만든 조립압축재의 긴결간격은 가장 얇은 판 두께의 14배 또는 170mm 이하로 한다.
④ 조립재 단부에서 개재 상호 간을 고장력볼트로 접합할 때, 조립재 최대폭의 1.5배 이상의 구간에 대해서 길이방향으로 볼트직경의 4배 이하 간격으로 접합한다.

143 래티스형식 조립압축재에 대한 설명으로 옳은 것은?
13 지방직 9급

① 조립부재의 재축방향의 접합간격은 소재세장비가 조립압축재의 최대세장비를 초과하도록 한다.
② 단일래티스부재의 세장비는 140 이하로 한다.
③ 압축력을 받는 래티스의 길이는 단일래티스의 경우 주부재와 래티스를 접합하는 용접 또는 파스너사이의 비지된 래티스의 길이이며, 복래티스의 경우 이 길이의 50%로 한다.
④ 단일래티스의 경우 부재축에 대한 래티스부재의 경사각은 50° 이상으로 한다.

144
판보(Plate Girder)의 웨브(Web) 국부좌굴을 방지하기에 가장 적합한 방법은?
10 지방직 9급

① 웨브의 판폭두께비를 크게 한다.
② 커버플레이트(Cover Plate)를 사용한다.
③ 웨브에 사용하는 강재의 강도를 높인다.
④ 스티프너(Stiffener)를 사용한다.

144
판보의 웨브는 전단에 의한 국부좌굴이 발생할 수 있으므로 스티프너를 설치하여 보강하여야 한다.
정답 ④

145
다음 중 철골구조의 보부재설계에 대한 설명으로 옳지 않은 것은?
15 서울시 7급

① 횡좌굴에 대한 안전성 확보를 위해 강축보다는 약축방향의 횡지지구간 길이를 줄여준다.
② 전단에 대한 안전성 확보를 위해 웨브보다 플랜지면적을 증대시켜 준다.
③ 휨 및 전단검토에는 계수하중이 적용되고 처짐검토에는 사용하중이 적용된다.
④ 스티프너 종류에는 하중점스티프너, 중간스티프너, 수평스티프너가 있다.

145
전단에 대한 안전성 확보를 위해 플랜지보다 웨브면적을 증대시켜 준다.
정답 ②

146
플레이트거더에 대한 설명 중 옳지 않은 것은?
09 국가직 7급

① 장경간인 경우 층고를 낮출 수 있는 장점이 있다.
② 일반적으로 플랜지는 휨에 의한 인장 및 압축력을 지지하고 웨브는 전단력을 지지한다.
③ 전단강도는 웨브의 폭두께비 및 중간 스티프너의 간격에 좌우된다.
④ 같은 경간 및 하중 상태에서 트러스보다 강재량이 적게 소요되는 장점이 있다.

146
플레이트 거더는 트러스보다 같은 스팬 및 하중상태에서 강재량이 많이 소요되는 단점도 갖고 있다.
정답 ④

정답 및 해설

147
중간 스티프너는 웨브의 전단강도를 증가시키기 위해 보의 재축에 직각방향으로 설치하는 보강재이다.
정답 ②

148
중간스티프너는 웨브의 좌굴을 방지하기 위해 보의 재축에 직각방향으로 수직으로 설치한다.
정답 ①

149
플레이트 거더는 강판으로 조립한 H형강으로서 휨모멘트와 전단력이 커서 압연형강으로 내력 및 처짐을 만족시키기 힘들 때 사용하는 조립보이다.
정답 ①

---

147 강재 플레이트 거더에 대한 설명으로 옳지 않은 것은? 15 국가직 7급

① 플레이트 거더의 춤을 높이면 휨모멘트 지지능력이 커져서 효율적이지만, 웨브는 불안정해지므로 스티프너로 보강한다.
② 중간 스티프너는 웨브의 전단강도를 증가시키기 위해 보의 중간에 적당한 간격으로 수평으로 설치하는 보강재이다.
③ 하중점 스티프너는 집중하중으로 인해 웨브에 국부좌굴의 우려가 있는 경우 집중하중이 작용하는 곳의 웨브 양쪽에 수직으로 설치하는 보강재이다.
④ 수평 스티프너는 휨모멘트에 의해 재축방향 압축력을 받는 웨브의 좌굴을 방지하는 역할을 한다.

148 플레이트 거더(Plate Girder)의 스티프너에 대한 설명 중 가장 옳지 않은 것은? 16 서울시 9급(前)

① 중간스티프너는 웨브의 좌굴을 방지하기 위해 보의 재축방향 중간 부분에 수평으로 설치한다.
② 수평스티프너는 웨브의 압축좌굴 내력을 증가시키기 위해 보의 압축측 웨브에 재축방향으로 수평으로 설치한다.
③ 하중점스티프너는 집중하중이 작용하는 곳의 웨브 양쪽에 수직으로 설치한다.
④ 플레이트 거더의 전단강도는 웨브의 판폭두께비 및 중간스티프너의 간격에 의해 좌우된다.

149 강구조의 플레이트 거더에 관한 설명 중 옳지 않은 것은? 09 국가직 9급

① 플레이트 거더는 보의 일종으로 볼 수 없다.
② 웨브는 전단력을 지지하며 전단응력은 균등하다고 가정한다.
③ 플레이트 거더의 전단강도는 웨브의 폭두께비에 의해 좌우된다.
④ 플레이트 거더의 설계 핵심은 웨브와 플랜지의 치수(Size)를 결정하는 것이다.

150 강구조 건축물의 구조계획에 대한 설명으로 옳지 않은 것은?

09 지방직 7급

① 기둥-보 접합부는 항상 강접합으로 하여야 한다.
② 허니컴보는 설비시스템을 위한 공간확보에 유리하고 일반강재보보다 휨강성이 증가한다.
③ 압축재의 세장비(lambda)는 가급적 200을 넘지 않도록 한다.
④ 슬래브는 데크플레이트를 주로 사용하며 시공 시 타설된 콘크리트에 의한 처짐에 대비해야 한다.

150
강접합(모멘트접합)은 이론적으로 보 단부에서 회전을 허용하지 않고 100%에 가까운 단부 모멘트를 기둥 또는 이음부에 전달하는 접합부를 말하며, 단순접합(전단접합)은 접합부가 어느 정도의 모멘트 저항을 갖고 있지만 저항의 정도가 부재의 모멘트 내력보다 상대적으로 작을 때 이 저항을 무시하고 전단에만 저항하는 것으로 본다. 기둥-보 접합부는 필요에 따라서 강접합과 단순접합 중 선택하게 된다.
정답 ①

151 강구조에서 단면적, 단면계수, 단면2차모멘트를 증가시키기 위하여 휨부재의 플랜지에 용접이나 볼트로 연결되는 플레이트는?

17 국가직 9급

① 커버플레이트(Cover Plate)
② 베이스플레이트(Base Plate)
③ 윙플레이트(Wing Plate)
④ 거셋플레이트(Gusset Plate)

151
플레이트 거더에서 플랜지는 휨모멘트를 부담하게 되고, 이것에 저항하기 위해서 커버플레이트를 사용하여 보강한다.
정답 ①

152 강구조 한계상태설계에 대한 설명으로 옳지 않은 것은?

11 지방직 7급

① 설계강도 산정 시 휨의 경우 $\phi_b=0.9$, 전단의 경우 $\phi_v=0.85$이다.
② 플랜지나 웨브의 국부좌굴은 판폭두께비가 큰 경우에 발생하기 쉬우므로 이를 방지하기 위해 판폭두께비를 제한할 필요가 있다.
③ 횡비틀림좌굴을 방지하기 위해서는 보의 압축플랜지를 직교보나 슬래브 등에 의해 적절히 횡지지해야 한다.
④ 허니컴 보는 춤을 높임으로써 단면2차모멘트가 커져서 처짐에 대해 유리한 단면이 된다.

152
설계강도 산정 시 휨의 경우 $\phi_b=0.9$, 전단의 경우 $\phi_v=0.9$ 이다.
정답 ①

정답 및 해설

153
장스팬보다 하중이 커서 휨강성이 크게 요구되는 경우 기성 압연부재로 단면내력이나 강성이 부족할 수가 있다. 이에 대한 대안으로 커버플레이트 보, 허니컴 보, 플레이트 거더 및 트러스 보 등이 사용된다.
정답 ④

154
① 단면 2차 모멘트를 크게 한다.
③ 휨강성을 늘린다.
④ 보의 스팬을 줄인다.
⑤ 웨브 단면적을 크게 한다.
정답 ②

155
강재 보의 탄성처짐은 탄성계수와 단면2차모멘트(단면 형상)에 반비례하고, 단부 지점조건에 따라서 달라진다.
정답 ①

---

153 큰 휨강성이 요구되는 장경간 보에 적합하지 않은 것은? 　　10 지방직 9급

① 커버플레이트 보　② 허니컴 보
③ 트러스 보　　　　④ 하이브리드 보

154 철골보의 처짐을 적게 하기 위한 방법으로 옳은 것은? 　　14 서울시 9급

① 단면 2차 모멘트를 작게 한다.
② 플랜지의 단면적을 크게 한다.
③ 휨강성을 줄인다.
④ 보의 스팬을 늘린다.
⑤ 웨브 단면적을 작게 한다.

155 스팬의 중앙에 집중하중을 받는 강재 보의 탄성 처짐에 영향을 주는 요인이 아닌 것은? 　　15 지방직 9급

① 재료의 인장강도
② 재료의 탄성계수
③ 부재의 단면형상
④ 부재의 단부 지점조건

156 철골보의 처짐한계에 대한 설명으로 옳지 않은 것은?   09 지방직 9급

① 자동 크레인보의 처짐한계는 스팬의 $\frac{1}{800} \sim \frac{1}{1,200}$이다.

② 수동 크레인보의 처짐한계는 스팬의 $\frac{1}{500}$이다.

③ 단순보의 처짐한계는 스팬의 $\frac{1}{400}$이다.

④ 캔틸레버보의 처짐한계는 스팬의 $\frac{1}{250}$이다.

156
단순지지의 강재보는 전체하중에 대하여 스팬의 1/300 이하로 제한한다.

정답 ③

157 수동크레인을 설계할 경우 철골 보의 처짐 한계로 옳은 것은?   13 지방직 9급

① 스팬의 1/200
② 스팬의 1/250
③ 스팬의 1/300
④ 스팬의 1/500

157
수동크레인은 스팬의 1/500 이하로 제한하고, 전동크레인은 스팬의 1/800 ~1/1,200 이하로 제한한다.

정답 ④

03 합성부재

158 철골조에 철근콘크리트 슬래브를 타설할 경우, 철골보와 슬래브 간의 전단력을 적절하게 전달하게 하는 철물은?   15 서울시 9급

① 턴 버클(Turn Buckle)
② 스티프너(Stiffener)
③ 커버 플레이트(Cover Plate)
④ 전단연결재(Shear Connector)

158
합성구조에서 콘크리트 부재의 하단은 인장을 받아 늘어나려 하고, 동시에 강재 부재의 상단은 압축을 받아 줄어들려고 하기 때문에 두 부재의 사이에 수평으로 작용하는 수평전단력이 발생하게 되며, 이 수평전단력에 저항하는 것이 전단연결재이다.

정답 ④

정답 및 해설

159
소성응력분포법에서는 강재가 인장 또는 압축으로 항복응력에 도달할 때 콘크리트는 축력 또는 휨으로 인한 압축으로 $0.85f_{ck}$의 응력에 도달한 것으로 가정하여 공칭강도를 계산한다.

정답 ①

160
내부 합성보의 경우에는 보스팬(지지점의 중심간)의 1/8과 보중심선에서 인접보 중심선까지 거리의 1/2 중 작은 값으로 하고, 외부 합성보의 경우에는 보스팬(지지점의 중심간)의 1/8과 보중심선에서 슬래브 가장자리까지의 거리 중 작은 값으로 한다.

정답 ②

161
① 보스팬의 $1/8 = 16 \times 1/8 = 2m$
② 보중심선에서 인접보 중심선까지 거리의 $1/2 = 6 \times 1/2 = 3m$
한쪽으로 내민 유효폭은 ①, ② 중 최솟값이므로 2m이며, 양쪽의 유효폭은 4m가 된다.

정답 ①

---

159 강합성구조 합성단면의 공칭강도에 대한 설명으로 옳지 않은 것은? (단, f_{ck}는 콘크리트의 설계기준압축강도이다)

24 국가직 9급

① 소성응력분포법에서는 강재가 인장 또는 압축으로 항복응력에 도달할 때 콘크리트는 축력 또는 휨으로 인한 압축으로 $0.8f_{ck}$의 응력에 도달한 것으로 가정하여 공칭강도를 계산한다.
② 합성단면의 공칭강도를 결정할 때 콘크리트의 인장강도는 무시한다.
③ 변형률적합법에서는 단면에 걸쳐 변형률이 선형적으로 분포한다고 가정한다.
④ 매입형 합성부재는 국부좌굴을 고려할 필요가 없다.

160 건축구조기준을 적용하여 합성보를 설계할 때, 보중심을 기준으로 정의하는 좌우 각 방향에 대한 콘크리트 슬래브의 유효폭으로 적합한 것은? (단, 바닥판 슬래브에 개구부가 없는 것으로 가정한다.)

14 국가직 7급

① 내부 합성보의 경우, 보스팬(지지점의 중심간)의 1/6과 보중심선에서 인접보 중심선까지 거리의 1/2 중 작은 값
② 내부 합성보의 경우, 보스팬(지지점의 중심간)의 1/8과 보중심선에서 인접보 중심선까지 거리의 1/2 중 작은 값
③ 외부 합성보의 경우, 보스팬(지지점의 중심간)의 1/6과 보중심선에서 슬래브 가장자리까지의 거리 중 작은 값
④ 외부 합성보의 경우, 보스팬(지지점의 중심간)의 1/8과 보중심선에서 슬래브 가장자리까지의 거리 중 작은 값

161 보경간이 16m이고 보중심선에서 좌우 인접보 중심선까지의 거리가 각각 6m인 합성보가 사용된 콘크리트 슬래브의 유효폭[m]은? (단, 합성보의 양쪽에 연속슬래브가 있는 경우로 본다.)

10 국가직 7급

① 4
② 3
③ 2
④ 1

162 그림과 같이 스팬이 8,000mm이며 간격이 3,000mm인 합성보의 슬래브 유효폭은?

18 서울시 9급

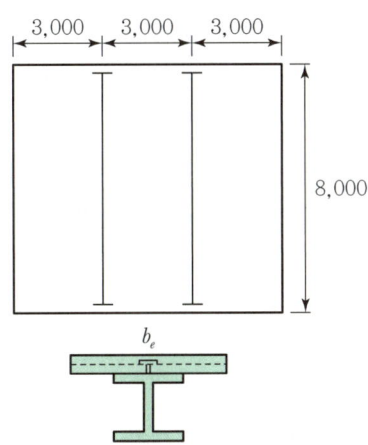

① 1,000mm
② 2,000mm
③ 3,000mm
④ 4,000mm

해설 162
(1) 보 스팬의 $1/8 = 8,000 \times 1/8$
    $= 1,000$mm
(2) 보 중심선에서 인접보 중심선까지 거리의 $1/2 = 3,000 \times 1/2$
    $= 1,500$mm
∴ 한쪽으로 내민 유효폭은 (1), (2) 중 최솟값이므로 1,000mm이며, 양쪽의 유효폭이므로 2,000mm가 된다.

정답 ②

---

163 〈보기〉의 매입형 합성부재 안에 사용하는 스터드 앵커에 관한 표에서 A~E 중 가장 작은 값과 가장 큰 값을 순서대로 바르게 나열한 것은? (단, 표는 각 하중조건에 대한 스터드앵커의 최소 h/d 값을 나타낸 것이다.)

19 서울시 9급(前)

하중 조건	보통콘크리트	경량콘크리트
전단	$h/d \geq$ (A)	$h/d \geq$ (B)
인장	$h/d \geq$ (C)	$h/d \geq$ (D)
전단과 인장의 조합력	$h/d \geq$ (E)	*

$h/d =$ 스터드앵커의 몸체직경(d)에 대한 전체길이(h) 비
※ 경량콘크리트에 묻힌 앵커에 대한 조합력의 작용효과는 관련 콘크리트 기준을 따른다.

① A, D
② B, E
③ C, A
④ D, B

해설 163

하중 조건	보통 콘크리트	경량 콘크리트
전단	$h/d \geq 5$	$h/d \geq 7$
인장	$h/d \geq 8$	$h/d \geq 10$
전단과 인장의 조합력	$h/d \geq 8$	*

정답 ①

정답 및 해설

164
데크플레이트 상단 위의 콘크리트 두께는 최소 50mm이어야 한다.
정답 ①

165
데크플레이트 상단 위의 콘크리트두께는 50mm 이상이어야 한다.
정답 ①

166
골데크플레이트를 사용한 합성보에서 스터드앵커의 상단 위로 13mm 이상의 콘크리트피복이 있어야 한다.
정답 ①

---

164 강재보와 골데크플레이트 슬래브로 이루어진 노출형 합성보에 대한 설명으로 옳지 않은 것은? 19 국가직 7급

① 데크플레이트 상단 위의 콘크리트 두께는 최소 40mm이어야 한다.
② 실험과 해석을 통하여 정당성을 증명하지 않는 한 데크플레이트의 공칭골깊이는 75mm 이하이어야 한다.
③ 데크플레이트는 강재보에 450mm 이하의 간격으로 고정되어야 한다.
④ 콘크리트슬래브와 강재보를 연결하는 스터드앵커의 직경은 19mm 이하이어야 한다.

165 KDS 합성구조 휨재의 설계에 대한 설명으로 옳지 않은 것은? 12 국가직 7급

① 데크플레이트 상단 위의 콘크리트두께는 40mm 이상이어야 한다.
② 콘크리트슬래브와 강재보를 연결하는 스터드앵커의 직경이 19mm 이하이어야 한다.
③ 데크플레이트의 공칭골깊이는 75mm 이하이어야 한다.
④ 동바리를 사용하지 않는 경우, 콘크리트의 강도가 설계기준강도의 75%에 도달하기 전에 작용하는 모든 시공하중은 강재단면 만에 의해 지지될 수 있어야 한다.

166 휨을 받는 합성부재에 대한 설명으로 옳지 않은 것은? 17 국가직 7급

① 골데크플레이트를 사용한 합성보에서 스터드앵커의 상단 위로 10mm 이상의 콘크리트피복이 있어야 한다.
② 정모멘트 및 부모멘트에 대한 설계휨강도를 구하기 위한 휨저항계수(ϕ_b)는 모두 0.9를 사용한다.
③ 콘크리트슬래브의 유효폭은 보중심을 기준으로 좌우 각 방향에 대한 유효폭의 합으로 구한다.
④ 동바리를 사용하지 않는 경우, 콘크리트의 강도가 설계기준강도의 75%에 도달되기 전에 작용하는 모든 시공하중은 강재단면만으로 지지할 수 있어야 한다.

167
강구조의 합성부재에 대한 설명으로 옳지 않은 것은?

18 지방직 9급

① 합성단면의 공칭강도는 소성응력분포법 또는 변형률적합법에 따라 결정한다.
② 압축력을 받는 충전형 합성부재의 단면은 조밀, 비조밀, 세장으로 분류한다.
③ 매입형 합성부재는 국부좌굴의 영향을 고려해야 하나, 충전형합성부재는 국부좌굴을 고려할 필요가 없다.
④ 합성기둥의 강도를 계산하는 데 사용되는 구조용 강재 및 철근의 설계기준항복강도는 650MPa를 초과할 수 없다.

167
충전형 합성부재는 국부좌굴의 영향을 고려해야 하지만, 매입형 합성부재는 국부좌굴을 고려할 필요가 없다.

정답 ③

168
KDS 매입형 합성기둥의 구조설계 시 고려사항으로 옳지 않은 것은?

09 국가직 7급

① 강재코어의 단면적은 합성기둥 총단면적의 1% 이상으로 한다.
② 연속된 길이방향철근의 최소철근비는 0.004로 한다.
③ 플랜지에 대한 콘크리트 순피복두께는 플랜지폭의 1/6 이상으로 한다.
④ 강재단면과 길이방향 철근 사이의 순간격은 철근직경 이상 또는 40mm 중 큰 값 이상으로 한다.

168
강재단면과 길이방향 철근 사이의 순간격은 철근직경의 1.5배 이상 또는 40mm 중 큰 값 이상으로 한다.

정답 ④

169
강구조 매입형 합성부재의 구조제한에 대한 설명으로 가장 옳지 않은 것은?

19 서울시 9급(後)

① 강재코어의 단면적은 합성기둥 총단면적의 1% 이상으로 한다.
② 횡방향철근의 중심 간 간격은 직경 D10의 철근을 사용할 경우에는 300mm 이하, 직경 D13 이상의 철근을 사용할 경우에는 400mm 이하로 한다.
③ 횡방향 철근의 최대 간격은 강재코어의 설계기준 공칭항복강도가 450MPa 이하인 경우에는 부재단면 에서 최소크기의 0.25배를 초과할 수 없다.
④ 연속된 길이방향철근의 최소철근비(ρ_{sr})는 0.004로 한다.

169
횡방향 철근의 최대 간격은 강재코어의 설계기준 공칭항복강도가 450 MPa 이하인 경우에는 부재단면에서 최소크기의 0.5배를 초과할 수 없다.

정답 ③

정답 및 해설

170
① 강재 코아를 매입한 콘크리트에 대하여 횡방향 철근의 중심간 간격은 직경 D10의 철근을 사용할 경우에는 300mm 이하, 직경 D13 이상의 철근을 사용할 경우에는 400mm 이하로 한다.
③ 강재 코아를 매입한 콘크리트에 대하여 횡방향 철근의 최대간격은 강재코어의 설계항복강도가 450MPa 이하일 경우에는 부재단면에서 최소크기의 0.5배를 초과할 수 없다.
④ 연속된 길이방향 철근의 최소철근비는 0.004로 한다.
정답 ②

171
매입형 합성기둥의 설계전단강도는 강재단면만의 전단강도 또는 철근콘크리트만의 전단강도 중 한 가지 방법으로 구하며, 적용하는 감소계수는 0.75를 사용한다.
정답 ④

172
① 연속된 길이방향철근의 최소철근비(ρ_{sr})는 0.004로 한다.
② 플랜지에 대한 콘크리트 순피복두께는 플랜지폭의 1/6 이상으로 한다.
④ 횡방향철근의 중심 간 간격은 직경 D10의 철근을 사용할 경우에는 300mm 이하, 직경 D13 이상의 철근을 사용할 경우에는 400mm 이하로 한다.
정답 ③

---

170 축력을 받는 매입형 합성기둥 부재의 구조제한에 대한 설명으로 가장 옳은 것은? 24 서울시 9급

① 강재 코아를 매입한 콘크리트에 대하여 횡방향 철근의 중심간 간격은 직경 D10의 철근을 사용할 경우에는 400mm 이하, 직경 D13 이상의 철근을 사용할 경우에는 500mm 이하로 한다.
② 강재 코아의 단면적은 합성부재 총단면적의 1% 이상으로 한다.
③ 강재 코아를 매입한 콘크리트에 대하여 횡방향 철근의 최대간격은 강재코어의 설계항복강도가 450MPa 이하일 경우에는 부재단면에서 최소크기의 2배를 초과할 수 없다.
④ 연속된 길이방향 철근의 최소철근비는 0.008로 한다.

171 합성기둥에 대한 설명으로 옳지 않은 것은? 20 지방직 9급

① 매입형 합성기둥에서 강재코아의 단면적은 합성기둥 총단면적의 1% 이상으로 한다.
② 매입형 합성기둥에서 강재코아를 매입한 콘크리트는 연속된 길이방향철근과 띠철근 또는 나선철근으로 보강되어야 한다.
③ 충전형 합성기둥의 설계전단강도는 강재단면만의 설계전단강도로 산정할 수 있다.
④ 매입형 합성기둥의 설계전단강도는 강재단면의 설계전단강도와 콘크리트의 설계전단강도의 합으로 산정할 수 있다.

172 매입형 합성부재의 구조제한 사항에 대한 설명으로 가장 옳은 것은? 19 서울시 7급

① 연속된 길이방향철근의 최소철근비(ρ_{sr})는 0.005로 한다.
② 플랜지에 대한 콘크리트 순피복두께는 플랜지폭의 1/8 이상으로 한다.
③ 강재코아의 단면적은 합성기둥의 총단면적의 1% 이상으로 한다.
④ 횡방향철근의 중심 간 간격은 직경 D10의 철근을 사용할 경우에는 200mm 이하로 한다.

173

합성부재에 대한 설명으로 옳지 않은 것은? 16 국가직 9급

① 합성보 설계 시 동바리를 사용하지 않는 경우, 콘크리트의 강도가 설계기준강도의 75%에 도달하기 전에 작용하는 모든 시공하중은 강재단면만에 의해 지지될 수 있어야 한다.
② 강재보와 데크플레이트 슬래브로 이루어진 합성부재에서 데크플레이트의 공칭골깊이는 75mm 이하이어야 한다.
③ 충전형 합성기둥에서 강관의 단면적은 합성기둥 총단면적의 5% 이상으로 한다.
④ 합성단면의 공칭강도를 결정하는 데에는 소성응력분포법과 변형률적합법의 2가지 방법이 사용될 수 있다.

173
충전형 합성기둥에서 강관의 단면적은 합성기둥 총단면적의 1% 이상으로 한다.
정답 ③

174

KDS구조기준 합성부재에 대한 설명으로 옳지 않은 것은? 10 국가직 7급

① 합성보에서 강재앵커의 피복 두께는 25mm 이상으로 하고, 강재앵커의 중심 간 간격은 합성보의 길이방향으로는 스터드 직경의 6배 이상, 직각방향으로는 직경의 4배 이상으로 한다.
② 충전형 합성기둥에서 강관의 단면적은 합성기둥 총단면적의 1% 이상으로 한다.
③ 매입형 합성기둥에서 플랜지에 대한 콘크리트 순피복두께는 플랜지폭의 1/4 이상으로 한다.
④ 축하중을 받는 매입형 합성기둥의 설계압축강도를 계산할 때 강도감소계수는 0.75이고, 충전형 합성기둥의 설계인장강도를 계산할 때 강도감소계수는 0.90이다.

174
매입형 합성기둥에서 플랜지에 대한 콘크리트 순피복두께는 플랜지폭의 1/6 이상으로 한다.
정답 ③

정답 및 해설

175
매입형 합성부재에서 연속된 길이방향철근의 최소철근비 ρ_{sr}는 0.004로 한다.
정답 ④

176
충전형 합성기둥에 사용되는 조밀한 원형강관의 지름두께비는 $0.15E/F_y$ 이하이어야 한다.
정답 ④

---

175 「건축구조기준(KDS)」에 따른 합성부재의 구조 제한조건으로 가장 옳지 않은 것은? (단, f_y : 구조용 강재 및 철근의 설계기준 항복강도, f_{ck} : 콘크리트의 설계기준 압축강도, ρ_{sr} : 연속된 길이방향철근의 최소철근비)   17 서울시 9급(後)

① 매입형 합성부재의 강재코아 단면적은 합성기둥 총 단면적의 1% 이상으로 한다.
② $f_y \leq 650\text{MPa}$
③ $21\text{MPa} \leq f_{ck} \leq 70\text{MPa}$
④ 매입형 합성부재의 $\rho_{sr} = 0.024$

176 강구조 설계 시 합성기둥의 구조제한에 대한 설명으로 옳지 않은 것은? (단, E는 강재의 탄성계수, F_y는 강재의 항복강도를 나타낸다.)   16 지방직 9급

① 매입형 합성기둥에서 강재코아의 단면적은 합성기둥 총단면적의 1% 이상으로 한다.
② 매입형 합성기둥에서 강재코아를 매입한 콘크리트는 연속된 길이방향철근과 띠철근 또는 나선철근으로 보강되어야 한다.
③ 충전형 합성기둥에 사용되는 조밀한 각형강관의 폭두께비는 $2.26\sqrt{E/F_y}$ 이하이어야 한다.
④ 충전형 합성기둥에 사용되는 조밀한 원형강관의 지름두께비는 $1.15E/F_y$ 이하이어야 한다.

177 KDS구조기준 강구조 설계에서 합성기둥의 구조제한에 대한 설명으로 옳지 않은 것은?
11 지방직 9급

① 매입형 합성기둥에서 강재코아의 최소단면적은 합성기둥 총단면적의 4%이다.
② 매입형 합성기둥에서 연속된 길이방향철근의 최소철근비는 0.4%이다.
③ 매입형 합성기둥에서 플랜지에 대한 콘크리트 순피복두께는 플랜지 폭의 1/6 이상으로 한다.
④ 충전형 합성기둥에 사용되는 조밀한 원형강관의 지름두께비는 $0.15E/F_y$ 이하로 한다.(E : 강관의 탄성계수, F_y : 강관의 항복강도)

177
매입형 합성기둥에서 강재코아의 최소단면적은 합성기둥 총단면적의 1%이다.
정답 ①

---

178 「건축물강구조설계기준(KDS 41 31 00)」에서 충전형 합성기둥에 대한 설명으로 가장 옳지 않은 것은?
19 서울시 9급(前)

① 강관의 단면적은 합성기둥 총단면적의 1% 이상으로 한다.
② 압축력을 받는 각형강관 충전형합성부재의 강재요소의 최대폭두께비가 $2.26\sqrt{E/F_y}$ 이하이면 조밀로 분류한다.
③ 실험 또는 해석으로 검증되지 않을 경우, 합성기둥에 사용되는 구조용 강재의 설계기준항복강도는 700MPa를 초과할 수 없다.
④ 실험 또는 해석으로 검증되지 않을 경우, 합성기둥에 사용되는 콘크리트의 설계기준압축강도는 70MPa를 초과할 수 없다(경량콘크리트 제외).

178
실험 또는 해석으로 검증되지 않을 경우, 합성기둥에 사용되는 구조용 강재의 설계기준 항복강도는 650MPa를 초과할 수 없다.
정답 ③

---

179 강합성구조에서 철근이 배근된 충전형 및 매입형 합성부재의 설계전단강도를 산정하는 방법으로 적합한 것은? (단, 철근은 최소철근비 이상 배근되어 있다)
25 국가직 9급

① 철근만의 설계전단강도
② 콘크리트만의 설계전단강도
③ 강재단면만의 설계전단강도
④ 강재단면의 공칭전단강도와 콘크리트의 공칭전단강도의 합

179
매입형 합성기둥의 설계전단강도는 강재단면만의 전단강도 또는 철근콘크리트만의 전단강도 중 한 가지 방법으로 구하며, 충전형 합성기둥의 설계전단강도는 강재단면만의 설계전단강도, 철근콘크리트만의 전단강도, 강재단면의 공칭전단강도와 철근의 공칭전단강도의 합 중에서 한 가지 방법으로 구한다.
정답 ③

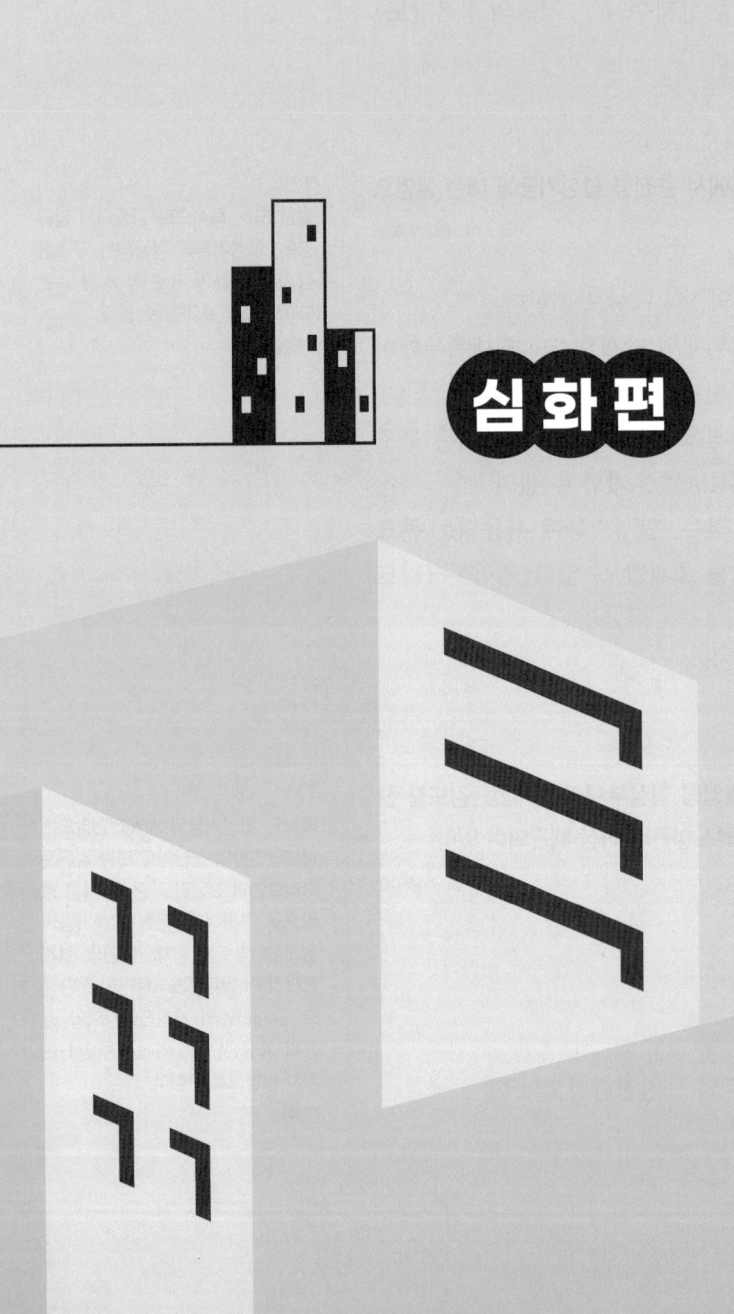

심화편

PART 1

일반구조

CHAPTER 1　구조계획

CHAPTER 2　기초구조

CHAPTER 3　목구조

CHAPTER 4　조적구조

CHAPTER 01 구조계획

정답 및 해설

001
내풍구조검사는 기본풍속 35m/sec를 초과하는 지역에 위치한 건축물 중 높이가 22m 이상인 경우와 구조설계자가 요청한 경우에 한다.

정답 ④

002
㉠ 고정하중
  = 슬래브의 고정하중 + 보의 고정하중
  = (24kN/m³ × 1m × 0.15m)
   + (24kN/m³ × 0.2m × 0.3m)
  = 5.04kN/m
㉡ 활하중 = 2kN/m² × 1m
     = 2kN/m
∴ 전체하중 = ㉠ + ㉡
     = 5.04kN/m + 2kN/m
     = 7.04kN/m

정답 ③

---

001 「건축구조기준(KDS)」에서는 구조재료의 품질확보, 제작물의 성능검증, 시공과 유지관리 등에 관련된 검사를 하기 위한 규정을 두고 있다. 다음 중 구조검사에 대한 설명으로 가장 옳지 않은 것은?

17 서울시 7급

① 중요도(특) 또는 (1)에 해당하는 건축물은 내진구조검사 대상이다.
② 특별검사는 부품이나 연결 부위의 제작·가설·설치 시 적절성을 확보하기 위하여 책임구조기술자의 확인이 필요한 검사를 말한다.
③ 특별검사 중 용접부 검사는 강구조 용접부 비파괴검사기준을 따른다.
④ 내풍구조검사는 기본풍속 35m/sec를 초과하는 지역에 위치한 건축물 중 높이가 20m 이상인 경우와 구조설계자가 요청한 경우에 한다.

002 다음 그림에서 빗금 친 부분의 콘크리트 바닥판과 보 단면에 작용하는 전체하중을 등분포하중[kN/m]으로 산정하면? (단, 콘크리트 단위중량은 24kN/m³, 작용하는 활하중은 2kN/m²으로 가정하며, 하중계수는 적용하지 아니한다.)

09 국가직 7급

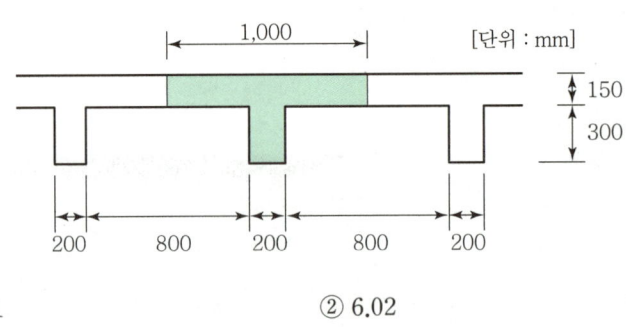

① 5.01
② 6.02
③ 7.04
④ 8.05

003
건축구조기준 설계하중에서 규정하고 있는 하중 산정에 대한 설명으로 옳지 않은 것은?

20 국가직 7급

① 승용차용 방호하중은 방호시스템 임의의 수평방향으로 30kN의 집중하중을 바닥면으로부터 0.4m와 0.8m 사이에서 가장 큰 하중효과를 일으키는 높이에 적용한다.
② 중량차량의 주차장 활하중을 산정할 때 차량의 실제하중 크기와 배치를 합리적으로 고려하여 활하중을 산정한다면 이를 적용할 수 있으나, 그 값은 5kN/m² 이상이어야 하고 활하중 저감 규정을 적용할 수 없다.
③ 활하중 5kN/m² 이하의 공중집회 용도에 대해서는 활하중을 저감할 수 없다.
④ 건축물 내부에 설치되는 이동성 경량칸막이벽 및 이와 유사한 것을 제외한 높이 1.8m 이상의 각종 내벽은 벽면에 직각방향으로 작용하는 0.25kN/m² 이상의 등분포하중에 대하여 안전하도록 설계한다.

003
승용차용 방호하중은 방호시스템 임의의 수평방향으로 30kN의 집중하중을 바닥면으로부터 0.45m와 0.70m 사이에서 가장 큰 하중효과를 일으키는 높이에 적용한다.

정답 ①

004
풍하중에 관한 용어에 대한 설명으로 가장 옳지 않은 것은?

20 서울시 7급

① 와류방출 : 시시각각 변하는 바람의 난류성분으로 인해 물체가 풍방향으로 불규칙하게 진동하는 현상
② 가스트영향계수 : 바람의 난류로 인해 발생되는 구조물의 동적 거동성분을 나타내는 것으로 평균변위에 대한 최대변위의 비를 통계적인 값으로 나타낸 계수
③ 인접효과 : 건축물의 일정거리 풍상측에 장애물이 있는 경우, 건축물은 장애물의 영향을 받아 진동이 증가하고 이로 인하여 건축물 전체에 가해지는 풍응답이 증가하며, 외장재에 작용하는 국부풍압도 크게 증가하는 현상
④ 공기력불안정진동 : 건축물 자신의 진동에 의해 발생하는 부가적인 공기력이 건축물의 감쇠력을 감소시키도록 작용함으로써 진동이 증대되거나 발산하는 현상

004
와류방출은 물체의 양측에서 박리한 흐름이 후류에 말려 들어가 물체의 후면에서 교대로 서로 반대방향으로 회전하여 후류로 방출되는 현상을 말하며, 시시각각 변하는 바람의 난류성분으로 인해 물체가 풍방향으로 불규칙하게 진동하는 현상은 버펫팅에 대한 설명이다.

정답 ①

정답 및 해설

005
① 지표면조도구분 D인 지역에서의 기준경도풍높이(Z_g) 값이 지표면조도구분 A, B, C 지역의 기준경도풍높이(Z_g)값보다 작다.
② 지표면조도구분 D인 지역에서의 대기경계층 시작높이(z_b)값이 지표면조도구분 A, B, C 지역의 대기 경계층 시작높이(z_b)값보다 작다.
③ 대도시 중심부에서 고층건축물(10층 이상)이 밀집해 있는 지역의 지표면조도구분은 A이다.

정답 ④

006
② 단면 폐쇄율이 적을수록 풍동실험이 설계건물의 실제 상황을 잘 고려할 수 있다.
③ 외장재의 풍하중 평가를 위하여 풍압실험을 한다.
④ 공기력진동실험은 주골조의 풍진동으로 인한 부가적인 공기력의 효과를 반영한 풍응답과 풍하중을 평가할 경우 사용한다.

정답 ①

007
대규모 건물, 경사지에 건설되는 건물, 또는 토사지반의 분포가 일정하지 않은 지반에 건설되는 건물에서 지반조사의 위치는 최소한 3곳 이상을 선정하고 지반조사를 수행한다.

정답 ②

---

005 풍하중 기준에 대한 설명으로 가장 옳은 것은? 19 서울시 7급

① 지표면조도구분 D인 지역에서의 기준경도풍높이(Z_g) 값이 지표면조도구분 A, B, C 지역의 기준경도풍높이(Z_g)값보다 크다.
② 지표면조도구분 D인 지역에서의 대기경계층 시작높이(z_b)값이 지표면조도구분 A, B, C 지역의 대기 경계층 시작높이(z_b)값보다 크다.
③ 대도시 중심부에서 고층건축물(10층 이상)이 밀집해 있는 지역의 지표면조도구분은 D이다.
④ 기준경도풍높이란 풍속이 일정한 값을 가지는 지상으로부터의 높이를 말한다.

006 건축물 내풍설계 시 풍동실험에 대한 설명으로 가장 옳은 것은? 17 서울시 7급

① 일반적으로 풍동 내의 압력분포는 일정하게 하여야 한다.
② 단면 폐쇄율이 클수록 풍동실험이 설계건물의 실제 상황을 잘 고려할 수 있다.
③ 외장재의 풍하중 평가를 위하여 풍력실험을 한다.
④ 공기력진동실험은 외장재의 풍진동으로 인한 부가적인 공기력의 효과를 반영한 풍응답과 풍하중을 평가할 경우 사용한다.

007 다음 중 지진하중에 관한 설명으로 가장 옳지 않은 것은? 17 서울시 9급(後)

① 행정구역에 따라 지진위험도를 결정할 때, 지진구역 I의 지진구역계수는 0.11이고, 지진구역 II는 0.07이다.
② 대규모 건물, 경사지에 건설되는 건물, 또는 토사지반의 분포가 일정하지 않은 지반에 건설되는 건물에서 지반조사의 위치는 최소한 2곳 이상을 선정하고 지반조사를 수행한다.
③ 내진설계에서 등가정적해석법으로 지진하중을 산정할 때, 밑면 전단력은 건축물의 중요도계수와 주기 1초에서의 설계스펙트럼가속도 값과 비례하고, 반응수정계수와는 반비례한다.
④ 내진설계범주 D에 해당하는 구조물은 시스템의 제한과 상호작용 효과, 변형의 적합성, 건축물 높이의 제한을 만족하여야 한다.

008
내진설계범주 및 중요도에 따른 건축물의 내진설계에 대한 설명으로 가장 옳지 않은 것은?

19 서울시 9급(後)

① 산정된 설계스펙트럼가속도 값에 의하여 내진설계 범주를 결정한다.
② 종합병원의 중요도계수(I_E)는 1.5를 사용한다.
③ 소규모 창고의 허용층간변위(Δ_a)는 해당 층고의 2.0%이다.
④ 내진설계범주 'C'에 해당하는 25층의 정형 구조물은 등가정적해석법을 사용하여야 한다.

008 해설
내진설계범주 C에 해당하는 구조물의 해석은 등가정적해석법에 의하여 설계할 수 있다. 단, 높이 70m 이상 또는 21층 이상의 정형구조물(높이 20m 이상 또는 6층 이상의 비정형 구조물)에 해당하는 경우에는 동적 해석법을 사용하여야 한다.

정답 ④

009
우리나라 건축물 내진설계기준의 일반사항에 대한 설명으로 옳지 않은 것은?

21 국가직 9급

① 내진성능수준 – 설계지진에 대해 시설물에 요구되는 성능수준, 기능수행수준, 즉시복구수준, 장기복구/인명보호수준과 붕괴방지수준으로 구분
② 변위의존형 감쇠장치 – 하중응답이 주로 장치 양단부 사이의 상대속도에 의해 결정되는 감쇠장치로서, 추가로 상대변위의 함수에 종속될 수도 있음
③ 성능기반 내진설계 – 엄격한 규정 및 절차에 따라 설계하는 사양기반설계에서 벗어나서 목표로 하는 내진성능수준을 달성할 수 있는 다양한 설계기법의 적용을 허용하는 설계
④ 응답스펙트럼 – 지반운동에 대한 단자유도 시스템의 최대 응답을 고유주기 또는 고유진동수의 함수로 표현한 스펙트럼

009 해설
변위의존형 감쇠장치는 하중응답이 주로 장치 양단부 사이의 상대변위에 의해 결정되는 감쇠장치로서, 근본적으로 장치 양단부의 상대속도와 진동수에는 독립적인 것을 말하고, 속도의존형 감쇠장치는 하중응답이 주로 장치 양 단부 사이의 상대속도에 의해 결정되는 감쇠장치로서, 추가로 상대변위의 함수에 종속될 수 있다.

정답 ②

010
강성이 72kN/m이고 무게가 20kN인 구조물의 주기(초)는? (단, 중력가속도는 10m/sec², π는 3으로 한다.)

20 국가직 7급

① 0.5
② 1.0
③ 2.0
④ 4.0

010 해설
$$T = 2\pi \sqrt{\frac{\text{구조물의무게}}{\text{강성} \times \text{중력가속도}}}$$
$$= 2 \times 3 \times \sqrt{\frac{20}{72 \times 10}}$$
$$= 1\text{초}$$

정답 ②

정답 및 해설

011
내진설계범주 D에 해당되는 구조물은 중간모멘트골조 이상(반응수정계수 3 이상)의 연성상세를 갖도록 설계하는 것이 바람직하므로, 철골 보통모멘트골조의 역추형 시스템은 반응수정계수가 1.25이므로 내진설계범주 D에 해당하는 구조물에 적용할 수 없는 지진력저항시스템이다.

정답 ④

012
①, ②, ③은 모두 동적해석법을 사용하여야 하는 구조물이다.

정답 ④

013
동적해석을 수행하는 경우에는 응답스펙트럼해석법, 선형시간이력해석법, 비선형시간이력해석법 중 1가지 방법을 선택할 수 있다.

정답 ①

---

011 건축물 내진설계 시 내진설계범주 'D'에 해당하는 구조물에 적용할 수 없는 기본 지진력저항시스템은?

18 국가직 7급

① 철근콘크리트 특수전단벽의 내력벽시스템
② 철근콘크리트 중간모멘트골조의 모멘트−저항골조 시스템
③ 철골 보통중심가새골조의 건물골조시스템
④ 철골 보통모멘트골조의 역추형 시스템

012 다음 내진설계 대상 구조물에 있어서「건축구조기준(KDS)」에 따라 등가정적해석법으로 설계할 수 있는 구조물은?

17 서울시 7급

① 높이 70m 이상 또는 21층 이상의 정형구조물
② 높이 20m 이상 또는 9층 이상의 비정형구조물
③ 평면 및 수직 비정형성을 가지는 기타 구조물
④ 주기 1초에서 설계스펙트럼가속도(S_{D1})가 0.07 미만의 내진등급 특급 구조물

013 「건축물 내진설계기준(KDS 41 17 00)」에서 사용되는 동적해석법으로 가장 옳지 않은 것은?

24 서울시 9급

① 탄성곡선법
② 응답스펙트럼해석법
③ 선형시간이력해석법
④ 비선형시간이력해석법

014 내진설계에서 동적해석법에 대한 설명으로 옳지 않은 것은? 09 국가직 7급

① 높이 70m 이상 또는 21층 이상의 정형 구조물은 반드시 동적해석법을 사용하여야 한다.
② 높이 20m 이상 또는 6층 이상의 비정형 구조물은 반드시 동적해석법을 사용하여야 한다.
③ 동적해석법에는 응답스펙트럼 해석법, 선형 시간이력 해석법, 비선형 시간이력 해석법이 있다.
④ 모드해석을 사용하는 응답스펙트럼 해석법의 경우 해석에 사용할 모드 수는 질량 참여율이 80% 이상 되도록 결정한다.

014
모드해석을 사용하는 응답스펙트럼 해석법의 경우 해석에 사용할 모드 수는 질량 참여율이 90% 이상 되도록 결정한다.
정답 ④

015 건축구조기준에서 규정하는 시간이력해석에 대한 설명으로 옳지 않은 것은? 14 국가직 7급

① 시간이력해석은 지반조건에 상응하는 지반운동기록을 최소한 3개 이상 이용하여 수행한다.
② 3개의 지반운동을 이용하여 해석할 경우 최대응답을 사용하고, 7개 이상의 지반운동을 이용하여 해석할 경우 평균응답을 사용하여 설계할 수 있다.
③ 선형시간이력해석을 수행하는 경우 층전단력, 층전도모멘트, 부재력 등의 설계값은 해석값에 중요도계수를 곱하고 반응수정계수로 나누어 구한다.
④ 비선형시간이력해석으로 구한 층전단력, 층전도모멘트, 부재력 등 응답은 반응수정계수/중요도계수에 의하여 감소시킨다.

015
비선형시간이력해석에서 부재의 비선형 능력 및 특성은 중요도계수를 고려하여 실험이나 충분한 해석결과에 부합하도록 모델링해야 하며, 응답은 반응수정계수/중요도계수에 의하여 감소시키지 않는다.(조정하지 않는다.)
정답 ④

정답 및 해설

016
선형시간이력해석에 의한 층전단력, 층전도모멘트, 부재력 등 설계값은 시간이력해석에 의한 결과에 중요도계수를 곱하고 반응수정계수로 나누어 구한다.
정답 ①

017
시간이력해석은 지반조건에 상응하는 지반운동기록을 최소한 3개 이상 이용하여 수행한다.
정답 ①

---

016 건축 구조물의 시간이력해석을 수행하는 경우에 대한 설명으로 옳지 않은 것은?

18 지방직 9급

① 선형시간이력해석에 의한 층전단력, 층전도모멘트, 부재력 등 설계값은 시간이력해석에 의한 결과에 중요도계수와 반응수정계수를 곱하여 구한다.
② 비선형시간이력해석 시 부재의 비탄성 능력 및 특성은 중요도계수를 고려하여 실험이나 충분한 해석결과에 부합하도록 모델링해야 한다.
③ 지반효과를 고려하기 위하여 기반암 상부에 위치한 지반을 모델링하여야 하며, 되도록 넓은 면적의 지반을 모델링하여 구조물로부터 멀리 떨어진 지반의 운동이 구조물과 인접지반의 상호작용에 의하여 영향을 받지 않도록 한다.
④ 3개의 지반운동을 이용하여 해석할 경우에는 최대응답을 사용하여 설계해야 하며, 7개 이상의 지반운동을 이용하여 해석할 경우에는 평균응답을 사용하여 설계할 수 있다.

017 시간이력해석에서 설계지진파 선정에 대한 설명으로 옳지 않은 것은?

16 국가직 9급

① 시간이력해석은 지반조건에 상응하는 지반운동기록을 최소한 2개 이상 이용하여 수행한다.
② 3차원 해석을 수행하는 경우에는, 각각의 지반운동은 평면상에서 서로 직교하는 2성분의 쌍으로 구성된다.
③ 계측된 지반운동을 구할 수 없는 경우에는 필요한 수만큼 적절한 모의 지반운동의 쌍을 생성하여 사용할 수 있다.
④ 지반운동의 크기를 조정하는 경우에는 직교하는 2성분에 대해서 동일한 배율을 적용하여야 한다.

018 내진설계 시 시간이력해석에 대한 설명으로 옳지 않은 것은? 10 국가직 7급

① 지반조건에 상응하는 3개 이상의 지반운동기록을 바탕으로 구성한 시간이력성분들을 사용한다.
② 3차원 해석을 수행하는 경우에는 각각의 지반운동은 평면 상에서 서로 평행한 2성분의 쌍으로 구성된다.
③ 3개의 지반운동을 이용하여 해석할 경우에는 최대응답을 사용해 설계한다.
④ 7개 이상의 지반운동을 이용하여 해석할 경우에는 평균응답을 사용해 설계할 수 있다.

018
3차원 해석을 수행하는 경우에는 각각의 지반운동은 평면상에서 서로 직교한 2성분의 쌍으로 구성된다.
정답 ②

019 초고층건물의 구조설계와 관련된 요소기술이 아닌 것은? 23 지방직 9급

① 풍동실험기술
② 기둥축소량 보정기술
③ 횡력저항구조시스템 설계기술
④ PEB구조(Pre-Engineered Metal Building System)기술

019
PEB(Pre-Engineered Building)이란 휨모멘트 크기에 따라 부재형상을 최적화 한 변단면 부재를 사용한 철골 구조물을 말하며, 용접과 절단기술, Computer System의 도입과 더불어 골조 중량감소 등의 이유로 공장, 창고, 격납고 시설 등에 널리 사용되고 있는 기술로 초고층건물의 구조설계와 관련된 기술은 아니다.
정답 ④

020 비구조요소의 내진설계에 대한 설명으로 옳지 않은 것은? 21 국가직 9급

① 파라펫, 건물 외부의 치장벽돌 및 외부치장마감석재는 내진설계가 수행되어야 한다.
② 비구조요소의 내진설계는 구조체의 내진설계와 분리하여 수행할 수 없다.
③ 건축비구조요소는 캔틸레버 형식의 구조요소에서 발생하는 지점회전에 의한 수직방향 변위를 고려하여 설계되어야 한다.
④ 설계하중에 의한 비구조요소의 횡방향 혹은 면외방향의 휨이나 변형이 비구조요소의 변형한계를 초과하지 않아야 한다.

020
비구조요소의 내진설계는 구조체의 내진설계와 분리하여 수행될 수 있다. 이때 설계계산서 혹은 시험성적서를 근거로 시공상세도가 작성되어야 하며 내진설계 책임 구조기술자에 의해 검토 및 승인되어야 한다.
정답 ②

정답 및 해설

021
필로티 기둥의 전 길이에 걸쳐서 후프와 크로스타이로 구성되는 횡보강근의 수직간격은 단면 최소폭의 1/4 이하이어야 한다.

정답 ④

022
통상적인 건축물에서는 지붕의 평균높이를 기준높이로 하며, 그 기준높이에서의 속도압을 기준으로 풍하중을 산정한다.

정답 ②

---

021 상부 콘크리트 내력벽구조와 하부 필로티 기둥으로 구성된 3층 이상의 수직비정형 골조에서 필로티층의 벽체와 기둥에 대한 설계 고려사항으로 옳지 않은 것은?

19 국가직 7급

① 필로티층에서 코어벽구조를 1개소 이상 설치하거나, 평면상 두 직각방향의 각 방향에 2개소 이상의 내력벽을 설치하여야 한다.
② 지진하중 산정 시 반응수정계수 등 지진력저항시스템의 내진설계계수는 내력벽구조에 해당하는 값을 사용한다.
③ 필로티 기둥과 상부 내력벽이 연결되는 층 바닥에서는 필로티 기둥과 내력벽을 연결하는 전이슬래브 또는 전이보를 설치하여야 한다.
④ 필로티 기둥의 전 길이에 걸쳐서 후프와 크로스타이로 구성되는 횡보강근의 수직간격은 단면 최소폭의 1/2 이하이어야 한다.

022 건축구조에 대한 설명으로 옳지 않은 것은?

11 지방직 9급

① 우발비틀림모멘트는 지진력 작용방향에 직각인 평면치수의 5%에 해당되는 우발편심과 층전단력을 곱하여 산정한다.
② 통상적인 건축물에서는 지붕의 최대높이에서의 속도압을 기준으로 풍하중을 산정한다.
③ 플랫플레이트(Flat Plate)의 뚫림전단 보강법으로 스터럽(Stirrup) 또는 전단머리(Shear Head) 보강법 등이 있다.
④ 플랫(Flat) 슬래브는 지판(Drop Panel)으로 보강하여 뚫림전단에 대한 안전성을 높인다.

MEMO

CHAPTER 02 기초구조

정답 및 해설

001
흙막이구조물의 설계에서는 벽의 배면에 작용하는 측압을 깊이에 비례하여 증대하는 것으로 한다.
정답 ②

002
샌드드레인 공법은 점토지반의 대표적인 탈수공법으로 지름 40~60cm의 철관을 이용하여 모래말뚝을 형성한 후, 지표면에 성토 하중을 가하여 점토질 지반을 압밀 탈수하는 공법이다.
정답 ②

---

001 흙막이구조물에 대한 설명으로 옳지 않은 것은? 18 국가직 7급

① 흙막이벽의 지지구조형식은 벽의 안전성, 시공성, 민원발생 가능성, 인접건물과의 이격거리 등을 검토하여 선정한다.
② 흙막이구조물의 설계에서는 벽의 배면에 작용하는 측압을 깊이에 반비례하여 증대하는 것으로 한다.
③ 지하굴착공사 중 및 굴착완료 후 주변지반의 침하 및 함몰 등에 대한 지하 공극조사 계획을 수립해야 한다.
④ 구조물 등에 근접하여 굴토하는 경우 벽의 배면측압에 구조물의 기초하중 등에 따른 지중응력의 수평성분을 가산한다.

002 기초 및 지반에 관한 설명으로 가장 옳지 않은 것은? 18 서울시 9급

① 점토질 지반은 강한 점착력으로 흙의 이동이 없고 기초주변의 지반반력이 중심부에서의 지반반력보다 크다.
② 샌드드레인 공법은 모래질 지반에 사용하는 지반개량 공법으로, 모래의 압밀침하현상을 이용하여 물을 제거하는 공법이다.
③ 슬러리월 공법은 가설 흙막이벽뿐만 아니라 영구적인 구조벽체로 사용할 수 있다.
④ 평판재하시험은 지름 300mm의 재하판에 지반의 극한지지력 또는 예상되는 설계하중의 3배를 최대 재하하중으로 지내력을 측정한다.

003 기초구조의 하중에 대한 설명으로 옳지 않은 것은?

18 국가직 7급

① 진동 또는 반복하중을 받는 기초의 설계는 상부구조의 사용상 지장이 없도록 하여 하중을 결정해야 한다.
② 지하구조부에서 흙과 접하는 벽에 대해서는 토압과 수압을 고려해야 한다.
③ 지하구조부에서 기초판에 대해서는 상부에서 오는 하중에 대응하는 접지압을 고려해야 한다.
④ 구조체와 흙의 상태가 같다면 기초 및 지하구조물에 작용하는 정지토압, 수동토압 및 주동토압의 크기가 동일하다.

정답 및 해설

003
구조체와 흙의 상태가 같다면 기초 및 지하구조물에 작용하는 3종류의 토압은 주동토압, 정지토압, 수동토압의 순으로 크게 된다.

정답 ④

004 지하연속벽 또는 슬러리월(Slurry Wall) 공법에 관한 설명으로 옳지 않은 것은?

10 지방직 9급

① 흙막이벽의 기능뿐만 아니라 영구적인 구조벽체 기능을 겸한다.
② 대지 경계선에 근접시켜 설치할 수 있으므로 대지 면적을 최대한 활용할 수 있다.
③ 안정액은 조립된 철근의 형태를 유지하고, 연속벽의 구조체를 형성한다.
④ 차수효과가 우수하여 지하수가 많은 지반의 흙막이공법으로 적합하다.

004
지하연속벽에서 안정액(벤토나이트)은 굴착 및 천공시 벽면의 붕괴 방지를 위한 것이다. 안정액은 굴착 시에 굴착 벽면에 벤토나이트의 현탁액이 일정의 압력으로 작용하여 불투수성의 막(泥壁)을 형성하기 때문에 그 벽면의 붕괴를 방지하는 역할을 하게 되고, 이러한 점토의 벽이 형성될 때까지의 사이에 그 현탁액의 작은 입자들이 지층 중에 침투하여 공극들을 충전하고 토양과 같은 느슨한 입자들을 점결하는 효과도 있으므로 굴착 벽면의 붕괴 방지에 크게 기여하게 된다. 또한 이수용 벤토나이트는 굴착기 선단 비트 회전의 윤활작용과 냉각작용도 한다.

정답 ③

정답 및 해설

005
지반에 접한 바닥구조는 지하외벽으로부터의 면내하중과 지반으로부터의 상향 수압 및 토압에 의한 면외하중도 고려하여야 한다.
정답 ④

006
사운딩은 로드 선단에 설치한 저항체를 땅속에 삽입하여서 관입, 회전, 인발 등의 저항으로 토층의 성상을 탐사하는 방법을 말한다. 연약한 점성토 지반에서 땅파기 외측의 흙의 중량으로 인하여 땅파기된 저면이 부풀어 오르는 현상은 히빙(융기)현상이라고 한다.
정답 ②

---

005 건축물 기초구조 설계기준에서 깊은 지하층의 지하외벽 및 바닥구조 설계에 대한 설명으로 옳지 않은 것은?
23. 국가직 9급

① 지하외벽구조는 지상층구조의 횡력 영향과 지하외벽에 직접 작용하는 토압 및 수압의 영향을 고려하여야 한다.
② 지하연속벽공법에 의해 시공되는 지하외벽이 영구벽체로 사용되는 경우, 지하연속벽의 수직 시공 이음부의 설계전단강도와 전단강성은 소요전단강도와 소요전단강성을 만족하여야 한다.
③ 1층을 포함한 지하층 바닥구조는 연직하중에 의한 영향뿐만 아니라 지상층구조의 횡력 영향과 지하외벽에 직접 작용하는 횡토압 및 횡수압에 의한 면내압축력도 고려하여야 한다.
④ 지반에 접한 바닥구조는 지하외벽으로부터의 면내하중과 지반으로부터의 상향 수압 및 토압에 의한 면내하중도 고려하여야 한다.

006 기초구조 관련 용어에 대한 설명으로 옳지 않은 것은?
22 지방직 9급

① 접지압: 직접기초에 따른 기초판 또는 말뚝기초에서 선단과 지반 간에 작용하는 압력
② 사운딩: 연약한 점성토 지반에서 땅파기 외측의 흙의 중량으로 인하여 땅파기된 저면이 부풀어 오르는 현상
③ 슬라임: 지반을 천공할 때 공벽 또는 공저에 모인 흙의 찌꺼기
④ 케이슨: 지반을 굴삭하면서 중공대형의 구조물을 지지층까지 침하시켜 만든 기초형식구조물의 지하부분을 지상에서 구축한 다음 이것을 지지층까지 침하시켰을 경우의 지하부분

007
기초구조에 대한 설명으로 옳지 않은 것은?
10 지방직 7급

① 지하구조부에서 흙과 접하는 벽에 대하여는 토압과 수압을 고려하여야 한다.
② 기초판 주변으로부터 말뚝중심까지의 최단거리는 말뚝지름의 1.25배 이상으로 한다.
③ 기초는 접지압이 허용지내력을 초과하여야 하며, 또한 기초의 침하가 허용침하량 이내이어야 한다.
④ 인발력을 받는 말뚝이음의 인장강도는 모재와 동등 이상의 값을 확보하여야 한다.

007
기초는 접지압이 허용지내력을 초과하지 않아야 하며, 또한 기초의 침하가 허용침하량 이내이고, 가능하면 균등해야 한다.

정답 ③

008
기초 및 지반에 대한 설명으로 옳지 않은 것은?
11 지방직 9급

① 지하연속벽(Slurry Wall) 공법은 가설 흙막이벽을 건물 본체의 구조벽체로 사용할 수 있는 공법이다.
② 샌드드레인공법은 점토질 지반에 사용하는 지반개량공법으로 압밀침하현상을 이용하여 물을 제거하는 공법이다.
③ 말뚝의 중심간격은 최소한 말뚝지름의 2.5배 이상으로 한다.
④ 마찰말뚝군의 지지력은 개개의 마찰말뚝 지지력을 합하여 산정한다.

008
마찰말뚝군의 지지력은 개개의 마찰말뚝 지지력의 합보다 작다.

정답 ④

009
기초구조에 대한 설명으로 옳지 않은 것은?
09 지방직 7급

① 기초가 휨모멘트에 저항하기 위해서는 철근으로 보강하는 것보다 콘크리트판의 두께를 늘리는 것이 경제적이다.
② 기초는 압축력과 수평력이나 휨모멘트를 동시에 받는 것이 보통이다.
③ 기초의 침하량을 산정할 때는 건축물의 자중, 침하에 영향을 미치는 적재하중 및 흙의 중량을 고려해야 한다.
④ 부동침하를 일으키지 않도록 균형을 맞춰 설계하고, 기초판의 휨파괴, 불균등 하중에 의한 전도 등에 저항할 수 있어야 한다.

009
기초가 휨모멘트에 저항하기 위해서는 철근으로 보강하는 것이 경제적이며, 전단력에 저항하기 위해서는 콘크리트판의 두께를 늘리는 것이 경제적이다.

정답 ①

정답 및 해설

010
마이크로파일의 외경은 300mm 이하이어야 한다.
정답 ②

011
① 내진설계범주 'C'로 분류된 구조물의 현장타설말뚝에서 종방향 주철근은 4개 이상 또한 설계단면적의 0.25% 이상으로 하고, 말뚝머리로부터 말뚝길이의 $\frac{1}{3}$ 구간에 배근하여야 한다.
③ 내진설계범주 'D'로 분류된 구조물의 현장타설말뚝의 종방향 주철근은 4개 이상 또한 설계단면적의 0.5% 이상으로 하고, 말뚝머리로부터 말뚝길이의 $\frac{1}{2}$ 구간에 배근하여야 한다.
④ 내진설계범주 'C' 또는 'D'로 분류된 구조물의 프리텐션이 사용되지 않은 기성 콘크리트말뚝의 종방향 주철근비는 전체 길이에 대해 1% 이상으로 하고, 횡방향 철근은 직경 9.5mm 이상의 폐쇄띠철근이나 나선철근을 사용하여야 한다.
정답 ②

---

010 건축물 기초구조에서 깊은 기초에 해당하는 마이크로파일에 관한 설명으로 옳지 않은 것은? 24 국가직 7급

① 마이크로파일은 그라우팅해야 한다.
② 마이크로파일의 외경은 400mm 이하이어야 한다.
③ 마이크로파일은 말뚝의 전장을 따라 모든 단면에서 강관 또는 철근으로 보강하여야 한다.
④ 마이크로파일은 토사, 암 또는 토사와 암의 혼합지반에서는 부착구간에 의해 지지력이 발현되어야 한다.

011 말뚝기초의 내진상세에 대한 설명으로 옳은 것은? 20 국가직 7급

① 내진설계범주 'C'로 분류된 구조물의 현장타설말뚝에서 종방향 주철근은 4개 이상 또한 설계단면적의 0.2% 이상으로 하고, 말뚝머리로부터 말뚝길이의 $\frac{1}{2}$ 구간에 배근하여야 한다.
② 현장타설말뚝의 횡방향 철근은 직경 10mm 이상의 폐쇄띠철근이나 나선철근을 사용하고, 간격은 말뚝머리부터 말뚝직경의 3배 구간에는 주철근직경의 8배와 150mm 중 작은 값 이하로 한다.
③ 내진설계범주 'D'로 분류된 구조물의 현장타설말뚝의 종방향 주철근은 4개 이상 또한 설계단면적의 0.25% 이상으로 하고, 말뚝머리로부터 말뚝길이의 $\frac{1}{3}$ 구간에 배근하여야 한다.
④ 내진설계범주 'C' 또는 'D'로 분류된 구조물의 프리텐션이 사용되지 않은 기성 콘크리트말뚝의 종방향 주철근비는 전체 길이에 대해 0.5% 이상으로 하고, 횡방향 철근은 직경 9mm 이상의 폐쇄띠철근이나 나선철근을 사용하여야 한다.

CHAPTER 03 목구조

정답 및 해설

001
경골목구조는 단면 2″×4″되는 목재를 주로 써서 가구식 구법으로 뼈대를 짠 것을 말한다.

정답 ⑤

002
② 육안등급구조재의 설계허용응력은 기준허용응력에 적용 가능한 모든 보정계수를 곱하여 결정한다.
③ 목재는 생재에서 완전건조상태까지의 섬유직각방향수축률이 약 6~7%를 나타낸다.
④ 응력과 변형의 산정은 탄성해석을 기본적으로 고려해야 한다.

정답 ①

---

001 목구조에 대한 설명으로 옳지 않은 것은? 14 서울시 7급

① 경골구조는 벽체 속에 사재를 넣어 수평력에 대응한다.
② 판식구조는 공장에서 벽·바닥·지붕용으로 제작한 규격판(panel)을 현장에서 볼트 등을 써서 조립한 것이다.
③ 가구식 구조의 심벽은 수평력에 대한 내력이 부족한 결점이 있다.
④ 가구식 구조의 평벽은 벽 속에 습기가 생겨 목재가 썩기 쉬우므로 방부처리를 해야 한다.
⑤ 집성목재구조는 단면 2″× 4″되는 목재를 주로 써서 가구식 구법으로 뼈대를 짠 것을 말한다.

002 목구조의 구조적 특성으로 옳은 것은? 11 국가직 9급

① 육안등급구조재의 섬유방향압축응력은 인장응력보다 크다.
② 육안등급구조재의 설계허용응력은 기준허용응력에 부피계수를 곱하여 보정한다.
③ 목재는 생재에서 완전건조상태까지의 섬유직각방향수축률이 약 12~15%를 나타낸다.
④ 응력과 변형의 산정은 탄소성변형을 기본적으로 고려해야 한다.

003 목구조에 대한 설명으로 옳지 않은 것은?

17 국가직 7급

① 건축용으로 사용되는 구조용 OSB는 건축시공 중에 외기에 노출되어 비나 눈의 영향을 받는 환경에서 사용되기 때문에 내수성 접착제로 제조되는 노출 1등급에 적합하여야 한다.
② 구조용 목재의 재종은 육안등급구조재와 기계등급구조재의 2가지로 구분되는데, 육안등급구조재는 다시 1종 구조재(규격재), 2종 구조재(보재) 및 3종 구조재(기둥재)로 구분된다.
③ 육안등급구조재와 기계등급구조재에 대한 기준허용응력은 건조사용조건 이하의 사용함수율에서 기준하중기간일 때 적용한다.
④ 단판적층재는 단판의 섬유방향이 서로 직각이 되도록 배열하여 접착한 구조용 목질재료이다.

003
단판적층재는 단판의 섬유방향이 서로 평행하게 배열되어 접착된 구조용 목질재료이다.
정답 ④

004 구조용 합판에 대한 설명으로 옳지 않은 것은?

09 지방직 9급

① 구조용 합판은 합판의 강도에 따라 1등급, 2등급 및 3등급으로 구분된다.
② 구조용 합판의 기준 허용응력은 하중기간계수와 함수율에 따라 보정한다.
③ 구조용 합판의 기준 허용응력은 건조사용조건에 근거한 값이다.
④ 구조용 합판의 종류는 단판의 구성에 따라 1급 및 2급으로 구분된다.

004
구조용 합판의 종류는 합판의 단판 구성에 따라 1급 및 2급으로 구분되며, 합판의 강도에 따라 1등급 및 2등급으로 구분된다.
정답 ①

005 목공사에 사용되는 구조용 합판의 품질기준에 대한 설명으로 옳지 않은 것은?

15 서울시 9급

① 접착성은 내수 인장 전단 접착력이 0.7N/mm² 이상인 것이어야 한다.
② 함수율은 20% 이하인 것이어야 한다.
③ 못접합부의 전단내력은 못접합부의 최대 전단내력의 40%에 해당하는 값이 700N 이상인 것이어야 한다.
④ 못뽑기 강도는 못접합부의 최대 못뽑기 강도가 90N 이상인 것이어야 한다.

005
구조용 합판의 품질기준에서 함수율은 13% 이하인 것이어야 한다.
정답 ②

정답 및 해설

006
목구조 설계를 위해서는 사용되는 구조용재의 수종과 등급 등에 따른 기준허용응력을 찾은 다음에 구조용재의 사용 조건에 따라 적용 가능한 모든 보정계수를 곱하여 최종 용도에 적합한 설계허용응력을 구하여야 한다.
정답 ④

007
못접합부의 최대 못뽑기강도가 90N 이상인 것
정답 ④

008
연귀맞춤은 직교되거나 경사로 교차되는 부재의 마구리 즉 모서리 부분에서 각 부재의 끝면이 보이지 않게 서로 45° 또는 맞닿는 경사각의 반으로 빗 잘라대는 맞춤을 말한다.
정답 ③

---

006 목구조에 대한 설명으로 가장 옳지 않은 것은? 　20 서울시 7급

① 구조용 목재의 재종은 육안등급구조재와 기계등급 구조재의 2가지로 구분된다. 육안등급구조재는 다시 1종 구조재(규격재), 2종 구조재(보재) 및 3종 구조재(기둥재)로 구분된다.
② 인장부재는 섬유직각방향으로 인장응력이 발생하지 않도록 설계한다. 섬유직각방향 인장응력이 발생하는 인장부재는 모든 응력에 저항하도록 충분히 보강한다.
③ 경골목구조에서 구조내력상 중요한 부분에 사용하는 바닥, 벽 또는 지붕의 덮개에는 KS F 등 규정에 적합한 구조용 OSB가 사용되어야 한다.
④ 부재의 공칭강도에 강도감소계수 ϕ를 곱한 강도가 하중조합에 근거하여 산정된 소요강도보다 크도록 설계되며 목재의 강도는 습윤계수, 온도계수, 보안정계수, 형상계수 등 다양한 계수가 고려된다.

007 목구조에 사용되는 구조용 합판의 품질기준으로 옳지 않은 것은? 　21 국가직 9급

① 접착성으로 내수인장전단접착력이 0.7MPa 이상인 것
② 함수율이 13% 이하인 것
③ 못접합부의 최대 전단내력의 40%에 해당하는 값이 700N 이상인 것
④ 못접합부의 최대 못뽑기강도가 60N 이상인 것

008 목구조의 결합방법 중 모서리 부분에서 각 부재의 끝면이 보이지 않도록 접합하는 방법은? 　25 국가직 9급

① 쐐기　　　　　　② 장부
③ 연귀　　　　　　④ 인사이징

009 목구조의 보강철물에 대한 설명으로 옳지 않은 것은? 13 국가직 9급

① 띠쇠는 띠형 철판에 못구멍을 뚫은 보강 철물이다.
② 띠쇠는 기둥과 층도리, ㅅ자보와 왕대공 사이에 주로 사용된다.
③ 볼트의 머리와 와셔는 서로 밀착되게 충분히 조여야 하며, 구조상 중요한 곳에는 공사시방서에 따라 2중 너트로 조인다.
④ 꺾쇠는 전단력을 받아 접합재 상호 간의 변위를 방지하는 강한 이음을 얻는 데 쓰이는 철물이며 압입식과 파넣기식이 있다.

009
전단력을 받아 접합재 상호 간의 변위를 방지하는 강한 이음을 얻는 데 쓰이는 철물이며 압입식과 파넣기식이 있는 것은 듀벨이다.
정답 ④

010 목구조의 목재접합에 대한 설명으로 옳지 않은 것은? 09 지방직 9급

① 산지는 부재 이음의 모서리가 벌어지지 않도록 보강하는 얇은 철물이다.
② 쪽매는 마루널과 같이 길고 얇은 나무판을 옆으로 넓게 이어대는 이음이다.
③ 듀벨은 목재의 전단변형을 억제하여 접합하는 보강철물이다.
④ 연귀맞춤은 모서리 등에서 맞춤할 때 부재의 마구리가 보이지 않게 45° 접어서 맞추는 방식이다.

010
산지는 이음이나 맞춤 자리에 두 부재를 꿰뚫어 꽂아서 이음이 빠지지 아니하게 하는 나무 촉이나 못 등을 말한다.
정답 ①

011 목재의 보강철물에 관한 설명으로 옳지 않은 것은? 10 국가직 9급

① 못은 경미한 곳 외에는 1개소에서 4개 이상을 15° 정도 기울여 박는다.
② 듀벨은 볼트와 같이 사용하며 듀벨에는 인장력을 부담시키고, 볼트에는 전단력을 부담시킨다.
③ 목재 볼트구멍은 볼트지름보다 2mm 이상 커서는 안 된다.
④ 꺾쇠의 갈고리는 끝 쪽에서 갈고리 길이의 1/3 이상의 부분을 네모뿔형으로 만든다.

011
목재의 보강철물에서 듀벨은 볼트와 같이 사용하며 듀벨에는 전단력을 부담시키고, 볼트에는 인장력을 부담시킨다.
정답 ②

012 목구조 접합에 대한 설명으로 옳지 않은 것은? 10 지방직 9급

① 목재를 길이방향으로 접합하는 방법을 이음이라 하고, 두 부재를 직각 또는 경사지게 접합하는 방법을 맞춤이라 한다.
② 이음에는 맞댄이음, 겹친이음, 따낸이음 등이 있다.
③ 듀벨은 볼트와 함께 사용됨으로써 인장과 휨에 대한 강성을 제공한다.
④ 평보를 대공에 달아맬 때 사용하는 ㄷ자형 접합철물을 감잡이쇠라 한다.

012
볼트는 인장력을 받는 대신 듀벨은 전단력을 받아 접합재 상호 간의 변위를 방지하는 강한 이음을 얻는 데 쓰이는 것이다. 그러므로 듀벨은 볼트와 겸용하여 사용한다.
정답 ③

정답 및 해설

013
볼트는 인장력을 받는 대신 듀벨은 전단력을 받아 접합재 상호 간의 변위를 방지하는 강한 이음을 얻는 데 쓰이는 것이다. 그러므로 듀벨은 볼트와 겸용하여 사용한다.
정답 ①

014
② 주걱볼트 : 처마도리＋평보＋깔도리의 접합
③ 양나사볼트 : 평보＋ㅅ자보의 접합
④ 감잡이쇠 : 평보＋왕대공의 접합
정답 ①

015
지진력 저항을 위한 건물골조시스템으로 경골목조전단벽을 사용할 때, 변위증폭계수는 4.5로 한다.
정답 ④

---

013 목구조의 보강철물에 대한 설명으로 옳지 않은 것은? 　　11 지방직 9급

① 볼트는 전단력에 저항하고, 듀벨은 인장력에 저항하는 보강철물이다.
② 빗대공과 ㅅ자보의 맞춤부 보강철물로는 꺾쇠를 사용한다.
③ 왕대공과 평보의 접합은 감잡이쇠를 이용한다.
④ 큰보와 작은보는 안장쇠로 접합한다.

014 목구조에서 큰보와 작은보를 연결하는 데 주로 사용되는 철물은? 　　10 국가직 9급

① 안장쇠
② 주걱볼트
③ 양나사볼트
④ 감잡이쇠

015 건축구조기준에서 규정하는 목구조에 대한 설명으로 옳지 않은 것은? 　　14 국가직 7급

① 경골목구조는 주요구조부가 공칭두께 50mm(실제두께 38mm)의 규격재로 건축된 목구조를 뜻한다.
② 건조사용조건이란 목구조물의 사용 중에 평형함수율이 19% 이하로 유지될 수 있는 온도 및 습도 조건을 뜻한다.
③ 섬유판으로 덮은 목재전단벽의 설계 시 높이-너비의 최대비율은 1.5 : 1을 사용한다.
④ 지진력 저항을 위한 건물골조시스템으로 경골목조전단벽을 사용할 때, 변위증폭계수는 4.0으로 한다.

016
목구조 절충식 지붕틀의 지붕귀에서 동자기둥이나 대공을 세울 수 있도록 지붕보에서 도리 방향으로 짧게 댄 부재는?

20 지방직 9급

① 서까래
② 우미량
③ 중도리
④ 추녀

016
왕대공 지붕틀
우미량은 도리와 도리 사이를 연결하는 보로서 도리의 높이 차이로 인해 직선재가 아닌 곡재를 사용하는데, 이는 역학적인 의미뿐만 아니라 의장적으로도 큰 역할을 한다.

정답 ②

017
목구조에서 도리 위에 건너지르는 긴 부재로 지붕의 하중을 받아서 도리로 전달하는 부재는?

24 지방직 9급

① 서까래
② 대들보
③ 종보
④ 개판

017
② 대들보: 벽이나 상면을 받치기 위해 쓰이는 커다란 수평의 구조부재로 기둥과 기둥을 연결하는 가로재인 큰 보
③ 종보: 지붕이 높을 때 동자기둥과 동자기둥 위에 설치하며 그 위에 대공을 세움
④ 개판: 서까래나 부연 위에 까는 판재

정답 ①

018
목구조 지붕틀에 사용되지 않는 부재는?

09 국가직 9급

① 마룻대
② 중도리
③ 서까래
④ 인방

018
인방은 기둥과 기둥에 가로대어 창문틀의 상하벽을 받고 하중은 기둥에 전달하며, 창문틀을 끼워 대는 뼈대가 되는 것이다.

정답 ④

019
목조 지붕틀에 대한 설명으로 옳지 않은 것은?

09 지방직 9급

① 왕대공지붕틀에서 평보는 휨과 인장을 받는다.
② 왕대공지붕틀에서 압축력과 휨모멘트를 동시에 받는 부재는 왕대공이다.
③ 왕대공지붕틀에서 평보를 이을 때는 왕대공 근처에서 잇는 것이 좋다.
④ 귀잡이보는 지붕틀과 도리를 잡아주어 변형을 방지한다.

019
왕대공지붕틀에서 압축력과 휨모멘트를 동시에 받는 부재는 ㅅ자보이다.

정답 ②

정답 및 해설

020
종보는 절충식 지붕틀을 구성하는 부재로, 지붕이 높을 때 동자기둥과 동자기둥 위에 설치하는 부재이다.
정답 ①

021
① 왕대공은 인장재이다.
② 빗대공은 압축재이고, 평보는 인장재이다.
③ 휨과 압축을 받는 ㅅ자보가 부재 중에서 가장 크다.
정답 ④

022
목재전단벽의 덮개재료는 기계적인 파스너 대신 접착제로 부착하는 것은 허용하지 않으며, 파스너와 함께 사용한 경우에도 전단성능 산정에 접착제의 성능은 고려하지 않는다.
정답 ②

---

020 목구조의 왕대공지붕틀을 구성하는 부재가 아닌 것은? 17 국가직 9급

① 종보
② 평보
③ 왕대공
④ ㅅ자보

021 왕대공 지붕틀에 대한 설명으로 옳은 것은? 09 지방직 7급

① 왕대공은 압축재이다.
② 빗대공과 평보는 압축재이다.
③ 왕대공이 부재 중에서 가장 크다.
④ 평보의 부재력은 왕대공이나 빗대공보다 크다.

022 목구조에 대한 설명으로 옳지 않은 것은? 15 국가직 7급

① 구조용 집성재는 규정된 강도등급에 따라 선정된 제재목 또는 목재 층재를 섬유방향이 서로 평행하게 집성·접착하여 생산한 제품이다.
② 목재전단벽의 덮개재료는 기계적인 파스너 대신 접착제로 부착할 수 있으며, 파스너와 함께 사용하는 경우에는 두 내력 중에서 큰 값으로 전단성능을 산정한다.
③ 목재의 섬유방향으로 상처를 내어 방부제를 처리하는 인사이징의 주요 목적은 방부제를 깊고 균일하게 침투시키기 위한 것이다.
④ 토대 하단은 지면에서 200mm 이상 높게 하되 방습상 유효한 조치를 강구한 경우에는 이를 감해도 된다.

023 건축구조의 일반사항에 관한 설명 중 옳은 것은?

09 국가직 9급

① 프리스트레스트(Pre-Stressed) 콘크리트 구조는 PS 강재의 강도에 따라 프리텐션(Pre-Tension) 공법과 포스트텐션(Post-Tension) 공법으로 나눌 수 있다.
② 구조체를 구성하는 방법에 따라 건축물의 구조를 분류하면 철근콘크리트 기둥과 보가 강접합된 구조는 가구식 구조라 한다.
③ 목조 건축물의 내화설계에 있어서 주요구조부인 기둥은 1~3시간의 내화성능을 가진 부재를 사용해야 한다.
④ 주요구조부가 내화구조로 된 건축물은 연면적 2,000m² 이내마다 방화구획을 설치해야 한다.

정답 및 해설

023
① 프리스트레스트(Pre-Stressed) 콘크리트 구조는 프리스트레스 여부에 따라 프리텐션(Pre-Tension) 공법과 포스트텐션(Post-Tension)공법으로 나눌 수 있다.
② 구조체를 구성하는 방법에 따라 건축물의 구조를 분류하면 철근콘크리트 기둥과 보가 강접합된 구조는 라멘 구조라 한다.
④ 주요구조부가 내화구조로 된 건축물은 연면적 1,000m² 이내마다 방화구획을 설치해야 하며, 자동식 스프링클러 소화설비가 설치된 경우에는 2,000m² 이내마다 방화구획을 설치한다.

정답 ③

CHAPTER 4 조적구조

001 조적구조의 설계에 대한 내용으로 옳지 않은 것은? 15 서울시 9급

① 인방보는 조적조가 허용응력도를 초과하지 않도록 최소한 100mm의 지지길이는 확보되어야 한다.
② 전단벽이 다른 벽체와 직각으로 만나는 경우, 전단벽 양쪽에 형성되는 플랜지는 휨강성을 계산할 수 있으며 플랜지 유효폭은 교차되는 벽체두께의 6배를 초과할 수 없다.
③ 수직지점하중의 분산을 위한 별도의 구조부재가 설치되지 않는 경우 수직지점하중이 통줄눈과 같이 연속한 수직모르타르 또는 신축줄눈을 가로질러 분산하지 않는 것으로 가정한다.
④ 기둥과 벽체의 유효높이는 부재상단에 횡지지되지 않은 부재의 경우 지지점부터 부재높이의 1배로 한다.

[정답 및 해설]

001
기둥과 벽체의 유효높이는 부재상단에 횡지지되지 않은 부재의 경우 지지점부터 부재높이의 2배로 한다.
정답 ④

002 조적조에 사용되는 기둥과 벽체에서 하단은 부재 축에 직각방향으로 횡지지되고 상단은 횡지지되지 않은 경우 부재의 유효높이는? 11 지방직 9급

① 부재 높이의 0.5배
② 부재 높이의 1.0배
③ 부재 높이의 1.5배
④ 부재 높이의 2.0배

002
조적조에 사용되는 기둥과 벽체의 유효높이는 부재의 양단에서 부재의 길이 축에 직각방향으로 횡지지된 부재의 최소한의 순 높이이다. 부재 상단에 횡지지되지 않은 부재의 경우 지지점부터 부재높이의 2배로 한다.
정답 ④

003

조적조에서 묻힌 앵커볼트의 설치에 대한 설명으로 옳지 않은 것은? 14 국가직 9급

① 앵커볼트의 최소 묻힘길이는 볼트직경의 2배 이상 또는 30mm 이상이어야 한다.
② 앵커볼트와 평행한 조적조의 연단으로부터 앵커볼트의 표면까지 측정되는 최소연단거리는 40mm 이상이 되어야 한다.
③ 앵커볼트의 최소 중심간격은 볼트직경의 4배 이상이어야 한다.
④ 후크형 앵커볼트의 훅의 안지름은 볼트지름의 3배이고, 볼트지름의 1.5배 만큼 연장되어야 한다.

003
앵커볼트의 최소 묻힘길이는 볼트직경의 4배 이상 또는 50mm 이상이어야 한다.
정답 ①

004

「건축구조기준(KDS)」에 따른 조적식 구조의 묻힌 앵커볼트 설치에 관한 설명으로 가장 옳지 않은 것은? 17 서울시 9급 (後)

① 앵커볼트 간의 최소 중심간격은 볼트직경의 4배 이상이어야 한다.
② 앵커볼트의 최소 묻힘길이 l_b는 볼트직경의 4배 이상 또는 50mm 이상이어야 한다.
③ 앵커볼트와 평행한 조적조의 연단으로부터 앵커볼트의 표면까지 측정되는 최소 연단거리 l_{be}는 30mm 이상이 되어야 한다.
④ 민머리 앵커볼트, 둥근머리 앵커볼트 및 후크형 앵커볼트의 설치 시 최소한 25mm 이상 조적조와 긴결하되, 6.4mm 직경의 볼트가 두께 13mm 이상인 바닥 가로줄눈에 설치될 때는 예외로 한다.

004
앵커볼트와 평행한 조적조의 연단으로부터 앵커볼트의 표면까지 측정되는 최소 연단거리 l_{be}는 40mm 이상이 되어야 한다.
정답 ③

005

조적조 기준압축강도 확인에 대한 설명으로 옳지 않은 것은? 19 국가직 9급

① 시공 전에는 규정에 따라 5개의 프리즘을 제작하여 시험한다.
② 구조설계에 규정된 허용응력의 $\frac{1}{2}$을 적용한 경우, 시공 중 시험을 반드시 시행해야 한다.
③ 구조설계에 규정된 허용응력을 모두 적용한 경우, 벽면적 500m²당 3개의 프리즘을 규정에 따라 제작하여 시험한다.
④ 기시공된 조적조의 프리즘시험은 벽면적 500m²마다 품질을 확인하지 않은 부분에서 재령 28일이 지난 3개의 프리즘을 채취한다.

005
구조설계에 규정된 허용응력의 $\frac{1}{2}$을 적용한 경우, 시공 중 시험은 필요하지 않다.
정답 ②

정답 및 해설

006
압축강도는 시험한 모든 프리즘의 평균값으로 하지만 최소 시험값의 125%를 초과할 수 없다.

정답 ②

006 조적조의 프리즘시험에 대한 설명으로 옳지 않은 것은? 12 국가직 7급

① 시공 전에는 5개의 프리즘을 제작·시험한다.
② 프리즘시험성적에 따라 압축강도를 검증할 때, 프리즘의 기준압축강도는 평균압축강도 이상이어야 한다.
③ 구조설계에 규정된 허용응력의 1/2을 적용한 경우에는 시공 중 시험이 필요하지 않다.
④ 구조설계에 규정된 허용응력을 모두 적용한 경우에는 벽면적 500m²당 3개의 프리즘을 제작·시험한다.

007
기둥에서 띠철근과 길이방향철근은 기둥 표면으로부터 38mm 이상에서 130mm 이하로 배근되어야 한다.

정답 ②

007 보강조적조의 구조세칙에 대한 설명으로 옳지 않은 것은? 17 국가직 9급

① 6mm 이상의 원형 철근의 사용은 금지한다.
② 기둥에서 띠철근과 길이방향 철근은 기둥 표면으로부터 38mm 이상에서 150mm 이하로 배근되어야 한다.
③ 평행한 길이방향 철근의 순간격은 기둥단면을 제외하고, 철근의 공칭직경이나 25mm보다 작아서는 안 되지만 이음철근은 예외로 한다.
④ 휨부재에서의 압축철근은 지름 6mm 이하인 띠철근이나 전단보강근으로 보강되어야 한다.

008
보강조적조의 구조세칙에 대한 설명으로 옳지 않은 것은? 15 지방직 9급

① 보강조적조에서 휨철근의 정착길이는 묻힘길이와 정착 또는 인장만 받는 경우는 갈고리의 조합으로 확보할 수 있다.
② 기둥의 길이방향철근은 테두리에 띠철근으로 둘러싸야 하며, 길이방향철근은 135° 이하로 굽어진 폐쇄형 띠철근으로 고정되어야 한다.
③ 기둥에 설치되는 앵커볼트 보강용 띠철근은 기둥 상부로부터 50mm 이내에 최상단 띠철근을 설치하며, 기둥 상부로부터 130mm 이내에 단면적은 260mm² 이상으로 배근하여야 한다.
④ 보강조적벽의 휨응력 산정을 위한 압축면적의 유효폭은 공칭벽두께나 철근 간 중심거리의 8배를 초과하지 않는다.

008
보강조적벽의 휨응력 산정을 위한 압축면적의 유효폭은 공칭벽두께나 철근 간 중심거리의 6배를 초과하지 않는다.
정답 ④

009
허용응력설계법을 적용한 보강조적조의 철근배근에 대한 설명으로 옳지 않은 것은? 13 지방직 9급

① 최대철근 치수는 35mm로 한다.
② 최대철근 면적은 겹침이 없는 경우 공동면적의 5%, 겹침이 있는 경우 공동면적의 10%가 되어야 한다.
③ 줄눈보강근 이외 철근의 최소피복은 외부에 노출되어 있을 때는 40mm, 흙에 노출되어 있을 때는 50mm이다.
④ 원형철근에 대한 정착길이는 인장력을 받는 경우 이형철근이나 이형철선에 요구되는 정착길이의 2배로 한다.

009
최대철근 면적은 겹침이 없는 경우 공동면적의 6%, 겹침이 있는 경우 공동면적의 12%가 되어야 한다.
정답 ②

010
허용응력설계법이 적용된 합성조적조에 대한 설명으로 옳지 않은 것은? 17 지방직 9급

① 합성조적조의 어떠한 부분에서도 계산된 최대응력은 그 부분 재료의 허용응력을 초과할 수 없다.
② 재사용되는 조적부재의 허용응력은 같은 성능을 갖는 신설 조적개체의 허용응력을 초과하지 않아야 한다.
③ 해석은 순면적의 탄성환산단면에 기초한다.
④ 환산단면에서 환산된 면적의 두께는 일정하며 부재의 유효높이나 길이는 변하지 않는다.

010
재사용되는 조적부재의 허용응력은 같은 성능을 갖는 신설 조적개체의 허용응력의 50%를 초과하지 않아야 한다.
정답 ②

정답 및 해설

011
휨강도 계산에서는 조적조벽의 인장강도를 무시한다. 단, 처짐을 구할 때는 제외한다.
정답 ②

012
휨강도의 계산에서는 조적조벽의 인장강도를 무시한다.
정답 ④

013
휨강도의 계산에서는 조적조벽의 인장강도를 무시한다.
정답 ①

---

011 강도설계법을 적용한 보강조적조의 설계가정으로 옳지 않은 것은? 15 국가직 9급

① 조적조는 파괴계수 이상의 인장응력을 받지 못한다.
② 휨강도 계산에서는 조적조벽의 인장강도를 고려한다.
③ 조적조의 응력은 단면에서 등가압축영역에 균일하게 분포한다고 가정한다.
④ 보강근과 조적조의 변형률은 중립축으로부터의 거리에 비례한다고 가정한다.

012 보강조적조의 설계가정에 대한 설명으로 옳지 않은 것은? 10 지방직 7급

① 조적조는 파괴계수 이상의 인장응력을 받지 못한다.
② 보강근은 조적 재료에 의해 완전히 부착되어야만 하나의 재료로 거동하는 것으로 한다.
③ 보강근과 조적조의 변형률은 중립축으로부터의 거리에 비례한다고 가정한다.
④ 휨강도의 계산에서는 조적조벽의 인장강도를 포함한다.

013 보강조적조 강도설계법의 설계가정으로 옳지 않은 것은? 18 국가직 7급

① 휨강도의 계산에서 보강근과 조적조벽의 인장강도를 고려해야 한다.
② 보강근은 조적재료와 완전히 부착되어야만 하나의 재료로 거동하는 것으로 가정한다.
③ 단근보강 조적조벽단면의 휨과 압축하중 조합에 대한 공칭강도 계산 시 보강근과 조적조의 변형률은 중립축으로부터의 거리에 비례하는 것으로 가정한다.
④ 조적조의 압축강도와 변형률은 직사각형으로 가정한다.

014
강도설계법에 기반한 보강조적조의 구조설계에 대한 설명으로 옳지 않은 것은?

13 국가직 7급

① 벽체나 벽체 골조의 공동 안에는 최대 4개까지의 보강근이 허용된다.
② 처짐을 구할 때를 제외하고는 휨강도의 계산에서 조적조벽의 인장강도를 무시한다.
③ 보강근은 모르타르나 그라우트에 완전 매입되어야 하고, 40mm 또는 철근 직경의 2.5배 이상의 피복을 유지해야 한다.
④ 90° 표준 갈고리의 내민길이는 보강근 직경의 최소 12배 이상으로 한다.

014
벽체나 벽체 골조의 공동 안에는 최대 2개까지의 보강근이 허용된다.

정답 ①

015
조적식 구조의 강도설계법과 경험적 설계법에 대한 설명으로 옳지 않은 것은?

16 서울시 9급(後)

① 경험적 설계법에서 2층 이상 건물의 조적내력벽 공칭두께는 100mm 이상이어야 한다.
② 경험적 설계법에서 조적벽이 횡력에 저항하는 경우에는 전체높이가 13m, 처마높이가 9m 이하이어야 한다.
③ 강도설계법에 의한 보강조적조 휨강도의 계산에서는 조적조벽의 인장강도를 무시한다. 단, 처짐을 구할 때는 제외한다.
④ 강도설계법에서 보강조적조 내진설계 시 보의 폭은 150mm보다 적어서는 안 된다.

015
경험적 설계법에서 2층 이상 건물의 조적내력벽 공칭두께는 200mm 이상이어야 한다.

정답 ①

정답 및 해설

016
보강근의 최소 휨직경은 직경 10mm에서 25mm까지는 보강근의 6배이고, 직경 29mm부터 35mm까지는 8배로 한다.
정답 ④

017
벽체나 벽체 골조의 공동 안에는 최대 2개까지 보강근이 허용된다.
정답 ④

018
인방보는 조적조가 허용응력을 초과하지 않도록 최소한 100mm의 지지길이는 확보되어야 한다.
정답 ④

---

016 조적식 구조의 재료 및 강도설계법에 대한 설명으로 옳지 않은 것은? 21 국가직 9급

① 시멘트성분을 지닌 재료 또는 첨가제들은 에폭시 수지와 그 부가물이나 페놀, 석면섬유 또는 내화점토를 포함할 수 없다.
② 모멘트 저항 벽체 골조의 설계전단강도는 공칭강도에 강도감소계수 0.8을 곱하여 산정한다.
③ 그라우트의 압축강도는 조적 개체 강도의 1.3배 이상으로 한다.
④ 보강근의 최소 휨직경은 직경 10mm에서 25mm까지는 보강근의 8배이고, 직경 29mm부터 35mm까지는 6배로 한다.

017 다음 중 강도설계법에 의한 보강조적조에 관한 설명으로 옳지 않은 것은? 16 서울시 7급

① 보강근의 최대 지름은 29mm이다.
② 모든 보강근은 40mm 또는 철근 공칭지름의 2.5배 이상의 피복을 유지해야 한다.
③ 보강근의 지름은 공동 최소 크기의 1/4을 초과하지 않아야 한다.
④ 벽체나 벽체 골조의 공동 안에는 최대 3개까지 보강근이 허용된다.

018 조적조의 구조설계에 대한 설명으로 옳지 않은 것은? 14 국가직 9급

① 조적조를 지지하는 요소들은 총 하중 하에서 그 수직변형이 순스팬의 1/600을 넘지 않도록 설계되어야 한다.
② 내진설계를 위해서 바닥 슬래브와 벽체의 접합부는 최소 3.0kN/m의 하중에 저항할 수 있도록 최대 1.2m 간격의 적절한 정착기구로 정착력을 발휘하여야 한다.
③ 조적조구조의 설계는 허용응력설계법, 강도설계법, 경험적설계법 중 1가지 방법에 따라야 한다.
④ 인방보는 조적조가 허용응력을 초과하지 않도록 최소한 50mm의 지지길이는 확보되어야 한다.

019

조적조에서 내진설계 적용대상 전단벽의 부재설계에 대한 설명으로 옳지 않은 것은?

20 국가직 7급

① 최소단면적 130mm²의 수직벽체철근을 각 모서리와 벽의 단부, 각 개구부의 각 면 테두리에 연속적으로 배근해야 한다.
② 수직벽체철근의 수평배근 최대간격은 1.5m 이내로 한다.
③ 수평벽체철근은 벽체 개구부의 하단과 상단에서는 600mm 또는 철근 직경의 40배 이상 연장하여 배근한다.
④ 수평벽체철근은 균일하게 분포된 접합부철근이 있는 경우를 제외하고는 3m의 최대간격을 유지한다.

019
수직벽체철근의 수평배근 최대간격은 1.2m 이내로 한다.
정답 ②

020

조적조의 내진설계에 관한 설명으로 옳지 않은 것은?

10 국가직 9급

① 비보강조적조는 지진에 대한 저항능력을 기대할 수 없으므로 내진성능을 확보하기 위해서는 보강 조적조로 설계해야 한다.
② 조적조의 지진하중 산정은 철근콘크리트구조 및 철골구조와 동일한 방법을 따른다.
③ 바닥 슬래브와 벽체간의 접합부는 최대 1.2m 간격의 적절한 정착기구로 연결되어야 한다.
④ 보강조적조의 전단벽은 벽체하부와 기초의 상단에 장부철근으로 연결 배근한다.

020
전체높이가 13m, 처마높이가 9m 이하의 건물로서 경험적 설계법의 벽체높이, 횡안정, 측면지지, 최소두께를 만족하지 않는 경우 비보강조적조의 내진설계는 설계하중에서 제시한 지진하중의 산정방법인 등가정적 해석법, 동적해석법을 따르면 내진성능을 확보할 수 있다.
정답 ①

정답 및 해설

021
벽체개구부의 하단과 상단에서는 600mm 또한 철근직경의 40배 이상 연장하여 배근해야 한다.
정답 ①

022
비보강조적조의 저항강도는 단위조적조, 모르타르, 충전재의 휨인장강도를 사용하여 설계한다.
정답 ①

023
① 보의 폭은 150mm보다 작아서는 안 된다.
② 피어의 폭은 150mm 이상이어야 한다.
④ 기둥의 공칭길이는 300mm보다 작을 수 없으며, 기둥 폭의 3배를 넘을 수 없다.
정답 ③

---

021 보강조적조 전단벽 내진설계에서 최소단면적 130mm² 인 수평벽체의 철근배근에 대한 설명으로 옳지 않은 것은?
12 지방직 9급

① 벽체개구부의 하단과 상단에서는 400mm 또한 철근직경의 20배 이상 연장하여 배근해야 한다.
② 구조적으로 연결된 지붕과 바닥층, 벽체의 상부에 연속적으로 배근한다.
③ 벽체의 하부와 기초의 상단에 장부철근으로 연결 배근한다.
④ 균일하게 분포된 접합부철근이 있는 경우를 제외하고는 3m의 최대 간격을 유지한다.

022 비보강조적조의 강도설계법에 대한 설명으로 옳지 않은 것은?
15 국가직 7급

① 비보강조적조의 저항강도는 단위조적조, 모르타르, 충전재의 압축강도를 사용하여 설계한다.
② 보강철근은 설계강도에 기여하지 않는 것으로 간주한다.
③ 비보강조적조는 균열이 발생하지 않도록 설계한다.
④ 휨강도 산정을 위해서 축압축응력과 함께 발생하는 휨압축응력은 변형률에 비례하는 것으로 보며, 최대 압축응력은 조적조 28일 압축강도의 85%를 넘지 않도록 한다.

023 보강조적조의 강도설계법에서 내진설계를 위한 부재의 치수제한으로 옳은 것은?
15 지방직 9급

① 보의 폭은 100mm보다 작아서는 안 된다.
② 피어의 폭은 100mm 이상이어야 한다.
③ 기둥의 폭은 300mm보다 작을 수 없다.
④ 기둥의 공칭길이는 200mm보다 작을 수 없으며, 기둥 폭의 4배를 넘을 수 없다.

024

강도설계법에 의한 보강조적조의 내진설계에 대한 설명으로 옳지 않은 것은?

22 지방직 9급

① 보 폭은 150mm보다 적어서는 안 된다.
② 기둥 폭은 300mm 이상이어야 한다.
③ 보 깊이는 적어도 200mm 이상이어야 한다.
④ 피어 유효폭은 200mm 이상이어야 하며, 500mm를 넘을 수 없다.

024
피어 유효폭은 150mm 이상이어야 하며, 400mm를 넘을 수 없다.
정답 ④

025

조적구조의 내진설계에 대한 설명으로 옳지 않은 것은?

23 국가직 9급

① 조적허리벽이 모멘트골조로부터 이격된 경우에는 허리벽에 의한 기둥길이의 감소효과를 구조해석과 설계에 반영해야 한다.
② 조적채움벽이 모멘트골조로부터 이격되지 않아서 구조요소로 역할을 할 경우에는 채움벽의 영향을 구조해석에서 고려해야 한다.
③ 철근콘크리트모멘트골조 또는 철골모멘트골조의 내부에 밀착하여 채움벽이 배치되는 경우에는 채움벽의 강성 및 강도 기여도를 고려해야 한다.
④ 철근콘크리트모멘트골조 또는 철골모멘트골조의 내부에 밀착된 채움벽체의 대각방향 압축대의 강도는 골조의 강성을 고려한 유효폭을 산정하여 골조의 강도 및 강성 증가 효과를 고려한다.

025
조적허리벽이 모멘트골조로부터 이격되지 않은 경우에는 허리벽에 의한 기둥길이의 감소효과를 구조해석과 설계에 반영해야 한다.
정답 ①

026

비강화유리, 배강도유리, 강화유리를 이용하여 2장 이상 유리 사이에 PVB 포일이나 아크릴 등의 레진을 삽입하여 유리에 부착한 유리는?

24 국가직 9급

① 로이유리
② 복층유리
③ 망입유리
④ 접합유리

026
① 로이유리 : 열적외선을 반사하는 은소재 도막으로 코팅하여 방사율과 열관류율을 낮추고 가시광선 투과율을 높인 유리로서 일반적으로 복층유리로 제조하여 사용하며, 저방사유리라고도 한다.
② 복층유리 : 2장 또는 3장의 판유리를 일정한 간격으로 두고 기밀하게 금속테두리를 한 다음 유리 사이의 내부에 공기를 봉입한 유리이다.
③ 망입유리 : 유리 내부에 금속철망(철, 놋쇠, 알루미늄)을 봉입하고 압축 성형한 유리이다.
정답 ④

심화편

PART 2

철근콘크리트구조

CHAPTER 1   총론

CHAPTER 2   사용성 및 내구성

CHAPTER 3   부재의 해석 및 설계

CHAPTER 01 총론

001 철근콘크리트구조에 대한 설명으로 옳지 않은 것은?

12 국가직 7급

① 흙에 접하여 콘크리트를 친 후 영구히 흙에 묻혀 있는 콘크리트의 피복두께는 75mm 이상으로 해야 한다.
② 크리프변형을 계산할 때 콘크리트의 탄성계수는 초기접선탄성계수를 사용한다.
③ 콘크리트의 압축강도와 철근의 항복강도가 증가함에 따라 콘크리트 및 철근의 탄성계수는 증가한다.
④ 보통골재를 사용한 콘크리트의 할선탄성계수는 초기접선탄성계수의 85%로 한다.

002 철근콘크리트구조의 철근 배치에서 간격 제한에 대한 설명으로 옳지 않은 것은?

20 국가직 7급

① 동일 평면에서 평행한 철근 사이의 수평 순간격은 25mm 미만 또한 철근의 공칭지름 미만으로 하여야 한다.
② 상단과 하단에 2단 이상으로 배치된 경우 상·하 철근은 동일 연직면 내에 배치되어야 하고, 이때 상·하 철근의 순간격은 25mm 이상으로 하여야 한다.
③ 벽체 또는 슬래브에서 휨 주철근의 간격은 벽체나 슬래브 두께의 3배 이하 또한 450mm 이하로 하여야 한다.
④ 2개 이상의 철근을 묶어서 사용하는 다발철근은 이형철근으로, 그 개수는 4개 이하이어야 한다.

정답 및 해설

001
콘크리트의 압축강도가 증가할수록 콘크리트의 탄성계수는 증가하지만, 철근의 탄성계수는 철근의 항복강도 증가에 상관없이 항상 일정하다.

정답 ③

002
동일 평면에서 평행한 철근 사이의 수평 순간격은 25mm 이상, 철근의 공칭지름 이상으로 하여야 하며, 또한 굵은골재 공칭최대치수 규정도 만족하여야 한다.

정답 ①

003

철근콘크리트구조물의 철근배근에 관한 설명으로 가장 옳은 것은? 18 서울시 9급

① 기둥에서 철근의 피복 두께는 40mm 이상으로 하며, 주근비는 1% 이상 6% 이하로 한다.
② 보에서 주근의 순간격은 25mm 이상이고 주근 공칭지름의 1.5배 이상이며 굵은 골재 최대치수의 4/3배 이상으로 하여야 한다.
③ 기둥에서 나선철근의 중심간격은 25mm 이상 75mm 이하로 한다.
④ 보에서 깊이 h가 900mm를 초과하는 경우, 보의 양측면에 인장연단으로부터 $h/2$ 위치까지 표피철근을 길이방향으로 배근한다.

003
① 기둥에서 철근의 피복 두께는 40mm 이상으로 하며, 주근비는 1% 이상 8% 이하로 한다.
② 보에서 주근의 순간격은 25mm 이상이고 주근 공칭지름 이상이며 굵은골재 공칭최대치수 규정 이상으로 하여야 한다.
③ 기둥에서 나선철근의 순간격은 25mm 이상 75mm 이하로 한다.

정답 ④

004

그림과 같은 철근콘크리트 보에서 인장을 받는 6가닥의 D25 주철근이 모두 한 곳에서 정착된다고 가정할 때, 주철근의 직선 정착길이 산정을 위한 c값(철근간격 또는 피복두께에 관련된 치수)은? (단, D25 주철근은 최대 등간격으로 배치되어 있고, D10 스터럽의 굽힘부 내면반지름과 마디는 고려하지 않으며, D10, D25 철근 직경은 각각 10mm, 25mm로 계산한다.) 19 국가직 9급

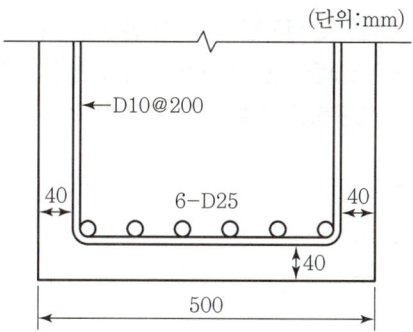

① 25.0mm　② 37.5mm
③ 50.0mm　④ 62.5mm

004
c값(철근간격 또는 피복두께에 관련된 치수)는 철근 또는 철선의 중심부터 콘크리트 표면까지의 최단거리 (5+40=45mm) 또는 정착되는 철근 또는 철선의 중심간 거리의 1/2 (75×1/2=37.5mm) 중 작은 값을 사용하여 mm 단위로 나타내면 37.5mm이다.

정답 ②

정답 및 해설

005
(1) 옥내에 시공되는 철근콘크리트 보의 피복두께는 철근에 상관없이 모두 최소 40mm 이상이다.
(2) 철근콘크리트 보의 스터럽은 D13이므로 지름은 13mm이다.
(3) 철근콘크리트 보의 주근은 D22이므로 중심까지는 22mm×1/2 =11mm가 된다.
∴ 보의 콘크리트표면에서 첫 번째 주근중심까지 최소거리
 =(1)+(2)+(3)=40+13+11
 =64mm

정답 ③

006
최대 유효깊이(d)
=전체깊이-피복두께-늑근직경-주근직경-상하철근 순간격의 1/2
=700mm-40mm-10mm
 -25mm-12.5mm
=612.5mm

정답 ③

---

005 옥내에 시공되는 철근콘크리트 보가 주근은 D22, 스터럽은 D13을 사용할 때, 보의 콘크리트 표면에서 첫 번째 주근 중심까지의 최소거리(mm)는? (단, 콘크리트 설계기준강도 $f_{ck}=24\text{N/mm}^2$이고 최소 피복두께는 건축구조기준(KDS)에 따른다.)
09 지방직 9급

① 54
② 59
③ 64
④ 69

006 폭 400mm와 전체 깊이 700mm를 가지는 직사각형 철근콘크리트 보에서 인장철근이 2단으로 배근될 때, 최대 유효깊이에 가장 가까운 값은? (단, 피복두께는 40mm, 스터럽 직경은 10mm, 인장철근 직경은 25mm로 1단과 2단에 배근되는 인장철근량은 동일하며, 모두 항복하는 것으로 한다.)
20 지방직 9급

① 650.0mm
② 637.5mm
③ 612.5mm
④ 587.5mm

CHAPTER 02 사용성 및 내구성

001 철근콘크리트 보 부재의 순간처짐을 계산하기 위한 유효단면2차모멘트(I_e)를 산정하는 식으로 옳은 것은? (단, $I_e \leq I_g$, M_{cr}=외력에 의해 단면에서 휨균열을 일으키는 모멘트, M_a=처짐을 계산할 때 부재의 최대 휨모멘트, I_g=철근을 무시한 콘크리트 전체 단면의 중심축에 대한 단면2차모멘트, I_{cr}=균열단면의 단면2차모멘트이다.)

17 국가직 7급

① $I_e = \left(\dfrac{M_a}{M_{cr}}\right)^3 I_g + \left[1 - \left(\dfrac{M_a}{M_{cr}}\right)^3\right] I_{cr}$

② $I_e = \left(\dfrac{M_{cr}}{M_a}\right)^3 I_g + \left[1 - \left(\dfrac{M_{cr}}{M_a}\right)^3\right] I_{cr}$

③ $I_e = \left(\dfrac{M_{cr}}{M_a}\right)^3 I_{cr} + \left[1 - \left(\dfrac{M_{cr}}{M_a}\right)^3\right] I_g$

④ $I_e = \left(\dfrac{M_a}{M_{cr}}\right)^3 I_{cr} + \left[1 - \left(\dfrac{M_a}{M_{cr}}\right)^3\right] I_g$

001
부재의 강성도를 엄밀한 해석방법으로 구하지 않는 한, 부재의 순간처짐은 콘크리트 탄성계수와 유효단면2차모멘트(I_e)를 이용하여 구해야 하는데, 어느 경우라도 I_e는 I_g보다 크지 않아야 한다.

정답 ②

---

002 건축구조기준에서 철근콘크리트 1방향 구조의 처짐에 관한 설명으로 옳지 않은 것은?

16 국가직 7급

① 보행자 및 차량하중 등 동하중을 주로 받는 구조물의 허용처짐 중에서 활하중과 충격으로 인한 캔틸레버의 처짐은 캔틸레버 길이의 1/300 이하이어야 한다. 다만, 보행자의 이용이 고려된 경우 처짐은 캔틸레버 길이의 1/375까지 허용된다.
② 과도한 처짐에 의해 손상되기 쉬운 비구조 요소를 지지 또는 부착하지 않은 바닥구조는 활하중에 의한 순간처짐을 $l/180$까지 허용한다.(단, l은 골조에서 절점 중심을 기준으로 측정된 부재의 길이이다.)
③ 처짐을 계산할 때 하중작용에 의한 순간처짐은 부재강성에 대한 균열과 철근의 영향을 고려하여 탄성처짐공식을 사용하여 산정하여야 한다.
④ 일반 콘크리트 휨부재의 장기처짐은 크리프와 건조수축의 영향을 고려하여 산정한다.

002
과도한 처짐에 의해 손상되기 쉬운 비구조 요소를 지지 또는 부착하지 않은 바닥구조는 활하중에 의한 순간처짐을 $l/360$까지 허용한다.(단, l은 골조에서 절점 중심을 기준으로 측정된 부재의 길이이다.)

정답 ②

정답 및 해설

003
활하중과 충격으로 인한 캔틸레버의 처짐은 캔틸레버 길이의 1/300 이하이어야 한다. 다만, 보행자의 이용이 고려된 경우 처짐은 캔틸레버 길이의 1/375까지 허용된다.

정답 ④

004
장기처짐 효과를 고려 시 과도한 처짐에 의해 손상되기 쉬운 비구조 요소를 지지 또는 부착하지 않은 바닥구조인 경우, 활하중에 의한 순간처짐의 허용한계는 부재 길이의 $\frac{1}{360}$ 이하이어야 한다.

정답 ①

---

003 철근콘크리트 구조물의 사용성과 내구성에 대한 설명으로 옳지 않은 것은? (단, l은 골조에서 절점 중심을 기준으로 측정된 부재의 길이를 의미한다.)

11 지방직 7급

① 사용성 검토는 균열, 처짐, 피로 등의 영향을 고려하여 이루어져야 한다.
② 하중작용에 의한 순간처짐은 부재강성에 대한 균열과 철근의 영향을 고려하여 탄성처짐공식을 사용하여야 한다.
③ 과도한 처짐에 의해 손상되기 쉬운 비구조요소를 지지 또는 부착하지 않은 평지붕 구조의 경우 처짐한계는 $l/180$이다.
④ 활하중과 충격으로 인한 캔틸레버의 처짐은 캔틸레버 길이의 1/100 이하이어야 한다.

004 콘크리트구조 사용성 설계 시 1방향 구조의 처짐에 대한 설명으로 옳지 않은 것은?

20 국가직 7급

① 장기처짐 효과를 고려 시 과도한 처짐에 의해 손상되기 쉬운 비구조 요소를 지지 또는 부착하지 않은 바닥구조인 경우, 활하중에 의한 순간처짐의 허용한계는 부재 길이의 $\frac{1}{180}$ 이하이어야 한다.
② 처짐을 계산할 때 하중의 작용에 의한 순간처짐은 탄성처짐 공식을 사용하여 계산한다.
③ 처짐 계산에 의하여 최대 허용처짐규정을 만족하는 경우, 처짐을 계산하지 않는 1방향 슬래브 최소 두께 규정을 적용할 필요가 없다.
④ 연속부재인 경우에 정모멘트 및 부모멘트에 대한 위험단면의 유효단면2차모멘트를 구하고 그 평균값을 사용할 수 있다.

005

긴 변의 순경간(l_n)이 5m이며, 테두리보를 제외하고 슬래브 주변에 보가 없는 2방향 슬래브의 최소 두께에 대한 설명으로 옳지 않은 것은? (단, 제시된 조건 외에 비교되는 슬래브의 조건은 동일하며, 슬래브의 두께는 120mm를 초과한다)

20 국가직 7급

① 철근의 설계기준항복강도가 증가할수록 슬래브 최소 두께는 감소한다.
② 외부 슬래브의 경우 테두리보가 없는 슬래브보다 테두리보가 있는 슬래브의 최소 두께가 작다.
③ 지판이 있는 경우 테두리보가 없는 외부 슬래브보다 내부 슬래브의 최소 두께가 작다.
④ 내부 슬래브의 경우 지판이 없는 슬래브보다 지판이 있는 슬래브의 최소 두께가 작다.

005
철근의 설계기준항복강도가 증가할수록 슬래브 최소 두께는 증가한다.
정답 ①

006

보의 강성비 α_m은 0.2 이하이고 불균형휨모멘트의 전달을 고려 하지 않는 것으로 가정할 때, 내부에 보가 없는 철근콘크리트 슬래브의 최소두께로 옳지 않은 것은? (단, 철근의 설계기준항복강도 f_y=300MPa, l_n은 부재의 순경간을 의미한다.)

11 지방직 7급

① 지판이 없는 외부슬래브에 테두리보가 없는 경우 : $\dfrac{l_n}{32}$

② 지판이 없는 내부슬래브의 경우 : $\dfrac{l_n}{35}$

③ 지판이 있는 외부슬래브에 테두리보가 있는 경우 : $\dfrac{l_n}{35}$

④ 지판이 있는 내부슬래브의 경우 : $\dfrac{l_n}{39}$

006
지판이 있는 외부슬래브에 테두리보가 있는 경우 : $\dfrac{l_n}{39}$
정답 ③

007

다음 중 무량판 2방향 슬래브에서 테두리보를 제외하고 슬래브 주변에 보가 없거나 보의 강성비 α_m이 0.2 이하일 경우 철근콘크리트 슬래브의 최소 두께에 대한 설명으로 옳은 것은? (단, 철근의 설계기준항복강도 f_y=400MPa, l_n은 부재의 순경간이다.)

16 서울시 7급

① 지판이 없는 내부슬래브의 경우 $l_n/34$
② 지판이 있는 내부슬래브의 경우 $l_n/37.5$
③ 지판이 없는 외부슬래브에 테두리보가 있는 경우 $l_n/33$
④ 지판이 있는 외부슬래브에 테두리보가 없는 경우 $l_n/36$

007
① 지판이 없는 내부슬래브의 경우 $l_n/33$
② 지판이 있는 내부슬래브의 경우 $l_n/36$
④ 지판이 있는 외부슬래브에 테두리보가 없는 경우 $l_n/33$
정답 ③

CHAPTER 03 부재의 해석 및 설계

정답 및 해설

001

철근의 설계기준 항복강도	압축지배 변형률 한계	인장지배 변형률 한계
500MPa	0.0025	0.00625

변형률도에서 삼각형의 닮음비를 이용하면

(1) 압축지배단면 중에서 최소 압축대 깊이(c_c)
  $c_c : 0.0033 = (d-c_c) : 0.0025$
  $\therefore c_c = 0.57d$

(2) 인장지배단면 중에서 최대 압축대 깊이(c_t)
  $c_t : 0.0033 = (d-c_t) : 0.00625$
  $\therefore c_t = 0.35d$

정답 ②

002

설계기준항복강도가 400MPa일 경우 휨부재의 최소허용변형률은 0.004이므로 변화구간 단면이 되고, 그때 강도감소계수는 직선 보간한 값을 사용한다.

$\therefore$ 강도감소계수
$= 0.65 + (\varepsilon_t - 0.002) \times \dfrac{200}{3}$
$= 0.65 + (0.004 - 0.002) \times \dfrac{200}{3}$
$= 0.78$

정답 ③

---

001 콘크리트의 설계기준압축강도는 25MPa이고 철근의 설계기준항복강도는 500MPa인 직사각형 단면의 철근콘크리트보를 건축구조기준의 강도설계법으로 설계하고자 한다. 압축지배단면 중에서 최소 압축대 깊이와 인장지배단면 중에서 최대 압축대 깊이에 각각 가장 가까운 값은? (단, d는 보의 유효깊이를 나타내며, 인장철근은 1열로 배치된다.)

14 국가직 7급

① $0.65d$, $0.4d$
② $0.57d$, $0.35d$
③ $0.45d$, $0.25d$
④ $0.35d$, $0.2d$

002 스터럽으로 보강된 철근콘크리트 보를 설계기준항복강도 400MPa인 인장철근을 사용하여 설계하고자 한다. 공칭강도 상태에서 최외단 인장철근의 순인장변형률이 휨부재의 최소허용변형률과 같을 때, 휨모멘트에 대한 강도감소계수에 가장 가까운 값은?

20 국가직 9급

① 0.73
② 0.75
③ 0.78
④ 0.85

003

다음은 중력하중에 저항하는 철근콘크리트 보에 대한 <전단강도 검토 결과>이다. 이에 대하여 설계기준에 따라 수립한 <조치 계획> 중 옳은 것만을 모두 고르면?

19 국가직 7급

> **<전단강도 검토 결과>**
> - 단면의 계수전단력(V_u) : 400kN
> - 단면 유효깊이(d) : 500mm
> - 부재축에 직각으로 배치된 전단철근의 간격(s) : 300mm
> - 콘크리트에 의한 전단강도($V_c = \frac{1}{6}\sqrt{f_{ck}}b_w d$) : 150kN
> - 전단철근에 의한 전단강도(V_s) : 350kN

> **<조치 계획>**
> ㄱ. 전단철근에 의한 전단강도를 400kN으로 증가시켜 강도요구조건 ($\phi V_n \geq V_u$)을 만족시킨다.
> ㄴ. 전단철근을 200mm 간격으로 배근하여 간격 제한조건을 만족시킨다.
> ㄷ. 전단철근에 의한 전단강도가 설계기준의 제한값을 초과하므로, 보 단면 유효깊이를 600mm로 증가시킨다.

① ㄱ
② ㄱ, ㄴ
③ ㄴ, ㄷ
④ ㄱ, ㄴ, ㄷ

해설 003

(1) 전단강도 검토 결과
$V_u \leq \phi V_n$
$400 \leq 0.75 \times (150+350) = 375$

(2) 결과에 대한 조치
$V_s = 400$kN으로 증가하면,
$400 \leq 0.75 \times (150+400) = 412.5$
으로 만족시킨다.

정답 ①

004

「건축구조기준(KDS)」에 따른 철근콘크리트구조부재의 비틀림 설계에 대한 설명으로 가장 옳지 않은 것은?

17 서울시 7급

① 비틀림에 대한 설계는 속이 찬 부재의 입체트러스모델을 근거로 하고 있다.
② 일정한 조건을 만족하면 비틀림을 고려하지 않아도 된다
③ 비틀림에 의한 전단응력과 순수전단응력의 평균값은 순수 전단응력의 허용최대응력 값을 초과하지 않아야 한다.
④ 비틀림철근은 계산상으로 필요한 위치에서 일정 값 이상의 거리까지 연장시켜 배치한다.

해설 004

비틀림에 대한 설계는 중공튜브(Thin-walled Tube)의 입체트러스모델에 근거를 두고 있다.

정답 ①

정답 및 해설

005
한 절점에는 3개 또는 그 이상의 힘들이 모여서 반드시 평형을 이루어야 하므로, 절점에서 평형방정식을 만족하여야 한다.($\sum H=0$, $\sum V=0$, $\sum M=0$)

정답 ①

006
브래킷과 내민받침의 주요파괴현상에서 블록전단파괴는 관계가 없으며, 재하 지압과 하부의 지압 또는 전단파괴를 고려하여야 한다.

정답 ③

---

005 최근의 철근콘크리트설계기준상 응력교란영역에 해당하는 구조부재에는 스트럿-타이 모델(Strut-Tie Model)을 적용할 수 있도록 권장하고 있다. 그림과 같은 깊은 보는 스트럿-타이 모델을 적용한 예이다. 일반적인 스트럿-타이 모델에서 사용되는 절점의 종류로 옳지 않은 것은? (단, 여기서 C는 압축, T는 인장을 나타낸다.)

14 서울시 7급

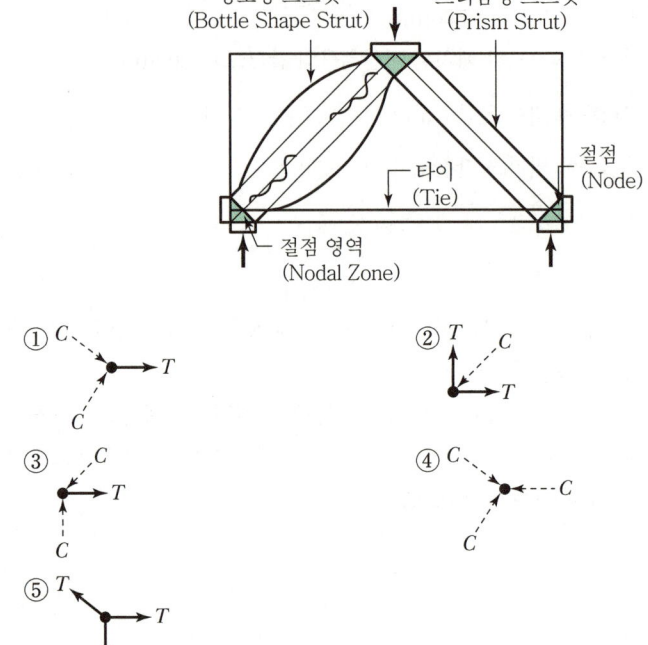

006 다음 중 철근콘크리트구조에서 브래킷과 내민받침의 주요파괴현상으로 옳지 않은 것은?

15 서울시 7급

① 인장철근의 항복에 의한 파괴
② 인장철근의 단부 정착파괴
③ 블록전단파괴
④ 콘크리트 압축대의 전단파괴 또는 압괴

007 철근콘크리트 기둥의 횡철근에 대한 설명으로 옳지 않은 것은?

11 지방직 7급

① 띠철근은 종방향철근의 크기가 D32 이하일 때 D10 이상을 사용하며, D35 이상의 종방향철근과 다발철근의 경우 D13 이상을 사용한다.
② 띠철근의 수직 간격은 종방향철근 지름의 16배 이하, 띠철근 지름의 48배 이하, 기둥 단면 최소치수의 $\frac{1}{2}$ 이하로 한다.
③ 나선철근의 순간격은 25mm 이상, 75mm 이하이어야 한다.
④ 나선철근의 이음은 이형철근의 경우 지름의 72배 이상, 원형철근의 경우 지름의 48배 이상으로 한다.

007
나선철근의 이음은 이형철근 또는 철선인 경우 지름의 48배 이상, 원형철근 또는 철선인 경우 지름의 72배 이상이고, 또 300mm 이상의 겹침이음으로 하거나, 기계적 이음이나 용접이음으로 하여야 한다.
정답 ④

008 축하중과 2축 휨모멘트를 받는 단주의 설계방법으로 가장 옳지 않은 것은?

17 서울시 7급

① 브레슬러의 상반하중법
② 확대모멘트법
③ 엄밀해석법
④ PCA 등하중선법

008
축하중과 2축 휨모멘트를 받는 단주의 설계방법에는 브레슬러의 상반하중법, 브레슬러의 등하중선법, 엄밀해석법, PCA 등하중선법이 있으며, 확대모멘트법은 장주 설계방법에 속한다.
정답 ②

009 기둥에 사용한 콘크리트의 설계기준압축강도(이하 콘크리트강도)가 바닥판구조의 콘크리트강도보다 클 경우, 건축구조기준을 적용하여 바닥판구조를 통한 기둥하중의 전달을 위한 조치로 옳지 않은 것은?

14 국가직 7급

① 기둥 및 바닥판의 콘크리트강도가 각각 27 및 21MPa인 경우, 기둥 주변 바닥판의 콘크리트강도는 21MPa를 사용한다.
② 기둥 및 바닥판의 콘크리트강도가 각각 40 및 24MPa인 경우, 기둥 주변 바닥판의 콘크리트강도는 24MPa를 사용하고 바닥판을 통과하는 기둥의 강도는 소요 연직다월철근과 나선 철근을 가진 콘크리트강도의 하한값을 기준으로 평가한다.
③ 기둥 및 바닥판의 콘크리트강도가 각각 40 및 27MPa이고 슬래브에 의해 기둥(또는 접합부)의 4면이 횡방향으로 구속된 경우, 기둥 콘크리트강도의 75%와 바닥판 콘크리트강도의 25%를 합한 값을 콘크리트의 설계기준압축강도로 가정하여 접합부 및 기둥의 강도를 계산할 수 있다.
④ 기둥 및 바닥판의 콘크리트강도가 각각 40 및 27MPa인 경우, 기둥 주변 바닥판의 콘크리트강도는 40MPa를 사용하고 기둥콘크리트 상면은 슬래브 내로 600mm 확대하며 기둥 콘크리트가 굳지 않은 상태에서 바닥판 콘크리트를 시공한다.

009
기둥 및 바닥판의 콘크리트강도가 각각 40 및 27MPa이고 슬래브에 의해 기둥(또는 접합부)의 4면이 횡방향으로 구속된 경우, 기둥 콘크리트강도의 75%와 바닥판 콘크리트강도의 35%를 합한 값을 콘크리트의 설계기준압축강도로 가정하여 접합부 및 기둥의 강도를 계산할 수 있다.
정답 ③

정답 및 해설

010
점 ㉠은 순수 압축력만 받는 경우이므로 부재단면 내부에 중립축이 존재하지 않는다.

정답 ①

011
(가)와 (나)는 편심거리는 작은 반면 상대적으로 축방향 하중은 큰 경우로 압축 연단의 변형률이 극한 변형률로 콘크리트가 먼저 파괴되는 취성적 거동인 재료파괴가 발행하며, (다)는 콘크리트의 변형률이 최대치에 도달하기 전에 인장철근이 항복하여 인장 파괴되는 좌굴파괴에 속한다.

정답 ①

---

010 휨모멘트와 축력을 받는 철근콘크리트 기둥의 축력(P)-모멘트(M) 상관도를 설명한 것으로 옳지 않은 것은?

12 국가직 7급

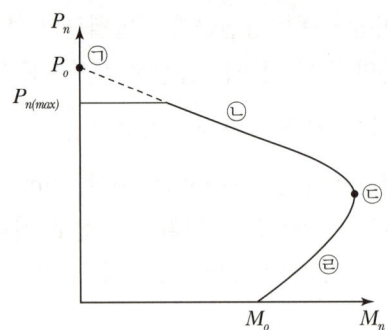

① 점 ㉠은 순수압축을 받는 경우로 중립축은 부재단면 내부에 존재한다.
② ㉡ 구간은 압축파괴구역으로 인장측 철근의 변형도는 항복변형도에 미치지 않는다.
③ 점 ㉢은 균형파괴점으로 인장측 철근의 변형도는 항복변형도에 도달한다.
④ ㉣ 구간은 인장파괴구역으로 인장측 철근의 변형도는 항복변형도를 초과한다.

011 다음 그림은 철근콘크리트 기둥의 $P-M$ 상관도에 기둥의 세장비에 따른 파괴 양상을 표현하였다. (가)~(다)에 들어갈 말을 바르게 연결한 것은?

23 국가직 9급

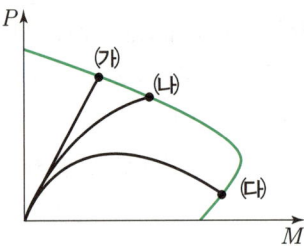

	(가)	(나)	(다)
①	재료파괴	재료파괴	좌굴파괴
②	재료파괴	좌굴파괴	좌굴파괴
③	좌굴파괴	재료파괴	재료파괴
④	좌굴파괴	좌굴파괴	재료파괴

012 그림은 휨모멘트와 축력을 동시에 받는 철근콘크리트 기둥의 공칭강도 상호작용 곡선이다. 이에 대한 설명으로 옳지 않은 것은? 20 국가직 9급

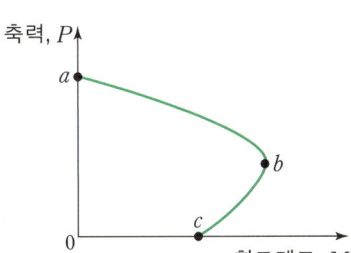

① 휨성능은 압축력의 크기에 따라서 달라진다.
② 구간 $a-b$에서 최외단 인장철근의 순인장변형률은 설계기준항복강도에 대응하는 변형률 이하이다.
③ 구간 $b-c$에서 압축연단 콘크리트는 극한변형률에 도달하지 않는다.
④ 점 b는 균형변형률 상태에 있다.

013 휨모멘트(M)와 축하중(P)을 동시에 받는 기둥에서 왼쪽 그림과 같은 단면의 변형도 상태는 오른쪽 $P-M$ 상관곡선 상의 어느 부분에 해당하는가? (단, ε_c는 콘크리트 압축변형도, ε_s 및 ε_y는 각각 철근의 인장변형도와 철근의 항복변형도를 나타낸다.) 16 서울시 9급(前)

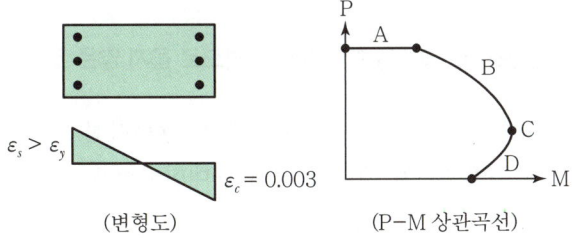

① A구간
② B구간
③ C점
④ D구간

정답 및 해설

014
비횡구속 골조 내 압축부재의 유효길이계수 k는 1.0 이상이어야 한다.

정답 ②

015
$$C_m = 0.6 + 0.4\frac{M_1}{M_2}$$
$$= 0.6 - 0.4\frac{M}{2M}$$
$$= 0.4$$
(복곡률로 변형될 때는 −의 값을 취한다)

정답 ②

016
아치 리브의 세장비(λ)가 35를 초과하는 경우에는 유한변형이론 등에 의해 아치 축선 이동의 영향을 고려하여 단면력을 계산하여야 한다.

정답 ④

---

014 철근콘크리트 압축부재의 장주설계에 대한 설명으로 옳지 않은 것은?

18 국가직 7급

① 비횡구속 골조 내 압축부재의 세장비가 22 이하인 경우에는 압축부재의 장주효과를 무시할 수 있다.
② 비횡구속 골조 내 압축부재의 유효길이계수 k는 1.0보다 작아야 한다.
③ 장주효과에 의한 압축부재의 휨모멘트 증대는 압축부재 단부 사이의 모든 위치에서 고려해야 한다.
④ 두 주축에 대해 휨모멘트를 받는 압축부재에서 각 축에 대한 휨모멘트는 해당 축의 구속조건을 기초로 하여 각각 증대시켜야 한다.

015 철근콘크리트 횡구속 골조에서 압축을 받는 장주의 각 단부에 그림과 같이 모멘트 M_1, M_2가 작용할 때 등가균일 휨모멘트 보정계수 C_m 값은?

22 지방직 9급

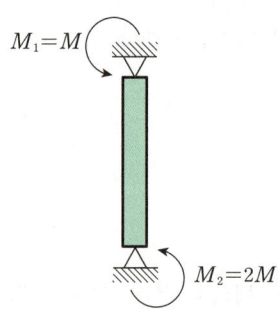

① 0.2　　② 0.4
③ 1.0　　④ 2.0

016 철근콘크리트 아치구조에 대한 설명으로 옳지 않은 것은?

18 국가직 7급

① 아치의 축선이 고정하중에 의한 압축력선 또는 고정하중과 등분포활하중의 1/2이 재하된 상태에 대한 압축력선과 일치하도록 설계해야 한다.
② 아치 리브의 세장비(λ)가 20 이하인 경우 좌굴검토는 필요하지 않다.
③ 아치 리브가 박스 단면인 경우에는 연직재가 붙는 곳에 격벽을 설치해야 한다.
④ 아치 리브의 세장비(λ)가 35를 초과하는 경우에는 아치 축선 이동의 영향을 고려하지 않는다.

017 다음 설명 중 옳지 않은 것은?
07 국가직 9급

① 콘크리트가 굳은 후에 긴장재를 인장하고 그 끝부분을 콘크리트에 정착시켜 프리스트레스를 도입하는 방법을 포스트텐셔닝이라 한다.
② 아치의 유효경간을 단면의 최대 회전반경으로 나눈 값을 아치의 세장비라 한다.
③ 전단경간이 유효깊이보다 크지 않은 내민보를 브래킷이라 한다.
④ 철근콘크리트 깊은 보는 받침부 내면 사이의 순경간이 부재 깊이의 4배 이하인 경우 적용된다.

017
아치의 유효경간을 단면의 최소 회전반경으로 나눈 값을 아치의 세장비라 한다.

정답 ②

018 다음은 슬래브 두께가 150mm인 일반적인 사무소 건물에 대한 보 일람표이다. 그림에서 알 수 있는 사항을 바르게 설명한 것은?
09 국가직 7급

부호	$3B_1, 2B_2$	
	[단부]	[중앙부]
형태	700mm × 400mm	700 × 400
상부근	4−HD22	3−HD22
하부근	3−HD22	7−HD22
스터럽	HD10@150	HD10@200

① 캔틸레버보에 대한 단면 설계이다.
② 중앙부보다 단부의 전단내력이 더 높게 설계되어 있다.
③ 바닥구조의 높이는 슬래브 두께를 포함하여 850mm이다.
④ 인장강도가 400MPa인 철근으로 설계되어 있다.

018
① 양단이 고정인 복철근보에 대한 단면 설계이다.
② 스터럽의 배근이 중앙부보다 단부쪽이 간격이 좁기 때문에 중앙부보다 단부의 전단내력이 더 높게 설계되어 있는 것을 알 수 있다.
③ 바닥구조의 높이는 보의 두께를 포함하지 않는다.
④ 도면의 철근은 HD로 표시되어 있기 때문에 고장력이형철근이며, 철근의 항복강도가 400MPa 이상인 철근으로 설계되어 있다.

정답 ②

정답 및 해설

019
슬래브 시스템이 횡하중을 받는 경우, 횡하중 해석 결과와 중력(연직)하중 해석 결과는 조합하여야 한다.
정답 ③

020
플랫슬래브는 지판을 사용하여 뚫림전단에 보강하지만, 플랫플레이트 슬래브는 보와 지판이 없이 기둥만으로 지지하는 무량판 구조이다.
정답 ④

021
① 콘크리트보에서 사용하중상태에서의 균열폭을 줄이기 위해서는 가는 철근을 여러 개 사용하는 것이 바람직하다.
③ 건축구조기준에서 슬래브의 뚫림전단 보강철근의 최대항복강도는 400MPa이다.
④ 콘크리트 기둥에서 압축력이 증가할수록 휨강도가 증가한다.
정답 ②

---

019 철근콘크리트 2방향 슬래브의 해석 및 설계에 대한 설명으로 옳지 않은 것은? 19 국가직 7급

① 슬래브 시스템은 평형조건과 기하학적 적합조건을 만족한다면 어떠한 방법으로도 설계할 수 있다.
② 중력하중에 저항하는 슬래브 시스템은 유한요소법, 직접설계법 또는 등가골조법으로 설계할 수 있다.
③ 슬래브 시스템이 횡하중을 받는 경우, 횡하중 해석 결과와 중력하중 해석 결과에 대하여 독립적인 설계가 가능하다.
④ 횡하중에 대한 골조해석을 위하여 슬래브를 일정한 유효폭을 갖는 보로 치환할 수 있다.

020 플랫플레이트(Flat Plate)에 대한 설명으로 옳지 않은 것은? 10 지방직 7급

① 보나 기둥머리를 갖지 않고 슬래브가 직접 기둥에 지지되는 구조이다.
② 등가골조법을 이용하여 슬래브를 해석할 수 있다.
③ 슬래브의 전단을 보강하는 방법으로 스터럽 또는 전단머리보강법이 있다.
④ 뚫림전단(Punching Shear)에 대한 안전성을 높이기 위하여 지판(Drop Panel)으로 보강한다.

021 콘크리트 구조설계에 대한 설명으로 가장 옳은 것은? 19 서울시 7급

① 콘크리트보에서 사용하중상태에서의 균열폭을 줄이기 위해서는 대구경 철근을 사용하는 것이 바람직하다.
② 건축구조기준에서는 고강도철근을 무량판슬래브에 사용하는 경우, 더 큰 슬래브 두께를 요구하고 있다.
③ 건축구조기준에서 슬래브의 뚫림전단 보강철근의 최대항복강도는 500MPa이다.
④ 콘크리트 기둥에서 압축력이 증가할수록 휨강도가 감소한다.

022
철근콘크리트구조 슬래브와 기초판의 전단설계에 대한 설명으로 옳지 않은 것은?

18 국가직 7급

① 2방향으로 하중을 전달하는 슬래브와 기초판은 뚫림전단에 대하여 설계해야 한다.
② 슬래브의 전단보강용으로 I형강 및 ㄷ형강을 사용할 수 있다.
③ 확대머리 전단스터드는 슬래브 또는 기초판 부재면에 수평으로 배치하여 전단보강용으로 사용해야 한다.
④ 슬래브 전단철근은 충분히 정착되어야 하며 길이방향 휨철근을 둘러싸야 한다.

022
확대머리 전단스터드는 슬래브 또는 기초판의 부재면에 수직으로 배치하여 전단보강용으로 사용할 수 있다.
정답 ③

023
콘크리트구조에서 사용하는 강재에 대한 설명으로 가장 옳지 않은 것은? (단, d_b는 철근, 철선 또는 프리스트레싱 강연선의 공칭지름이다.)

19 서울 9급(後)

① 확대머리 전단스터드에서 확대머리의 지름은 전단 스터드 지름의 $\sqrt{10}$배 이상이어야 한다.
② 철근, 철선 및 용접철망의 설계기준항복강도(f_y)가 400MPa를 초과하여 뚜렷한 항복점이 없는 경우 f_y을 변형률 0.003에 상응하는 응력값으로 사용하여야 한다.
③ 확대머리철근에서 철근 마디와 리브의 손상은 확대 머리의 지압면부터 $2d_b$를 초과할 수 없다.
④ 철근은 아연도금 또는 에폭시수지 피복이 가능하다.

023
철근, 철선 및 용접철망의 설계기준항복강도(f_y)가 400MPa를 초과하여 뚜렷한 항복점이 없는 경우에는 0.2% 오프셋법을 적용하여, 0.002의 변형률에서 강재의 탄성계수와 같은 기울기로 직선을 그은 후 응력-변형률 곡선과 만나는 점의 응력을 항복강도로 결정하여야 한다.
정답 ②

024
철근콘크리트구조에 대한 설명으로 옳지 않은 것은?

22 국가직 9급

① 구조물(또는 구조 부재)이 붕괴 또는 이와 유사한 파괴 등의 안전성능 요구조건을 더 이상 만족시킬 수 없는 상태를 극한한계상태라고 한다.
② 하중조합에 따른 계수하중을 저항하는 데 필요한 부재나 단면의 강도를 소요강도라고 한다.
③ 보나 지판이 없이 기둥으로 하중을 전달하는 2방향으로 철근이 배치된 콘크리트 슬래브를 플랫 플레이트 슬래브라고 한다.
④ 공칭강도에서 최외단 인장철근의 순인장변형률이 인장지배변형률 한계 미만인 단면을 인장지배단면이라고 한다.

024
공칭강도에서 최외단 인장철근의 순인장변형률이 인장지배변형률 한계 이상인 단면을 인장지배단면이라고 한다.
정답 ④

정답 및 해설

025

(1) 압축 이형철근의 기본정착길이 (l_{db})

$$l_{db} = \frac{0.25 d_b f_y}{\lambda \sqrt{f_{ck}}} = \frac{0.25 d_b f_y}{\sqrt{f_{ck}}}$$

(2) 표준갈고리를 갖는 인장이형철근의 기본정착길이 (l_{hb})

$$l_{hb} = \frac{0.24 \beta d_b f_y}{\lambda \sqrt{f_{ck}}}$$
$$= \frac{0.24 \times 1.2 d_b f_y}{\lambda \sqrt{f_{ck}}}$$
$$= \frac{0.288 d_b f_y}{\sqrt{f_{ck}}}$$

(3) 확대머리 이형철근의 인장에 대한 정착길이 (l_{dt})

$$l_{dt} = \frac{0.22 \beta d_b f_y}{\psi \sqrt{f_{ck}}}$$
$$= \frac{0.22 \times 1.2 d_b f_y}{\sqrt{f_{ck}}}$$
$$= \frac{0.264 d_b f_y}{\sqrt{f_{ck}}}$$

∴ $l_{hb} > l_{dt} > l_{db}$

정답 ③

026

② 인장을 받는 용접이형철망은 정착길이 내에 교차철선이 없을 경우 철망계수를 1.0으로 한다.
③ 겹침이음길이 사이에 교차철선이 없는 인장을 받는 용접이형철망의 겹침이음은 이형철선의 겹침이음 규정에 따라야 한다.
④ 뚜렷한 항복점이 없는 경우, 0.002의 변형률에서 강재의 탄성계수와 같은 기울기로 직선을 그은 후 응력-변형률 곡선과 만나는 점의 응력을 항복강도로 결정하여야 한다.

정답 ①

---

025 정착길이 산정조건이 다음과 같을 때, 건축구조기준(KDS)에 따른 압축 이형철근의 기본정착길이(l_{db}), 표준갈고리를 갖는 인장이형철근의 기본정착길이(l_{hb}) 및 확대머리 이형철근의 인장에 대한 정착길이(l_{dt})의 크기를 바르게 비교한 것은?

15 국가직 7급

- 공칭지름 25mm 및 설계기준항복강도 400MPa의 에폭시 도막 철근(에폭시 도막계수는 1.2로 가정함)
- 설계기준압축강도 25MPa의 보통중량 콘크리트
- 확대머리 이형철근의 인장에 대한 정착길이 산정식을 적용하기 위한 모든 조건을 만족함(최상층을 제외한 부재 접합부에 정착된 경우, $\psi = 1$)

① $l_{db} > l_{hb} > l_{dt}$
② $l_{hb} > l_{db} > l_{dt}$
③ $l_{hb} > l_{dt} > l_{db}$
④ $l_{dt} > l_{db} > l_{hb}$

026 콘크리트구조에서 용접철망에 대한 설명으로 옳은 것은?

19 국가직 9급

① 냉간신선 공정을 통하여 가공되므로 연신율이 감소되어 큰 연성이 필요한 부위에 사용할 경우 주의가 필요하다.
② 인장을 받는 용접이형철망은 정착길이 내에 교차철선이 없을 경우 철망계수를 1.5로 한다.
③ 겹침이음길이 사이에 교차철선이 없는 인장을 받는 용접이형철망의 겹침이음은 이형철선 겹침이음길이의 1.3배로 한다.
④ 뚜렷한 항복점이 없는 경우, 인장변형률 0.003일 때의 응력을 항복강도로 사용한다.

027
철근콘크리트 휨부재 복부철근의 정착에 대한 설명으로 옳지 않은 것은?

18 국가직 7급

① 복부철근은 피복두께 요구조건과 다른 철근과의 간격이 허용하는 한 부재의 압축면과 인장면 가까이까지 연장해야 한다.
② U형 스터럽을 구성하는 용접원형철망의 종방향 철선 하나는 압축면에서 유효깊이 d 이하에 배치해야 한다.
③ 전단철근으로 사용하기 위해 굽힌 종방향 주철근이 인장구역으로 연장되는 경우에 종방향 주철근과 연속되어야 한다.
④ 단일 U형 또는 다중 U형 스터럽의 양 정착단 사이의 연속구간 내 굽혀진 부분은 종방향철근을 둘러싸야 한다.

 **정답 및 해설**

027
U형 스터럽을 구성하는 용접원형철망의 종방향 철선 하나는 압축면에서 유효깊이 $d/4$ 이하에 배치해야 한다.
정답 ②

028
구조용 무근콘크리트에 대한 설명으로 옳지 않은 것은?

10 지방직 7급

① 구조용 무근콘크리트의 휨모멘트 강도감소계수는 0.55이다.
② 구조용 무근콘크리트의 설계기준압축강도는 18MPa 이상이어야 한다.
③ 구조용 무근콘크리트의 전단 설계 시 부재의 단면은 전체 두께에서 50mm를 감한 값을 사용한다.
④ 구조용 무근콘크리트의 하중조합은 철근콘크리트구조와 동일하게 적용한다.

028
구조용 무근콘크리트의 휨모멘트, 휨모멘트와 축력의 조합, 전단에 대한 강도를 계산할 때 부재의 전체 단면을 설계에 고려한다. 다만, 지반에 콘크리트를 치는 경우에 전체 깊이는 실제깊이보다 50mm 작은 값을 사용하여야 한다.
정답 ③

029
프리스트레스트 콘크리트 슬래브 설계에서 긴장재와 철근의 배치에 대한 설명으로 옳지 않은 것은?

19 국가직 7급

① 기둥 위치에 배치된 비부착긴장재는 기둥 주철근으로 둘러싸인 구역을 지나거나 그 구역에 정착되어야 한다.
② 비부착긴장재가 배치된 슬래브에는 최소 부착철근을 배치하여야 한다.
③ 경간 내에서 단면 두께가 변하는 경우 유효프리스트레스에 의한 콘크리트의 평균압축응력이 모든 단면에서 0.7MPa 이상이 되도록 긴장재의 간격을 정하여야 한다.
④ 등분포하중에 대하여 배치하는 긴장재의 간격은 최소한 1방향으로는 슬래브 두께의 8배 또는 1.5m 이하로 해야 한다.

029
경간 내에서 단면 두께가 변하는 경우 유효프리스트레스에 의한 콘크리트의 평균압축응력이 모든 단면에서 0.9MPa 이상이 되도록 긴장재의 간격을 정하여야 한다.
정답 ③

030

프리스트레스트 콘크리트 슬래브 설계에서 긴장재와 철근의 배치에 대한 설명으로 옳지 않은 것은?

17 지방직 9급

① 긴장재 간격을 결정할 때 슬래브에 작용하는 집중하중이나 개구부를 고려하여야 한다.
② 유효프리스트레스에 의한 콘크리트의 평균압축응력이 0.6MPa 이상이 되도록 긴장재의 간격을 정하여야 한다.
③ 등분포하중에 대하여 배치하는 긴장재의 간격은 최소한 1방향으로는 슬래브 두께의 8배 또는 1.5m 이하로 해야 한다.
④ 비부착긴장재가 배치된 슬래브에서는 관련 규정에 따라 최소부착철근을 배치하여야 한다.

030 해설
유효프리스트레스에 의한 콘크리트의 평균압축응력이 0.9MPa 이상이 되도록 긴장재의 간격을 정하여야 한다.
정답 ②

031

다음 중 프리스트레스트 콘크리트구조의 슬래브 설계 시 긴장재와 철근의 배치에 관한 설명으로 가장 옳지 않은 것은?

17 서울시 9급(後)

① 긴장재 간격을 결정할 때 슬래브에 작용하는 집중하중이나 개구부를 고려하여야 한다.
② 유효프리스트레스에 의한 콘크리트의 평균 압축응력이 0.9MPa 이상이 되도록 긴장재의 간격을 정하여야 한다.
③ 등분포하중에 대하여 배치하는 긴장재의 간격은 최소한 1방향으로는 슬래브 두께의 10배 또는 2.0m 이하로 해야 한다.
④ 경간 내에서 단면 두께가 변하는 경우에는 단면 변화 방향이 긴장재 방향과 평행이거나 직각이거나에 관계없이 유효프리스트레스에 의한 콘크리트의 평균 압축응력이 모든 단면에서 0.9MPa 이상 되도록 설계하여야 한다.

031 해설
등분포하중에 대하여 배치하는 긴장재의 간격은 최소한 1방향으로는 슬래브 두께의 8배 또는 1.5m 이하로 해야 한다.
정답 ③

032
프리캐스트 콘크리트 건축물의 일체성 확보 요건에 대한 설명으로 옳지 않은 것은?

09 국가직 7급

① 프리캐스트 콘크리트 구조물의 종방향과 횡방향 연결철근은 횡하중 저항구조에 연결되도록 설치하여야 한다.
② 프리캐스트 부재가 바닥 또는 지붕층 격막구조일 때, 격막구조와 횡력을 부담하는 구조의 접합부는 최소한 4,400N/m의 공칭인장강도를 가져야 한다.
③ 프리캐스트 벽 패널은 벽 패널당 최소한 2개의 수직 연결철근을 사용하여야 하며 연결철근 하나당 공칭인장강도는 4,500N 이상이어야 한다.
④ 일체성 접합부는 강재의 항복으로 파괴가 유발되도록 설계하여야 한다.

032
프리캐스트 벽판은 최소한 두 개의 연결철근을 서로 연결하여야 하며, 연결철근 하나의 공칭인장강도는 45,000N 이상이어야 한다.

정답 ③

033
건축구조 기준에서 프리캐스트 콘크리트 부재설계의 일반적인 설계원칙에 대한 설명으로 옳은 것은?

16 국가직 7급

① 프리캐스트 콘크리트 부재의 설계기준강도는 18MPa 이상으로 하여야 한다.
② 설계할 때 사용된 제작과 조립에 대한 허용오차는 관련 도서에 표시하여야 하며, 부재를 설계할 때 일시적 조립 응력은 고려하지 않는다.
③ 프리캐스트 벽판을 사용하는 3층 이상의 내력벽 구조에서 횡방향 연결철근은 바닥슬래브 또는 지붕바닥과 수직이 되어야 하며, 내력벽 간격의 두 배 이하로 배치하여야 한다.
④ 프리캐스트 콘크리트 부재는 인접 부재와 하나의 구조시스템으로서 역할을 하기 위하여 모든 접합부와 그 주위에서 발생할 수 있는 단면력과 변형을 고려하여 설계하여야 한다.

033
① 프리캐스트 콘크리트 부재의 설계기준강도는 21MPa 이상으로 하여야 한다.
② 설계할 때 사용된 제작과 조립에 대한 허용오차는 관련 도서에 표시하여야 하며, 부재를 설계할 때 일시적 조립 응력도 고려하여야 한다.
③ 프리캐스트 벽판을 사용하는 3층 이상의 내력벽 구조에서 횡방향 연결철근은 바닥슬래브 또는 지붕바닥과 수직이 되어야 하며, 내력벽의 간격 이하로 배치하여야 한다.

정답 ④

정답 및 해설

034
프리캐스트 콘크리트 벽판 구조물의 일체성 확보를 위해 접합부는 콘크리트의 파괴에 앞서 강재의 항복이 먼저 이루어지도록 설계해야 한다.
정답 ③

035
15m 이상의 경간 PC보는 도로교통법상 차량으로 운반이 불가능하다.
정답 ③

---

034 프리캐스트 콘크리트구조에 대한 설명으로 옳지 않은 것은? 18 국가직 7급

① 프리캐스트 콘크리트 부재의 설계기준압축강도는 21MPa 이상으로 해야 한다.
② 프리캐스트 콘크리트 벽판 구조물에서 프리캐스트 콘크리트 부재가 바닥격막구조일 때, 격막구조와 횡력을 부담하는 구조를 연결하는 접합부는 최소한 4,400N/m의 공칭인장강도를 가져야 한다.
③ 프리캐스트 콘크리트 벽판 구조물의 일체성 확보를 위해 접합부는 강재의 항복에 앞서 콘크리트의 파괴가 먼저 이루어지도록 설계해야 한다.
④ 프리캐스트 콘크리트 접합부에서는 그라우트 연결, 전단키, 기계적이음장치, 철근, 보강채움 또는 이들의 조합 등을 통해 힘이 전달되도록 해야 한다.

035 다음은 프리캐스트콘크리트(PC) 부재의 제작, 운반, 설계, 시공에 대한 설명이다. 옳은 것만을 모두 고르면? 14 국가직 7급

> ㄱ. PC부재를 설계할 때에는 제작, 운반, 조립 과정에서 발생할 수 있는 충격하중과 구속조건을 고려해야 한다.
> ㄴ. PC부재의 콘크리트 설계기준강도는 21MPa 이상으로 하여야 한다.
> ㄷ. PC벽판을 기둥의 수평연결부재로 설계하는 경우 PC벽판의 높이와 두께의 비는 제한하지 않아도 된다.
> ㄹ. 경간이 20m인 보의 경우, 단일보로 설계하고 제작한 PC보를 차량으로 운반하여 시공할 수 있다.

① ㄱ, ㄹ
② ㄴ, ㄷ
③ ㄱ, ㄴ, ㄷ
④ ㄱ, ㄴ, ㄷ, ㄹ

036
3층 이상 프리캐스트콘크리트 내력벽구조의 설계규정에 대한 설명으로 옳지 않은 것은?

12 국가직 7급

① 종방향 또는 횡방향 연결철근은 바닥과 지붕에 22,000N/m의 공칭강도를 가지도록 설계하여야 한다.
② 종방향 연결철근은 바닥슬래브 또는 지붕바닥과 평행되며, 중심 간격이 4m 이내이어야 한다.
③ 횡방향 연결철근은 바닥슬래브 또는 지붕바닥과 수직되며, 내력벽의 간격 이하로 배치하여야 한다.
④ 수직연결철근은 모든 벽체에 배치하여야 하며, 건물 전체높이에 연속되도록 하여야 한다.

036
종방향 연결철근은 바닥슬래브 또는 지붕바닥과 평행되며, 중심 간격이 3m 이내이어야 한다.
정답 ②

037
프리캐스트 벽판을 사용한 3층 이상의 내력벽 구조에 대한 최소 규정으로 옳지 않은 것은?

15 국가직 7급

① 종방향 또는 횡방향 연결철근은 바닥슬래브와 지붕구조 평면에서 600mm 이내에 설치한다.
② 종방향 연결철근은 바닥슬래브 또는 지붕바닥과 평행되며, 중심간격이 3.0m 이내로 한다.
③ 각 층 바닥 또는 지붕층 바닥 주위의 둘레 연결철근은 모서리에서 1.5m 이내에 설치한다.
④ 수직연결철근은 각 프리캐스트벽 패널당 2개 이상 설치하고, 그 중심 간격은 3.6m 이하로 한다.

037
각 층 바닥 또는 지붕층 바닥 주위의 둘레 연결철근은 모서리에서 1.2m 이내에 설치한다.
정답 ③

정답 및 해설

038
② 프리캐스트콘크리트 벽판은 최소한 두 개의 연결철근을 서로 연결하여야 하며, 연결철근 하나가 받을 수 있는 인장력은 45,000N 이상이어야 한다.
③ 프리캐스트콘크리트 구조물의 횡방향, 종방향, 수직방향 및 구조물 둘레는 부재의 효과적인 결속을 위하여 인장연결철근으로 일체화하여야 한다.
④ 3층 이상의 프리캐스트콘크리트 내력벽구조의 경우, 각 층 바닥 또는 지붕층 바닥 주위의 둘레 연결철근은 모서리에서 1.2m 이내에 있어야 하며, 71,000N 이상의 공칭인장강도를 가져야 한다.

정답 ①

039
지압부 설계 시 복부를 가진 부재의 경우 최소 75mm 이상을 가져야 한다.

정답 ④

---

038 프리캐스트콘크리트 벽판을 사용한 구조물에 대한 설명으로 옳은 것은?

17 국가직 7급

① 3층 이상의 프리캐스트콘크리트 내력벽구조의 경우, 종방향 또는 횡방향 연결철근은 바닥과 지붕에 22,000N/m의 공칭강도를 가지도록 설계하여야 한다.
② 프리캐스트콘크리트 벽판은 최소한 한 개의 연결철근을 서로 연결하여야 하며, 연결철근 하나가 받을 수 있는 인장력은 45,000N 이상이어야 한다.
③ 프리캐스트콘크리트 구조물의 횡방향, 종방향, 수직방향 및 구조물 둘레는 부재의 효과적인 결속을 위하여 압축연결철근으로 일체화하여야 한다.
④ 3층 이상의 프리캐스트콘크리트 내력벽구조의 경우, 각 층 바닥 또는 지붕층 바닥 주위의 둘레 연결철근은 모서리에서 1.5m 이내에 있어야 하며, 71,000N 이상의 공칭인장강도를 가져야 한다.

039 프리캐스트콘크리트 벽판을 사용한 구조물의 지압부에서 해석이나 실험을 통해 성능이 규명되지 않을 경우, 받침부재의 모서리면으로부터 경간방향 프리캐스트 부재 끝까지의 거리에 대한 최소 규정에 해당하지 않는 것은? (단, 경간의 1/180 이상인 조건은 만족한다.)

17 국가직 7급

① 속 찬 슬래브의 경우 최소 50mm 이상
② 속 빈 슬래브의 경우 최소 50mm 이상
③ 보 부재의 경우 최소 75mm 이상
④ 복부를 가진 부재의 경우 최소 50mm 이상

040

콘크리트 쉘과 절판구조물의 설계 방법으로 가장 옳지 않은 것은? (단, f_{ck}는 콘크리트의 설계기준압축강도이다.)

19 서울시 9급(後)

① 얇은 쉘의 내력을 결정할 때, 탄성거동으로 가정할 수 있다.
② 쉘 재료인 콘크리트 포아송비의 효과는 무시할 수 있다.
③ 수치해석 방법을 사용하기 전, 설계의 안전성 확보를 확인하여야 한다.
④ 막균열이 예상되는 영역에서 균열과 같은 방향에 대한 콘크리트의 공칭압축강도는 $0.5f_{ck}$이어야 한다.

040
막균열이 예상되는 영역에서 균열과 같은 방향에 대한 콘크리트의 공칭압축강도는 $0.4f_{ck}$이어야 한다.

정답 ④

041

철근콘크리트구조의 내진설계 시 특별 고려사항에서 지진력에 저항하는 부재의 콘크리트와 철근에 대한 설명으로 옳지 않은 것은?

17 국가직 9급

① 콘크리트의 설계기준압축강도는 21MPa 이상이어야 한다.
② 경량콘크리트의 설계기준압축강도는 35MPa을 초과할 수 없다. 만약 실험에 의하여 경량콘크리트를 사용한 부재가 같은 강도의 보통중량 콘크리트를 사용한 부재의 강도 및 인성 이상을 갖는 것이 확인된다면, 이보다 큰 압축강도를 사용할 수 있다.
③ 일반구조용 철근이 실제 항복강도에 대한 실제 인장강도의 비가 1.25 이상인 경우, 골조, 구조벽체의 소성영역 및 연결보의 주철근으로 사용할 수 있다.
④ 일반구조용 철근이 실제 항복강도가 공칭항복강도를 200MPa 이상 초과하지 않을 경우, 골조, 구조벽체의 소성영역 및 연결보의 주철근으로 사용할 수 있다.

041
일반구조용 철근이 실제 항복강도가 공칭항복강도를 120MPa 이상 초과하지 않을 경우, 골조, 구조벽체의 소성영역 및 연결보의 주철근으로 사용할 수 있다.

정답 ④

정답 및 해설

042
프리캐스트 및 프리스트레스트 콘크리트 구조물은 일체식 구조물에서 요구되는 안전성 및 사용성에 관한 조건을 갖추고 있는 경우에 한하여 내진구조로 다룰 수 있다.

정답 ②

043
일반구조용 철근이 실제 항복강도가 공칭항복강도를 120MPa 이상 초과하지 않을 경우, 골조, 구조벽체의 소성영역 및 연결보의 주철근으로 사용할 수 있다.

정답 ③

---

042 콘크리트구조의 내진설계 시 고려사항에 대한 설명으로 옳지 않은 것은?

18 국가직 9급

① 지진력에 의한 휨모멘트 및 축력을 받는 특수모멘트 골조에 사용하는 철근은 일반구조용 철근이 실제 항복강도에 대한 실제 인장강도의 비가 1.25 이상인 경우, 골조, 구조벽체의 소성영역 및 연결보의 주철근으로 사용할 수 있다.
② 프리캐스트 및 프리스트레스트 콘크리트 구조물은 일체식 구조물에서 요구되는 안전성 및 사용성에 관한 조건을 갖추고 있지 않더라도 내진구조로 다룰 수 있다.
③ 지진력에 의한 휨모멘트 및 축력을 받는 중간모멘트골조와 특수모멘트골조, 그리고 특수철근콘크리트 구조벽체 소성영역과 연결보에 사용하는 철근은 설계기준항복강도(f_y)가 600MPa 이하이어야 한다.
④ 구조물의 진동을 감소시키기 위하여 관련 구조전문가에 의해 설계되고 그 성능이 실험에 의해 검증된 진동감쇠장치를 사용할 수 있다.

043 지진력에 저항하는 철근콘크리트구조물의 재료에 대한 설명으로 가장 옳지 않은 것은?

19 서울시 9급(後)

① 콘크리트의 설계기준압축강도는 21MPa 이상이어야 한다.
② 지진력에 의한 휨모멘트 및 축력을 받는 중간모멘트골조와 특수모멘트골조, 그리고 특수철근콘크리트 구조벽체 소성영역과 연결보에 사용하는 철근은 설계기준항복강도(f_y)가 600MPa 이하이어야 한다.
③ 일반구조용 철근이 실제 항복강도가 공칭항복강도를 120MPa 이상 초과한 경우, 골조, 구조벽체의 소성영역 및 연결보의 주철근으로 사용할 수 있다.
④ 일반구조용 철근이 실제 항복강도에 대한 실제 인장강도의 비가 1.25 이상인 경우, 골조, 구조벽체의 소성영역 및 연결보의 주철근으로 사용할 수 있다.

044

건축구조기준(KDS)의 내진설계 시 특별 고려사항에서 규정하는 특수모멘트 골조의 휨부재에 대한 요구사항을 만족하지 않는 것은?

14 국가직 7급

① 부재의 계수 축력은 $\dfrac{A_g f_{ck}}{10}$를 초과하지 않아야 한다. (단, A_g는 콘크리트 부재의 전체단면적, f_{ck}는 콘크리트의 설계기준압축강도를 나타낸다.)
② 부재의 폭은 200mm 이상이어야 한다.
③ 깊이에 대한 폭의 비가 0.3 이상이어야 한다.
④ 부재의 순경간이 유효깊이의 4배 이상이어야 한다.

044
부재의 폭은 250mm 이상이어야 한다.
정답 ②

045

지진력에 저항하는 철근콘크리트 특수모멘트골조 부재의 철근이음에 대한 설명으로 옳지 않은 것은?

19 국가직 7급

① 용접이음에는 용접용 철근을 사용하여야 하며 철근 설계기준항복강도의 125% 이상을 발휘할 수 있는 완전용접이어야 한다.
② 기둥이나 보 단부로부터 부재 단면깊이의 2배만큼 떨어진 거리 안에서는 용접이음을 사용할 수 없다.
③ 기계적 이음을 사용하는 경우 철근 설계기준항복강도의 125% 이상을 발휘할 수 있는 완전 기계적 이음이어야 한다.
④ 기둥이나 보 단부로부터 부재 단면깊이의 2배만큼 떨어진 거리 안에서는 기계적 이음을 사용할 수 없다.

045
기둥이나 보 단부로부터 또는 비선형 횡변위의 결과로 철근이 항복이 일어날 수 있는 단면부터 부재 단면깊이의 2배만큼 떨어진 거리 안에서는 기계적 이음을 사용할 수 없지만, 이음철근이 규정한 인장강도를 달성할 수 있는 기계적 이음은 어떤 위치에서든 사용할 수 있다.
정답 ④

046

콘크리트구조 내진설계 시 특별고려사항에서 특수모멘트골조 휨부재의 요구사항에 대한 설명으로 옳지 않은 것은?

17 지방직 9급

① 부재의 순경간은 유효깊이의 4배 이상이어야 한다.
② 부재의 깊이에 대한 폭의 비는 0.3 이상이어야 한다.
③ 부재의 폭은 200mm 이상이어야 한다.
④ 부재의 폭은 휨부재 축방향과 직각으로 잰 지지부재의 폭에 받침부 양 측면으로 휨부재 깊이의 3/4을 더한 값보다 작아야 한다.

046
부재의 폭은 250mm 이상이어야 한다.
정답 ③

정답 및 해설

047
첫 번째 후프철근은 지지부재의 면으로부터 50mm 이내에 위치하여야 한다.
정답 ③

048
첫 번째 후프철근은 지지부재의 면부터 50mm 이내에 위치하여야 한다.
정답 ③

049
축방향철근의 철근비는 0.01 이상, 0.06 이하이어야 한다.
정답 ③

047
다음 중 철근콘크리트구조물의 내진설계 시, 특수모멘트골조의 휨부재에 사용하는 횡방향 철근에 대한 설명으로 옳지 않은 것은?
16 서울시 7급

① 휨부재 양단의 받침부 면에서 경간의 중앙방향으로 잰 휨부재 깊이의 2배 구간에는 후프철근을 배치하여야 한다.
② 후프철근이 필요한 곳에서 후프철근으로 감싼 축방향 철근은 횡방향으로 지지되어야 한다.
③ 첫 번째 후프철근은 지지부재의 면으로부터 100mm 이내에 위치하여야 한다.
④ 휨부재의 후프철근은 2개의 철근으로 구성할 수 있다.

048
철근콘크리트 특수모멘트골조의 휨부재에 대한 설명으로 옳지 않은 것은?
24 지방직 9급

① 접합면에서 정모멘트에 대한 강도는 부모멘트에 대한 강도의 1/2 이상이어야 한다.
② 부재의 어느 위치에서나 정 또는 부모멘트에 대한 강도는 부재 양단 접합면의 최대 휨강도의 1/4 이상이어야 한다.
③ 첫 번째 후프철근은 지지부재의 면부터 100mm 이내에 위치하여야 한다.
④ 보의 상부와 하부에 최소한 연속된 두 개의 축방향 철근으로 보강하여야 한다.

049
휨모멘트와 축력을 받는 특수모멘트골조의 부재에 대한 설명으로 옳지 않은 것은?
18 국가직 9급

① 면의 도심을 지나는 직선상에서 잰 최소단면치수는 300mm 이상이어야 한다.
② 횡방향철근의 연결철근이나 겹침후프철근은 부재의 단면 내에서 중심간격이 350mm 이내가 되도록 배치하여야 한다.
③ 축방향철근의 철근비는 0.01 이상, 0.08 이하이어야 한다.
④ 최소단면치수의 직각방향 치수에 대한 길이비는 0.4 이상이어야 한다.

050
휨모멘트와 축력을 받는 특수모멘트골조 부재의 설계에 대한 설명으로 옳지 않은 것은? 15 국가직 7급

① 접합부의 접합면에서 그 접합부에 연결된 기둥들의 설계휨강도 합은 그 접합부에 연결된 보의 설계휨강도 합의 1.2배 이상으로 한다.
② 축방향 철근비는 0.01 이상, 0.10 이하로 한다.
③ 축방향 철근의 겹침이음은 부재의 중앙부에서 부재길이의 1/2 구역 내에서만 한다.
④ 횡방향철근으로 구속되지 않은 외부 콘크리트의 두께가 100mm를 초과하면 부가적으로 횡방향철근을 300mm를 넘지 않는 간격으로 배치한다.

050
축방향 철근비는 0.01 이상, 0.06 이하로 한다.
정답 ②

051
지진력에 저항하는 철근콘크리트 구조시스템에서 설계기준항복강도가 600MPa인 철근을 사용할 수 있는 경우가 아닌 것은? 23 지방직 9급

① 중간모멘트골조에 사용하는 주철근
② 특수철근콘크리트 구조벽체 소성영역 및 연결보에 사용하는 주철근
③ 특수모멘트골조의 보에 사용하는 전단철근
④ 특수철근콘크리트 구조벽체에 사용하는 전단철근

051
특수모멘트골조의 보에 사용하는 전단철근은 설계기준항복강도가 500MPa 이하이어야 한다.
정답 ③

052
내진설계 특별 고려사항 중에서 중간모멘트골조의 보에 대한 요구사항으로 옳지 않은 것은? 15 국가직 7급

① 접합면에서 정모멘트휨강도는 부모멘트휨강도의 1/6 이상으로 한다.
② 부재의 어느 위치에서나 정모멘트 또는 부모멘트휨강도는 양측 접합부의 접합면 최대휨강도의 1/5 이상으로 한다.
③ 양단에서 받침부재의 내측면부터 경간 중앙 쪽으로 부재깊이의 2배 길이 부분에는 후프철근을 배치한다.
④ 첫 번째 후프철근은 지지 부재면으로부터 50mm 이내의 구간에 배치한다.

052
접합면에서 정모멘트휨강도는 부모멘트휨강도의 1/3 이상으로 한다.
정답 ①

정답 및 해설

053
부재의 어느 위치에서나 정 또는 부 휨강도는 양측 접합부의 접합면의 최대 휨강도의 $\frac{1}{5}$ 이상이 되어야 한다.

정답 ②

054
보가 없는 2방향 슬래브에서 주열대 내 받침부의 상부철근 중 $\frac{1}{4}$ 이상은 전체 경간에 걸쳐서 연속되어야 한다.

정답 ④

---

053 콘크리트 내진설계기준에서 중간모멘트골조의 보에 대한 요구사항으로 옳지 않은 것은?

19 지방직 9급

① 접합면에서 정 휨강도는 부 휨강도의 $\frac{1}{3}$ 이상이 되어야 한다.

② 부재의 어느 위치에서나 정 또는 부 휨강도는 양측 접합부의 접합면의 최대 휨강도의 $\frac{1}{6}$ 이상이 되어야 한다.

③ 보부재의 양단에서 지지부재의 내측 면부터 경간 중앙으로 향하여 보 깊이의 2배 길이 구간에는 후프철근을 배치하여야 한다.

④ 스터럽의 간격은 부재 전 길이에 걸쳐서 $\frac{d}{2}$ 이하이어야 한다.(d는 단면의 유효깊이이다.)

054 콘크리트 내진설계기준에서 중간모멘트골조에 대한 요구 사항으로 옳지 않은 것은?

20 국가직 7급

① 보 부재에서 스터럽의 간격은 부재 전 길이에 걸쳐서 단면 유효깊이의 $\frac{1}{2}$ 이하이어야 한다.

② 설계전단강도는 내진설계기준의 설계용 하중조합에서 지진하중을 2배로 하여 계산한 최대 전단력 이상이어야 한다.

③ 기둥 부재의 첫 번째 후프철근은 접합면으로부터 횡방향 철근 최대 간격의 $\frac{1}{2}$ 이내에 있어야 한다.

④ 보가 없는 2방향 슬래브에서 주열대 내 받침부의 상부철근 중 $\frac{1}{5}$ 이상은 전체 경간에 걸쳐서 연속되어야 한다.

055

내진설계 시 철근콘크리트 중간모멘트골조에 대한 요구사항으로 옳지 않은 것은?

18 국가직 7급

① 보의 첫 번째 후프철근은 지지부재면으로부터 50mm 이내의 구간에 배치해야 한다.
② 보의 스터럽 간격은 부재 전길이에 걸쳐서 유효깊이(d)의 1/2 이하이어야 한다.
③ 기둥의 휨항복 발생구간 내 첫 번째 후프철근은 접합면으로부터 횡방향 철근의 최대간격(s_o) 이내에 있어야 한다.
④ 보의 접합면에서 정휨강도는 부휨강도의 1/3 이상이 되어야 한다.

055

기둥의 휨항복 발생구간 내 첫 번째 후프철근은 접합면으로부터 횡방향 철근의 최대간격(s_o)/2 이내에 있어야 한다.

정답 ③

056

건축구조기준에서 철근콘크리트 특수구조벽체와 특수구조벽체의 연결보에 대한 설명으로 옳지 않은 것은?

16 국가직 7급

① 특수구조벽체에서 특수경계요소를 설계해야 할 경우, 경계요소의 범위는 압축단부에서 $c-0.1l_w$와 $c/2$ 중 큰 값 이상이어야 한다. (단, c는 압축단부에서 중립축까지의 거리이고, l_w는 벽체의 수평길이이다.)
② 특수구조벽체에서 특수경계요소를 설계해야 할 경우, 플랜지를 가진 벽체의 경계요소는 압축을 받는 유효플랜지 부분뿐만 아니라 복부 쪽으로 적어도 300mm 이상 포함하여야 한다.
③ 연결보에 대각선 다발철근을 배치해야 할 경우, 대각선 다발철근은 최소한 4개의 철근으로 이루어져야 한다.
④ 대각선철근이 배근된 연결보의 공칭전단강도는 대각선철근과 수평철근 및 수직철근에 의한 전단강두의 합으로 설계한다.

056

대각선철근이 배근된 연결보의 공칭전단강도
$V_n = 2A_{vd}f_y\sin\alpha \leq (5\sqrt{f_{ck}}/6)A_{cp}$
와 같이 결정하여야 한다.
(단, A_{vd} : 대각선 철근의 각 무리별 전체 단면적, A_{cp} : 콘크리트 단면에서 외부 둘레로 둘러싸인 면적)

정답 ④

정답 및 해설

057
공칭전단강도(V_n) 결정 시
$V_n = 2A_{vd}f_y \sin\alpha \leq (5\sqrt{f_{ck}}/6)A_{cp}$
의 조건을 만족하여야 한다.

정답 ③

057 철근콘크리트구조의 내진설계 시 특별 고려사항 중 경간 중앙에 대해 묶음철근이 대각형태로 보강된 연결보에 대한 설명으로 옳지 않은 것은? (단, A_{vd}는 대각선 철근의 각 무리별 전체 단면적, f_y는 철근의 설계기준항복강도, α는 대각철근과 부재축 사이의 각, f_{ck}는 콘크리트의 설계기준압축강도, A_{cp}는 콘크리트 단면에서 외부 둘레로 둘러싸인 면적, b_w는 복부 폭을 각각 의미한다.) 15 국가직 9급

① 대각선 철근은 벽체 안으로 인장에 대해 정착시켜야 한다.
② 대각선 철근은 연결보의 공칭휨강도에 기여하는 것으로 볼 수 있다.
③ 공칭전단강도(V_n) 결정 시 $V_n = 2A_{vd}f_y \sin\alpha \geq (5\sqrt{f_{ck}}/6)A_{cp}$의 조건을 만족하여야 한다.
④ 대각선 다발철근은 최소한 4개의 철근으로 이루어져야 하며, 이때 횡철근의 외단에서 외단까지 거리는 보의 면에 수직한 방향으로 $b_w/2$ 이상이어야 하고, 보의 면내에서는 대각선 철근에 대한 수직방향으로 $b_w/5$ 이상이어야 한다.

058
대각선 철근을 감싸주는 횡철근 간격은 철근 지름의 6배를 초과할 수 없다.

정답 ③

058 특수철근콘크리트 구조벽체를 연결하는 연결보의 설계에 대한 설명으로 가장 옳지 않은 것은? 19 서울시 9급(後)

① 세장비(l_n/h)가 3인 연결보는 경간 중앙에 대칭인 대각선 다발철근으로 보강할 수 있다.
② 대각선 다발철근은 최소한 4개의 철근으로 이루어져야 한다.
③ 대각선 철근을 감싸주는 횡철근 간격은 철근 지름의 8배를 초과할 수 없다.
④ 대각선 다발철근이 연결보의 공칭휨강도에 기여하는 것으로 볼 수 있다.

MEMO

심화편

PART 3

강구조

CHAPTER 1   총론

CHAPTER 2   강구조 부재설계

CHAPTER 01 총론

정답 및 해설

001
보의 항복모멘트(M_y)에 대한 소성모멘트(M_p)의 비는 단면의 형상비로 직사각형 단면인 경우 1.5이고, H형 단면의 경우 1.10~1.18 정도이며 대략 1.12가 평균값이다.

정답 ④

001 그림 (가)와 같은 직사각형 보의 항복모멘트(M_y)에 대한 소성모멘트(M_p)의 비$\left(\dfrac{M_p}{M_y}\right)$는? (단, 보는 그림 (나)와 같이 이상적인 탄성-완전소성 재료로 가정하고, F_y는 재료의 항복강도이다.)

18 국가직 7급

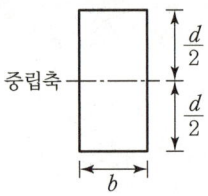

(가) 보의 단면형상   (나) 재료의 응력-변형도 관계

① 0.5 ② 1.0
③ 1.2 ④ 1.5

002
안전율(Safety Factor)은 허용응력도 설계법상의 개념이다.

정답 ②

002 강구조에서 소성설계와 관계없는 항목은?

14 국가직 7급

① 소성힌지   ② 안전율
③ 붕괴기구   ④ 형상계수

003 라멜라 테어링(Lamellar Tearing)에 대한 설명으로 옳지 않은 것은?

11 지방직 7급

① 모재부에 판 표면과 평행하게 진행되는 층상의 용접균열 생김새를 지닌다.
② 압연진행방향 단면의 연성능력은 압연진행방향과 교차되는 단면에 비해 떨어진다.
③ 비금속개재물(MnS)과 유황(S) 성분이 많고, 강판의 두께가 두꺼울 때, 또는 1회 용접량이 클수록 발생률이 높다.
④ 용접되는 부분을 압연이 진행되는 방향과 일치하도록 함으로써 라멜라 테어링을 줄일 수 있다.

003
탄성범위 안에서는 서로 비슷한 거동을 보이지만 압연 진행방향과 교차되는 단면의 연성능력은 압연 진행방향의 단면에 비해 떨어진다.
정답 ②

004 하중저항계수설계법에 따른 강구조 골조의 안정성 설계 시 직접해석법에 대한 설명으로 옳지 않은 것은?

20 국가직 7급

① 휨, 전단 및 축부재의 변형과 구조물의 변위에 영향을 유발하는 모든 구성요소 및 접합부의 변형을 고려하여 해석한다.
② 구조물의 안정성에 영향을 주는 모든 중력과 외력을 고려하여 해석한다.
③ 개별부재의 비지지길이를 결정하는 가새는 가새절점에서의 부재이동을 제어할 수 있도록 충분한 강성과 강도를 가져야 한다.
④ 부재와 연결재의 설계강도는 전체 구조물의 안정성을 고려하여 산정한다.

004
직접해석법으로 설계할 경우, 부재와 연결재의 설계강도는 전체 구조물의 안정성을 고려하지 않고, 부재 설계기준과 연결재 설계기준의 규정에 따라 계산한다.
정답 ④

005 강구조 골조의 안정성 설계 시 구조물의 안정성에 영향을 미치는 요소로 옳은 것만을 모두 고르면?

22 지방직 9급

> ㄱ. 2차효과($P-\Delta$, $P-\delta$ 효과)
> ㄴ. 기하학적 불완전성
> ㄷ. 비탄성에 기인한 강성감소
> ㄹ. 강성과 강도의 불확실성

① ㄱ, ㄴ
② ㄱ, ㄷ
③ ㄴ, ㄷ, ㄹ
④ ㄱ, ㄴ, ㄷ, ㄹ

005
전체 구조물과 각 구조부재의 안정성에 영향을 미치는 요소는 2차효과($P-\Delta$, $P-\delta$ 효과), 휨, 전단, 축방향 변형과 구조물에 변위를 발생시킬 수 있는 모든 변형, 기하학적 불완전성, 비탄성에 기인한 강성감소, 강성과 강도의 불확실성 등이 고려되어야 하며, 모든 하중종속 효과들은 한계상태설계법의 하중조합에 따른 설계하중에 의해 계산되어야 한다.
정답 ④

CHAPTER 02 강구조 부재설계

정답 및 해설

001
마찰접합 또는 전인장조임되는 고장력볼트접합에서 설계볼트장력 이상의 장력을 도입하기 위한 조임방법에는 토크관리법, 너트회전법, 토크쉬어볼트(TS볼트)접합이 있다.
정답 ①

002
메탈터치(Metal Touch)는 기둥의 이음부에 적용되는 접합방법으로 소요압축강도 및 소요휨강도의 1/2이 소요강도로 전달된다고 가정하여 설계할 수 있다.
정답 ①

003
베이스플레이트와 강재기둥을 완전용입용접할 경우, 접합면을 절삭가공하여야 한다.
정답 ②

---

001 마찰접합 또는 전인장조임되는 고장력볼트접합에서 설계볼트장력 이상의 장력을 도입하기 위한 조임방법이 아닌 것은? 　　　　　　　　　　　18 국가직 7급

① 간접인장측정법
② 토크관리법
③ 토크쉬어볼트법
④ 너트회전법

002 다음 중 철골구조의 접합부설계에 대한 설명으로 옳지 않은 것은? 　15 서울시 7급

① 메탈터치(Metal Touch)는 보의 이음부에 적용된다.
② 패널존(Panel Zone)은 기둥과 보의 접합부에 적용된다.
③ 베이스플레이트(Base Plate)는 주각부에 적용된다.
④ 스캘롭(Scallop)은 기둥과 보의 이음부에서 플랜지의 그루브용접을 완전하게 하기 위해 설치한다.

003 강구조의 주각부 마감에 대한 설명으로 옳지 않은 것은? 　　　12 국가직 7급

① 베이스플레이트하부와 콘크리트기초 사이에는 무수축그라우트로 충전한다.
② 베이스플레이트와 강재기둥을 완전용입용접할 경우, 접합면을 밀처리하여야 한다.
③ 베이스플레이트두께가 100mm를 초과하는 경우, 접합면을 밀처리하여야 한다.
④ 베이스플레이트두께가 50mm 이하이고, 충분한 지압력을 전달할 수 있는 경우, 접합면을 밀처리하지 않을 수 있다.

004
그림과 같은 두께 10mm인 인장재 볼트접합부에서 블록전단파단을 지배하는 한계상태로 옳은 것은? (단, 볼트구멍의 직경은 20mm로 가정한다.)

13 국가직 7급

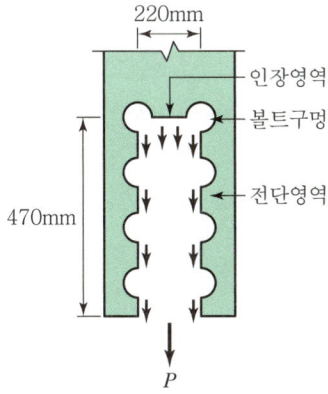

① 인장영역의 항복과 전단영역의 항복
② 인장영역의 항복과 전단영역의 파단
③ 인장영역의 파단과 전단영역의 항복
④ 인장영역의 항복과 전단영역의 항복 합의 2배

004
블록전단파단이란 전단영역의 파단과 인장영역의 항복에 의해 접합부의 일부분이 찢어져 나가는 파괴 형태이다.

정답 ②

005
그림과 같은 인장재 등변 ㄱ형강 L-100×100×7에서 설계블록전단파단강도를 구하기 위한 전단저항 순단면적[mm²]은? (단, 사용 고장력볼트는 M20(F10T), 표준구멍이다)

24 국가직 7급

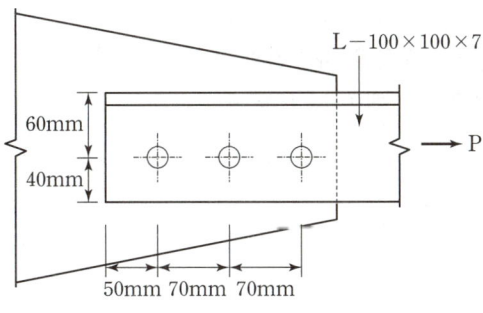

① 203 ② 280
③ 945 ④ 1,330

005
설계블록전단파강도는 전단 및 인장에 대한 저항력을 조합하여 산정하지만, 문제 조건에서 전단저항 순단면적만 산정하라고 하였기 때문에 그것만 산정해서 구한다.

∴ 전단저항 순단면적(A_{nv})
= (전단경로길이－2.5×볼트구멍)
  ×두께
= (50＋2×70－2.5×22)×8
= 945mm²

정답 ③

정답 및 해설

006
공칭압축강도는 휨좌굴, 비틀림좌굴, 휨비틀림좌굴에 근거하여 해당하는 한계상태 중에서 가장 작은 값으로 한다.

정답 ④

007
① 자유돌출판은 하중의 방향과 평행하게 한 쪽 끝단이 직각방향의 판요소에 의해 연접된 평판요소를 말하고, 양연지지판은 하중의 방향과 평행하게 양면이 직각방향의 판요소에 의해 연속된 압축을 받는 평판요소를 말한다.
② 스켈럽은 용접부재에 부채꼴 노치를 만들어 용접선이 교차하지 않도록 설계한 것을 말하며, 엔드탭은 용접선의 단부에 붙인 보조판으로 용접의 시작부나 종단부에서 용착금속의 결함 방지를 위하여 사용한다.
④ 인장역작용은 프랫 트러스와 유사하게 전단력이 작용할 때 웨브의 대각방향으로 인장력이 발생하고 수직보강재에 압축력이 발생하는 패널의 거동을 말하며, 지레작용은 하중점과 볼트, 접합된 부재의 반력 사이에서 지렛대와 같은 거동에 의해 볼트에 작용하는 인장력이 증폭되는 작용이다.

정답 ③

---

006 중심축 압축력을 받는 강구조 압축부재의 공칭압축강도 산정 시 고려하는 한계상태가 아닌 것은?

15 국가직 7급

① 휨좌굴
② 비틀림좌굴
③ 휨비틀림좌굴
④ 횡좌굴

007 강구조 설계에 대한 용어 설명으로 옳은 것은?

23 국가직 9급

① 자유돌출판은 하중의 방향과 평행하게 양면이 직각방향의 판요소에 의해 연속된 압축을 받는 평판요소이다.
② 스켈럽은 용접선의 단부에 붙인 보조판으로 용접의 시작부나 종단부에서 용착금속의 결함 방지를 위하여 사용한다.
③ 블록전단파단은 접합부에서, 한쪽 방향으로는 인장파단, 다른 방향으로는 전단항복 혹은 전단파단이 발생하는 한계상태이다.
④ 인장역작용은 하중점과 볼트, 접합된 부재의 반력 사이에서 지렛대와 같은 거동에 의해 볼트에 작용하는 인장력이 증폭되는 작용이다.

008

그림과 같은 2차원 평면골조에서 <조건>에 따른 기둥 탄성좌굴하중(P_{cr})의 크기가 큰 순서대로 바르게 나열한 것은?

19 국가직 7급

- 기둥과 보의 휨변형은 면내방향으로만 발생하며, 면외방향의 변형은 발생하지 않는다.
- 원형, 삼각형 및 사각형 표식은 각각 이동단, 회전단 및 고정단의 지점조건을 나타낸다.
- 모든 부재에서 탄성계수(E)와 단면2차모멘트(I)는 동일하며, 축방향 변형은 발생하지 않는 것으로 가정한다.
- 자중이 기둥 탄성좌굴에 미치는 영향은 무시한다.

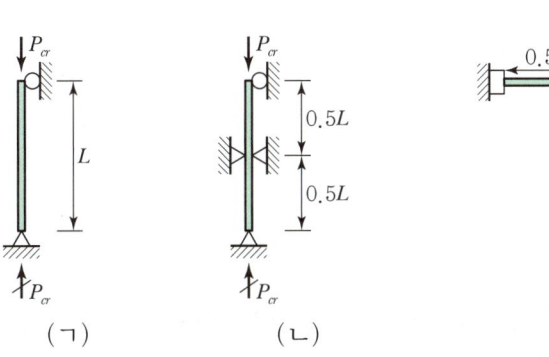

(ㄱ) (ㄴ) (ㄷ)

① ㄱ > ㄴ > ㄷ
② ㄴ > ㄱ > ㄷ
③ ㄴ > ㄷ > ㄱ
④ ㄷ > ㄴ > ㄱ

정답 및 해설

008

좌굴하중 $P_{cr} = \dfrac{\pi^2 EI}{(KL)^2}$

(ㄱ) 좌굴하중:
$P_{cr} = \dfrac{\pi^2 EI}{(1 \times L)^2} = \dfrac{\pi^2 EI}{L^2}$

(ㄴ) 좌굴하중:
$P_{cr} = \dfrac{\pi^2 EI}{(1 \times 0.5L)^2} = 4 \times \dfrac{\pi^2 EI}{L^2}$

(ㄷ) 좌굴하중:
$P_{cr} = \dfrac{\pi^2 EI}{(0.7 \times L)^2} = 2 \times \dfrac{\pi^2 EI}{L^2}$

∴ (ㄴ) > (ㄷ) > (ㄱ)

정답 ③

정답 및 해설

009
접합부 설계에서 블록전단파단의 경우 한계상태에 대한 설계강도는 전단저항과 인장저항의 합으로 산정한다.
정답 ②

010
① 설계 휨강도 산정 시 휨저항계수는 0.90이다.
② 소성휨모멘트는 강재의 항복강도에 소성단면계수를 곱하여 산정할 수 있다.
④ 자유단이 지지되지 않은 캔틸레버와 내민보의 횡비틀림좌굴분정계수 C_b는 1이다.
정답 ③

---

009 강구조 구조설계에 대한 설명으로 옳지 않은 것은?

20 지방직 9급

① 휨재 설계에서 보에 작용하는 모멘트의 분포형태를 반영하기 위해 허 횡비틀림좌굴보정계수(C_b)를 적용한다.
② 접합부 설계에서 블록전단파단의 경우 한계상태에 대한 설계강도는 전단저항과 압축저항의 합으로 산정한다.
③ 압축재 설계에서 탄성좌굴영역과 비탄성좌굴영역으로 구분하여 휨좌굴에 대한 압축강도를 산정한다.
④ 용접부 설계강도는 모재강도와 용접재강도 중 작은 값으로 한다.

010 강축휨을 받는 2축대칭 H형강 콤팩트부재의 설계에 대한 설명으로 옳은 것은?

17 지방직 9급

① 설계 휨강도 산정 시 휨저항계수는 0.85이다.
② 소성휨모멘트는 강재의 인장강도에 소성단면계수를 곱하여 산정할 수 있다.
③ 보의 비지지길이가 소성한계비지지길이보다 큰 경우에는 횡좌굴강도를 고려하여야 한다.
④ 자유단이 지지되지 않은 캔틸레버와 내민보의 횡비틀림좌굴보정계수 C_b는 2이다.

011

그림과 같은 강구조 휨재의 횡비틀림좌굴거동에 대한 설명으로 옳은 것은?

20 국가직 9급

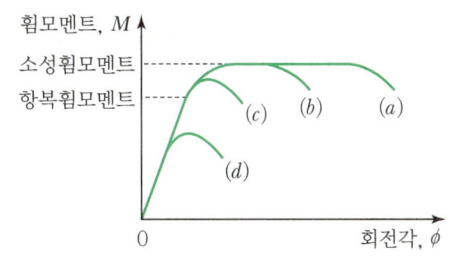

① 곡선 (a)는 보의 횡지지가 충분하고 단면도 콤팩트하여 보의 전소성 모멘트를 발휘함은 물론 뛰어난 소성회전능력을 보이는 경우이다.
② 곡선 (b)는 (a)의 경우보다 보의 횡지지 길이가 작은 경우로서 보가 항복휨모멘트보다는 크지만 소성휨모멘트보다는 작은 휨강도를 보이는 경우이다.
③ 곡선 (c)는 탄성횡좌굴이 발생하여 항복휨모멘트보다 작은 휨강도를 보이는 경우이다.
④ 곡선 (d)는 보의 비탄성횡좌굴에 의해 한계상태에 도달하는 경우이다.

011
② 곡선 (b)는 보의 약축세장비가 (a)의 경우보다 큰 경우로서 보는 소성모멘트에 도달하지만 회전변형능력이 크지 않은 비탄성 거동을 보인다.
③ 곡선 (c)는 보의 약축세장비가 다소 큰 경우인데, 비탄성횡좌굴이 발생하여 소성모멘트보다는 작고 항복휨모멘트보다는 큰 휨강도를 보이는 경우이다.
④ 곡선 (d)는 보의 약축세장비가 매우 큰 경우로서 보의 탄성횡좌굴에 의해 한계상태에 도달하는 경우이다.

정답 ①

012

강구조에 대한 설명으로 옳지 않은 것은?

22 국가직 9급

① 커버플레이트는 단면적, 단면계수, 단면2차모멘트를 증가시키기 위하여 부재의 플랜지에 용접이나 볼트로 연결된 플레이트이다.
② 가새는 골조에서 기둥과 기둥 간에 대각선상으로 설치한 사재로 수평력에 대한 저항부재이다.
③ 거셋플레이트는 조립기둥, 조립보, 조립스트럿의 두 개의 나란한 요소를 결집하기 위한 판재이다.
④ 스티프너는 하중을 분배하거나, 전단력을 전달하거나, 좌굴을 방지하기 위해 부재에 부착하는 ㄱ형강이나 판재 같은 구조요소이다.

012
거셋플레이트는 트러스의 부재, 스트럿 또는 가새재를 보 또는 기둥에 연결하는 판 요소를 말한다.

정답 ③

정답 및 해설

013
속이 꽉 찬 직사각형 단면의 경우 강축에 대한 소성단면계수는 탄성단면계수의 1.5배이다.
정답 ②

014
플레이트보는 보의 깊이가 깊어서 휨모멘트와 전단력이 큰 곳에 사용하며, 웨브(web)플레이트와 플랜지(flange)플레이트의 접합재는 전단력에 의해 결정한다.
정답 ①

---

013 강구조의 휨부재에 대한 설명으로 옳지 않은 것은? 17 국가직 9급

① 강축휨을 받는 2축대칭 H형강의 콤팩트 부재에서 비지지길이가 소성한계비지지길이 이하인 경우에는 횡좌굴강도를 고려하지 않아도 된다.
② 속이 꽉 찬 직사각형 단면의 경우 강축에 대한 소성단면계수는 탄성단면계수의 1.25배이다.
③ 동일 조건에서 휨부재의 비지지길이가 길수록 탄성횡좌굴강도는 감소한다.
④ 압연 H형강 H-150×150×7×10 휨부재에서 플랜지의 폭두께비는 7.5이다.

014 플레이트보(Plate girder, 판보)에 대한 설명으로 가장 옳지 않은 것은? (단, h : 필릿 또는 코너반경을 제외한 플랜지 간의 순거리, t_w : 웨브 두께, E : 강재의 탄성계수, F_{yf} : 플랜지의 항복응력이다.) 19 서울시 7급

① 플레이트보는 보의 깊이가 깊어서 휨모멘트와 전단력이 큰 곳에 사용하며, 웨브(web)플레이트와 플랜지(flange)플레이트의 접합재는 휨모멘트에 의해 결정한다.
② 스티프너(stiffener)는 웨브(web)플레이트의 좌굴을 방지하기 위한 것이다.
③ 커버플레이트(cover plate)는 플랜지 보강용으로 휨내력 부족을 보강하기 위한 것이다.
④ 웨브(web)의 폭두께비(h/t_w)가 $5.7\sqrt{E/F_{yf}}$보다 큰 경우에 적용한다.

015

그림과 같이 압연 H형강 H−248×124×5×8(필릿반경 $r=12mm$) 단순보의 단부에 집중하중 P가 작용할 경우 웨브의 국부항복설계강도는? (단, F_{yw}는 웨브의 항복강도(N/mm^2)이다.)

18 국가직 7급

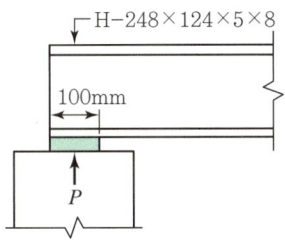

① $750F_{yw}$
② $1,000F_{yw}$
③ $1,140F_{yw}$
④ $1,480F_{yw}$

015
웨브의 국부항복설계강도
$\phi_l \times R_n = 1.0 \times (2.5k+N)t_w F_{yw}$
(1) $\phi_l = 1.0$
(2) $k = 8+12 = 20mm$
(3) $N = 100mm$
∴ $\phi_l \times R_n$
$= 1.0 \times (2.5 \times 20 + 100) \times 5 F_{yw}$
$= 750 F_{yw}$

정답 ①

016

강구조의 휨부재를 설계할 때, 강축휨을 받는 2축대칭 H형강 콤팩트부재의 횡지지길이(L_b)가 소성한계비지지길이(L_p)보다 작은 경우, 공칭휨모멘트(M_n)에 대한 설명으로 옳은 것은?

12 국가직 7급

① 공칭휨모멘트(M_n)가 소성휨모멘트(M_p)보다 크다.
② 공칭휨모멘트(M_n)가 소성휨모멘트(M_p)와 같다.
③ 공칭휨모멘트(M_n)가 소성휨모멘트(M_p)보다 작고, 소요휨모멘트(M_r)보다 크다.
④ 공칭휨모멘트(M_n)가 소요휨모멘트(M_r)보다 작다.

016
횡지지길이(L_b)가 소성한계비지지길이(L_p)보다 작은 경우에는 횡좌굴강도를 고려하지 않아도 되므로, 공칭휨모멘트(M_n)가 소성휨모멘트(M_p)와 같다.

정답 ②

017

강구조에서 강축 휨을 받는 보의 횡좌굴에 대한 설명으로 옳지 않은 것은?

24 국가직 7급

① 보의 횡방향 지점 간 길이가 길수록 횡좌굴이 발생하기 쉽다.
② 약축에 대한 단면2차모멘트가 작을수록 횡좌굴이 발생하기 쉽다.
③ 상자형 단면은 H형 단면에 비해 비틀림강성이 작으므로 상대적으로 횡좌굴이 발생하기 쉽다.
④ 뒤틀림강성이 작을수록 횡좌굴이 발생하기 쉽다.

017
H형 단면은 상자형 단면에 비해 비틀림강성이 작으므로 상대적으로 횡좌굴이 발생하기 쉽다.

정답 ③

정답 및 해설

018
인장역작용을 사용하기 위해서는 웨브의 4면 모두가 플랜지나 스티프너에 의해 지지되어 있어야 한다.
정답 ③

019
대각으로 설치되는 가새는 수평력에 대항하기 위하여 경사재를 대어 부재의 기본모듈을 삼각형으로 구성하게 된다.
정답 ②

020
보의 춤이 750mm를 초과하지 않으면 실험결과 없이 중간모멘트골조의 접합부로서 인정할 수 있다.
정답 ③

---

018 강구조에서 전단력을 받는 부재의 설계에 대한 설명으로 옳지 않은 것은?

20 국가직 7급

① 비구속 또는 구속 웨브를 갖는 부재에서 수직 스티프너에 단속필릿용접을 사용하면 용접 간 순간격은 웨브 두께의 16배 또는 250mm 이하이어야 한다.
② 비구속 또는 구속 웨브를 갖는 부재에서 거더웨브에 수직 스티프너를 접합시키는 볼트의 중심간격은 300mm 이하로 한다.
③ 인장역작용을 사용하기 위해서는 웨브의 3면이 플랜지나 스티프너에 의해 지지되어 있어야 한다.
④ 웨브에 구멍이 있는 부분에 계수하중이나 구조해석으로 결정된 소요전단력이 설계전단강도를 초과하는 경우 이를 적절히 보강하여야 한다.

019 대각가새(Diagrid) 구조시스템에 대한 설명으로 옳지 않은 것은?

11 국가직 7급

① 기둥과 가새의 역할을 동시에 수행한다.
② 부재의 기본모듈은 정사각형으로 구성된다.
③ 대각가새가 연쇄적으로 작용하기 때문에 초고층건물의 수직하중에 의한 부등침하가 적다.
④ 뉴욕의 Hearst Tower와 런던 30St. Mary Axe 건물은 대각가새 구조시스템을 사용하였다.

020 「건축물강구조설계기준(KDS 41 31 00)」에 따라 보 플랜지를 완전용입용접으로 접합하고 보의 웨브는 용접으로 접합한 접합부를 적용한 경우, 철골중간모멘트골조 지진하중저항시스템에 대한 요구사항으로 가장 옳지 않은 것은?

19 서울시 9급(前)

① 내진설계를 위한 철골중간모멘트골조의 반응수정계수는 4.5이다.
② 보-기둥 접합부는 최소 0.02rad의 층간변위각을 발휘할 수 있어야 한다.
③ 보의 춤이 900mm를 초과하지 않으면 실험결과 없이 중간모멘트골조의 접합부로서 인정할 수 있다.
④ 중간모멘트골조의 보 소성힌지영역은 보호영역으로 고려되어야 한다.

021
철골중간모멘트골조의 내진설계에서 접합부에 대한 설명으로 옳지 않은 것은?

11 국가직 7급

① 보-기둥 접합부는 최소 0.02rad의 층간변위각을 발휘할 수 있어야 한다.
② 보-기둥 접합부의 기둥 외주면 접합부 휨강도는 0.02rad의 층간변위각에서 적어도 보의 공칭소성모멘트 값의 80% 이상 되어야 한다.
③ 연속판의 두께는 편측접합부에서는 접합된 보플랜지두께 이상, 양측접합부에서는 접합된 보플랜지두께의 1/2 이상으로 한다.
④ 기둥의 이음에 그루브용접을 사용하는 경우 완전용입용접으로 해야 한다.

021 정답 및 해설
연속판의 두께는 편측 접합부에서는 접합된 보플랜지두께의 1/2 이상, 양측 접합부에서는 접합된 보플랜지두께 이상으로 한다.
정답 ③

022
강구조 모멘트 골조의 내진설계기준에 대한 설명으로 옳은 것은?

21 국가직 9급

① 특수 모멘트 골조의 접합부는 최소 0.03rad의 층간변위각을 발휘할 수 있어야 한다.
② 특수 모멘트 골조의 경우, 기둥외주면에서 접합부의 계측휨강도는 0.04rad의 층간변위에서 적어도 보 공칭소성모멘트의 70% 이상을 유지해야 한다.
③ 중간 모멘트 골조의 접합부는 최소 0.02rad의 층간변위각을 발휘할 수 있어야 한다.
④ 보통 모멘트 골조의 반응수정계수는 3이다.

022
① 특수 모멘트 골조의 접합부는 최소 0.04rad의 층간변위각을 발휘할 수 있어야 한다.
② 특수 모멘트 골조의 경우, 기둥외주면에서 접합부의 계측휨강도는 0.04rad의 층간변위에서 적어도 보 공칭소성모멘트의 80% 이상을 유지해야 한다.
④ 보통 모멘트 골조의 반응수정계수는 3.5이다.
정답 ③

023
강구조 내진설계 시 특수모멘트골조에 대한 설명으로 옳지 않은 것은?

20 국가직 7급

① 보-기둥 접합부의 기둥 외주면에서 접합부의 계측 휨강도는 0.04rad의 층간변위에서 적어도 보 공칭소성모멘트(M_p)의 80% 이상이 유지되어야 한다.
② 특수모멘트골조의 보 소성힌지영역은 보호영역으로 고려해야 하고, 접합부 성능인증요소의 하나로서 제시되어야 한다.
③ 보-기둥 접합부의 소요전단강도 산정을 위한 지진하중효과(E)는 보 소성힌지 사이의 거리에 비례한다.
④ 보-기둥 접합부의 성능입증은 연구논문 또는 신뢰할 만한 연구보고서의 실험결과에 근거를 둘 수 있고, 이때 최소 2개의 반복재하 실험결과를 제시하여야 한다.

023
보-기둥 접합부의 소요전단강도 산정을 위한 지진하중효과(E)는 보 소성힌지 사이의 거리에 반비례한다.
정답 ③

정답 및 해설

024
편심가새골조는 설계지진력이 작용할 때 링크가 상당한 비탄성변형능력을 발휘할 수 있어야 하고, 가새, 기둥 및 링크 외부의 보 부분은 링크가 완전항복하고 변형도경화하여 유발할 수 있는 최대하중에서 탄성범위 내에 있도록 설계하여야 한다.

정답 ①

025
강재앵커의 직경은 플랜지 두께의 2.5배를 초과해서는 안 된다.

정답 ③

---

024 지진에 저항하는 강구조시스템에 대한 설명으로 옳지 않은 것은? 　　11 지방직 7급

① 편심가새골조에서 가새, 기둥 및 링크 외부의 보 부분은 링크가 완전항복하고 변형도경화하여 유발할 수 있는 최대하중에서 비탄성 범위에 있도록 설계해야 한다.
② 보통모멘트골조는 설계지진력이 작용할 때, 부재와 접합부가 최소한의 비탄성변형을 수용할 수 있는 골조로서 보-기둥 접합부는 용접이나 고장력볼트를 사용해야 한다.
③ 좌굴방지가새골조는 설계지진력이 작용할 때, 비탄성변형능력을 발휘할 수 있어야 하며, 이 골조의 가새부재는 강재코어와 강재코어의 좌굴을 구속하는 좌굴방지시스템으로 구성된다.
④ 특수강판전단벽은 설계지진력이 작용할 때, 웨브가 상당한 크기의 비탄성변형을 수용할 수 있어야 하며, 패널의 설계전단강도는 전단항복한계상태에 의거하여 산정한다.

025 전단연결재의 구조제한으로 옳지 않은 것은? 　　13 국가직 7급

① 전단연결재는 용접 후 밑면에서 머리 최상단까지의 스터드앵커 길이는 몸체 직경의 4배 이상인 머리가 있는 스터드이거나 압연ㄷ형강으로 하여야 한다.
② 데크플레이트의 골에 설치되는 전단연결재를 제외하고, 강재앵커의 측면 피복은 25mm 이상이 되어야 한다.
③ 강재앵커의 직경은 플랜지 두께의 2.5배 이상으로 하여야 한다.
④ 강재앵커의 중심 간 간격은 슬래브 총두께의 8배 또는 900mm를 초과할 수 없다.

026
매입형 합성단면이 아닌 합성보의 정모멘트 구간에서, 강재보와 슬래브면 사이의 총수평전단력 산정 시 고려해야 하는 한계상태가 아닌 것은? 21 지방직 9급

① 콘크리트의 압괴
② 강재앵커의 강도
③ 슬래브철근의 항복
④ 강재단면의 인장항복

026
정모멘트 구간에서, 강재보와 슬래브면 사이의 총수평전단력은 콘크리트의 압괴, 강재단면의 인장항복, 그리고 강재앵커의 강도인 3가지 한계상태로부터 구한 값 중에서 최솟값으로 산정한다.
정답 ③

027
단순지지된 노출형 합성보에서 강재보와 콘크리트슬래브 사이 접합면에 설치하는 강재앵커(전단연결재)의 설계에 대한 설명으로 옳지 않은 것은? 19 국가직 7급

① 스터드앵커, ㄷ형강 또는 ㄱ형강을 강재앵커로 사용한다.
② 강재보와 콘크리트슬래브 접합면에 작용하는 수평전단력은 강재앵커에 의해서만 전달된다고 가정한다.
③ 정모멘트가 최대가 되는 위치와 모멘트가 0인 위치 사이 구간에 배치되는 강재앵커 소요개수는 해당 구간에 작용하는 총 수평전단력(V')을 강재앵커 1개의 공칭전단강도(Q_n)로 나누어 결정한다.
④ 별도의 시방이 없는 한 강재앵커는 정모멘트가 최대인 위치와 모멘트가 0인 위치 사이 구간에 일정한 간격으로 배치한다.

027
스터드앵커, 나선형철근앵커, ㄷ형강 또는 T형강을 강재앵커로 사용한다.
정답 ①

028
합성보에 대한 설명으로 옳지 않은 것은? 13 국가직 7급

① 완전합성보는 강재보와 철근콘크리트 슬래브가 일체로서 거동할 수 있도록 충분한 수의 전단연결재가 사용된 합성보이다.
② 불완전합성보는 완전합성보로 작용하기에는 불충분한 양의 전단연결재를 사용한 합성보이다.
③ 정(+)모멘트가 최대가 되는 위치와 모멘트가 0이 되는 위치 사이의 총수평전단력은 콘크리트슬래브의 압괴, 강재보의 인장항복, 전단연결재의 강도 등의 3가지 한계상태로부터 구한 값 중에서 가장 작은 값으로 한다.
④ 부(-)모멘트가 최대가 되는 위치와 모멘트가 0이 되는 위치사이의 총수평전단력은 강재보의 인장항복 상태로 산정한다.

028
부(-)모멘트가 최대가 되는 위치와 모멘트가 0이 되는 위치사이의 총수평전단력은 슬래브철근의 인장항복과 전단연결재의 강도 등의 2가지 한계상태로부터 구한 값 중에서 작은 값으로 한다.
정답 ④

029

029

불완전합성보는 완전합성보로 작용하기에는 충분하지 않은 양의 시어커넥터가 사용된 것이 불완전합성보이고, 합성보에 외적인 하중이 작용한 경우 완전합성단면이 충분히 내력을 발휘하기 전에 시어커넥터 자체가 먼저 파괴된다.

정답 ②

합성보에 대한 설명으로 옳지 않은 것은?

11 국가직 7급

① 전단연결재(Shear Connector)는 콘크리트 바닥슬래브와 철골보를 일체화시켜 접합부에 발생하는 수평전단력에 저항한다.
② 불완전 합성보는 합성단면이 충분한 내력을 발휘하기 전에 콘크리트가 먼저 파괴된다.
③ 합성보의 설계전단강도는 강재보의 웨브에만 의존하고 콘크리트슬래브의 역할은 무시한다.
④ 강재앵커의 중심 간 간격은 슬래브 총두께의 8배 또는 900mm를 초과할 수 없다.

030

030

충전형 합성기둥의 설계전단강도 ($\phi_v V_n$)는 강재단면만의 설계전단강도, 철근콘크리트만의 전단강도(강도저항계수 0.75 사용), 강재단면의 공칭전단강도와 철근의 공칭전단강도의 합(강도저항계수 0.75 사용) 중에서 한 가지 방법으로 구한다.
(1) 강재단면만의 설계전단강도
  $= 300 \times 0.75 = 225$kN
(2) 강재단면의 공칭전단강도와 철근의 공칭전단강도의 합
  $= (300+100) \times 0.75 = 300$kN
∴ (1), (2) 중 가장 큰 값은 300kN

정답 ②

그림과 같이 압축력을 받는 충전형 합성기둥에 대하여 건축물 강구조 설계기준의 설계전단강도 중 가장 큰 값은?

22 지방직 9급

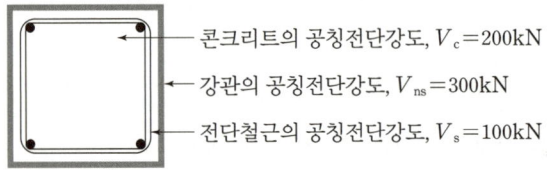

콘크리트의 공칭전단강도, $V_c = 200$kN
강관의 공칭전단강도, $V_{ns} = 300$kN
전단철근의 공칭전단강도, $V_s = 100$kN

① 225kN
② 300kN
③ 400kN
④ 450kN